The Edinburgh History of Ancient Rome

爱丁堡古罗马史

罗马城的起源和共和国的崛起

Early Rome to 290 BC

The Beginnings of the City and the Rise of the Republic

Guy Bradley
〔英国〕盖伊·布莱德利 著
陈薇薇 译

上海三联书店

目　录

丛书编辑序言

罗马城以及罗马帝国，一直占据欧洲、地中海以及我们现在称之为中东的这片土地的历史中心位置。罗马的影响贯穿整个时代，从转变为拜占庭帝国的时期起一直到现代，对此全世界都是见证者。本套丛书旨在向研究人员和所有对西方文明史感兴趣的人展示罗马作为一个实体的形态变化、罗马共和国的发展和扩张、向奥古斯都帝国的转变、从那时起帝国的发展，以及在公元4至6世纪出现的东罗马帝国和西罗马帝国的不同模式。该丛书不仅涵盖了那个不断变化且复杂的社会的政治和军事历史，还展现了罗马世界的经济和社会历史对这一变化和发展的贡献以及诱发这些发展的思想背景。作者团队的成员都是英语世界考古学和历史学研究前沿的学者，在八卷丛书中呈现了一系列通俗易懂且充满挑战的故事，讲述了罗马在1500多年间扩张和转变的历史。每一卷书都以自己独特的方式描绘了它所涵盖的时代，而这套丛书旨在回答一个基本的问题：何为罗马，一个意大利中部的小城市是如何成为世界历史上最强大和最重要的实体之一的？

约翰·理查森，总编

本卷作者序言

本书的写作耗费多时，我要感谢这套书的编辑和出版商一直以来的耐心，相信本书终能付梓。希望这套书其他卷的作者没有对第一卷的成书感到失望！本书的前期研究是我在古典文学研究学院图书馆担任客座研究员期间完成的。卡迪夫大学的历史、考古和宗教学院为本书的出版提供了帮助，给予我 2015 至 2016 年的研究休假，大部分研究和写作都是在这期间完成的。我还要感谢我在古代历史系的同事们，他们创造了一个宜人的环境，支持我，让我能开展这一项目。

与学术界众多朋友及同事的交谈，受邀参加不同的讨论会展示部分研究成果，使我在写作本书期间深受鼓舞和影响，我要特别感谢杰里米·阿姆斯特朗、埃德·比斯法姆、科里·布伦南、加布里埃莱·奇法尼、爱玛·丹奇、加里·法尼、丽贝卡·弗莱明、叶连娜·伊萨耶夫、卢克·德里赫特、凯瑟琳·洛马斯、奥利瓦·梅诺齐、杰里米娅·佩尔格罗姆、路易斯·罗林斯、詹姆斯·理查森、科琳娜·里瓦、罗曼·罗斯、西莉亚·舒尔茨、泰瑟·斯特克、尼古拉·泰雷纳托、亚历克斯·泰恩、詹姆斯·惠特利，以及研究相关主题的我的研究生们，戴维·科尔威尔、乔舒亚·霍尔、丹尼尔·摩根、基娅拉·斯特拉祖拉和阿伦·威廉斯。这套书的编辑约翰·理查森就完整的文稿给出了宝贵的意见，极大提升了文稿的质量，对一个拖拉的撰稿人表现出了令人叹服的幽默和耐心。我还要感谢卡罗尔·麦克唐纳以及爱丁堡大学出版社团队，他们使得这次出版合作成为一次十分美好的体验，也感谢简·布尔科夫斯基一丝不苟的编辑。

最早激发我对这一主题兴趣的是蒂姆·康奈尔的授课，他是伦敦大学学院杰出导师团队的一员，我很幸运由他来监管我的本科和研究生教育。值得一提的是，蒂姆在三年级时开设的关于早期罗马的精彩课程带我进入了这一迷人的课题，希望接下去我的描述能多少展现出这一主题的魅力。迈克尔·克劳福德通过课程和在意大利中部进行的令人大开眼界（偶尔惊险）的旅行，让我意识到罗马的历史同时也是意大利的历史。约翰·诺斯是一位具有启发性的讲师，作为我研究生时期作品的读者，他给出了具有建设性的评论。里特·范布雷门起到了关键的影响，他鼓励我继续研究生时期的研究，在我于伦敦大学学院期间以及离开后，给予了我友善的支持。

我还要特别感谢克里斯托弗·史密斯，他的鼓励和睿智的建议对本书的完成至关重要。克里斯托弗在很短的时间里通读了原稿，在我需要的时候提供了详尽的建议。他熟谙这一主题，这意味着他有很多深刻的观察仍然没得到解答，但有了他的建议，本书得以更上一层楼，这一点是毋庸置疑的。最后，我的妻子费伊·格里尼斯特，我已经记不清她有多少次在重要关头搁置自己的工作，帮助我完成这本书，她对这一主题有深刻的了解，能应对很多不同的问题。这个项目最终能完成，她比任何人都要开心。当然，上述任何人都不应被视为认同本书所表达的任何观点，鉴于早期罗马研究的特点，他们其实有可能完全不认同！书中如仍有任何错误，责任都由我一人承担。

第一章
文献和方法

导读

古罗马给我们的世界留下了不可磨灭的印记，古代历史学家有责任对其从建立到共和国中期这些早期阶段的发展进行记录。毫无疑问，这是罗马历史的形成期，罗马在政治、领土扩张、社会结构和宗教领域表现出来的大多数特点都是在此期间出现或确立的。

早期罗马的历史仍然是一个颇具挑战性的研究课题。此前的研究方法之所以多种多样，是因为证据存在不确定性，我们想对这一时期的历史进行缜密考证，却遇到了难以逾越的障碍，面临一系列反复出现的问题。现存的文学史料——特别是李维的作品，是我们主要的资料来源——写于公元前 1 世纪后期，和约公元前 750 至前 290 年发生的事件在时间上相隔久远。李维及其他共和国后期作者之前的历史记录，其可信度存疑，尽管我们知道这些记录的历史至少可以追溯至公元前 200 年，部分被记录的历史细节则早至公元前 6 世纪。对于我们所掌握的史料中引用的信息是如何保存下来的，我们几乎无从得知，可以肯定其中大部分是以口述传统这种容易受到影响的形式传递的；而且，尽管古代作者看似致力于寻求事件真相，但他们在记录早期历史时容易弄错年代。他们缺乏现代历史记录特有的理念体系和对距离感的强调，并且他们热衷于通过自己对遥远过去的理解让历史事件正当化，这使得他们传达的信息可能被扭曲。如此一来，尽管争论持续数世纪之久，可就连文学史料中保存的最基本的信息，如罗马君主制的衰亡，我们都依旧无法确定。

以往研究早期罗马的学术方法多种多样，对早期罗马史学作全面阐述远远超出了本书的讨论范围。[1] 但这场争论有两个特点值得关注：其古老程度，以及对方法问题的持续重视。对早期罗马的研究可以追溯至 19 世纪两位伟大的德国历史学家——巴托尔德·尼布尔和特奥多尔·蒙森之前，18 世纪出现过诸如路易斯·德·博福尔（Louis de Beaufort）这样的人物，1738 年出版的《论罗马历史前五个世纪的不确定性》（*Dissertation sur l'incertitude des cinq premiers siècles de l'histoire romaine*）就出自博福尔之手。[2] 关于文学史料可信度的争论由来已久，且十分激烈。从德·博福尔、尼布尔、佩斯（Pais）和奥尔弗尔迪（Alföldi）所持有的怀疑态度到德·桑克蒂斯（De Sanctis）和莫米利亚诺表现出来的谨慎乐观，存在很多不同的观点。[3] 在我看来，鉴于问题的根源出自每个历史学家在处理证据时采用的方法存在哲学性差异，且往往还涉及对某个观点近乎固执的坚持，因此应该尽可能避免悲观主义者和乐观主义者之间传统、没有实际意义的分歧。事实上，所有这些方法，无论其见解如何，都对早期罗马的研究有所贡献。

此外，考古新发现的影响越来越明显，近来很多研究充分利用这些资料，为早期罗马的研究提供了新的视角。[4] 重要的研究还有助于我们重新理解传统文学史料，例如编撰《罗马历史学家残篇集成》（*Fragments of the Roman Historians*，下文简称为 *FRH*）这一项目。随着可以获得的证据、文学史料及考古资料的增加，对早期罗马历史的研究变得比以往任何时候都更为重要，因此，研究的核心目标应该是将文学证据与考古资料融合在一起。如米歇尔·格拉斯（Michel Gras）所言，重要的不是所用文献的类型，而是对其进行解读的严谨性。[5]

集体记忆和书面记录

关于早期罗马的历史都是在事件发生后的数个世纪才进行记录的，因此这些历史事件的原始资料应该已经保存了数百年之久。这样的时间跨度引发了与信息如何保存以及其准确程度相关的问题。罗马早期历史信息的保存渠道可能有三种：家谱、口述传统以及书面文献。因此，要判断文学史料的可信度，对这些信息进行评估至关重要。

家谱

对在共和国政治体系中占据主导地位的贵族世家而言，保存家谱极为重要。一个家族的声望在很大程度上取决于其过去的历史和祖先取得的成就。与昔日伟人有血缘联系让贵族阶层得以名正言顺地统治国家，且有助于个人赢得选举。通过波利比乌斯（Polybius，6.53）广为人知的描述，我们能了解到葬礼上的讲话和公开展示是如何使用这些历史记录的。显然，诸如法比乌斯·皮克托这样出自精英家族的历史学家可以得到一些写于公元前 3 世纪后期的书面家谱。这些记录的可信度仍有待讨论。西塞罗称，这些家谱热衷于歪曲事实：

> 现在尚存有部分葬礼悼词，逝者家族视之为荣誉纪念，予以保存，在同一家族成员去世后拿来使用，或是为了唤起对家族昔日辉煌的记忆，或是佐证他们出身高贵的说法。然而，这些颂扬之词歪曲了我们的历史，因为它们记录的大部分事都从未发生过，获得的凯旋是假的，担任执政官的次数被夸大，关系是捏造的，从贵族到平民的身份转变也是编造的。(Cicero，*Brut*. 62)

李维同样认为这些记录造成的影响是负面的，使其难以确认公元前 322 年一场重要胜利的真正功臣：

> 要在事实和权威之间做出选择并非易事。我认为，记录被葬礼悼词和半身像上所刻的虚假文字篡改了，这些家族为了获得功绩和官职，不惜捏造事实。这无疑导致个人成就和事件的公开记录都出现了混乱。(Livy，8.40)

值得记住的是，作为“新人”的西塞罗曾有意贬损贵族家谱，因为此类记录是贵族阶层宣称其统治合法的根源。[6] 到奥古斯都时期，作为历史信息出处之一的家族史似乎已经过时了。这或许表明它们被文学历史文献（李维的巨著得以出版尤受关注）、古文物学术研究——宣称其为关于过往信息的权威来源——所取代。但公元前 1 世纪的内战使得共和国贵族理所当然地占据要职的权利受到更多质疑，也导致了这一结果。[7]

来自贵族世家的资料存在曲解或许是很普遍的现象，但其程度和确切性质——偏见、“带有倾向性的陈述”或明显的不实之词——终究是不可知的。另一方面，有一些更为乐观的理由认为历史学家不应对这类资料弃之不用。举个例子，值得注意的是，不同精英家族宣称取得不同（或者相同）胜利的情况是很罕见的。此外，围绕为当时其他贵族和广大罗马民众所熟知的事件编造大量新故事，想必是很困难的。葬礼悼词和墓碑上的颂文必须体现家族的历史，考虑到这类体裁本身具有的确切性质，总的来说，它们似乎可以成为有效的信息来源，否则也不可能被保存下来。[8]

口述传统和集体记忆

公元前最后两个世纪的历史学家获取信息的第二种渠道可能是口述传统，即集体记忆。老加图在《起源》（*Origines*，Cicero，*Brut.* 75 引用）中提到了宴会上唱的歌歌颂了昔日伟人的英勇事迹，但他没有说这是他所处时代（公元前 2 世纪早期）的传统，这种习俗似乎被限定在古风时期，是那个时代"酒宴文化"的一部分。[9] 然而，哈比内克（Habinek）提出，早在公元前 2 世纪的希腊化之前，罗马人已经拥有丰富的传统歌曲，尤其是在欢快的环境中。[10] 有迹象表明，在其他情况下，罗马人也进行过此类赞歌的公开表演，特别是与节庆和献祭相关的场合。哈利卡尔那索斯的狄奥尼西乌斯提及法乌努斯、罗慕路斯和瑞摩斯、科利奥兰纳斯都是赞颂的对象，还称在他所处的时代，依旧是如此。[11] 西塞罗（*Tusc.* 4.4）称《十二铜表法》禁止用充斥谩骂之词的歌曲去伤害其他公民（公元前 450 年），哲学家帕奈提乌斯（Panaetius）夸赞了一首可能始于公元前 3 世纪早期的关于阿庇乌斯·克劳狄乌斯·凯库斯的歌，这首歌使用了五度相生律。关于历史人物和事件的口述传统可能也融入了戏剧作品中。我们知道有大约 15 部以历史为主题的戏剧，它们被称为"*fabulae praetextae*"①，其中 6 部与罗马王政时代或共和国早期有关。[12] 虽然这些戏剧写于公元前 3 或前 2 世纪，但是，彼得·怀斯曼提出，以历史事件为基础的戏剧表演极有可能从很早就开始影响罗马的传统记述。[13] 众所周知，罗马的戏剧至少可以追溯至公元前 4 世纪。

作为历史信息的保存渠道，口述传统的可信度存疑是尽人皆知的。批评者举出类似荷马描述特洛伊战争的史诗这样的例子，提及与口头诗歌创作相关的人类学研究。[14] 和古风时期的希腊一样，罗马的"集体记忆"非常丰富且持久，这得益于这座城市（近乎）完整的成功扩张史。[15] 近来的研究方法突出了

① 公元前 3 世纪，格涅乌斯·奈维乌斯（Gnaeus Naevius）将这一类型悲剧引入罗马，主要讲述罗马历史人物相关的故事，代替了传统的希腊神话。（如无特别说明，本书脚注均为译注，原注见本书"注释"部分）

集体记忆复杂的构建方式。这些方式不仅包括文字记载的历史，通过戏剧和宴歌反复讲述历史事件，还有影响日常行为的风俗习惯，即罗马惯习（Roman habitus）。[16] 这其中包括罗马人对“祖先的方式”（mos maiorum）的尊重，以及罗马这座城市本身成为某种“国家”博物馆的方式。因此，对罗马惯习的典型分析包含群体和氏族记录、制度和仪式的保守性、故事和节庆、纪念性建筑和雕像（换言之，即刻在石头中的故事）。在罗马，这座城市的物理空间、政治生活、神圣及世俗的仪式时刻提醒着人们其古老的过往。在公元前 1 世纪之前，古代纪念建筑——如卡比托利欧神庙——一直高耸于这座城市之上。[17]

尚存的书面历史呈现出连贯性，表明在第一位罗马史学家法比乌斯·皮克托写作之前，就已经形成了一种对罗马过往的常见传统描述方式。大量纪念性建筑、纪念品以及其他诸如绘画、物体图像志这样的实体记忆辅助工具的出现，以葬礼队列和悼词的方式定期纪念往事，每年举办仪式纪念——诸如神庙落成——重要的宗教事件，使得这种传统得以延续。弗劳尔（Flower）认为在整个共和国期间，“丰富的记忆世界”对罗马人的自我认同至关重要，以文学形式纪念历史是后来适时出现的发展。[18] 书面和口头记忆这两种形式相互支撑、相互影响，[19] 因此，以可靠和不可靠来区分“文学”和“口头”传统史料这两种历史保存形式，未免有些粗略和刻意。关于对罗马过往的构建（罗马历史大多数时期都延续了这一过程），我们在思考时需要更多的想象力。[20]

这里有必要考虑罗马的文化环境。在古代地中海，它是一个新兴的城邦国家。邻近的城市和人民各自拥有记录历史的传统方式，如家谱［例如纪念塔奎尼的伊特鲁里亚家族斯普林纳的帝王时期碑文《塔奎尼墓志铭》（*Elogia Tarquiniensia*）］、同名行政长官名单（在伊特鲁里亚、坎帕尼亚、萨莫奈、卢卡尼、翁布里亚和希腊城邦很普遍），以及文学史料（伊特鲁里亚、希腊，或许还有奥斯坎、萨宾和维尼蒂）。[21] 所有这些传统史料现在都已佚失，仅少数简短的文献得以保存。但如布尔丹（Bourdin）所指出的，它们证明“罗马的历史传统记录并非孤立的现象”。[22] 在更广的范围内，通过至少从公元前 4 世纪后期开始的近东和埃及更为深刻的集体回忆，罗马人无疑非常熟悉古代社会，他们甚至可能阅读过诸如希罗多德（Herodotus）等希腊作家所写的始于公元前 5 世纪的罗马历史。[23] 有意思的是，罗马的作者将建城时间定为公元前 753 年（或左右），他们必然清楚如此一来，和其他意大利中部社会、广为人知的古代及类似埃及这样遥远地区尤为深刻的“记忆世界”相比，他们的城市会显得相对“年轻”。[24]

而地中海其他社会出现了与罗马历史事件相仿的故事，这一点也体现出罗马历史更广阔的背景。很多学者指出罗马和近东或希腊历史在这段时期存在相似之处。[25] 这样的例子有很多，例如罗慕路斯和瑞摩斯的故事与其他古代地中海世界的创建者的故事相仿，其中最出名的例子恐怕要属绥克斯图・塔克文与罂粟的故事了。作为父亲，罗马国王塔克文・苏佩布用切掉长得最高的罂粟花的顶部这种方式告诉绥克斯图如何去应对加比城（绥克斯图假装遭流放，住在这里）的贵族，负责传递这一隐藏信息的是一位不明就里的中间人（Livy, 1.54；Dion. Hal. 4.56）。这个故事和科林斯暴君佩里安德（Periander）的故事几乎一模一样，据希罗多德记载（5.92—93），佩里安德从米利都的斯拉苏布卢斯（Thrasybulus of Miletus）那里得到了同样的信息。

很显然，早期罗马历史——特别是王政时代——的很多事件受到了这些借用的影响：王权与暴政的故事，注定成就伟大的人物，以及背叛会遭天谴。[26] 直到近期，学者们才倾向于将这些相似归结为早期罗马的编年史作者——尤其是法比乌斯・皮克托——直接照搬希腊历史的结果，古文献提供的关于罗马的信息过于粗略，这些编年史作者采用这种方式来让干瘪的梗概变得丰满起来。然而，我们现在清楚很多这类故事都更为久远，事实上可能是在更深的民间故事层面流传：例如，康奈尔就认为，罗慕路斯和众多古代建城者的故事之间存在相似之处表明不同社会在接受自身起源时所持的态度是相同的。[27] 此外，要将抄袭的故事和同时期彼此有着密切关联的地中海社会所具备的相同特质区分开来，往往很有难度。描述罗马后几位国王残暴本性的故事可能与同时期希腊暴君的事迹类似，因为这些统治者实际上有很多共同点，而“结构的相似性”使得这两个地区“融合发展”。

书面文献

在法比乌斯·皮克托之前的时代，书面文献是三种保存历史信息的渠道中最为重要的。显然，书面证据隐藏于每年以列表形式重复做的记录中，这是共和国时期“编年”史的常见特点。[28] 王政时代也能找到这类证据，我们所掌握的史料记录过很多条约和其他碑文文献，实际上，有少数文献得以保存至今。这些文献的存在并不令人感到惊讶，因为至少从公元前6世纪起，罗马就是一个习惯保存记录的国家，即便仅有很少一部分资料能留存下来。[29] 从古代历法、《大祭司编年史》（下文会作讨论）、各种古代律法和仪式规定中可以看出罗马的这一习惯。罗马历史学家记录了很多此类文献，包括以下这些：[30]

1. 伏尔甘神庙的碑文（例如黑色大理石，古代史料提到了其上所刻的碑文：Dion. Hal. 2.54.2；Plut. *Rom.* 24.3），公元前6世纪早期。

2. 阿文蒂诺山狄安娜神庙的铜表法（Dion. Hal. 4.26.5；可能还有 Fest. 164 L.），公元前6世纪。

3. 迪乌斯·菲迪乌斯神庙有一面木质盾牌，盾牌的兽皮上刻有与加比（Gabii）达成的协定，公元前6世纪后期（Dion. Hal. 4.58.4；Hor. *Epist.* 2.1.25—26；Fest. 48 L.）。

4. 罗马与迦太基签订的条约，保存在由市政官负责的国库内，国库位于卡比托利欧神庙附近，公元前6世纪后期（Polyb. 3.22—26）。

5. 与拉丁人签订的《卡西安条约》，刻在演讲台后面的一根铜柱上，公元前

493 年，西塞罗也曾见过（Cic. *Balb*. 23.53；Livy，2.33.9；cf. Dion. Hal. 6.95；Livy，2.22；Fest. 276 L.）。

6.《关于分配阿文蒂诺山公共土地的伊其利乌斯法》（*Lex Icilia de Aventino publicando*），刻在阿文蒂诺山狄安娜神庙内的一根铜柱上，公元前 456 年，“对阿文蒂诺山上的私人定居点加以控制”（Dion. Hal. 10.32.4）。[31]

7. 历史学家李基尼乌斯·马克尔提及的《阿尔代亚条约》（*Foedus Ardeatinum*），公元前 444 年（fr. 13 ap. Livy，4.7.10；Dion. Hal. 11.62）。

8. 朱庇特·费莱特里乌斯神庙内，奥卢斯·科尔内利乌斯·克苏斯（A. Cornelius Cossus）敬献的托卢尼乌斯（Tolumnius）① 穿过的亚麻胸甲上有文字，据说奥古斯都读过这些文字（Livy，4.20.7；Prop. 4.10），可追溯至公元前 437、前 428 或前 426 年。

9. 公元前 472 或前 432 年颁布的关于置闰的《福里亚 – 皮那利法》（*lex Furia-Pinaria*），刻在铜柱上（Varro，*Ant. hum.* 16 fr. 5 ap. Macrob. *Sat.* 1.13.21）。

10. “一部以早期文字书写的古代法律（*Lex vetusta ... priscis literis verbisque scripta*）”，与最高裁判官有关［Livy，7.3.5，引自古文物研究作家辛西乌斯（Cincius）］。

11. 一尊献给克瑞斯的雕像上刻有“来自卡西乌斯家族的礼物”，雕像是用从斯普里乌斯·卡西乌斯（Sp. Cassius）那里没收的财产建造的，公元前 485 年（Livy，2.41.10）。

12. 习惯在拉丁节（Feriae Latinae）献祭仪式上分享肉食的拉丁民族名单（Pliny，*HN* 3.68—69）。

13. 埃吉里乌斯·拜比乌斯（Egerius Baebius）在阿里恰建的神庙（Cato，*FRH* F36 a and b）。

14.《十二铜表法》：“完成立法工作后，执政官将法律条文刻在十二块铜板

① 维爱国王，在与罗马人的战争中被克苏斯杀死。

上，并将这些铜板立在元老院前的演讲台上。所制定的法律言简意赅，时至今日，依然受到人们的赏识”(Diod. Sic. 12.26；cf. Livy，3.34)。

这些参考资料都表明我们所掌握的史料源自公元前 6 世纪起就保存下来的古代文献。要理解这类资料可能颇有难度 (例如黑色大理石，我们所有的史料并不清楚其所代表的意义；而关于罗马与迦太基的条约，波利比乌斯称难以阅读)，[32] 但显然文献信息基本能够并确实保存了下来，共和国后期的历史学家 (有时候) 可以看到并使用这些资料。自共和国早期开始，出现了根据文献资料对发生事件作简述的情况，例如下文李维的记述：

> 同年 (公元前 495 年)，国王塔克文建立的西格尼亚殖民地得到恢复并迎来了新的殖民者。罗马出现了 21 个部落。5 月 15 日，墨丘利神庙落成。(Livy，2.21.7)

一开始，这种简述很少见，但随着时间的推移，变得普遍起来。

李维和其他人对共和国的每一年都做了极为详尽的描述，他们依据的文献数量之多让人惊讶，不过有两份史料格外受关注。首先是列出执政官名单和凯旋式的《大事记》(*Fasti*)。李维和狄奥尼西乌斯在记述共和国的历史时，逐年列出了这些信息，从执政官开始。有一份副本，抄录了奥古斯都时期，罗马广场上列出的执政官名字和举办过凯旋式的人的名字，与我们所有的文学史料中列出的名单基本一致。虽然部分作者质疑其可信度，但现在大多数学者都认为这些名单中的大部分名字是正确的。[33]

关于罗马的历史，第二份重要的文献资源是由祭司记录的《大祭司编年史》。罗马史料经常引用其中的记述。最明确提及该文献的有：

a）塞尔维乌斯·达尼埃利斯（Servius Danielis），《埃涅阿斯纪》1.373 注释：《编年史》是按照下面这种方式编写的。每年，大祭司会在一块白板上先写上执政官和其他行政长官的名字，日复一日，他习惯记下国内外、海陆发生的值得一提的事件。得益于大祭司的勤勉，前人将这些年度记录汇集成 80 卷书册，以记录者大祭司的头衔命名为《大祭司编年史》。

b）西塞罗，《论演说家》2.52：希腊人曾经像我们中的加图、皮克托或皮索那样写历史，他们的历史就是编年史，因此，为了保存公共记录，自罗马历史开启时起到普布利乌斯·穆西乌斯（Publius Mucius）担任大祭司（约公元前 133—前 114 年）止，大祭司负责将每一年发生的所有事件都记录在一块白板上，并在其府邸予以展示，公告众人，甚至到现在，这些记录仍被称为《大祭司编年史》。（康奈尔翻译）

根据西塞罗的说法，《大祭司编年史》从罗马历史开始之初记录，直到公元前 2 世纪后期为止。塞尔维乌斯称《大祭司编年史》共有 80 卷。除此之外，我们对《大祭司编年史》依旧知之甚少。其出版时间被认为是在穆西乌斯·斯卡沃拉（Mucius Scaevola）担任大祭司期间（公元前 130—约前 115 年）或奥古斯都统治时代。[34] 但考虑到法比乌斯·皮克托这样的早期历史学家似乎也受到了《大祭司编年史》的影响，因此后者也可能是在其他时期出版的。[35]

（阿提库斯说）没有比大祭司的编年史更为枯燥的记录了，在那之后，我们来看看法比乌斯，或者你常常提及的加图，又或者皮索、法尼乌斯、维诺尼乌斯，虽然他们中间可能有人的叙述比其他人的更生动，但总体而言，还有谁的叙述能比他们的更为乏味呢？（Cic. *Leg.* 1.6）

这些得以出版的记录的特点也颇具争议性。大多数古代作者认为其对事件的记述过于简单，不够详尽（例如 Gellius，*NA* 5.18.8—9；Cato，*FRH* T1；西塞罗在上文中用了“乏味”一词）。然而，需要用 80 卷的体量记录从公元前 753 年至公元前 133 或前 114 年发生的事，表明其内容是极为翔实的。[36] 另一个问题是记录开始的时间。粗看之下，《大祭司编年史》记录的最早事件发生在罗马历史开始之初，如上文西塞罗所说的那样，但似乎有 4 卷书是关于传说中的阿尔班王朝以及罗慕路斯之前的时代的。[37] 这引发了关于其记录信息是否可靠的问题。大祭司无疑是非常古老的职位，因而不会成为早期事件记录的阻碍。但关于这座城市史前时期带有神话色彩的信息的出现，意味着编写者在某个时刻编造并添加了没有直接关联的内容。在古代世界里，这种对古文献进行随意“整理”的情况是很寻常的。[38]

随之而来的问题是哪些时期的资料是可信的。一些学者认为最早的真实可信的记录是共和国中期部分。根据李维的评论（6.1.2），人们普遍认为，大多数文献都在公元前 390 年遭高卢洗劫时损毁了，但我们有充分的理由相信一些公元前 5 世纪的记录是真实的。例如，《大祭司编年史》记录了一场发生在约公元前 400 年的日食（Cic. *Rep*. 1.25 = *FRH*，*Annales Maximi* F5），这是有可能的。大多数作者认为这发生在共和国早期，而不是最初的王政时代。[39] 但对于原始资料可能早于公元前 5 世纪的观点，没有切实的证据予以驳斥，而关于新部落形成以及王政时代建成神庙这些准确记录的出现表明更早期可能出现了此类记录。[40] 公元前 6 世纪前罗马的复杂特性显然使人容易认为其统治者及民众希望能保存记录。

从现存史料看，这些记录包括各种发生在罗马本土和海外的重大公共事件。[41] 此外还有宗教相关的重要资料，例如神庙的建成、神迹和预兆的出现（如上文提及的日食），以及祭司的去世和接替人选。事实上，罗马人认为，所有重大市政提案和决定都需要得到神的许可，这意味着几乎所有事项都在大祭司的权限范围内。再次，根据我们所有的史料间接推测，《大祭司编年史》提供的公元前 5 世纪的文献证据很少，但进入公元前 4 世纪后，此类证据的数量明显增加，直到该世纪下半叶，每一年都有大量证据。这表明保存记录的习惯是逐步发展起来的，也可能是部分大祭司相对更勤奋的缘故。[42]

除《大事记》和《大祭司编年史》外，我们也有其他类型的书面记录，这些记录肯定影响了历史记载。如我们所知，古罗马保存着条约记录，其历史可追溯至王政时代，有不少此类记录得以保存下来，它们或刻在铜板上，或写在诸如织物这样的物料上（上文有所提及，例如，保存至今的亚麻书是写在织物上的，但出自伊特鲁里亚）。儒略历之前的历法保存了大量古代宗教信息，包括神庙的建成、节庆的举办时间、发生灾难性事件的“凶日”（dies atri）。由占卜官组成的祭司团记录个人职责和接替人选。其他祭司团，例如大祭司团是否也会进行类似的记录，我们无法肯定，但存在这种可能性。此类记录的历史有多久远，存有争议，但占卜官的记录可能出现于公元前 5 世纪。[43] 此外，关于元老院下达的命令的记录，被证实自公元前 449 年起就由市政官保存在克瑞斯神庙中（Livy，3.55.13）。按照狄奥尼西乌斯的说法，罗马人口普查的记录由监察官家族成员保管，可提供查看（Dion. Hal. 1.74.5）。最后，李维提到了神秘的“古史记载和关于行政长官的书籍，据李基尼乌斯·马克尔所说，这些文献由亚麻制成，保存在莫内塔神庙中”。[44] 我们无法确定所有这些文献资料的编写者，可能也无法弄清楚，但值得注意的是，我们所知道的可能存在的记录多种多样，或许还有很多其他类型的记录没有得到证实。在某种程度上，所有这些文献构成了罗马的“记忆世界”，即便重现罗马世界的运作方式是不可能的。

归根结底，此类记录的重要性是显而易见的，因为它们构成了共和国时期历史记述的文献基础。在李维关于每一年的记述中，有相当重要的一部分内容是由这些记录提供的海量信息构成的，它们也为李维穿插其中的更为详尽的故事提供了时序框架。奥克利（Oakley）认为下列几类在李维记述中提及的信息（及记录开始的时间）来自古代文献：[45]

行政长官：

·执政官（自公元前 509 年起）。

·执政保民官（自公元前 444 年起）。

·独裁官（奥克利“武断”地提供了一份自公元前 420 年起的名单，但自公元前 5 世纪早期开始的名单得到了证实）。

·骑士统领（自公元前 389 年起）。

·临时摄政者（共和国时期是自公元前 482 年起）。

·监察官（自公元前 443 年起）。

·裁判官（自公元前 366 年起，选择性记录；记录的第一次选举出现在第十卷）。

·市政官（自公元前 454 年起）。

·次要行政长官：殖民地行政长官（iiviri，自公元前 467 年起）；负责评估债务的官员（vviri，公元前 352 年）；海军官员（iivir navalis，公元前 310 或前 309 年）。

·特许延任（自公元前 327 年起）。

·占卜官（自公元前 463 年起）。

·保民官（自公元前 495 年起）。

·军团长（自公元前 499 年起）。

·举办凯旋式的将军（自共和国建立起）。

常见“编年史”信息：

· 常规市政事务。

· 执政官选举负责人。

· 粮食短缺及瘟疫（自公元前 496 年起）。[46]

· 神宴（自公元前 399 年起）。

· 商讨西比拉预言书。

· 还愿竞技会。

· 谢神祭（自公元前 449 年起）。

· 神迹（自公元前 461 年起）。

· 立誓并建造神庙（自公元前 509 年起）。

· 所有新部落的形成（自公元前 495 年起）。

· 殖民地的建立。[47]

· 公民身份的授予。

· 军事信息，如归降人、杀死的敌人数量、缴获的军旗、俘虏、编号的军团（自第十卷起此类信息更为普遍）。

· 鲜为人知的地名（自公元前 469 年起，但在第九和第十卷中更为普遍）。

· 掌控的行省。

奥克利留意到，关于公元前 509 至前 292 年这段时期，编年史家能得到的官方资料很多。李维记述的第一个十年里，此类信息数量大增，尤其是第十卷（公元前 303—前 293 年），李维在使用时是有选择性的。[48] 大多数此类信息可以追溯至公元前 5 世纪，其中部分可能是关于王政时代的记录（神庙、临时摄政者、凯旋式、殖民地，可能还有祭司），不过由于李维关于王政时代的记述极为简练，因此我们无法确定。部分公元前 5 世纪的资料被证实是真实可信的（执政官、占卜官、粮食短缺、神庙、诸如谢神祭这样的宗教信息、新部落、殖民地和鲜为人知的地名），有少数信息存在问题（例如公元前 5 世纪早期的保民官、军团长、独裁官和凯旋式，公元前 4 世纪后期掌控的行省）。无论如何，尽管有些方面难以做出判断，但多数信息的可信度表明其他信息是可信的。因此，这些基本可靠的核心资料提供了一个为大家所认可的罗马历史传统构架，有助于对不同版本的记述给出解释。我们所掌握的史料呈现出了惊人的一致性。

早期历史学家（希腊及罗马）

在罗马，文学史料和其他记述历史的文学体裁（历史诗歌、历史戏剧）的发展较晚，出现在公元前 3 世纪。这通常被认为是重构早期罗马历史的致命阻碍。但情况有点复杂。首先，如珀塞尔（Purcell）和弗劳尔最近提醒我们的，在书面历史出现之前已经存在一个丰富的罗马记忆世界，记住这一点很重要。[49] 考虑到构成那个世界的资料几乎全部遗失，我们很难判断其深度。对罗马的集体记忆而言，较晚发展起来的书面历史或许从来都不是重点，但不应该人为地将其与更广的罗马记忆世界割裂开来，因为书面历史也是其中的一部分。

再者，关于罗马的历史作品源远流长。最早写罗马和意大利的历史学家是希腊人。他们的作品大多只有残片存世，部分文字被后世作者引用，而这些人的作品得以保存下来。[50] 公元前 6 世纪早期的西西里诗人斯特西克鲁斯提过埃文德的故事，在后来的故事版本中，他在罗马安顿下来。自公元前 5 世纪起，包括米利都的赫卡塔埃乌斯、莱斯博斯的赫拉尼库斯在内的希腊作家开始谈论罗马的建立。公元前 4 世纪，我们知道本都的赫拉克利德斯（Heraclides of Pontus）、亚里士多德、西西里的阿尔西姆斯和泰奥弗拉斯托斯（Theophrastus）记述过罗马建城、遭高卢洗劫等事件，同时代的萨摩斯的杜里斯提到了罗马于公元前 295 年在森提努姆赢得的胜利。[51] 此外，在早期关于“第尔塞诺伊人”（Tyrsenoi）或“第勒诺伊人”（Tyrrhenoi）的希腊史料中，罗马很可能被认为是第勒尼安海沿岸的一座城市。[52] 但直到公元前 3 世纪早期，随着罗马征服整个半岛，对罗马历史的记述才变得更为详尽，击败希腊化时代强大的希腊国王皮洛士（Pyrrhus）意味着罗马的历史并入了希腊西部的历史。卡迪亚的希洛尼摩斯（Hieronymus of Cardia）和提麦奥斯均以将罗马包括在内的覆盖面更广的历史记述而闻名，格利乌斯称提麦奥斯写的是“罗马民众的事”。[53]我们知道提麦奥斯将罗马的建立与迦太基联系在一起，他还借助地方史料对罗马及拉维尼乌姆（Lavinium）的仪式习惯作了详细的描述。[54]

这些希腊史料似乎将重点放在建城传说及他们自己所处的时代上。[55]狄奥尼西乌斯（1.72）和普鲁塔克（*Rom.* 1—3）对各种不同版本的建城故事作了概述。罗慕路斯和瑞摩斯的传说可能源自罗马本土，因为相关记述表明希腊作家就此直接或间接询问过罗马人，得到了罗马人的说法。

直到公元前3世纪后期，罗马人才开始记述自己的历史。当第一位罗马人——法比乌斯·皮克托——开始记录自己国家的历史时，他能借用更早期的希腊人对罗马的记述。他用希腊语写作，一方面是因为在当时，希腊语是书写历史的语言，另一方面是因为他希望让希腊读者看到罗马人对所发生事件的描述。法比乌斯写作的时间为第二次布匿战争之后，他肯定知道汉尼拔获得了一些希腊历史学家的支持，因此他的作品必然在一定程度上有意反驳这些史料的观点。[56]然而，从波利比乌斯这些后世作者对其作品的引用可以明显看出，法比乌斯被视为权威人士，他虽然用到了自己所属的法比乌斯家族的家谱，但并没有表现得过于偏袒。[57]我们知道他不认同提麦奥斯关于罗马建城时间的说法，不过他似乎仔细参考了另一位希腊作家佩帕里苏斯的戴奥克利（Diocles of Peparethus）讲述过的建城版本。[58]现代学者通常认为这是一个显著变化。相较于希腊前辈，法比乌斯作为罗马人，想来更容易接触到官方记录和家谱。[59]但珀塞尔对其将重点放在“属于法比乌斯家族的时刻”提出了中肯的质疑，认为这么做使得作者所处的家族得到了优待，是没有必要的。[60]法比乌斯是第一个写罗马的罗马作家，但并非首个历史学家，不是所有古代历史学家都得来自他们所写的城市。例如，大多数现代历史学家认为没有理由去担心写雅典的希腊作家的背景。还需要记住的是，至少从公元前 5 世纪起到帝国时代后期，希腊对罗马的历史记述始终很连贯，这一点从狄奥尼西乌斯对前辈的讨论可以看出来（Dion. Hal. 1.5.4）。

很快，其他罗马人开始效仿法比乌斯写历史，他们也是用希腊语写作，不过引发罗马历史写作下一次重要变革的是恩尼乌斯(公元前 239—约前 169 年)。他撰写的拉丁语叙事诗《编年史》(*Annales*）本有 18 卷，有大约 600 行存世，足以看出这首诗的一些特点。《编年史》的创作自约公元前 187 年起开始，显然是一部关于罗马人民历史的重要作品，尽管其重点是公元前 3 和前 2 世纪。不久后，公元前 184 年严苛的监察官、著名的马库斯·波尔基乌斯·加图写了第一部拉丁语史书《起源》。该书不仅在使用语言上开创先河，并且除了记述罗马之外，还记述了意大利其他城市的起源。和之前希腊历史学家的作品一样，加图的这部作品有两个重点：既有带神话色彩的建城时期，也有他所处时代的历史，特别是布匿战争时期和罗马对希腊的征服。让人意外的是，根据我们所有的残片来看，《起源》显然缺少了共和国早期的相关内容。[61]

加图之后，公元前 2 世纪后期和前 1 世纪早期的历史学家几乎无人知晓，直到我们根据李维经常引用的史料得知了这些典型的“编年史家”[62]：瓦莱里乌斯·安提亚斯、李基尼乌斯·马克尔、克劳狄乌斯·夸德里加里乌斯（Claudius Quadrigarius）和埃利乌斯·图贝罗（Q. Aelius Tubero）。普遍认为这些作者对共和国早期历史的记述存在添油加醋的情况，他们捏造事实，以填补早先作者留下的大量空白，尤其是瓦莱里乌斯·安提亚斯，李维对他进行了数次批评，包括夸大著名战役的参战人数等。[63] 关于这些作者的记述存在大量不实信息的证据，存有争议，但主要是因为我们对他们的作品知之甚少。至少其中一人，即李基尼乌斯·马克尔，被认为充分利用了记录有行政长官名单的亚麻书。这似乎可以表明他在一定程度上会追溯源头，但李维也曾指控他捏造信息（表 1.1）。

表 1.1　最早的罗马历史学家

法比乌斯 · 皮克托：元老，活跃于第二次布匿战争期间；用希腊语撰写罗马自建城起的历史。
辛西乌斯 · 阿利曼图斯：公元前 210 年的裁判官，用希腊语撰写罗马自建城起的历史。
波斯图米乌斯 · 阿比努斯：公元前 151 年的执政官，用希腊语撰写罗马自建城起的历史。
阿西利乌斯：公元前 2 世纪 50 至 40 年代元老，用希腊语撰写罗马自建城起的历史。
昆图斯 · 恩尼乌斯：公元前 239 至约前 169 年，来自卡拉布里亚的卢迪埃，撰写关于罗马历史的 18 卷本六音步叙事诗《编年史》，从建城起到公元前 171 年。他还效仿希腊模式，用拉丁语创作过悲剧和喜剧。
波尔基乌斯 · 加图（老加图）：公元前 234 至前 149 年，公元前 195 年的执政官和公元前 184 年的监察官，撰写《起源》（7 卷），它是第一部以拉丁语写成的罗马史书。他的作品《农业志》得以保存。
卡西乌斯 · 赫米纳：于约公元前 146 年写作，用拉丁语写了《编年史》，自罗马建城起至其所处的时代。
法比乌斯 · 马克西姆斯 · 塞维利亚努斯：公元前 142 年的执政官，用拉丁语写了《编年史》，自罗马建城起至其所处的时代。
卡尔普尔尼乌斯·皮索·弗鲁吉：公元前 120 年的监察官，反格拉古派；用拉丁语写了《编年史》，自罗马建城起至其所处的时代。
格利乌斯：格拉古时期，写了《编年史》，共 97 卷，时间至公元前 146 年。
克劳狄乌斯 · 夸德里加里乌斯：苏拉时期，写了《编年史》，自罗马遭劫（公元前 390 年）至其所处的时代，至少有 23 卷。
瓦莱里乌斯 · 安提亚斯：苏拉时期，写了《编年史》，自罗马建城起至其所处的时代，至少有 75 卷。《编年史》是李维重要的文献来源，尽管被认为可信度不高。
李基尼乌斯 · 马克尔：公元前 73 年的保民官，写了《编年史》，其立场可能带有强烈的民粹主义倾向。
埃利乌斯·图贝罗：于公元前 46 年写作，写了《编年史》，自罗马建城起，至少有 14 卷；后来作为法学家成名。

现存文学史料

保存至今的文学作品主要以上文列出的已经佚失的史料为依据。在我们所掌握的文学史料中，提图斯·李维（Titus Livius）的记述无疑是最重要的。他出生于意大利北部的帕塔维乌姆（Patavium，今帕多瓦），不过后来搬至罗马，在这里出名。他记述的罗马史从建城开始[因此其拉丁语书名为《自建城以来》（*Ab Urbe condita*）]，到公元前9年为止，共有142卷，1—10卷和21—45卷得以保存下来。我们关注的是记述公元前753至前390年的1—5卷和公元前390至前292年的6—10卷。前五卷中提到的两处——奥古斯都（而不是屋大维）以及雅努斯神殿第二次关闭大门——表明该作品的出版时间为公元前27至前25年。但现在认为，李维很有可能是在亚克兴战役（公元前31年）之前开始写作的，或许是公元前33年或前32年，这更符合他在序言中表现的极度悲观的基调。[64]第一卷记述了自建城起到君主制覆灭的事件，后者据传发生在公元前509年。这是个能让人产生联想的主题，在李维描写众国王和君主制垮台的同时，奥古斯都成了皇帝，尽管他宣称共和国得以延续。[65]

尽管李维的著作是我们能得到的关于早期罗马的最好记述，但李维本人经常对其讲述故事的历史价值表示怀疑。在描述带神话色彩或具有争议的事件时，他经常会加上“据说”或意思相近的限定语。[66]他在序言中称：

> 关于建城以前或规划建城期间发生的事件，与其说是可信的史记，不如说是富有诗意的虚构，我的态度是既不肯定属实，也不予以驳斥。[67]（Livy，Preface 6—7）

从现代历史追根溯源的角度看，李维似乎没有对原始资料进行过研究。[68]但总的说来，他对此前作家的记录加以充分利用，在此基础上给出了自己的记述，并且他显然有能力通过相互比较来指出这些作家的错误。李维以教导为目的，他是个出色的说教者。在序言中，他提议用昔日的模范人物来指引行为的好坏："关于研习历史，尤为有利的好处在于能看清楚被载入史册的种种行为，你可以从中为自己和国家选择可以效仿的举止，警醒应当避免的开端卑劣或结局丑陋的行为。"

19 世纪和 20 世纪的大多数时候，围绕李维展开论述的学者们对李维的看法较为负面，认为他不过是对更早的史料进行照搬照抄罢了，更注重娱乐性，而非真实性。近期的研究极大地恢复了李维作品的声誉。[69] 毫无疑问，李维力求能吸引读者，且他奉行的历史原则有别于现今的原则（包括和所有古代历史学家一样，大量引用历史人物说过的话，详细描述这些人物的心理活动，而李维是不可能知道这些的）。但他宣称对罗马历史事件的报道是准确的，以此来实现这些目标，至少，他力求成为一名勤谨的历史学家，他的目标主要是创作出准确且能引人入胜的作品。

李维版历史著作引发的最重要的问题有所不同。和任何试图记述七百年前历史的古代历史学家一样，他具有局限性：他的资料很零散且不可靠；他的记述本身是以罗马为中心的，认为罗马其实是意大利中部的一座岛屿；他关于年代的记录出现过错误，对早期罗马不同的社会及经济状况的理解有限；他的写作受到了当时在罗马盛行的独特的希腊化时期历史编纂体裁的限制。[70]

李维的记述覆盖面广，有三个典型特征。第一，他采用了编年史的形式，对罗马共和国的历史进行了逐年记述。如此一来，他可以效仿罗马编年史的结构。但在划分每卷书的内容时，他用了一种复杂的方式，没有完全按照逐年记述的顺序。[71] 第二，他记述的内容逐渐增加，同时慢慢减少了每卷书所涵盖的年数。这可能表明他意识到了，随着记述的继续，他能得到的信息的质量和数量都在逐步提升。[72] 第三，尽管这部作品篇幅极长，但李维大量精简了自己获得的信息，进行了有选择性的使用。[73]

另一部存世的关于王政时代和早期共和国时期历史的重要叙述作品是哈利

卡尔那索斯的狄奥尼西乌斯的《罗马古代史》(*Roman Antiquities*)，这位希腊学者及修辞学家于公元前30年来到罗马。《罗马古代史》自公元前7年开始出版，涵盖了从最初至公元前264年的这段时期，前四卷是关于罗马和君主制的起源。他的作品和李维的著作类似，因为两者使用了很多相同的史料，但冗长的言论和将重点放在罗马历史中证据最为缺失的时代，使得狄奥尼西乌斯的历史记述变得难以处理，因而缺乏李维著作所受到的学术关注。[74] 另一方面，相较于李维，狄奥尼西乌斯似乎更热衷于使用古文物研究资料(李维主要是对比前人的记述)，且引用的史料更多。[75] 狄奥尼西乌斯的主要目标是纠正此前希腊史料中对早期罗马的错误看法，并突出这座城市的希腊色彩。

记述早期罗马的历史学家能获得大量其他资料，这些史料是对重要作家的记述的有用补充，并且提供了对比参照。还有几部关于这一时期的历史作品保存至今，其中最知名的作者是西西里的狄奥多罗斯[76] 和卡西乌斯·狄奥，前者写的世界史于公元前1世纪30年代出版，后者写的罗马史(公元3世纪初期)有十卷是关于到布匿战争这段时期的，这部作品借助拜占庭修士佐纳拉斯(Zonaras)的概述得以保存下来。西塞罗在其写于公元前1世纪40年代的《论共和国》(*Republic*)中，以对话体的方式提供了对早期罗马历史的特有看法。[77] 波利比乌斯是一位公元前168至约前145年生活在罗马的希腊历史学家。他的历史著作有40卷，聚焦公元前220至前164年间发生的战争(1—5卷得以完整存世，其余只有片段得以保存)。波利比乌斯的作品是后续罗马历史的重要资料来源，但也提供了一些关于早期历史的有用补充，还说了些关于罗马人与高卢人战争的题外话，很有价值。最后，普鲁塔克(公元46—120年)写了《希腊罗马名人传》(*Parallel Lives*)，其中有很多我们所关注时代的重要人物——罗慕路斯、努马、普布利乌斯·瓦莱里乌斯·普布利科拉、科利奥兰纳斯、卡米卢斯和皮洛士，但这些罗马人物身上的神话色彩意味着这些描述缺乏可信的历史细节。所有这些作品都是李维和狄奥尼西乌斯作品的有用参照，因为它们使用了一些不同的史料，有时候有不同版本的记述。

鲜少有历史学家会直接使用文献证据，进行这类调查研究是“古文物研究”作者的特色。古文物研究者喜欢对存世的早期古物进行调查考证，他们会研究传统、风俗习惯、语言、纪念性建筑和文献。这一趋势始于公元前 2 世纪，瓦罗和维里乌斯 · 弗拉库斯（Verrius Flaccus）是两个最为重要的代表人物，前者在公元前 1 世纪中期至后期做研究，后者在奥古斯都手下干活。瓦罗写了大量作品，包括公元前 47 年完成的 40 卷本《人事与神事考古》（*Human and Divine Antiquities*）。西塞罗将《论学园派》（*Academica*）献给瓦罗，称“当我们如陌生人一般在我们自己的城市游荡时，您的著作引领我们归家……您告诉我们所有神圣及世俗事物的名称、种类、承担的责任和起源”（*Academica* 1.9）。费斯图斯以缩略形式将维里乌斯半按照字母顺序排列的词汇表保存下来，该表可能完成于公元 2 世纪。[78] 瓦罗和维里乌斯只有一小部分作品保存至今，但大部分内容为后世作家所使用，因此也流传到我们手中。他们的研究似乎发现了大量被忽视的信息，可能为同时代和后世作家对早期罗马的记述提供了更为坚实的基础。我们无法确定他们的影响有多大。最能体现他们的直接影响力的是奥古斯都时期的作品，例如狄奥尼西乌斯的《罗马古代史》和奥维德的《岁时记》（*Fasti*），以及后来普林尼的《自然史》（*Natural History*）和普鲁塔克的传记系列。[79] 他们对其他历史学家的影响不甚明显，不过有些许迹象表明李维用过他们的研究。[80]

考古证据

如今，考古学为我们理解早期罗马做出了极大的贡献，其影响一直在增加。从地理上看，罗马位于意大利中心，台伯河与多条陆路要道的交叉口。人类在此定居的历史超过三千年，记录这座城市历史的考古遗迹和反复遭受的河流冲积使得此地有着丰富的地层堆积。[81] 这使得发掘工作变得极具挑战性，并且可以进行考察的区域往往十分有限。要挖掘至原始土壤之上的较低层尤其困难，通常得移除早期的遗址，例如在罗马广场的发掘。随着城市的连续发展——无论是古代，还是现代——大多数文物古迹都消失了，例如在19世纪，为了住房建设开发埃斯奎里山，导致山上大多数墓碑文物散落各地。古典时代末期，大多数古代文物都已经过重新加工，或遭劫掠，或重建（卡比托利欧神庙就是个典型的例子，它曾两次被大火焚毁，后续重建使用了后世的材料）。[82]

对这座城市的发掘工作可以追溯至文艺复兴时期，教皇为了找回古代雕像，对罗马广场等中心区域进行了挖掘。对罗马城遗址的保护、以正确的方式进行发掘直到1871年意大利统一后才得以展开，贾科莫·博尼在1900年左右对罗马广场进行了发掘。[83]博尼监管了后期遗址的大规模清理和罗马广场上一系列发掘工作。他对关键区域的发掘作了仔细的记录，例如罗马广场发现的早期墓地，时间为公元前9世纪和前8世纪；还有户外集会场（Comitium），这是罗马一处重要的会场。直到20世纪80年代，考古发掘的规模与重要程度才接近博尼的工作。

整个20世纪，重要的发掘和重新评估工作一直在进行，诸多关于罗马市中心重要古迹的信息变得明确，具有纪念意义的罗马广场的建成时间也得以确定。位于圣奥莫博诺教堂下方的屠牛广场（Forum Boarium）有部分被发掘出来，20世纪50年代至70年代，埃纳尔·耶斯塔德（Einar Gjerstad）对墓地进行了重要的重新评估，并核对证据。他重新检查了博尼对罗马广场路面做出的地层分析和所有到那时为止的考古资料，但他提出的年代顺序颇具争议，鲜少有人认可。[84]

20世纪80年代，现代发掘工作加快了速度，在现代政府机构考古遗产特别监管局的管理下，范围也变得极广。对早期工作进行复查成为重点，卡拉法对户外集会场和罗马广场的地层进行了重新评估，确定路面的时间为早期城市化阶段。卡比托利欧山、帕拉蒂尼山、斗兽场区域内、西里欧山以及其他很多地方都展开了新的重要发掘。对帕拉蒂尼山西北坡和维斯塔神庙也进行了重要的发掘。这些区域出现了自公元前 8 世纪起的定居点遗迹，公元前 8 世纪至前 6 世纪的著名的帕拉蒂尼城墙，以及圣道沿途一些宽敞的带中庭的宅邸。近期在奎里纳尔山又发现了重要的房屋结构。[85] 目前，对屠牛广场的进一步发掘工作正在进行。此外，取芯项目改变了我们对罗马地质的认知，对建筑赤陶的研究使得我们对罗马和意大利中部在古代的建筑方案方面有了清晰的认知。[86] 罗马之外，通过对礼堂别墅的发掘，以及持续对勘测证据进行重新评估，例如由罗马英国学院（British School at Rome）展开的台伯河谷勘测计划（Tiber Valley Survey Project），与这座城市郊区乡村住宅相关的新的考古证据得以发现。在很多伊特鲁里亚和拉丁城镇，如塔奎尼和加比，更为重要的考古调查正在进行中。

重新评估昔日的考古资料，同时继续进行发掘，意味着现在与早期罗马及其周边地区相关的考古信息变得前所未有的丰富。但保持洞察力很重要。近期，帕拉蒂尼山西北坡发掘出一块仅 1 公顷的区域（在面积约 427 公顷的古城范围内），在此范围内，恐怕只有极少数地点才能深入挖掘至古代地层。而且，墓地作为意大利中部其他城市的主要证据来源，在罗马可能遭到了严重的破坏，原因有二：重新开发导致埃斯奎里山上的墓地被毁，以及东方化时期末，公元前 580 年左右，墓葬形制变得更为简朴，罗马和其他拉丁城市都出现了这一文化转变。这些原因，加上很多伊特鲁里亚城市的资料保存得更为完好，使得第勒尼安意大利中部其他地方——伊特鲁里亚、拉丁姆以及坎帕尼亚——相似的资料变得越发重要。

过去几十年发现的大多数考古证据还没有被关于早期罗马的历史著作收录。例如，现在很难再坚持“罗马城邦直到公元前 625 年才形成”这一观点，罗马广场的第一层路面（卡拉法认为是第二层）是在这一年铺设的。这一观点和很多历史概述一样，主要依据是博尼在发掘过程中收集的零散资料。近期的考古发掘使得公元前 8 世纪和前 7 世纪的发展变得更为清晰，城邦的形成是一个更为渐进的过程，可以追溯至这一时期。不过，要记住，关于早期罗马的考古调查，我们仍然处在一个极早期的阶段，鉴于这座古城被完全发掘的部分实在太少，关于这些早期发现的意义，争论依然激烈。[87]

关于早期罗马的考古资料，有一个关键问题，即这些资料和文学史料的吻合度有多高，没有后者，我们对早期罗马的了解就会变得相当贫乏。[88]古代罗马相关的考古和文学记录之间存在一些惊人又令人放心的一致性，最远可追溯至王政时代。[89]例如，位于卡比托利欧山的朱庇特神庙以及罗马广场上卡斯托尔神庙的考古遗迹与文学史料中提及的这些神庙的建立相吻合，具体细节方面存在不同程度的出入。20 世纪 60 年代，皮尔吉金板被发现，为波利比乌斯记录的罗马与迦太基在公元前 509 年签订条约一说提供了强有力的证据，这些金板证实了当时在意大利中部恰好有说腓尼基语的人。[90]更引人注目的是，塔克文·普里斯库斯的父亲德玛拉图斯从科林斯迁至罗马的传说与同时代碑文记录证实的个体迁移有着惊人的相似之处。[91]同样地，伊特鲁里亚传说中的冒险家奥卢斯·维本纳——据说此人在后来的君主政体中扮演了一个角色——的名字出现在了维爱（Veii）出土的一段约公元前 580 年的铭文中。[92]

尽管如此，使用考古资料来解决对的问题很重要。诸如上文提及的与文学史料相吻合的情况是十分幸运的。寻求文本和考古资料的一致性这种方法问题多多——斯诺德格拉斯（Snodgrass）称之为“实证性错误”（positivist fallacy）。[93]这种方法十分普遍，很多使用考古资料的学者仍然会在文化—历史这一范式内进行研究，该范式基于在考古记录中寻找族群。考古证据告诉我们的关于罗马经济、社会和文化的独立故事显得更为重要，这要求我们重塑通常已经被认可的早期罗马历史。

我们所掌握的关于早期罗马的证据的价值以及罗马人对过去的构建

我的总体目标是明确目前所掌握知识的状况，而不是就我们所有的史料的情况给出一个定论。其中一个关键因素显而易见，即随着时间的推移，文学史料变得越来越重要。我们的史料明显可以分成不同阶段，可以通过表 1.2 大致列出来。

但是，这些阶段之间的转变并不明显，更多是证据性质逐渐发生了变化。最重要的转变可能是在共和国期间，可即便是在这一时期，我们还需要考虑证据的变化，因为在共和国早期仍然带有明显的传说元素。正如我们在上文提及的李维的案例中所看到的那样，文献的详尽程度是随时间的推移稳步提升的。

表 1.2　文学史料的性质

	文学史料的性质	部分重要的阐述	评论
建城之前	神话	埃涅阿斯；埃文德；赫拉克勒斯造访罗马所在地	神话故事可能保留了一小部分有用的信息
建城故事	以神话为主	罗慕路斯和瑞摩斯；阿尔班国王们；庇护地；萨宾女人遭掳	可能有部分有用信息；大多为神话；难以将神话和历史区分开来
王政时代早期	半神话	努马和埃格里亚	记录发生了变化：努马基本上属神话人物；安库斯身上有大量历史元素[94]
王政时代后期（“塔克文王朝”）	神话和历史	塔克文·普里斯库斯的出身；普里斯库斯之死；塞尔维乌斯·图利乌斯的出身；君主制的覆灭	大量历史元素；常出现神话元素；国王生平成为重点；更注重按时间顺序叙述
公元前 367 年的共和国	半历史性质，夹杂神话元素	波尔塞纳围城；雷吉鲁斯湖；辛辛纳图斯；十人委员会和维吉尼娅的故事；卡米卢斯；围攻维爱；高卢劫掠罗马；李锡尼和绥克斯图法案	大量历史元素；神话元素减少；仍然有很多生平叙述；更为清晰的时间顺序和历史事实构架

续表

	文学史料的性质	部分重要的阐述	评论
约公元前 367 至前 310 年的共和国	大体为历史记述	卡夫丁峡谷	
约公元前 310 至前 290 年的共和国	基本上是历史记述	胜利的征兆以及德西乌斯死在森提努姆	提供了更多详尽的信息；阐述比例减少

以这种方式列出历史资料，可以让人安心地评估史料，但近期的发现让我们进一步认识到这些史料列出的特定事件顺序对其讨论的所有时代产生的影响。从很多方面看，这一点甚至比讨论更广的史料可信度更为重要。其中最大的挑战是年代错误问题：对古代社会状况缺乏了解，将过去理想化（两者相互关联）。[95]

在描述公元前 327 年与萨莫奈人战争的开局交锋时，李维让一位萨莫奈将领说出了“让我们决一胜负，看看究竟是萨莫奈人，还是罗马人掌控意大利”这样的话（8.23.8）。李维是在罗马确立了地中海霸权后写作的，其观点中隐含的“后”见之明是我们所掌握史料存在的根本问题。这些作者对罗马历史的理解带有“目的论”色彩，即罗马规划好了未来迈向伟大的道路。此外，在解读这些史料时必须考虑罗马在共和国期间经历巨变这一背景。例如，公元前 4 世纪和前 3 世纪与公元前 2 世纪至前 1 世纪的情况截然不同：在前一段时期，罗马与萨莫奈、皮洛士和迦太基开战，付出了沉重的代价；而在后一段时期，罗马快速出征，大规模征服地中海其余地区，获取了大量经济资源，将政治控制范围扩大到了整个地中海盆地。同样，公元前 264 年的罗马共和国和仅七十年前相比，其领土面积呈指数级增加。因此，对于生活在世界性帝国时代的共和国后期人而言，重新想象公元前 6 世纪至前 3 世纪初的城邦情况是很大的挑战。[96]结果就是，我们所掌握的史料倾向于低估罗马在共和国期间发生的变化。而且，现存大多史料从未体验过正常运作的共和制，只经历过其在公元前 1 世纪下半叶灾难性的衰亡。所以，这些史料往往带有不切实际的怀旧色彩，专注于从道德角度去看待问题出在哪里。

因而，对史料在构建过去时的意识形态——其描述的早期罗马人的简朴、父权至上、爱国和高尚精神——提出质疑至关重要。这些描述与共和国后期多变多元的社会——处于那个时代的人为此感到不安——形成了含蓄的对比。围绕怀旧和“编造过往”展开的现代历史研究提供了有用的类比。[97]罗马人对其古代形象的刻画大多存在很大的问题，这既是对历史真实信息的记录，也反映出共和国后期及帝国早期作者的焦虑。这种理想化并不单纯：罗马人对过去的看法不应被视为对过往真相的中立复述，如现代历史学家认为自己正在做的那样，而应被视为为了服务特定群体而构架的政治化意识形态。[98]

所以我们得警惕这种理想化且怀旧的观点中常见的主题。罗马作家从他们所处的高度依赖城市的社会——“全球化”帝国经济的影响日趋明显——的角度出发，回顾早期农业化、不具商业性的纯粹罗马。在一个衰落的奢华时代，早期罗马人被认为是简朴的。[99]在一个对罗马的军事表现日益感到担忧的时代，早期罗马人被认为在军事上是成功的（这并非一个完全带有误导性的观念）。罗马作家所处的社会，由于贫富差距悬殊、权力更多集中在王朝家族手中和更高的离婚率，精英女性的影响力和自由度都已经得到提升，因此，这些作家容易将早期罗马想象成一个保守的父权社会。早期罗马人被视为虔诚信仰众神，信守神圣誓言，他们所处的是一个想法更具哲学性、更世俗化（至少在精英阶层是如此，我们只能对他们的观点进行确切评估）且（能察觉到）出于政治目的而加强对宗教控制的时代。最后，早期罗马的贵族被认为起源于罗马，但事实上，在罗马历史中，社会流动是很普遍的现象。[100]

让人惊讶的是，这些主题是如此古老，且延续了如此长的时间。它们的历史无疑可以追溯至李维之前，或许在波利比乌斯和法比乌斯·皮克托之前。无论是古文物研究者，还是历史学家，都抱有这种想法。例如瓦罗，他在《人事与神事考古》中称发现过去是为了不要“忘却”旧习俗。[101] 在看待罗马历史时，此类怀旧之情似乎是难以避免的。例如，从公元前3世纪的法比乌斯·皮克托（*FRH* F25）到公元1世纪的瓦莱里乌斯·马克西姆斯（Valerius Maximus），都提到了罗慕路斯统治时期禁止女性饮酒一事。这种道德化理想似乎不只是文学作品的特点，而且形成了一种嵌入罗马历史记忆的倾向。从加图关于“名人美德和光辉事迹”的宴歌（*FRH* F113）中可以清楚看到口述文化中这种守旧的倾向，类似《大祭司编年史》这样的“文献”史料或许更是如此，其中数个段落能明显看出怀旧倾向。[102]

这是一种很简单的方式，罗马人以仿古方式表达对过往的看法，但现实要复杂得多。与这些主题最为贴合的或许是自共和国早期起的故事，这个时代出现了如辛辛纳图斯（Cincinnatus）、卡米卢斯和法布里奇乌斯这样的英雄典范，他们集很多此类特点于一身。[103] 但王政时代的情况略有不同，最后四任国王并没有被直接视为楷模。此外，很多历史学家从更古老的史料（既有书面文献，也有口述资料）中获得的故事与这些理想典范相互矛盾。我们的历史学家没有将早期罗马描述为一座理想化的博物馆，而是善恶争斗的战场，其中存在且经常会出现灰色地带（例如，关于罗马建城的故事，罗慕路斯杀死了兄弟瑞摩斯，罗慕路斯本人可能是被元老们谋杀的，而不是神化）。后世罗马人也不会只效仿好榜样。

作家们清楚这些是共和国精英家族以及奥古斯都时代为了政治利益而进行的形象宣传，因而可能会遭到嘲弄和质疑，所以普劳图斯喜欢取笑自命不凡的士兵、目中无人的贵族和精心打扮的凯旋者（例如 *Epidicus* 158—160）；普罗佩提乌斯（Propertius）认为观看凯旋式要胜过参加凯旋式（*Elegy* 3.4）；如我们所看到的，李维和西塞罗都质疑过精英人士记录的家谱。在共和国后期活跃的知识分子圈子和文学文化领域中，这些形象因而受到讨论，面临质疑，且绝不是单一维度的。这或许表明整个罗马社群与历史记述休戚相关，无论是对平民，还是对贵族而言，都意味深长。早期罗马历史不只是死板地罗列出辉煌的成就。所有这些方面是罗马“价值观”的核心特点，它们一同作用，构成了共和国后期及奥古斯都时代罗马人理想化的自我认同。罗马人可以借此将过往的社会与他们所处的时代、邻近地区、迦太基和希腊城邦这些“变弱”的被征服的国家作对比。

这些观点很有影响力，且非常普遍，我们的很多故事都受到了影响。所以，阅读早期罗马史料的人需要时刻警惕这些观点，以及李维等历史学家为了说教使用的范例。本书将对这一罗马意识世界观的诸多方面提出质疑，例如将罗马刻画为一个自给自足、非商业化、几乎没有航海经验的国家，又或者将精英阶层描述为自律、简朴、根本不富有、专注为国家尽责的形象。[104] 近期，从方法论角度来看，对另一个多少带有神话色彩的古代城邦斯巴达采取的修正主义方法是具有指导意义的。关于斯巴达的诸多方面主要是通过后世史料为人所知的，如普鲁塔克的《吕库古传》(*Life of Lycurgus*)，由此形成的扭曲视角被称为“斯巴达幻象”。[105] 斯巴达和罗马都是外向型国家，思想上无视对毗邻地区的亏欠，形成了孤立的历史。这两个社会都集民主、君主制和寡头宪政这些特色于一体。它们的精英阶层在朴素、兵役和为国牺牲方面有共识。在经历扩张后，它们都经历了对人口下降的担忧，土地改革的失败（有时候，人们猜测罗马的格拉古兄弟受到了斯巴达同僚的启发）。不同于斯巴达，罗马没有真正存世的古代文学史料（除非将哈比内克和怀斯曼讨论的古代歌曲文化算在内）。尽管如此，像研究斯巴达那样，思考“罗马幻象”是很有用的。要完全摆脱这些歪曲的记述需要大量的反思。

走近早期罗马

罗马历史的核心显得有些矛盾。自文艺复兴时期以来的数个世纪，历史学家追溯罗马的“崛起”，它从一个只有少数农村人的棚屋小村发展为共和国后期的伟大城市，掌控着欧洲和地中海的帝国。这个故事建立在这样一个基础上，即罗马人自己对早期罗马极为正面的刻画以及这一形象在七个世纪里所发生的改变。撰写罗马历史意味着接受最先由李维等罗马历史学家提出的框架，而意识到这一方法的局限性十分重要。相反，古希腊的历史学家的写作虽然以年代为框架，但他们更容易摆脱按照以史料为基础的事件顺序记述。他们倾向于更多使用人类学和社会学的概念，如国家的形成、城市化、仪式和民族特点，提供一种更具主题性的研究古代历史的方法。[106]

从方法论角度看，这项工作致力于以同样批判性的方式去处理考古和文学史料，不过相较于考证每一份证据的史实性，我们更注重的是整体层面上的一致性。如在这一章中所看到的，从古风时代到共和国后期，信息保存方式的复杂性使得弄清楚其流传途径几乎是不可能的，大多数情况下，我们无法核实或完全驳斥事件的史实性。如此一来，大多数证据存在不确定性，这令人感到不安。但我们对早期罗马历史的研究不应因此受阻，因为在关于古代世界大多数社会的研究中——希腊古典时代以及罗马共和国后期至帝国早期除外——这种方法论情况是很典型的。

关于方法论原则，更进一步的要求是我们应更多在具体情境中理解罗马历史。将罗马与其他古代社会作对比，有助于我们抵消以罗马为中心的罗马史料的记述带来的影响。这意味着既重视文学史料，也看重考古证据和铭文，同时代的物证使得我们可以察觉文学史料中存在的年代错误。通过比较法，我们可以将罗马置于意大利中部这一背景中。在方法上，出于多种目的，我视罗马为其所处的意大利中部这一社会环境的产物，这样就可以使用与之毗邻的社会的证据来讨论罗马的一些方面，如其经济和社会状况。[107]这么做是有风险的，特别是让罗马显得与其周边地区很相似，无法体现出其鲜明的特色，但好处也是有的，例如以正确的考古发现为依据来阐述罗马的经济：利大于弊。

比较法的另一面是将罗马视为更大范围的地中海世界的一部分。从这个角度看，与古希腊作对比尤为有用。最近，弗拉索波卢斯（Vlassopolous）主张使用多种方法研究希腊历史很重要，他意识到 19 世纪和 20 世纪初期民族主义和帝国主义叙事成为主流，认为这个城邦并非自给自足，而是地中海和近东世界体系的一部分。[108] 他主张，围绕古希腊展开的以民族主义为主的论述应该被相互关联的更广阔的地中海和近东历史所取代，对于罗马相关研究而言，这一观点很重要。[109] 而且，近期珀塞尔和霍登（Horden）、马尔金（Malkin）、伊萨耶夫（Isayev）的研究阐明了古地中海世界通过大量网络和不同的流动方式相互关联的本质。[110] 所以，总体而言，相较于我们所掌握的史料——将早期罗马与其共和国后期及帝国早期作含蓄对比——此类比较法至少能提供一样多的信息，甚至更多。

第二章

早期意大利，从青铜时代至古典时代

导读

本章节旨在对早期罗马历史所处的更广的意大利背景作概述。显然，罗马是更广阔的意大利世界的一部分，其历史的各个阶段都与邻近地区密切关联。然而，由于古代史料观点普遍以首都为中心，这一点往往被掩盖，因而常常被现代关于罗马历史的记述所忽略。罗马周边地区的考古证据往往要比这座城市本身的考古发现更具启发性。例如，在古加比［奥斯特里亚·德洛萨（Osteria dell’ Osa）］的墓地中发现了约 600 座坟墓，其历史可以追溯到公元前 9 世纪至前 6 世纪，远比罗马各墓地存世的古墓悠久。

青铜时代背景

意大利青铜时代（约公元前 1800—前 900 年）构成了历史发展的重要背景。这一时期之所以被称为青铜时代，是因为青铜（铜锡合金）得以广泛使用，被用于制造器皿、武器和饰品。这一时期，甚至之后铁器时代的大部分时间里，人们使用的主要金属始终是青铜。按照惯例，青铜时代分为四个阶段：早期、中期、近期和晚期（表 2.1）。意大利后期历史的很多特点都源于这一时代。特别值得一提的是，我们在很多后期重要城市所在地发现了稳定定居点存在的初步迹象。我们也能追溯随葬物品这一做法是从何时开始的，这种现象在公元前 7 世纪达到顶峰。新的制陶技术和金属加工传统，以及与欧洲和地中海的贸易往来，使得商业经济逐渐萌芽。此外，意大利后期不同民族地区之间的差异首次清晰地显现出来。所有这些证据让我们可以先追溯一些重要的发展阶段——可以追溯至公元前第一个千年初期，或许还有公元前第二个千年后期，特别是国家的形成、社会阶层的出现、地中海“世界体系”的影响，以及民族认同的形成——然后再仔细研究。

表 2.1　意大利史前时代

时代 （以及相关文化）	年份 公元前 （均为大概时间）
青铜时代早期	1800—1600 年
青铜时代中期（亚平宁文化 1A 和 1B 阶段）	1600—1300 年
青铜时代近期（亚平宁文化 2 阶段）	1300—1200 年
青铜时代晚期（原始维拉诺瓦文化）	1200—900 年
铁器时代早期（维拉诺瓦文化）	900—730 年
东方化时期	730—580 年
古风时代	580—480 年

青铜时代的特点是出现了稳定的定居点。青铜时代早期的意大利北部以及中期的意大利中部和南部都出现了定居点，诸如博洛尼亚、罗马、巴里和塔兰

托这些意大利后期持续有人居住的重要中心都是在这一时期出现的。在意大利北部，青铜时代中期的泰拉马拉（Terramare）定居点的面积通常在 1—10 公顷之间，可能住有数百人。意大利中部的定居点面积要小一些，约 1 公顷，直到青铜时代近期，才开始出现数公顷的定居点。[1] 青铜时代中期和近期，人口大量增加，但在过渡至青铜时代晚期期间，有人定居的帕达尼（Padane）地区遭遇危机，泰拉马拉定居点衰颓。这可能与公元前 1200 年左右迈锡尼王国的瓦解有关，帕达尼定居点与其有密切关联。青铜时代晚期，泰拉马拉周边地区出现了新定居点，并兴盛起来，最有名的是波河三角洲的弗拉泰西纳（Frattesina），它依靠长途贸易和金属、陶瓷及玻璃等手工艺品繁荣发展。[2] 在意大利中部，青铜至铁器时代的过渡期，这种连续性更为明显，尽管这期间也存在定居点的选择与合并这种情况。防御能力较差的定居点消失了，而地势较高的定居点得以保存，并发展壮大，如伊特鲁里亚南部的米尼奥内河畔卢尼（Luni sul Mignone）、圣焦韦纳莱（San Giovenale）和纳尔切（Narce）、罗马（卡比托利欧山 / 圣奥莫博诺）、拉丁姆的阿尔代亚（Ardea）和拉维尼乌姆。

青铜时代中期和近期（约公元前 1600—前 1200 年），意大利中部的特色文化被称为亚平宁文化。这一时期独特的陶器经过打磨，刻有装饰图案。意大利各地都发现有这种陶器，大多出自有定居点历史的地方，加上金属制品，显示出惊人的文化一致性。[3] 各定居点出土了大量陶器——比费尔诺河谷调查（Biferno Valley Survey）发现了大约 1 万片碎片。[4] 这一时期的墓地对所有人一视同仁，似乎表明当时的社会基本上是无差别的。这个社会与地中海其他地区有贸易往来。意大利南部一些地方发现了大量来自爱琴海地区的迈锡尼陶器碎片，尤其是公元前 15 世纪下半叶至前 13 世纪期间，但在意大利中部就鲜少有类似发现，米尼奥内河畔卢尼出土的碎片数量最多，也只有 5 块。[5] 意大利北部少数地方也有发现，多为这一贸易时期后期制作的。意大利本土模仿迈锡尼陶器制成的仿品被称为“意大利 – 迈锡尼”陶器，历史可追溯至公元前 13 世纪，意大利南部很多地方都有发现。[6]它们可能是在迈锡尼陶工开设的作坊制作的。到公元前13世纪末，地方仿制品的数量超过了从迈锡尼进口的陶器的数量，到公元前12世纪后期，迈锡尼进口陶器的数量骤减。直到公元前8世纪，爱琴海陶器进口才得以恢复，不过金属制品表明在中间那段时期，两地仍有接触。[7]

意大利半岛发现的其他进口物品包括琥珀、象牙、玻璃彩陶，以及诸如剑、饰针这样的青铜制品。青铜时代，金属加工业繁荣发展，大量金属制品窖藏被发现，其历史可追溯至青铜时代晚期。出自阿尔代亚附近的里梅索内窖藏（Rimessone hoard）的青铜制品重1.5千克，包括20件物品，全都残缺不全，可追溯至公元前11世纪后期及前10世纪早期。它们表明当时有专业的工匠，能使用来自伊特鲁里亚和撒丁岛的金属矿石，在这两个地方，采矿和冶炼的过程可能也有腓尼基人的参与。

青铜时代出现了民族认同的最初迹象，这一点也很重要。迄今为止，在没有书面文本的情况下，我们仍然很难对人类在这方面的想法进行探究。但布莱克（Blake）近期提出，通过列出部分类别的手工制品，可以清楚看到其运输网络与区域化团体有必然的关联，这种情况始于铁器时代，并为后世书面史料所证实。青铜时代晚期，有清晰的贸易网络痕迹环绕后来伊特鲁里亚人和维尼蒂人所生活的地区，而在（与伊特鲁里亚相连的）马尔凯（Marche）/翁布里亚（Umbria）、阿普利亚（Apulia）和巴西利卡塔（Basilicata），贸易网络的痕迹相对没那么明显。[8]在部分地区（莫利塞、坎帕尼亚和利古里亚），没有明确的迹象表明存在地区性网络。

就方法而言，这么做比根据后来划分的民族类别来确认意大利各地区的文化群体更合理，[9]且表明意大利部分地区在铁器时代之前就出现了民族认同。这与后期历史存在的一些明显极为古老的民族标志相符合：阿尔班山上的拉丁民族会举办拉丁节，其历史可以追溯至史前时代，诸如维斯塔贞女——对于罗马的身份认同至关重要——这样的神职人员，也与史前时代有渊源。[10]然而，这一研究方法——未来很可能会得到DNA研究的辅助——仍然处于初级阶段，充满不确定性，因为其中部分网络目前仅有极少数物品可以证实。[11]

伊特鲁里亚和拉丁姆地区最早的城镇

在青铜时代晚期过渡至铁器时代早期期间，出现了一个重大变化。伊特鲁里亚的发展表明这一地区在意大利中部处于领先地位。在伊特鲁里亚、相关的坎帕尼亚地区以及博洛尼亚区域，定居点形态发生明显的变化，与原始维拉诺瓦文化至维拉诺瓦文化的转变相对应。拉丁姆则相反，连续性更强，尤其是在罗马，可以留意到持续有人居住。意大利中部出现了大量公元前1000年左右的墓葬证据，这使得我们可以追溯社会分化的发展，即社会分成不同阶层的发展过程。特别是，我们可以追溯奢侈生活方式的发展和消费精英的出现。

最戏剧性的变化发生在伊特鲁里亚。在从原始维拉诺瓦时期过渡至维拉诺瓦时期的过程中，这一地区在社会、政治、领土和经济方面都出现了关键发展。[12]这些变化影响了生活的方方面面，包括丧葬文化、经济和定居点结构。我们看到原始维拉诺瓦文化从公元前12世纪开始在伊特鲁里亚形成。火葬是其特色，这种方式取代了此前常见的土葬，可能是受到了阿尔卑斯山脉另一边传过来的欧洲大陆骨灰瓮文化的影响。原始维拉诺瓦文化还有其他独特的元素，例如使用双锥骨灰瓮，这种陶器上面盖有碗或头盔，瓮身有特别的装饰图案，陪葬品还有特别的剑、斧子、刀片和饰针（但并非所有这些元素都得一起出现）。维拉诺瓦文化在伊特鲁里亚、意大利北部博洛尼亚周边和亚得里亚海沿岸——马尔凯的韦鲁基奥（Verruchio）和费尔穆姆（Firmum），以及坎帕尼亚的卡普阿（Capua）和蓬泰卡尼亚诺均有发现，展现得淋漓尽致。

从公元前9世纪开始，维拉诺瓦墓地的规模变得越来越大，存续时间也越来越长，证明这些地方的定居点达到了前所未有的稳定程度。逝者的骨灰通常被放入黏土瓮或青铜瓮中（常见的有双锥形瓮和形似小屋的瓮），然后葬入类似矿井的深坑中。这一时期的墓葬几乎没有随葬物品。到大约公元前 800 年，墓坑中也出现了土葬，在伊特鲁里亚南部，土葬很快成为主流的丧葬方式。

到公元前 8 世纪，随葬物品的数量和质量都有显著提升，一些坟墓显得尤为奢华，证明了统治精英阶层的出现，从墓葬记录也可以看出来。维爱四喷泉墓地（Quattro Fontanile）AA1 号墓（公元前 8 世纪第 3/4 阶段）就是个很明显的例子，墓中有一个用青铜头盔盖着的骨灰瓮，以及各种让人印象深刻的随葬品，包括一辆战车、一个显赫身份的标志、一个铁马嚼，诸如青铜盾、矛尖和斧子等武器，以及大量宴饮器皿。这座坟墓很典型，剑、矛、头盔这些象征战争的物品数量增加，不过在一些墓中，这类物品很薄，且设计十分复杂，它们可能是游行用的，或者是专门为丧葬设计的。

拉丁文化（Latial culture）和伊特鲁里亚南部的维拉诺瓦文化相似。在奥斯特里亚·德洛萨（后来加比的领土）、罗马、阿尔班山（最初的核心区）以及沿岸地区，均存在铁器时代早期的墓地。在拉丁时期第一阶段，丧葬习俗的特点是形似小屋的骨灰瓮、杜力姆陶罐（dolium，骨灰瓮会放入陶罐内）、小型陶器、金属制品（如蛇形饰针等）以及盔甲。骨灰瓮和小型陶器即便不是这一地区所特有的，也是很常见的。

青铜时代晚期（公元前 10 世纪），伊特鲁里亚主要的定居点形态从分散的村庄转至大面积的高地，这些地方将成为伊特鲁里亚历史上重要的城市，如维爱、卡里、塔奎尼、武尔奇、比森齐奥（Bisenzio）、维图洛尼亚和波普洛尼亚（Populonia）。坎帕尼亚地区也出现了类似的发展，如卡普阿（青铜时代晚期至铁器时代早期的过渡期）以及蓬泰卡尼亚诺（铁器时代早期）。所有这些地区的可居住区域面积都更大，平均达到了 126 公顷，远超青铜时代常见的 4—5 公顷。武尔奇和维爱的面积尤其大，分别为 180 和 190 公顷。[13] 这些中心大多与青铜时代早期没有关联，而是被人们快速选定的新据点，这一发展似乎与周边地区的村庄遭废弃有关。这些新定居点不仅面积更大，也更具经济潜力。它们通常有大面积的农地（平均约1000平方千米，而青铜时代定居点农地为20—70平方千米），靠近海岸，可以通过河流到达。[14]随着这些社群的规模扩大，数个村庄合并为单一的城市中心，有时候会构筑防御工事。

这一过程被佩罗尼（Peroni）及其支持者称为“原始城市化”（proto-urbanisation），提出这一概念是为了表明这一时期发展的重要性，尽管受到了事后认知的影响。认识到这些地方的城市特质很重要——居住地呈零散分布，而不是聚在一起。随着独立居住地数量的增加，形成了居住地“豹皮”模式，这些居住地散布在耕种区，偶尔也出现在墓葬区。[15]而对于我们在理论上可以分配给它们的大片领土，它们能掌控多少，还不能确定。假设，它们拥有的领土与古典时代伊特鲁里亚的城市相当，考古学家使用泰森多边形法确认了这些城市的范围，但鉴于根据陶器确定年代顺序的局限性，在推定区域内，关于实际被弃的周边较小定居点的面积，存在很大的不确定性。很多中心，如维爱、卡里和罗马，实际上可能逆势而为：在铁器时代早期出现了更多的小型乡村。[16]

所有这些是否意味着此类定居点为政治统一体，学者们对此争论不休。一些人更倾向于将它们设想为不同的群体，类似罗马的氏族，彼此合作，而不是统一的政治权威，或者说一个国家。[17]墓葬记录中的确有证据表明存在着家族之外的大群体。卡里数个墓葬地和第勒尼安意大利中部很多其他墓地都使用了坟冢，而在奥斯特里亚·德洛萨能看到独特的墓群，与氏族有关。[18]很多城市最初被数个墓群或墓地所环绕，如维爱，这一点同样让人印象深刻。[19]围绕氏族而非国家发展起来的原始社会组织也很像是现代化的构架，尽管它发生在久远的过去。[20]古代史料在记述城市化之前的阶段时，主要提及的是单一的领袖，而不是类似黑手党的氏族长者联手的群体。罗马法律史料和古文物研究资料证明了在早期罗马，氏族是具有影响力的群体，但鲜少有明确的证据证明这样的群体出现的时间早于国家。

在讨论这些实体时，我们还应避免过多地带入城市化和国家相关的现代预想。古代城市通常要花极长的时间才能发展至如帝国早期庞贝那样完全城市化的程度。古风时代和古典时代的地中海城邦与这种发达模式相差甚远。例如，这一时期大多数主要城市可能仍有大片土地无人居住。[21] 古代国家同样需要很长时间来合并、变强大，我们或许应该把“国家组织”当作是“国家形成”一样的一个持续的过程。[22] 政治组织可能先于城市出现，很有可能是新兴政治权威迫使或鼓动人们住在一起，也有可能是经济或社会力量让人们聚集在一起。[23]

在拉丁姆，铁器时代早期的定居点规模较小，数量更多。相较于伊特鲁里亚南部，该地区在青铜时代晚期至铁器时代早期的过渡期间，有更多定居点表现出了连续性，罗马、阿尔代亚、拉维尼乌姆、萨特里库姆、加比和菲卡纳（Ficana）等地都证实了这一点。[24] 这些早期居住地以日后城市所在的卫城区域为中心，到后期才将主要的居住空间包含进去。原始城市化似乎始于大约一个世纪后，即公元前 9 世纪，而不是前 10 世纪。和伊特鲁里亚南部一样，随着较小定居点的消失——可能是迁移导致的——此地在约公元前 900 年，也就是拉丁时期 IIA/IIB 阶段亦出现了一个合并过程。[25] 论面积，拉丁城市不及维拉诺瓦的城市，通常在 20—50 公顷之间，领土总面积为 200—300 平方千米。[26] 使用泰森多边形法对现存中心可能包含的领土进行假设性重建，证明了这一点。[27]

伊特鲁里亚南部也有类似的城市化进程——定居点围绕高地合并，如在阿尔代亚，三个不同区域最终与自青铜时代起就有人居住的卫城合并。正如伊特鲁里亚所呈现的，这是一个渐进的过程，不会立刻形成统一的城市中心。

希腊和腓尼基定居点及第勒尼安海上贸易

在这一背景下，我们将开始谈论意大利海岸最早的外来人口定居点。意大利境内存在矿藏，将金属运出意大利，交换希腊和近东地区的产品和陶器，可能就是关键的刺激因素。

公元前 8 世纪至前 6 世纪之间，希腊人和腓尼基人对意大利西部产生了极为重要的影响。伊特鲁里亚的地质状况是他们出现的原因之一。这一地区有着十分丰富的矿物资源，其中最有吸引力的是铜、锡和铁矿石。事实上，伊特鲁里亚拥有异乎寻常的高度集中的矿物资源，地中海绝大多数地区则不然，例如，希腊和腓尼基都缺乏这类资源。即便是现在，伊特鲁里亚地区北部海岸仍然因为这些资源受到认可，被称为“金属山”（Colline Metallifere）。

公元前 8 世纪，海外商人开始更频繁地乘船造访第勒尼安意大利，金属资源是其中一部分原因，但我们还得考虑当地的发展。第勒尼安意大利中心的繁荣也是吸引海外商人前来的原因之一，甚至可能是主要原因。当地对铁矿石的开采很可能从早期就开始了，可能受到伊特鲁里亚人的控制。

有两个主要原因导致了这一时期互动的加强。第一是公元前 9 世纪和前 8 世纪，腓尼基人移居至地中海西部。这通常被认为是亚述人对黎凡特沿海城市施加了压力，因为亚述帝国征服了叙利亚和黎巴嫩地区。但近期的学者强调有其他原因导致了涌入西部的移民潮，[28] 其中包括在西部新出现的经济需求和机会——农地（如在迦太基）和金属资源（如在西班牙南部）。迦太基可能是在这时建立的（传统上认为是公元前 814 年），很多腓尼基人在阿非利加、西班牙、西西里岛和撒丁岛定居。肯定有些人来到了意大利，如我们将会提及的那样。但在资料证据中，我们通常看到的是这些人带来的影响，而不是他们的出现。[29]

导致对外接触增加的第二个原因是伊斯基亚岛（Ischia）上建立了皮特库塞，随后意大利主岛上建起了希腊定居点。[30] 皮特库塞占据了一处岬角，两侧各设有一个港口。它似乎一部分为居住地，一部分用作交易站点［因此用古代术语说，介于贸易站点（emporion）和殖民地（apoikia）之间］。从卫城区域［蒙特维科（Monte Vico）］发现的大堆废弃物，城镇的“工业”区［梅萨维亚区（Mezzavia）］，以及沿岬角颈部蔓延开的墓地都发现了与这一定居点生活相关的信息。大约 1300 座坟墓被发掘，最早的历史可以追溯至公元前 8 世纪中期，但这些只占到了整个墓葬区的 10%。最早的陶器，来自优卑亚岛（Euboea）和科林斯的双耳大饮杯——中间带几何“V”形图案，其历史可以追溯到公元前 750 年前，公元前 770 年左右。[31] 一些坟墓内有来自东方的物品，例如腓尼基人用于运输的双耳瓶，埃及的圣甲虫，以及被称为里尔琴演奏组（Lyre-player group）的半宝石制成的石印章［在法莱里（Falerii）以及很多希腊圣所亦有发现］，可能来自叙利亚北部。里奇韦（Ridgway）估计公元前 8 世纪中期的人口数约为 5000—10,000。[32] 这表明在公元前 750 年左右，此地与外界的接触已经很密切了，这一定居点及其居民几乎完全依赖贸易和工业。发掘者在梅萨维亚发现了可能用于金属加工的作坊，以及制作陶器、饰针等饰物的证据。斯特拉波（5.4.9）证实了黄金加工业的存在，克里斯托法尼（Cristofani）认为这主要是腓尼基人掌握的技能，对卫城区域发现的铁渣进行分析，结果表明其来自厄尔巴岛（Elba）。[33]

皮特库塞是优卑亚人的据点，但人口混杂，腓尼基人和希腊人居住在一起，可能还有伊特鲁里亚人。有充分的证据表明腓尼基人住在这里，其中包括一些闪族语碑文，例如一个腓尼基宗教的标志，以及墓葬中广泛使用的从腓尼基进口的物品，尤其是盛放香水的阿黎巴洛瓶（aryballoi），它在黎凡特地区是具有仪式意义的物品。[34] 此外，皮特库塞墓葬内发现的饰物与伊特鲁里亚南部墓地发现的物品存在相似之处，使得布赫纳（Buchner）提出这样的假设，即来自主岛的女性会穿家乡的服装，佩戴饰针。情况很复杂：特别的饰针类别（水蛭、小船、蛇，用骨头和琥珀制成）确实与女性墓葬相符，但蛇形饰针也出现在男性坟墓中，通常被认为属于希腊人。[35] 不过，皮特库塞与伊特鲁里亚南部之间明显存在密切往来。在维爱和坎帕尼亚，几乎处于同一时代的进口物品，以及当地生产的优卑亚风格的“V”形双耳大饮杯都证明两地是通过皮特库塞实现对外联系的，在皮特库塞还发现了相似的杯子残片。[36]

皮特库塞凭借贸易蓬勃发展，很快聚集了大量人口，在整个地中海地区的商品配送中扮演了重要角色，例如那里制作的酒罐出现在了公元前 740 至前 730 年的迦太基（北非）。这一定居点的繁荣一直持续到约公元前 700 年。到那时，位于意大利南部和西西里岛的新希腊中心发展起来，这些地方更具农业发展潜力。公元前 750 年左右，主岛上的库迈成为首个定居点，很快，西西里岛最早的定居点赞克利（Zancle）和纳克索斯（Naxos）也出现了（表 2.2）。[37]

这些发展造成的影响引发了激烈的争论。这一定居点具有相当大的影响力，但它已经不再被视为更为发达地区（希腊）影响更原始地区（第勒尼安意大利）的例子。[38] 随着对铁器时代早期意大利中部原始城市中心的了解增加，我们可以清楚看到，意大利中部最早的希腊商人和定居者建有复杂的社会体制，经济井然有序。例如，伊特鲁里亚的金属资源无疑是由当地人控制并进行开采的。因此，我们需要考虑的是互动，而不是关键触发因素，要考虑多极关系网，而不是用中心—外围的模式。

意大利中部的东方化时期

这些早期的密切接触促使整个意大利西海岸沿线从公元前 8 世纪第 3/4 阶段开始发展出非常丰富且具有深度的地中海文化。从伊特鲁里亚、拉丁姆和坎帕尼亚发掘的墓地能清楚看出通过贸易获得的财富，然而我们不应低估农业的作用。从铁器时代早期末（伊特鲁里亚的维拉诺瓦时期），约公元前 730 年起，坟墓内物品的质量和数量都快速增长。大多数物品具有东方特色风格，公元前 730 至前 580 年也因此被称为“东方化时期”。这一术语源自艺术史，表明了希腊艺术在这一时期受到了强烈的外来影响。伊特鲁里亚、拉丁姆和坎帕尼亚都能看到这种影响，且程度惊人。这一现象在地中海十分普遍，包括第勒尼安意大利、希腊本土及爱琴海的城市与地中海东部的城市及王国之间的深层次互动，或许还有近东地区与意大利之间个体的直接联系和迁移。[39]

表 2.2 意大利主岛的希腊定居点[40]

定居点	建立者	时间（公元前）	出自优西比乌斯及他人的文学史料证据（公元前）	最早的考古证据（出自奥斯本）[①]
皮特库塞	优卑亚（埃雷特里亚 / 哈尔基斯）	约 770 年	早于库迈（李维）	750 年前
库迈	优卑亚和皮特库塞	约 725 年	最古老的意大利南部古希腊殖民城市（斯特拉波）	725 年后
雷吉乌姆	哈尔基斯和赞克利	约 720 年	第一次麦西尼亚战争期间	8 世纪 20 年代
锡巴里斯	阿哈伊亚	约 720 年	709—708 年（哈利卡尔那索斯的狄奥尼西乌斯）	8 世纪 20 年代
克罗顿	阿契亚	约 710 年	709 年（优西比乌斯）	7 世纪
塔拉斯（拉丁语：他林敦）	斯巴达	约 700 年	706 年（优西比乌斯）	约 700 年
梅塔蓬图姆	阿契亚	约 700 年	775/774 年（优西比乌斯）	约 725—700 年
尼阿波利斯	库迈、叙拉古、雅典	约 700—600 年		约 470 年
考洛尼亚	克罗顿	约 700—675 年	晚于克罗顿	约 700 年
劳斯	锡巴里斯	约 700—600 年		
特梅萨	克罗顿	约 700—600 年		
特里纳	克罗顿	约 700—600 年		
波塞多尼亚（拉丁语：帕埃斯图姆）	锡巴里斯 / 阿契亚	约 700—675 年	晚于锡巴里斯	约 600 年

① 此列时间均为公元前。

续表

定居点	建立者	时间（公元前）	出自优西比乌斯及他人的文学史料证据（公元前）	最早的考古证据（出自奥斯本）
洛克里·埃皮兹菲里	洛克里	约 675 年	673—672 年（优西比乌斯）	约 700 年
希里斯	克罗丰	约 650 年		约 700 年
伊波尼翁	洛克里·埃皮兹菲里	约 625—600 年		约 620 年
尼科泰拉	洛克里·埃皮兹菲里	约 600 年		
梅德马	洛克里·埃皮兹菲里	约 600 年		约 600 年
埃利亚（拉丁语：韦利亚）	福西亚和马萨利亚	约 535 年		6 世纪
迪凯亚基亚（拉丁语：普泰奥利）	萨摩斯	约 531 年	531 年（优西比乌斯）	
皮克索斯	雷吉乌姆	约 471 年		
图利	雅典 / 泛希腊殖民地	444—443 年		
赫拉克利亚	塔拉斯	443 年		5 世纪后期

东方化时期是意大利中部经历的重大变革时代。我们看到清晰的社会阶级制度首次出现，部分社群出现了精英阶层和统治者 / 国王。精英阶层选择了新的以宴饮为基础的生活方式。工艺品制作在很多地区发展起来，包括极为精湛的黄金和象牙制品（通过与近东地区的往来发展起来），以及当地制作的精品，例如用陶轮制成的薄壁布切罗陶器。大型雕塑首次出现，装饰性建筑兴盛。这在很大程度上源自与希腊人、腓尼基人的交流，以及这些地区的工匠大师在第勒尼安意大利定居的缘故。随着这些社会开始城市化，城市生活得以大规模发

展。人们首次尝试建造具有纪念意义的建筑。伊特鲁里亚人对金属资源的开采有了长足发展，他们使用更集约化的农业技术，生产橄榄油、葡萄酒和谷物。进口物品的数量呈指数级增长，尤其是来自希腊和近东的物品。[41]

公元前 8 世纪最后 1/4 阶段开始出现极为奢华的墓地，这种情况在公元前 7 世纪达到顶峰。[42] 这些墓地的特点是埋有用贵金属制成的珠宝和宝物、宴饮用具、武器和运输工具。我们发现了很多青铜三脚架、大锅、香水瓶、盔甲和战车（多为进口）。进口陶器也很常见。通过烤肉扦、酒杯和大锅、磨碎器（用来磨碎奶酪，与葡萄酒混在一起，这是希腊风格的做法）、用来装混合香料的三角碗（近东地区的做法）这些物品，可以窥见宴饮的重要性。[43] 身份象征比比皆是：战车和随葬马车；阅兵用的兵器，尤其是盾牌；标志性物品，如扇子和权杖，这些在同时代的近东地区是常见的君主的象征。

尤其引人注目的是带棱纹的青铜饮酒器（patera baccellata），第勒尼安意大利发现了约 300 个此类饮酒器。[44] 这些饮酒器带有装饰的底部是为了接住当时加入葡萄酒中的香料沉积物。最早的饮酒器可追溯至公元前 8 世纪后期，来自近东地区的乌拉图（Uratu）和亚述，是在最高等级的坟墓中发现的［例如，在奥斯特里亚·德洛萨 600 号墓中发现的四个饮酒器中，有一个和亚述的阿舒尔城（Assur）有直接关联］。[45] 这些饮酒器会在当地大量生产。在近东，它们与国王的形象密切相关，而它们出现在第勒尼安坟墓中表明对东方精英意识形态的密切同化。

部分随葬物品是从地中海进口的，来自塞浦路斯等地区，还有一些是定居在意大利的叙利亚或腓尼基工匠制作的。黄金加工是最独特且很容易辨认的领域，还引入了造粒、镶嵌和滚花这样复杂的技术。[46] 其他重要领域包括象牙和琥珀的加工、金属、玻璃、彩陶、陶器、建筑、雕像和壁画。[47] 同样显而易见的是，公元前 8 世纪中期，希腊陶工活跃于第勒尼安意大利——维爱出产希腊风格的“V”形双耳大饮杯，坎帕尼亚（卡普阿和蓬泰卡尼亚诺）、伊特鲁里亚南部和拉丁姆地区则按照希腊的形式绘制本土产的陶器。[48] 在伊特鲁里亚地区，卡里发现的公元前 7 世纪的浮雕墓（Tomb of the Statues in Relief）和维图洛尼亚发现的石像证实了叙利亚雕刻家曾来过这里。这表明早在皮尔吉金板——证实公元前 6 世纪意大利中部有说腓尼基语的人——之前，近东地区已经对意大利中部产生了强烈的影响。

公元前 7 世纪，坟墓风格发生了变化，这一世纪上半叶，卡里出现了大型墓室。这些坟墓和几乎处于同一时代的吕底亚及弗里吉亚的坟墓极为相似，表明灵感直接源自那里。[49] 这些坟墓通常被长期使用，可能成为同一家族数代人的安息之地。例如，位于卡里的班迪塔其亚墓地（Banditaccia cemetery）的 2 号古墓，该墓宽约 40 米，有 4 个墓室。这些墓室的历史可以追溯至约公元前 680 至前 450 年，因此这座坟墓已经被使用了超过两百年（可能出现过间断）。虽然我们无法确定这些墓室是否始终为同一家族所有，但它们似乎成了家族持久性和财富的象征，而这些往往被视为社会中精英阶层崛起的标志。这些墓室被认为与纪念家族祖先的习俗有关，有时候，墓室中会出现为此类仪式准备的巨大阶梯和平台，又或者有代表祖先的雕像。[50] 尽管如此，这些精英身份多半具有流动性，外邦人也可以跻身这一阶层。[51]

保存下来的最早的墓室壁画和建筑肖像就出自这一时代。在维爱，自公元前 8 世纪后期起，墓室出现，公元前 7 世纪早期，我们发现了第一批彩绘坟墓。最早的墓有公元前 700 至前 690 年的咆哮狮子墓（Tomb of the Roaring Lions，发现于 2006 年）、鸭子墓（Tomb of the Ducks，公元前 680—前 670 年）和约公元前 650 年的坎帕纳墓（Campana Tomb）。卡里也发现了早期的彩绘坟墓，例如门加雷利墓（Mengarelli Tomb）和索尔博（Sorbo）卫城区域发现的墓（约公元前 675—前 650 年）。[52]

这一时代所谓的“豪华坟墓”中，最有名的要属卡里的雷戈里尼－加拉西墓，墓中物品如今被陈列于梵蒂冈。这座墓有两个墓室，最重要的那个可能属于女性。古墓是在岩石上凿出来的，这种情况很典型。在最初坟墓的基础上，后来又增加了一个由五个墓穴组成的墓室，墓中有华丽的黄金饰品和宴饮用具。大多数金属制品呈现东方风格，可能是腓尼基人的作坊制作的，包括三个镀金大银盘，带有埃及风格的浮雕图案，其中一个盘子上展现的是狮子狩猎的场景，这在近东艺术中很常见，此外还有列队行进的武装人员。[53] 拉丁姆普雷尼斯特的贝尔纳迪尼墓也发现了极为相似的物品。

另一座拉丁坟墓，位于劳伦蒂纳（Laurentina）的70号墓尤能体现近东地区的影响力，该墓位于一个假墓室内（一座大型沟墓，处于向嵌入岩石的完整墓室的转变期，为过渡形式）。该墓的历史可追溯至公元前7世纪中期，墓主被认为是一位女性。墓内发现了大量物品，包括一辆战车、一个木制王座、一张青铜脚凳和一把铜扇，还有饮酒相关的物品（两张酒桌、调酒盆和酒杯）。这些物品摆放在一起，很容易让人联想到近东地区君王的象征。博托（Botto）提出，应该注意到两个社会显然都很重视具有权势的女性所起到的作用，他主张在不考虑希腊影响（希腊盛行的意象和观念截然不同）的情况下，“腓尼基城邦和叙利亚 – 巴勒斯坦地区的新赫梯王国与亚拉姆王国”对意大利中部造成了直接影响。[54] 位于卡斯特尔·迪·德奇玛的15号墓同样为拉丁假墓室，建成时间为公元前8世纪最后1/4阶段，墓中也发现了同样复杂的物品陈列。该墓5.3米 ×4.8米大的墓室（比其他墓室大得多）内土葬了一位男性，里面有一个可能是权杖的物品，一个银制饰针和杯子，一把扇子，青铜花瓶，铁制武器，马嚼和马车残片，以及陶器（包括三个塔普索斯杯和一个腓尼基双耳酒瓶）。[55] 这些发现表明这一时期地中海东部对意大利中部有着重要影响。

意大利中部开始使用字母表是另一个重要发展。公元前9世纪或前8世纪初，希腊字母表出现，它是在腓尼基字母表的基础上添加元音得来的。这肯定发生在希腊人和腓尼基人混居的地方。奇怪的是，已知最古老的希腊铭文其实来自拉丁城镇：罗马南面的加比城。这些文字刻在一个属于拉丁时期第IIB2阶段、本土制作的黏土罐上，出土自奥斯特里亚·德洛萨的482号女性墓，其历史可追溯至公元前770年。事实上，铭文的历史可能要古老得多，如果我们根据树木年代学重新确立的希腊几何风格陶器的年代进行推算，就是公元前825年左右。铭文为优卑亚希腊文，可以读成“eulin(os)”，意为“擅长纺织”。科隆纳进行了另一种解读，将铭文视为拉丁语，因而从另一个方向读起，就变成“ni lue”，意为“不要付钱”，不过这种情况不太可能。[56] 优卑亚文字的出现表明皮特库塞可能是字母表发明的地方。

很快，字母表在意大利中部传抄开来。最早的伊特鲁里亚铭文的历史可追溯至约公元前700年，含有三个希腊字母表中没有的腓尼基咝音（带s或sh音的辅音字母）。[57] 刻有字母的文物——例如马尔西利亚纳·达尔贝尼亚（Marsiliana d’Albegna）发现的公元前7世纪中期的象牙板——表明完整的字母表被借用，并被重新教授给他人。最早的拉丁铭文为“salvetod tita①”，可追溯至公元前670年左右，来自加比的115号墓。这一铭文通常被认为是从伊特鲁里亚语转化为拉丁语的，而不是直接从希腊语转化来的。但近期，扬科（Janko）认为拉丁语（事实上是萨宾地区的语言）对优卑亚的字母表作了更为直接的借用，理由是“X”发音更像“ks”，而不是像伊特鲁里亚南部的“sh”。[58]“铭文习惯”在意大利中部普及开来，不过在伊特鲁里亚发现的证据远多于在拉丁姆和坎帕尼亚发现的。我们只发现了四五个公元前600年之前的拉丁铭文，而伊特鲁里亚的铭文超过150个；公元前100年之前，拉丁铭文和伊特鲁里亚铭文的数量分别为约3000个和约9000个。[59] 这促使部分学者提出这样的假设，即伊特鲁里亚人的读写能力比罗马人和拉丁人更强，在这个过程中，后两者几乎被描述成次要角色。但这一差距再次受到这两个地区在恢复考古证据时使用的不同模式的影响：伊特鲁里亚墓室保存的证据和伊特鲁里亚占据更大面积使其

---

① 意为“祝身体健康，蒂塔”。

受到了更多关注。[60]

可以看到，东方化时期，第勒尼安沿海地区异常活跃的贸易对伊特鲁里亚、拉丁和坎帕尼亚的社会产生了深远的影响。与近东地区的联系显而易见，在生活方式、丧葬仪式、建筑、生产和经济等众多方面都有所体现。[61]这些影响和希腊文化交流融合在一起，在皮特库塞和库迈建成后进一步加强。公元前 8 世纪，在进口了海外物品之后，本土往往会仿制并投入生产，特别是从公元前 7 世纪中期开始。在这个时代，来自这些地区的工匠想必云集意大利中部，在金属加工（腓尼基工匠）和陶瓷制作（希腊陶工）领域尤为明显。他们必然帮忙成立了作坊，而这些作坊负责制作各种物品，使这些物品成为本土悠久的艺术、手工艺和建筑历史的一部分。这些影响并不只是在这一时期才出现的，如很多学者所指出的，事实上在这一时期之前就已经出现了，特别是随着公元前 9 世纪和前 8 世纪相关考古知识的增加。不过，公元前 8 世纪最后 1/4 阶段，这些趋势变得愈加明显，其重要性依然是显而易见的。

意大利中部的城市化

东方化时期最关键的发展或许是城市化，即城市的发展。这方面的证据有些复杂，因为我们对墓地的了解远远超过对城市中心的认知，只能更多关注与后者相关的研究项目，只有这样才能慢慢扭转这一倾向。城市化这一现象是从铁器时代早期的原始城市化发展出来的。到公元前 7 世纪后期和前 6 世纪，整个伊特鲁里亚 – 拉丁 – 坎帕尼亚地区都受到了影响。这些地区出现了供集体活动的空间（尽管很多城市尚未发掘出这些地方）、相邻的生活空间——相较于铁器时代早期零散的定居点，这些生活空间的分布更为密集——以及具有纪念意义的建筑。

原始城市化定居点是何时变为城市定居点的，这个问题引起了极大的争论，但它依然是一个有些武断的观点。[62]考古学家戈登 · 蔡尔德（Gordon Childe）

将创新的社会概念引入综合考古中，他在1950年发表了一篇著名的文章，认为城市定居点有以下10个特点："1.相对较多的人聚集在一个面积有限的区域内；2.拥有专业的手工艺生产；3.经济盈余为中央政权所侵吞；4.纪念性公共建筑出现；5.社会阶层发展；6.科学的出现；7.文字的使用（或者说字母的发明）；8.自然主义风格艺术；9.对外贸易；10.根据居住地而非亲属关系确立的（在国家组织中的）群体成员资格。"[63]

不过，随着全球范围内城市中心数据集的扩展，从考古学，尤其是人类学角度对新世界展开的研究清晰表明，上述部分特点已不再具有代表性，需要加上现代化的先入之见。例如，中美洲出现的城市没有字母文字（蔡尔德敏锐地察觉到这一点），在城市出现之前的新石器时代就存在自然主义风格的艺术，纪念性建筑（如巨石阵）、对外贸易和天文科学亦是如此。[64]此外，在这些常规划分中，没有出现城市化不一定会成为国家形成的阻碍，即便在意大利亦是如此。[65]事实上，在公元前8世纪和前7世纪，纪念性建筑广泛出现之前，早期城市中心的遗迹十分稀少。[66]重要的是城市化进程及其对"国家"形成——政治权威、集体性的社会组织、经济和宗教——产生的影响。[67]

纪念性建筑的出现是关键发展之一。这类建筑是表现权力的重要方式，从考古学角度看，它们很容易被发现。关于纪念性建筑，可以这样定义：建筑规模扩大，使之不再只具有实用价值，而是出于象征性目的，刻意展现人类精力的消耗。[68]可尽管从考古学角度看，纪念性建筑十分突出，但它是早先存在的社会组织的证明，而不是代替物。[69]大约从公元前7世纪中期起，人们用石头做地基，用瓦片做屋顶，盖起了这类建筑。[70]这些发展可能是相互关联的，因为新的由陶瓦组成的沉重屋顶需要强度足够的石基支撑。

早在公元前3000年，希腊就出现了瓦片屋顶［如莱尔纳（Lerna）的"瓦屋"］。但只有在新生产技术发展起来，瓦片生产标准化后，这一技术才在地中海地区广泛传播。科林斯地区出现了最早的此类新瓦片屋顶，约公元前675年的阿波罗神庙尤受关注。这一技术随后迅速传播至意大利中部，最早的实例出现在阿夸罗萨、圣焦韦纳莱、穆洛和罗马，时间为公元前 7 世纪下半叶。[71] 这一新建筑技术经过了调整，以适应西方的情况：希腊的瓦片曲线柔和，而意大利的建筑使用了边缘凸起的平瓦，因为大雨在意大利更为常见，这种瓦片能起到更好的保护作用。自公元前 7 世纪后期起，罗马维拉布鲁姆区的黏土层就开始被广泛开发。罗马的圣道有一座始自约公元前 650 至前 625 年的覆盖有瓦片的建筑，雷吉亚（Regia）① 建造的第一阶段可追溯至公元前 620 年左右。[72] 这些最早用石头、木头和赤陶建成的建筑出现后，很快，在公元前 7 世纪最后 1/4 阶段，户外集会场、卡斯托尔神庙所在地以及帕拉蒂尼山北坡也出现了建筑。这些罗马早期屋顶使用的是和阿夸罗萨相同的瓦片结构，但使用的黏土不同，表明罗马和伊特鲁里亚共享了新的技术理念。[73]

这些建筑显然是从大型木制建筑进化而来的，因为其结构相对复杂，已经连续存在了数世纪之久，常常被错误地称为“小屋”（huts）。[74] 这种较大的木制建筑是铁器时代早期的特色，在很多地方都有发现，如帕拉蒂尼山、萨特里库姆和圣焦韦纳莱。早期建筑最大的特点是呈长形结构，有几个相通的房间，呈直线排列。最复杂的建筑是在意大利中部六地发现的带庭院的大型建筑，以穆洛建筑群第二阶段和卡里外围的蒙泰托斯托圣所（Montetosto sanctuary）为代表。[75] 这些建筑有时候被称为“宫殿”，特点是规模大、带有装饰的屋顶，以及与宗教信仰——特别是祖先——有关联。

最早的神庙出现在公元前 6 世纪早期，以带有装饰的屋顶结构为特色。第一座神庙是公元前 580 年左右的圣奥莫博诺神庙。[76] 圣奥莫博诺确立了意大利神庙的建造标准——采用高讲台和用陶瓦装饰的木制上部结构。尽管仿效了希腊神庙，但意大利最终确立了一种不同的神庙形式。神庙建筑似乎代表了贵族

---

① 雷吉亚最初是罗马国王的住所，后来成为大祭司的办事处。

在支出方面出现了一种很普遍的变化。财富支出以公用为目的，被用于建造神庙，而不是出于私人目的（坟墓），这是新“公民”心态的标志。[77] 同时，我们将看到罗马的城市化与国王相关，后者需要重大建筑项目带来的威望。

意大利中部墓地的后期发展可以与这些进程联系在一起。在拉丁姆，自公元前 600 年左右起，有随葬物品的坟墓开始减少，到公元前 550 年几乎完全消失。科隆纳在一篇颇具影响力的文章中指出这可能是新出现的平等理念（或者至少是“isonomia”，即法律面前人人平等）导致的，该理念源自希腊城邦。伊特鲁里亚的做法大体上有所不同，公元前 5 世纪后期的坟墓中仍然有大量珍贵物品，如阿提卡花瓶。不过，伊特鲁里亚人的墓葬建筑中有迹象表明这些理念产生了一定的影响。从公元前 550 年开始，圆形墓不再流行，坟墓变得越来越正规，沿街呈直线排列，在卡里和沃尔西尼都能看到这种趋势。这表明政治团体加强了对公民的控制，他们取代了此前占主导地位的家族群体。在塔奎尼，从公元前 6 世纪起，彩绘壁画在坟墓中较为常见，至少其中一部分壁画出自希腊画家之手，他们接受了伊特鲁里亚贵族的委托。这些壁画显然是这一时期精英阶层所享有的共同价值观的象征——看重竞争与运动能力、宴饮和节庆，以及已婚夫妇的重要地位（不过，这里的女性形象与希腊所描绘的宴会场面的形象截然不同）。

第勒尼安关系网的后期发展：贸易地及沉船

地中海的贸易网络在公元前 7 世纪和前 6 世纪变得格外活跃，皮特库塞是最早体现出这一点的地方之一。[78] 有越来越多可靠的证据能证明地中海西部的贸易及其流动性。[79] 我们对伊特鲁里亚人在第勒尼安沿海贸易的参与情况了解最多，通常认为相较于罗马和拉丁城市，伊特鲁里亚城市在海上贸易、海上探险和海盗活动方面表现得更为活跃。这一观点有几分道理，但情况并非完全如此。伊特鲁里亚的墓地存在大量证据，充分表明他们参与了地中海范围的贸易网络。但罗马和拉丁姆更为消极的形象在一定程度上是证据失真导致的：罗马史学对认可罗马及拉丁城市在这一贸易活动中所扮演的角色表现得过于沉默；从公元前 6 世纪早期开始，墓地不再是拉丁姆的史料证据来源（公元前 580 年之前，也就是拉丁姆的东方化墓葬基本被弃用之前，这些墓葬表明该地区存在大量对外联系）；特别是古风时期的罗马考古遗迹遭到了破坏。我们需要冷静考虑下，如果没有出自墓地的证据，我们很难发现在公元前 600 年左右沿海贸易港出现前那个时期，伊特鲁里亚城市对外联系的程度范围。终于，对罗马建筑的研究开始处理这种不平衡的情况，进一步表明这座城市融入了更广的地中海地区的潮流。[80] 因此，对伊特鲁里亚的这类证据予以重点关注，而不是寄望用同样的方法分析罗马，并时刻意识到伊特鲁里亚和罗马–拉丁社会在东方化和古风时期的发展轨迹存在聚集，这么做似乎是合理的。

从公元前 9 世纪起，沿海群体与撒丁岛的努拉吉人和意大利南部的奥伊诺特里人往来。撒丁岛的小型青铜器在伊特鲁里亚和坎帕尼亚很常见，例如公元前 7 世纪在维图洛尼亚、波普洛尼亚、武尔奇和皮特库塞发现的独特的青铜船。更宽泛地说，伊特鲁里亚的进口物品包括金属饰物、小雕像、武器、金属碗和阿斯克德陶罐，而伊特鲁里亚的物品也被出口到海外。[81] 在维拉诺瓦文化中，部分青铜和陶土制品可能与来自撒丁岛的移民有关。

通过在地中海和欧洲大陆发现的物品，我们也能知道伊特鲁里亚的贸易情况。高卢、维拉诺瓦和伊特鲁里亚意大利之间的联系使得法国的凯尔特精英阶层得以存续。很多贸易品无迹可寻，如奴隶、布匹和盐 [例如，来自洛林（Lorraine）和汝拉（Jura）的重要盐场]，但更为持久的陶器证据，特别是伊特鲁里亚生产的独特的布切罗陶器，使得这些联系变得很明显。圣布莱斯（Saint-Blaise）的奥皮杜姆（oppidum）① 尤其引人注目，它位于罗讷河三角洲上，俯瞰一

① 奥皮杜姆是铁器时代的一种大型设防定居点。

个有遮蔽的潟湖，活跃时间为公元前 7 世纪后期至约前 520 年，随后被马萨利亚取代。这里出土的最早的双耳瓶是公元前 7 世纪的科林斯和阿提卡的 SOS①运输用双耳瓶。大多数双耳瓶来自伊特鲁里亚（约 3/4），圣布莱斯还是伊特鲁里亚之外最大的布切罗陶器生产地。朗格多克（Languedoc）的佩克马丘（Pech Macho）奥皮杜姆是另一个重要的证据来源地。这一定居点出土了一块刻有铭文的匾牌，一面是爱奥尼亚希腊语，另一面则是一段更为古老的伊特鲁里亚文字（公元前 5 世纪上半叶），详细记录了一份包括押金和官方见证人的合同。

法国和意大利沿海还发现了一些可以追溯至这一时期的小型伊特鲁里亚沉船。这表明伊特鲁里亚人在早期直接参与了海上贸易，沉船中的物品提供了大量关于这些人在当时如何联系的信息。例如吉廖岛附近一艘约公元前 580 年的沉船，船上装的各种货物表明存在广泛的贸易联系。[82] 其中包括钱（两根青铜条），以及各种铅锭和铜锭；产品有葡萄酒、树脂和橄榄；伊特鲁里亚、希腊和腓尼基的双耳瓶；希腊陶器（拉科尼亚、爱奥尼亚、科林斯）和伊特鲁里亚布切罗陶器；装香油的阿黎巴洛瓶；琥珀；一只青铜单耳酒壶（olpe）；一个科林斯头盔；很多灯；钓鱼器具；以及一些珍贵物品，包括一块带笔的蜡版，一张有破损的卧榻或床铺（kline），与饮酒相关的装饰瓶，一个克雷特瓶（krater）以及乐器。最理想的推测是这艘船来自希腊东部，至少出于获得补给的目的在科林斯停靠，在伊特鲁里亚开展了一系列商业活动。整趟航行期间，船员肯定会进行大量交流接触，所有这些都为商品和观念的频繁交换提供了可能。

另一艘重要的沉船是“大里博 F 号”（Grand Ribaud F），船上装了约 1000 个伊特鲁里亚双耳瓶，船长可能是一个伊特鲁里亚化的拉丁人。马萨利亚古港口发掘过程中发现的占比极高的伊特鲁里亚双耳瓶，以及从罗讷河挖掘出来的大量此类瓶子，证明伊特鲁里亚与高卢南部存在密切的葡萄酒贸易往来。因此，

---

① SOS 源自瓶颈上的装饰纹形状。

到公元前 6 世纪，伊特鲁里亚在地中海西部的活动有着浓厚的商业色彩，这种现象早在公元前 7 世纪就已经出现了。所有这些使得伊特鲁里亚人看上去不再是希腊商品和观念的被动受益者，而是第勒尼安地区经济圈的积极参与者。

乘坐这种船航行的商人会在彼此相互认可的地方——希腊人称之为贸易港——见到当地人。这些贸易港往往与重要的圣地联系在一起。在调和当地人与外来商人之间的关系方面，圣所似乎扮演了重要角色，外来商人是来寻求金属、木头、农产品和其他材料供给的。这些圣所想必也是定期集市和市场的所在地。伊特鲁里亚沿海主要的贸易港始于公元前 600 年左右。伊特鲁里亚海岸有两处完全发掘出来的贸易港遗址，分别是格拉维斯卡（与塔奎尼关联）和皮尔吉（卡里的港口）。两地都是从约公元前 590 年起开始频繁有商人造访，兴盛于公元前 6 世纪和前 5 世纪。它们都是出名的国际贸易中心。值得注意的是，罗马距离这两个地方不过 30—40 英里①：这里的发展肯定会影响到那座城市。[83]

格拉维斯卡是伊特鲁里亚沿岸非常重要的贸易港，有很多希腊特色。它是塔奎尼这座主要城市的港口。对格拉维斯卡的发掘始于 1969 年，由还愿祭品组成的关键发现展示了这个地方互动交流的多元性和密切程度。其建造的第一阶段可追溯至约公元前 600 至前 480 年，因希腊特色的宗教信仰而受到关注：公元前 6 世纪早期，这里建造了一座献给希腊女神阿芙洛狄忒、赫拉和得墨忒耳的圣所。这座圣所表明伊特鲁里亚城市和希腊世界之间存在密切的商业接触，并且也与埃及有联系。圣所建造的第一阶段有一个露天外围区域，建有三个土坛。这里发现的陶器非常国际化，使用的材料来自马萨利亚、科林斯、拉科尼亚、萨摩斯岛、米利都、希俄斯岛（Chios）和伊特鲁里亚，还有大量来自爱奥尼亚——占多数——雅典和伊特鲁里亚的灯具（典型的献给得墨忒耳的物品）。

---

① 1英里约为 1.6 千米。

大多数双耳瓶来自爱奥尼亚，但也有来自地中海其他地区的。[84]

一开始，常常来格拉维斯卡的几乎只有希腊东部的人，因为大量献给赫拉的陶片上刻有爱奥尼亚方言和希腊东部的字母。[85] 最早的祭品是献给阿芙洛狄忒的，然后是得墨忒耳和赫拉。我们从最早的伊特鲁里亚铭文——献给图兰（约公元前 560 年）——那里知道，在这座圣所建立之初，这些希腊女神在伊特鲁里亚文化中对应的女神就已经出现了。[86] 大量内容丰富的铭文表明商人来自爱奥尼亚地区的萨摩斯岛、以弗所和米利都，瑙克拉提斯（Naucratis，埃及一重要的希腊贸易港），科林斯、埃伊纳岛（Aegina）和雅典。最著名的要属埃伊纳岛的索斯特拉托斯（Sostratos of Aegina）献给阿波罗的石锚，希罗多德称他是史上最成功的商人（4.152）。[87] 伊特鲁里亚发现的很多希腊花瓶底部都有“SO”字样，几乎可以肯定与他有关。[88] 铭文的数量表明这一时期希腊人占据了大多数，甚至可能定居于此。

从铭文看，自公元前 6 世纪末起，希腊人在这一圣所的存在感开始下降。自公元前 480 年左右起，伊特鲁里亚人开始占主导，我们发现的铭文均为伊特鲁里亚语。不过，这座圣所继续兴盛，在公元前 5 世纪某个时间进行了重建，仍然以其在希腊阶段确立的宗教信仰为主（图兰—阿芙洛狄忒，维依—得墨忒耳，乌尼—赫拉）。[89] 它最终的消失时间为公元前 3 世纪早期，可能是罗马殖民这一地区的结果。因此，格拉维斯卡揭示了伊特鲁里亚当地人与地中海其他地区在距离罗马和拉丁姆不远处的沿海地区展开的密切互动和交流，而这恰好是其发展的关键时期。在这样紧密相连的背景下，德玛拉图斯的故事值得一提，这位富有的科林斯商人在库普塞鲁斯（Cypselus）实施暴政期间定居塔奎尼，他的后代移居罗马，登上王位。[90]

附近的皮尔吉同样吸引人，表明伊特鲁里亚和地中海东部，可能还有迦太基区域之间有极为密切的联系。这一沿海地带距离卡里约 13 千米，两地通过一条宽 10 米的重要的铺砌道路相连。纪念性建筑是其关键史料证据，而不是还愿祭品（比格拉维斯卡少）。公元前6世纪，圣所北面建造了两座神庙，较早的那座（神庙B）建于公元前500年左右，是献给乌尼–阿斯塔特（拉丁女神朱诺在伊特鲁里亚–腓尼基神话中对应的女神）的。该神庙是典型的希腊围柱式风格（即为列柱所环绕），装饰有一系列牌匾和雕像——颂扬赫拉克勒斯（赫丘利）及其与乌尼关系的神话。神庙位于一庭院建筑群内，至少17个小房间排成一排，这些被普遍认为是腓尼基人出于神圣的宗教目的而进行卖淫的场所，但这是一种推测。[91] 北墙附近建了一块神圣的围地（C区），与神庙B属于同一时代。这里有两个祭坛，其中一个祭坛通向一个地下洞穴，还有一口井，用于敬拜克托尼俄斯众神。

数十年后，圣所进一步扩大，建成了另一座神庙。神庙A是献给塞桑（黎明女神，对应希腊神话中的琉喀忒亚）的，通过关于这一港口在公元前384年遭到叙拉古洗劫的描述，我们得以知道这一点。在希腊宗教中，这位女神尤其与航海及其他旅行相关，对于一座旨在欢迎海上访客的圣所而言，她是一个合适的选择。神庙A建于约公元前480至前470年，为更典型的意大利中部风格——用维特鲁威的术语来说，就是"托斯卡纳式"。其最不同寻常的特色是后山墙上的高浮雕群像，正对着卡里城的圣所入口，描绘了希腊（或者更准确地说，地中海）神话中七雄攻忒拜的场景。雕刻风格与塞浦路斯发现的雕像相似，同一时期罗马的建筑也明显受到了这种影响，尽管部分学者察觉到了其中伊特鲁里亚人对这一故事的理解。

对圣所向南延伸的区域的发掘始于1983年。这里的建筑方式和北面不同，以小型纪念建筑和祭坛为主，风格更独立。圣所总面积约为14,000平方米，对于从海上来的访客而言，它应该相当醒目。[92]

皮尔吉最出名的发现来自C区，与神庙B有关：1963年发现的著名的皮尔吉金板。共有三块金板，发现时它们按照仪式惯例被包裹起来，放置在井中。[93] 金板上有一组双语铭文：腓尼基语/布匿语和伊特鲁里亚语。其中一块金板刻有腓尼基语，两块刻了伊特鲁里亚语。腓尼基语文本和篇幅更长的伊特鲁里亚语文本相似，都描述了神庙是由卡里的统治者塞法利·威利阿纳斯（Thefarie Velianas）应女神乌尼－阿斯塔特的要求建造的。篇幅更短的腓尼基语文本描述了因崇拜这位女神而举办的仪式。金板所刻的文本为“地道的”双语（并不是完全一样）这一事实意味着圣所的人对这两种语言环境都很熟悉，表明他们会说这两种语言。[94] 历史学家倾向于认为腓尼基人是从迦太基过来的，说布匿语，这进一步证明了亚里士多德关于迦太基和伊特鲁里亚城市之间关系十分紧密的说法（3.9.6—7 1280a）。但金板上所用的是“腓尼基语中的地中海方言”（在伊比利亚、撒丁岛、塞浦路斯和黎巴嫩等地使用），而不是布匿语。这种语言和塞浦路斯方言最为相似，这表明伊特鲁里亚和地中海东部有着更为直接的联系。[95] 这并不会妨碍迦太基人可能频繁造访这座圣所，但意味着参与撰写文本的腓尼基人来自塞浦路斯，因此，他们的存在可能显得更为重要。关于文本的其他方面，后面会进行分析，但值得注意的是，皮尔吉显然在卡里统治者的掌控之中，他肯定监督了文本的刻制。[96]

第勒尼安海岸沿线发现了更多的贸易港圣所，相互隔着一段距离。例如，位于格拉维斯卡和皮尔吉之间的普尼库姆，仅有文学史料证明其存在，其名字表明此地常有腓尼基人造访。北部另一个点是雷吉斯维拉，很可能是武尔奇的港口。通过地表测量和简单的发掘，人们发现了一个居住区，里面有大量阿提卡和伊特鲁里亚陶器，而且这个居住区是分两个阶段建造的，涵盖时期为公元前550至前450年。[97] 第勒尼安海岸沿线此类贸易港的规则分布表明拉丁姆［包括罗马、拉维尼乌姆、安提乌姆、阿尔代亚、奇尔切和安刻苏尔－塔拉奇纳（Anxur-Tarracina）］和坎帕尼亚地区的海岸或河滨地区，以及第勒尼安西部岛屿［厄尔巴岛、吉廖岛、利帕里岛（Lipari）］构成了一个网络。[98] 这反映出了古代地中海的沿海贸易方式，从一个港口航行至另一个港口，沿途交换货品，因而出现了我们在吉廖岛沉船中看到的多样货品。[99] 在伊特鲁里亚南部，这同样反映出伊特鲁里亚的这一部分出现了政治权威，贸易港通常与维拉诺瓦主要中心相关。

如此多的地中海商人造访伊特鲁里亚意味着有专门的贸易地点为他们服务，有用他们的语言写的公告，这对我们了解罗马的发展很重要。就在海岸附近，在通往罗马必经的台伯河口，存在着一个高度发达、涵盖地中海偏远地区的贸易网络。从第勒尼安海南部到伊特鲁里亚海岸，罗马显然是经停点之一。对于像典型的希腊五十桨帆船这样的古代船只而言，台伯河易于航行，按照意大利中部的标准，相对容易到达。以维爱为例，它位于更远的内陆地区，距离台伯河约 7 千米，但如我们所看到的，在公元前 750 年左右，维爱就明显受到了希腊的影响。[100] 武尔奇也是一座类似罗马的城市，通过一条可航行的河流与大海相连。[101] 事实上，夸雷利提出，台伯河港口的屠牛广场发展出了类似伊特鲁里亚贸易港的站点。发现的物品也表明此地受到希腊和腓尼基的强烈影响。公元前 8 世纪中期至前 7 世纪早期，这里有大量的希腊陶器；公元前 6 世纪，则出现了很多进口的还愿祭品，如琥珀、象牙、布切罗陶器、拉科尼亚和科林斯陶器。最著名的发现是一头公元前 6 世纪的象牙狮子，其上刻有伊特鲁里亚语名——斯普里纳（Spurinna）。所以，罗马显然参与了地中海的贸易网络，尽管屠牛广场发现的证据的性质全然不同，相较于皮尔吉和格拉维斯卡——没有后期建筑，因此可以进行更全面的挖掘——这里只有少数坑洞可挖。

对于希腊和意大利的城邦而言，这是一个成形期，对双方而言，彼此的互动或许至关重要。例如，部分学者提出，皮特库塞最有可能是希腊字母表的发明地。[102] 在这个过程中，第勒尼安意大利人并不是被动的接受者。我们注意到，伊特鲁里亚人控制了皮尔吉，其航海能力也很闻名，希腊人视他们为典型的海盗。[103] 此外，在希腊城邦的圣所发现的证据表明，伊特鲁里亚人是东方的常客。伊特鲁里亚在第勒尼安贸易中所扮演的角色产生的更广泛影响仍然存有争议，而关于意大利中部其他民族在航海方面的表现，证据依然不足。但近期的重新评估认为，“大里博 F 号”、吉廖岛和昂蒂布（Antibes）的沉船上装载的物品以伊特鲁里亚双耳瓶和其他产品为主，这表明了伊特鲁里亚的控制权，铭文证据确认了意大利中部的参与。[104] 因此，渐渐地，我们清楚看到伊特鲁里亚人——可能还有第勒尼安沿海地区的其他民族——在地中海贸易中发挥了积极作用，从而促进了彼此的交流。

结论

总之，意大利中部在维拉诺瓦、东方化及古风时期经历了多个极为重要的发展过程。这些发展与这一时代贸易活跃有关，但其中的因果关系难以确定。我们看到东方的物品和书写这种习惯被引入。意大利中部社会出现了精英阶层，这一点通过坟墓陈设可以看出来；城市的出现，以及人口的急速增长，所有这些都标志着国家的形成以及意大利社群出现了更大规模的政治组织。国王掌控的罗马不过是这些更广泛发展的一方面罢了，在接下来的章节中，我们不应该忘记这一点。

第三章

罗马建城的神话传说

导读

本章节讲述的是罗马建城之前的时期以及与其建城相关的故事，从早期希腊文学中的神话开始，接着会讲述后来出现的罗马版神话。这些神话当然不应该被认为是真实的，因此学者们尝试确认这些神话出现的时间及缘由。我们可以从作者不详的文字残片中追踪到一些特别故事的出现，例如罗慕路斯和瑞摩斯的故事。由于大部分身份明确的作者都是在很后期出现的，这给研究带来了难度。此外，早期证据的残缺特性使得人们在提出观点时无法提及具体的对象，因此是十分冒险的。[1] 于是，学者们试图确认“神话创作”的特定时期和动机。但这种做法会遇到很多隐藏的困难。首先，残片很少能让人了解到作者所写的详尽内容，这些作品大多都已经佚失，无法恢复。其次，历史学家过于夸大神话创作的政治或宗教动机。大多数神话可能是以口述形式反复讲述，经过很长时间才形成的，而不是在个人宣传者的脑海中突然完全成形的。

但神话确实反映出在公元前 8 世纪和前 7 世纪，西方广泛存在希腊定居点，这些故事讲述了他们的冒险经历。这不仅是从希腊视角出发的描述，神话通常被认为是希腊特有的，但从罗马和意大利其他城市的神话中可以明显看出当地人充分参与了创作过程。因此，称之为地中海神话，而不是希腊神话，或许更为恰当。类似赫丘利这样的神话人物在不同民族间广为流传，经过当地人的改编，融入本土故事。当代考古学为整个过程提供了一些有用的视角，特别是建筑赤陶这种形式（“屋顶上的众神”），即便我们对于诸如卡比托利欧神庙这样的重要纪念性建筑的装饰设计依然一无所知。

关于建城前罗马的神话

李维提供了建城故事的经典版本，但还有很多其他的史料来源。和大多数作者一样，李维的故事是从特洛伊战争以及埃涅阿斯逃到西方开始的，而不是罗慕路斯。对于罗慕路斯之前的时期，他很少涉及，对埃涅阿斯的传说的记述相对较少。接着，李维立刻开始讲述王政时代的历史，从建城者罗慕路斯开始。显然，对于详细讲述建城之前的神话时期，他没有太多兴趣，尽管他声称这是奥古斯都的提议。如他所说的，“关于建城以前或规划建城期间发生的事件，与其说是可信的史记，不如说是富有诗意的虚构，我的态度是既不肯定属实，也不予以驳斥”（Livy，Preface 6）。

希腊历史学家哈利卡尔那索斯的狄奥尼西乌斯和李维几乎同处一个时代，他给出的记述更为详尽，对待这一时期更为严肃。他重点关注希腊对这座城市的多元影响，因而引述了更多早期史料（以希腊史料为主），包括 14 个版本的建城故事。普鲁塔克（*Rom.* 1—2）则引述了 13 个关于这座城市为何叫罗马的故事，只有一部分与狄奥尼西乌斯的引述有交集。费斯图斯和塞尔维乌斯在评论《埃涅阿斯纪》时引述过其他一些版本，此外还存在一些独立版本。所以，关于罗马建城，放眼经典版本之外，我们会发现最明显的特点是存在超多版本的故事。

从皮洛士时代开始，希腊作家就对罗马早期历史产生了极大的兴趣，这一点早已显而易见。考虑到罗马控制了意大利南部主要的希腊城市，这并不令人感到意外。但近期，希腊人早在这之前就对这座城市产生了极大的兴趣这一观点日渐受到学者的重视，考古记录发现了越来越多密切对外接触相关的证据，与这一观点吻合。

我们所掌握的史料保存了罗马建城之前早期历史相关的各种神话。有三个人物得到普遍证实，李维和哈利卡尔那索斯的狄奥尼西乌斯都提到了他们：埃文德、赫丘利和埃涅阿斯。埃文德被逐出了希腊阿卡迪亚的帕兰提翁（Pallantion）。据说，他在帕拉蒂乌姆（Palatium，帕拉蒂尼山）安顿下来，早于埃涅阿斯，（在某些版本中）他是将字母带到意大利的"文化英雄"。赫丘利带着革律翁的牛群从伊比利亚到希腊，途经拉丁姆。他杀死了住在洞里的卡库斯，后者是当地一个强盗。① 在意识到赫丘利是神之后，为了纪念他，埃文德开始在大祭坛进行献祭，有贵族祭司参与。埃涅阿斯是特洛伊的英雄，在特洛伊遭劫时，他带着神圣的家神逃离。埃涅阿斯在地中海四处游荡，去了西西里（李维）、迦太基（维吉尔），最终定居拉丁姆。他娶了当地国王拉提努斯的女儿，在拉提努斯去世后，确立了拉丁民族。他或他的后人建立了拉维尼乌姆和阿尔巴隆加，在某些版本中，他建立了罗马。[2]

特洛伊战争后，英雄们散落各地，建立城市，这是古地中海中部相关神话的共同特点。荷马的《奥德赛》无疑是此类四处漂泊的英雄故事的典型，但还有大量其他种类的神话故事流传开来，特别是与地中海西部的希腊定居点相关的神话。特定的英雄与特定的地点联系在一起，所以，奥德修斯被认为与拉丁姆的奇尔切有关（他在这里遇见了喀耳刻，一些故事称他安息于此），在伊特

① 赫丘利即希腊神话中的大力神赫拉克勒斯，赫丘利为其在罗马神话中的名字。革律翁是一个三头六臂的巨人。国王欧律斯透斯要求赫丘利牵回革律翁的牛群。赫丘利费尽千辛万苦，终于杀死革律翁，完成了任务。

鲁里亚的城市，他是个很受欢迎的神话人物。狄俄墨德斯与阿普利亚以及亚得里亚海沿岸的城市有特别联系。[3] 埃涅阿斯相关的故事使他与伊特鲁里亚、罗马和拉丁姆、西西里岛挂钩。我们通常称这些神话为“希腊”神话，因为这些故事是由希腊作者（尤其是在西方）记录的，包含来自“亚该亚”（Achaea，即后来希腊本土和爱琴海地区）或后来具有特洛伊色彩的希腊宗教中的半神或英雄。但我们有理由认为它们不完全是“希腊”特有的，而是带有更广泛的“地中海”特色。很多故事在近东地区有先例或相似版本，[4] 显然，这些故事在复述或改编的过程中，几乎没有考虑过民族渊源的问题。例如，赫丘利究竟是希腊的神，还是腓尼基或意大利的神，难以下定论。对此类问题，或许最好持保留意见。

可以明确的是，这些神话中至少有一些很早就出现了，于公元前 8 世纪——也就是传统认为的罗马建城后不久——在地中海西部流传。我们知道，在公元前 8 世纪，皮特库塞的居民熟悉荷马提及的英雄（即便不熟悉其文字）。因为在一位 10 岁男孩的墓中，人们发现了一个被称为“内斯特杯”的杯子，制作时间约为公元前 740 至前 720 年，杯上刻有一段文字，《伊利亚特》中也提到了类似的杯子。这段文字是这样的：“我是尊贵的饮酒杯内斯特杯，任何喝了杯中酒的人，都会迷恋上美丽的阿芙洛狄忒。”[5] 同样可能是在公元前 8 世纪，赫西俄德（Hesiod，*Theogony* 1011—1016）提到了阿格里奥斯（Agrios，野人）和拉提诺人（Latino，拉丁人的祖先），他们是喀耳刻和奥德修斯的后代，统治着蒂尔森人（第勒尼安人）。[6] 公元前 6 世纪，在西西里岛，西梅拉的斯特西克鲁斯提到了希腊英雄埃文德的传奇故事。斯特西克鲁斯似乎还写到了埃涅阿斯向西航行的经历，一块伊利亚特石匾证实了这一点，这一罗马大理石浮雕呈现了埃涅阿斯登船的场景，可能完成于公元前 1 世纪上半叶，据称是根据斯特西克鲁斯的文字创作的。[7] 古风时代受过良好教育的希腊人因此知道了罗马建城过程中的重要人物。

公元前6世纪后期或前5世纪早期，米利都的赫卡塔埃乌斯在“环游世界”时提到了意大利西部，并记录了特洛伊人卡皮斯建立卡普阿一事。[8]我们知道公元前5世纪还有两位希腊作者提到了罗马。叙拉古的安提奥库斯（Antiochus of Syracuse）记述称在埃涅阿斯之前的时代，一个名叫西塞卢斯的人被逐出罗马，来到意大利南部。莱斯博斯的赫拉尼库斯（*FGrH* 4 F84，F111；Dion. Hal. 1.72.2）提供了关于罗马建城故事的第一个清晰版本，称埃涅阿斯和奥德修斯在与他们同行的特洛伊女人烧掉船只后，建造了这座城市，以特洛伊女人罗姆的名字命名。[9]晚些时候，约公元前400年，与赫拉尼库斯同处一个时代的希格乌姆的达玛斯忒斯（Damastes of Sigeum）记录了相同的建城故事（Dion. Hal. 1.72.2）。[10]

公元前4世纪，西西里历史学家阿尔西姆斯（*FGrHist* 560 F4 = Fest. 326，35—328，2 L.）第一次提到了罗慕路斯，称他是埃涅阿斯和第勒尼娅的儿子，他的孙子罗迪乌斯［Rhodius，也可能叫罗慕斯（Rhomus），如果这是正确的拼写的话］建立了罗马。亚里士多德称罗马是由亚该亚人建立的，他们在从特洛伊返程途中偏离了航线（Plut. *Cam.* 22.3），泰奥弗拉斯托斯称根据住在拉丁姆南部奇尔切的人提供的信息，奥德修斯的伙伴厄尔皮诺就葬在这里（*Hist. pl.* 5.8.1—3）。公元前3世纪，吕哥弗隆（Lycophron，1226ff.）明确提到了罗慕路斯和瑞摩斯以及埃涅阿斯建立拉维尼乌姆的故事，他记述的时间为公元前3世纪70年代，这是有争议的，因为在他的描述中，罗马统治着陆地和海洋，他似乎还预言了马其顿会被罗马击败，但莫米利亚诺认为公元前3世纪这一时间是合理的。[11]埃拉托色尼（Eratosthenes）和提麦奥斯（可能更为详尽）也记述了罗马建城的故事。

这些神话之所以重要，是因为它们表明希腊行者十分了解意大利中部，这些人意识到诸如罗马这样的关键中心的重要性，试图将它们并入共享的地中海神话世界（通常但不一定会被认为源自希腊）。这是否反映了罗马人的观点（以及希腊人对他们观点的了解），存有争议。希腊作者以为与他们有过接触的人随性编造起源神话而出名。[12] 在公元前 4 世纪的阿尔西姆斯之前，没有人提及罗慕路斯，这或许意味着希腊人不知道双胞胎的故事，后者通常被认为是“本土”神话。埃涅阿斯则往往被视为是希腊神话，嫁接到了罗慕路斯和瑞摩斯这一本土神话上，只有奥古斯都特别强调埃涅阿斯是这一故事的一部分。

事实上，有充分证据表明埃涅阿斯的神话很早就为意大利中部所接受。从公元前 6 世纪和前 5 世纪开始，伊特鲁里亚地区大量希腊花瓶上就出现了这个故事，它还出现在卡里出土的一个公元前 6 世纪的伊特鲁里亚 – 科林斯式单耳酒壶（oenochoe）上，以及公元前 5 世纪不同的伊特鲁里亚物品上（武尔奇出土的两个圣甲虫，以及一个红绘双耳瓶）。[13] 此外，在维爱的坎佩蒂（Campetti）和波尔托纳乔（Portonaccio）圣所发现了埃涅阿斯带着安喀塞斯的小型雕像。尽管雕像可以确认是埃涅阿斯，但其制作时间引发争议。托雷利认为这些雕像是罗马殖民者从罗马带过来的，但科隆纳最近提出它们的制作时间为公元前 5 世纪，因此与被征服之前的伊特鲁里亚人有关。[14] 这些埃涅阿斯像出自圣所，表明我们要研究的是对埃涅阿斯的崇拜，而不仅仅是其雕像。维爱和罗马密切关联，所以罗马不太可能不知道这一信仰。其实，科隆纳称这两座城市就这一信仰进行过某种对话，或发生过冲突。

埃涅阿斯与拉维尼乌姆在神话中的联系似乎也反映了早期当地人的信仰。拉维尼乌姆是拉丁姆的重要城市，靠近努米库斯河岸。在河流靠第勒尼安海的河口处，有一座献给维纳斯的圣所，可能是作为贸易港使用，狄奥尼西乌斯称其为特罗亚（Troia）。[15] 公元前 6 世纪，这座城市附近建了一座有 13 个祭坛的圣所，其中出土的铭文证实了对卡斯托尔和波吕克斯的崇拜。该圣所可能是献给家神的，而铭文表明此地与希腊城市有密切往来。到公元前 3 世纪，拉维尼乌姆显然与埃涅阿斯有关联，当时，提麦奥斯造访这座城市，从当地人那里听说了特洛伊相关的传说（F59 = Dion. Hal. 1.67.4）。但其他证据或许说明这一崇拜早于这一时期。拉维尼乌姆一座公元前 7 世纪的坟墓在公元前 6 世纪被用于崇拜，[16] 到公元前 4 世纪被改建成圣祠。发掘者认为这是狄奥尼西乌斯提及的埃涅阿斯的英雄祠，在他所处时代可以看到（Dion. Hal. 1.46），但这一鉴定结果存有争议。[17] 据说，埃涅阿斯被当成“本土朱庇特”（Livy, 1.2.6）或“本土之父”（Cassius Hemina，fr. 7 Peter）来崇拜。[18] 学者们以此来主张拉维尼乌姆更重视对埃涅阿斯的崇拜，或是认为罗马或伊特鲁里亚南部才是最初的原点。按照这些思路作进一步推测是徒劳的，因为证据太模糊，但在古风时代，意大利中部高度关联的城市早早接受这些神话，这一观点如今已很难被驳斥了。[19]

位于拉维尼乌姆和伊特鲁里亚之间的罗马似乎也很早确立了关于埃涅阿斯的神话，很可能是在公元前 6 世纪。[20] 公元前 4 世纪后期之前是可以肯定的，因为一些家族称在这一时期，特洛伊血统已不再显得重要，所以这一虚构的家系肯定是在更早之前编造出来的。公元前 3 世纪 70 年代，皮洛士可以像其希腊祖先那样，为了劫掠“特洛伊人的”罗马，向意大利的希腊城市发起战争。[21] 这个传说有多古老，历史学家没有达成一致意见，但我们可以推断出类似神话在早期就被接受。例如，文学史料提到早在罗马建城之前，对赫丘利的崇拜已被接受，这种说法得到了在屠牛广场发现的考古证据的支持，即公元前 6 世纪就有了这一崇拜。同样，埃文德与卡耳门塔 ① 有关，按照一些作者的说法，卡耳门塔是埃文德的母亲。对埃文德的崇拜似乎也历史悠久，因为卡耳门塔节庆安排在新年初期，她有专门的祭司（flamen）。[22] 从更广的范围看，雷吉亚和圣奥莫博诺教堂的赤陶装饰表明在公元前 6 世纪，“地中海”神话已经经过了改编，为罗马当地人所接受。如弗劳尔近来得出的推论，赫拉尼库斯记录称埃涅阿斯为罗马建城者，可以反映出罗马当地人的信仰，这种说法可以追溯至公元前 6

① 在罗马神话中，卡耳门塔是掌管生育和预言的女神。

世纪早期的斯特西克鲁斯。[23]

因此，可以明显看到，意大利中部流传的各种神话使得罗马和其他城市融入了更大的神话世界中，与特洛伊战争以及战争结束后希腊及特洛伊英雄的游荡之旅联系起来。这类神话的起源很难确定，因为我们只有早期作者记录这些故事的残片。存世的残片可能是已经佚失的更为宏大的神话的一部分，无论如何，这些残片无法就神话的起源时间提供可靠的证据。以意大利的埃涅阿斯神话为例，这个故事不一定比罗慕路斯和瑞摩斯的故事更古老，尽管前者第一次被记录的时间比后者早两个世纪。[24] 如格兰达兹（Grandazzi）所说：

> 传说没有作者，也没有日期，因为它仍然是鲜活的，即长期被反复讲述。构成神话的基本元素能接受各种改编和各种变形，适合的文学体裁类型也最为丰富多样……仅仅因为现代人发现某位希腊作者首次提到了一个拉丁传说，并不能让我们得出该传说源自希腊的结论。[25]

其他形式的证据——如“内斯特杯”——表明在公元前 8 世纪后期，《荷马史诗》已经流传到了第勒尼安西部，公元前 8 世纪中期，优卑亚陶工活跃于维爱，这类故事可能是相应文化背景的一部分。我们需要在这样一个背景下理解这些神话的分享，即自公元前 8 世纪起，第勒尼安沿海地区出现了广泛的交流，共享技术和工匠（陶器和金属制品可以证明），商人很活跃，移居和密切交流提供了一个良好的环境。在这种情况下，否认这些早期传说是海外对意大利中部社会的抽象的学术性设想，认为它们或是后世作者编造的，或与意大利本土社会无关，这种观点变得越来越无法成立。早期希腊人对罗马的了解被低估了，这一点变得越来越明显，同样显而易见的还有罗马与希腊及腓尼基的联系出现得更早，且要比原先认为的早得多。[26]

在这种环境下，这些神话不可能大多是后世“编造”出来，与罗马特定历史事件挂钩的，而是较早的神话经过改编，从而符合后世的叙述方式。此类神话很可能极为古老，矛盾的是，我们其实找不到理由认为它们出现的时间应在公元前 753 年之后（我们将会看到这是一个有些武断的时间）或荷马时代［仅标志着特洛伊战争和《归返》（*Nostoi*）这些长期口述的故事被书面记录下来这一转变］之后。更有可能的情况是，神话最初是在公元前 9 世纪和前 8 世纪对外交流变得频繁时形成的。我们或许还可以大胆提出，相较于希腊本土一些富有创意的中心地——这些神话就是从这些地方流传开来的——意大利不应被视为是无足轻重的。神话不是这样出现的。相反，希腊（以及腓尼基）定居点的扩张，地中海中部贸易的发展，移民的增加导致各方在意大利第勒尼安沿海地区这一“中间地带”擦出火花，这些都可能是神话出现的原因。[27]

这些传说之于罗马人的重要性，是个难以回答的问题，学者们为此耗费了相当多的时间。他们倾向于从神话的民族含义去思考，认为这些神话表明罗马人通过埃涅阿斯对特洛伊产生共鸣，或是为了强调他们与希腊人的不同，或是突出他们与伊特鲁里亚人完全不同。[28] 此外，学者们通常拿这些关于埃文德、赫丘利和埃涅阿斯的“希腊”神话与我们很快就会提到的罗慕路斯和瑞摩斯这一“本土”神话进行比较。但视这些神话反映了地中海十分混杂的社会环境，可能更有收获，或许不用过多考虑“民族”忠诚性，与外来民族和城市的密切联系可能会被解读出更多的意义。[29] 认为这些神话是“地中海神话”，而不是“希腊神话”，还有助于避免这样的设定，即某些传说在罗马被认为是本土创作的，在其他地方则被认为是外来的。如果罗马人真的如很多人所认为的那样，想反希腊，那么关于埃文德的神话出现在那么多史料中，就显得很奇怪。与特洛伊战争的联系显然是其中的一部分，这一元素很具知名度，利于宣传。但最鲜明的特色是对不同家族的崇拜，以及罗马与地中海各地的联系，主要表现为来自海外（皮拉斯基人、希腊人和特洛伊人）和意大利（萨宾人、西库尔人）

的移民潮。

如此看来，在建城前，从罗马的自我形象入手研究，似乎颇为复杂，要考虑到额外的叠加因素。它并非源自本土，也不是民族征服的结果。这些混合起源被写入了这座城市的地形中，例如，英雄及其追随者建立的特定的山区定居点，类似埃文德定居帕拉蒂尼山，卡利乌斯·维本纳定居西里欧山，赫丘利定居卡比托利欧山。这并不意味着罗马人没有通过这些神话来明确表达身份认同感，也不是说他们认为自己与其他希腊城市无异。尽管本都的赫拉克利德斯（公元前 4 世纪）和哈利卡尔那索斯的狄奥尼西乌斯（公元前 1 世纪）都声称罗马实际上是希腊城市，但罗马认识到其与希腊城市之间存有差异，他们按照希腊仪式（graeco ritu）进行赫丘利这一古老崇拜（公元前 6 世纪后期肯定已经存在了），并且坚持克瑞斯女祭司（于公元前 5 世纪早期确立）一定是希腊人。[30] 但在神话中，其他“外来”元素的同化同样引人注目，例如埃涅阿斯成为建城者，对埃文德和卡耳门塔的崇拜与历法融合。

罗马建城的故事

罗慕路斯建立罗马是史上最著名的神话之一，它能保持影响力和人气，不仅是因为罗马十分重要，还由于其记述的内容很奇特，让人难忘。这是一个典型的经过数世纪口口相传保存下来的传说，引人入胜。李维、狄奥尼西乌斯和普鲁塔克都记述过这个版本，到公元前 1 世纪，它被奉为经典版，且在那之后一直如此。罗慕路斯和瑞摩斯是努米托尔的女儿伊利亚诞下的双胞胎。努米托尔是阿尔巴隆加合法的国王，但被其兄弟阿穆利乌斯废黜。阿穆利乌斯指定伊利亚为维斯塔贞女，确保她不会生育，但伊利亚被战神玛尔斯强暴，生下孪生子。阿穆利乌斯发现后，将伊利亚囚禁起来，把双胞胎放进篮子里，扔入台伯河，任他们顺河漂浮，直至被溺死。但双胞胎奇迹般地活了下来，他们被冲上帕拉蒂尼的河岸，那个地方叫“卢珀卡尔”。一头母狼给他们哺乳，然后，一个名叫法乌斯图鲁斯的牧羊人捡到了兄弟俩，他和妻子视他们为己出，将他们带大。两个年轻人与一群逃跑者和亡命徒混在一块，抢劫邻近的聚落。成年后，双胞胎杀死了篡位的阿尔巴隆加国王阿穆利乌斯，让外祖父努米托尔重新登上王位。他们决定在自己获救的地方建立一座城市。罗慕路斯选择了帕拉蒂尼山，瑞摩斯选择了阿文蒂诺山。不同的征兆出现，两人为谁应当成为建城者起了争执。罗慕路斯为帕拉蒂尼筑防，但瑞摩斯跳过建了一半的城墙。在紧接着发生的混战中，瑞摩斯被杀，这座城市以同名建城者罗慕路斯的名字被命名为罗马。

除了这个经典版本外，关于罗马建城，还有很多不同版本的故事。很多方面存有争议，包括这座城市的名字与谁有关（表 3.1）。即便是在罗马历史学家中，罗慕路斯和瑞摩斯的故事也存在很多版本，例如，狄奥尼西乌斯就记录道：[31]

> 在这些（罗马作家）中，有些人称罗马的建城者罗慕路斯和瑞摩斯是埃涅阿斯的儿子，另一些人称他们是埃涅阿斯女儿的儿子，但没有道出他们的父亲是谁。埃涅阿斯将他们送到阿波里吉尼(Aborigines)国王拉提努斯那里，当作人质，这是当地人与新来者之间达成的协议。拉提努斯热情地迎接兄弟俩，不仅给了他们很多其他的帮助，还因为死后没有子嗣，便将部分王国留给了兄弟俩，使他们成为继任者。还有人称，埃涅阿斯死后，阿斯卡尼乌斯继位，成为整个拉丁民族的最高统治者，他将拉丁人的土地和军队分成三部分，将其中两个部分给了他的兄弟罗慕路斯和瑞摩斯。(Dion. Hal. 1.73.2—3)

一些作者推测，为双胞胎哺乳的不只有母狼，还有法乌斯图鲁斯的妻子，她是一个妓女，故事就是在这个基础上发展起来的。按照李维的说法，瑞摩斯死于一场大规模冲突，但他指出有一个更为常见的版本——瑞摩斯是被罗慕路斯杀死的。但在狄奥尼西乌斯和奥维德的记述中，瑞摩斯是被罗慕路斯的追随者塞勒杀死的。

表 3.1　费斯图斯、普鲁塔克和狄奥尼西乌斯记录的罗马建城者[32]

建城者	更多细节	费斯图斯	普鲁塔克	狄奥尼西乌斯	信息来源
罗慕斯 / 罗马	埃涅阿斯之子	√		√	阿波罗多洛斯，格尔吉斯的塞法隆，德马戈拉斯，阿加西洛斯
	阿斯卡尼乌斯之子			√	哈尔基斯的狄奥尼西乌斯
	罗慕路斯之子	√			阿加托克利斯
	朱庇特之子	√			安提戈努斯
	埃涅阿斯的后人	√			阿加托克利斯
	埃涅阿斯的追随者	√			格尔吉斯的塞法隆
	埃马提翁之子		√	√	
	伊塔卢斯之子			√	
	奥德修斯和喀耳刻之子			√	塞纳戈拉斯
罗姆 / 罗马	拉提努斯之妻	√			卡里阿斯
	埃涅阿斯之妻		√		
	阿斯卡尼乌斯之妻		√		
阿波里吉尼人 / 皮拉斯基人		√	√		《库迈编年史》
埃涅阿斯和奥德修斯			√	√	赫拉尼库斯，希格乌姆的达玛斯忒斯

续表

建城者	更多细节	费斯图斯	普鲁塔克	狄奥尼西乌斯	信息来源
亚该亚人 / 阿卡迪亚人		√		√	赫拉克利德斯·伦布斯，亚里士多德
罗米斯	拉丁国王		√		
罗马努斯	奥德修斯和喀耳刻之子		√		
罗慕路斯	拉提努斯之子	√	√		
	忒勒玛科斯和喀耳刻之子	√			克雷尼亚斯
	努米托尔之孙	√			佩帕里苏斯的戴奥克利
	维斯塔贞女之子，父亲不详	√			
	埃涅阿斯之子		√	√	
	埃涅阿斯之孙			√	
	玛尔斯之子		√		
	女奴之子		√		

这些不同版本是典型的通过口述传统保存下来的故事，由于叙述的残片并不被认为具有权威性，因而产生了分歧。这也能解释故事叙述为何如此具有影响力和戏剧性：英雄们崛起，去争取他们应得的地位，于是，双胞胎之间起了灾难性的冲突，手足相残。这种描述显然不利于罗马的形象，事实上，还给了其敌人有用的信息，使他们可以对这座城市进行抨击。而通过戏剧这种方式反复讲述，或许使得故事的戏剧元素进一步增加：公元前 3 世纪后期，奈维乌斯写了名为《罗慕路斯和瑞摩斯的成长》（*Upbringing of Romulus and Remus*）、《罗慕路斯》（*Romulus*）和《卢帕》（*Lupa*）的戏剧，它们可能影响了法比乌斯·皮

克托的记述。[33]故事口口相传的特性也解释了不同版本存在相同元素的原因。众所周知的主题有母亲的悲剧、婴儿获救、被视为图腾的动物，以及婴儿长大后完成救赎。即便不是在这一罗马组合中，所有这些元素在其他古代故事中也很常见。[34]传说很多英雄的母亲都是遭神强暴的女祭司，例如忒勒福斯的母亲奥格，珀耳修斯的母亲达那厄。很多英雄是被动物养大的，例如，近东地区有《吉尔伽美什史诗》（*Epic of Gilgamesh*）中的恩奇杜，波斯国王居鲁士大帝；在希腊神话中，则有埃癸斯托斯（被一只山羊救下）、费拉希德斯和费兰德（山羊）、阿斯克勒庇俄斯（山羊）、埃俄罗斯和布特斯（牛）、忒勒福斯（母鹿）、米利都（狼群）、阿塔兰忒（熊）、希波托俄斯（母马）、安提洛科斯（狗）、赛顿（狗或狼）和伊阿姆斯（蛇）的故事。[35]还有很多是被牧羊人抚养的，例如普雷尼斯特的凯库鲁斯和特洛伊的帕里斯；城市或宗教群体的创建人在回到社会完成他们的使命之前通常会在野外待一段时间。这种构思在印欧社会中非常普遍，可能是共享神话极为古老的一个层面，也可能是原始社会为早期英雄编造神话采用的典型方式。[36]

这些构思中有很多在意大利中部其他社会很常见，我们可以在建城故事中发现相似之处，例如普雷尼斯特的建城，凯库鲁斯是一个弃婴，父亲是神，他被牧羊人抚养成人，在建立普雷尼斯特城之前，和一群年轻的劫匪混在一起。[37]提布尔是由提贝图斯、卡提卢斯和科拉斯三兄弟建立的，以长兄的名字命名。[38]尤其引人注意的是，动物为婴儿哺乳的场景出现在了伊特鲁里亚的艺术创作中，其中包括博洛尼亚出土的一块公元前5世纪或前4世纪的墓碑，上面刻着一只动物（可能是狼）为一个婴儿哺乳，以及在博尔塞纳（Bolsena）发现的一面有名的镜子，时间为公元前4世纪下半叶。[39]尽管存在一些质疑，但这面镜子几乎可以肯定描绘的是罗慕路斯和瑞摩斯的神话。镜子出自普雷尼斯特的工匠之手，因此这个神话肯定在意大利中部——或许是罗马——流传。[40]事实上，这些描绘表明，这一神话中人类被动物抚养的元素不应被视为是罗马所特有的，而是意大利中部，甚至地中海的特色。

众多学者认为这一神话的鲜明特点可以用特定政治环境的产物来解释。例如，施特拉斯布格尔（Strasburger）在1968年提出，罗慕路斯神话中的负面特性，如手足相残和强暴，表明该神话是由罗马的敌人编造的。他认为这发生在公元前3世纪70年代，当时皮洛士对罗马发起攻击，编造这样的神话是针对这座城市发起的宣传战的一部分。[41] 最近，怀斯曼提出，瑞摩斯是在公元前3世纪才加上去的，以代表与贵族做斗争的平民。由于这两个阶层最后达成和解，在神话结尾处，瑞摩斯这个有些尴尬的多余角色必须被处理掉，因此不可能早于双执政官制度确立的公元前367年。怀斯曼称，事实上，在公元前296年母狼与双胞胎的雕像出现之前，没有明确的与瑞摩斯有关的证据。[42]

直到十年前，能证明双胞胎神话在古代存在的最好证据被认为是《母狼乳婴像》（*Lupa Capitolina*）。这尊标志性的雕像自1471年起就保存在罗马，如今在卡比托利欧博物馆内占据着醒目的位置。已知双胞胎是文艺复兴时期添加的，但带有丰满乳头的母狼表明这尊像最初描绘的是古老传说中的场景。从风格角度看，母狼像被认为可以追溯至公元前6世纪后期或前5世纪早期，可能是伊特鲁里亚南部的维爱制造的。[43] 但在1997至2000年间对雕像进行维护期间，人们得以对其使用的技术作全面评估，进行新的科学分析。首席修复师安娜·玛丽亚·卡鲁巴（Anna Maria Carruba）得出的结论是，这尊雕像是中世纪制作的，而非古代伊特鲁里亚时期。因为它是用直接脱蜡法整件铸造而成的，通常认为古代只用这种方法来铸造小件，这一类型的作品在中世纪更为常见。科学分析法在一开始似乎为这一结论提供了进一步支持，确认蜡模包裹的黏土核心来自台伯河谷下游区域，经热释光和放射性碳法测定，其时间为公元100至1155年间。

然而，在2007年召开的一次会议上，很多知名考古学家对这一新确定的时间表示异议，他们指出青铜内残余的核心部分很容易受到污染，因为雕像有明显的裂缝。而对青铜的分析指向了另一个方向，表明该雕像的合金成分不像中世纪的合金——通常是由回收金属制成的，不同于狼像——这种成分在伊特鲁里亚更为常见，且含有出自撒丁岛上一古老矿区的铅，而已知该矿区在中世纪并没有进行开采。[44]然而，最近一次由萨伦托大学在2012年进行的科学测定——检测内腔有机物质（碳、植物残留、种子）——确认雕像制作时间为公元1021至1153年间，其科学依据似乎无可置疑，看来狼像肯定是中世纪制品。但是，这个问题尚未完全有定论：福尔米利（Formigli）近日提出，这尊雕像是在伊特鲁里亚－古意大利原作的基础上于中世纪重新浇铸而成的，所以在风格和科学论据两方面，它融合了两个时代的特点。[45]因此，在古代罗马，仍有可能存在这样的雕像，尽管在确定罗慕路斯神话时间这个问题上，它已不再可靠。

虽然存在这些复杂的争论，但我们仍然有大量证据可证明关于罗慕路斯的神话出现在约公元前300年之前。如我们已经看到的，这个神话出现在博尔塞纳出土的镜子上。可以确定的是，它出现在公元前296年的罗马，那一年担任高级市政官的奥古尔尼乌斯兄弟立起了一尊母狼为双胞胎哺乳的雕像（Livy，10.23.12）。[46]约三十年后，也就是公元前269年，母狼和双胞胎的图像首次出现在最早的罗马钱币上。西西里历史学家阿尔西姆斯提到了这个神话的另一个版本（可能是在公元前4世纪中至后期），他称罗慕路斯为埃涅阿斯之子，罗慕斯（若Rhomus为正确的拼写）的祖父，罗慕斯是建城者。稍晚些时候，可能是在公元前3世纪，另一位西西里的历史学家卡里阿斯（Callias）称“一位名叫罗姆（Romê）的特洛伊女子和其他特洛伊人一起来到意大利，她和阿波里吉尼国王拉提努斯结婚，生了三个儿子，分别是罗慕斯、罗慕路斯和忒勒戈诺斯……他们建立了一座城市，以母亲的名字命名”（Dion. Hal. 1.72.5）。

学者们认为这些记述几乎没有告诉我们罗马人的想法，而是体现出了希腊人将民族优越感强加于罗马神话学之上。[47] 但这些记述一直提及罗慕路斯，这一点值得注意，这些记述与西西里岛自公元前 6 世纪起就对这座位于台伯河畔的城市感兴趣并展开交流这一情况相符。我们应该记住，公元前 6 世纪后期，也就是斯特西克鲁斯所处的时代，罗马与迦太基达成的首个条约就已经开始展望罗马在西西里岛的贸易前景了，且公元前 5 世纪早期，西西里艺术家在罗马很活跃。[48] 因此，这些历史学家可能反映了罗马人自己对建城的描述。

在罗马，最先证实这一经典版故事的是法比乌斯·皮克托，显然，他既对史前的神话英雄埃文德、赫丘利和埃涅阿斯作了详尽描述，也完整讲述了双胞胎的神话。[49] 我们很容易认为经典版本就出自法比乌斯·皮克托之手，因为他是第一位在公元前 3 世纪后期记录这个故事的罗马历史学家，[50] 他可能是受罗马敌人指控的刺激，提供了一个“经过整理”的带民族色彩的描述——我们知道他想用希腊语对支持迦太基人的布匿战争相关记述做出回应。但让人意外的是，据普鲁塔克称，皮克托参考了一位希腊作者的描述，即佩帕里苏斯的戴奥克利（佩帕里苏斯是位于爱琴海西部的一座小岛）。[51] 戴奥克利写作的时间不确定，但可能是公元前 3 世纪中期。普鲁塔克的说法可能是对的，即希腊人在这方面的影响是最主要的，但一位罗马作家根据一位希腊权威的描述，重新讲述本国的历史，而且包含很多意大利中部特有的元素，依然显得极不寻常。[52] 这表明戴奥克利非常了解罗马人的想法，也表明在第二次布匿战争之前，希腊人就已经对罗马的起源展开了详尽的论述。考虑到西西里岛的希腊人一直对罗马感兴趣，以及罗马在公元前 275 年击败皮洛士赢得具有划时代意义的胜利这一大背景，这并不令人意外。[53]

所以，总体来说，罗马的建城神话似乎是由不同元素组合成的，受到与意大利中部其他区域以及更广的地中海的交流的影响。目前，学术界达成的共识为对埃涅阿斯的崇拜是希腊的思维构建，在晚些时候被人为地转嫁到“本土”且更为古老的对罗慕路斯和瑞摩斯的崇拜上。但这一推论与两个证据相背离：

埃涅阿斯建立罗马一说被证实早于罗慕路斯建城版本，尤其是在《母狼乳婴像》的年代重新测定后；而第一位讲述这个版本故事的罗马人法比乌斯·皮克托在很大程度上参考了已经存在的希腊版本。根据我之前的论述，可以总结出三点。首先，已经证实意大利中部早期流传有这两个版本的神话，在我看来，王政时代（即公元前6世纪之前）的罗马就有流传。因此，称其中一方占据主导地位似乎有些武断，因为很有可能早在首次被文学史料提及或以图像形式出现之前，这两个版本的神话就已经存在了。[54] 其次，两版神话的建构过程似乎并非为希腊人或罗马人（或伊特鲁里亚人）所特有，而是各方合作的过程，是第勒尼安中部“中间地带”的地中海不同民族互相交流的结果。为了证明早期假设存在很多问题，我们甚至可以提出一个确实极具争议性的问题，即罗慕路斯有多“罗马化”？格兰达兹指出，罗慕路斯的传说深深扎根于罗马这座城市（特别是帕拉蒂尼山），有人会认同这个传说并不令人感到意外，因为他是这座城市的同名建城者，和地中海其他很多城市的建城者一样（例如建立卡普阿的卡皮斯，建立阿梅里亚的阿米鲁斯）。[55] 最后，我们可以声称罗慕路斯与阿尔巴隆加密切关联，以图像形式出现在意大利中部其他地方，并且按照一些学者的说法，和双胞胎弟弟一样，罗慕路斯是一个伊特鲁里亚名字！[56] 但在这种文化融合的情况下，学者们的追根溯源只是徒劳。事实上，罗马的自我形象，如其通过神话所宣传的那样，似乎是为了突出他们意识到这些初期发生的事，强调混杂的民族起源，以及与海内外其他城市——希腊和特洛伊——的交流和联系。[57]

建城时间及年代顺序问题

公元前753年被普遍认为是权威的建城时间，但这一年份可能是在相对较晚的时期确定下来的。历史记录中存在各种时间，让人感到困惑（表3.2）。版本如此多，引发了人们对公元前753年这一权威时间的质疑，在某种程度上，它也只是众多争夺权威性的时间版本中的一个罢了。我们普遍不知道这些时间是怎么得来的，但能看出一些大致倾向。[58] 早期史料将罗马建城与特洛伊陷落密切联系在一起，或是城市的名字源自一位特洛伊移民，或在某些版本中，罗慕路斯——还有极少情况下，是瑞摩斯——与埃涅阿斯关系密切。在晚些时候的记述中，特洛伊战争和罗马建城之间相隔的时间要长得多，可能是受到了埃拉托色尼（公元前 3 世纪）① 对年代顺序的研究的影响，后者认为特洛伊战争发生在公元前 1184 年，罗马建城则是在第七届古代奥林匹克运动会（公元前 751 或前 750 年）的第二年（Solinus 1.27）。这一年表上的空白期被认为给法比乌斯·皮克托这样在公元前 3 世纪后期写作的罗马历史学家出了个难题。他们的解决办法是编造特洛伊王朝的一系列阿尔巴隆加国王，从埃涅阿斯之子阿斯卡尼乌斯开始，到罗慕路斯和瑞摩斯的外祖父努米托尔为止。[59] 这使得学者们将特洛伊战争的时代与公元前 8 世纪的罗慕路斯和瑞摩斯联系起来。

表 3.2　罗马建城时间 [60]

时间（公元前）	出处
约 1100 或 900	恩尼乌斯
814	提麦奥斯（与迦太基同期）
754/753	瓦罗
752	《卡比托利欧大事记》[61]
751/750	加图
750/749	波利比乌斯
748/747	法比乌斯·皮克托
729/728	辛西乌斯·阿利曼图斯

① 昔兰尼的埃拉托色尼（约公元前 276—约前 195/ 前 194 年），古希腊数学家、地理学家、诗人、天文学家，是第一个计算出地球周长的人。

但罗马和特洛伊的同步是怎么发生的呢？上文提及的重新建构的前提是罗马于公元前 8 世纪建成已成为共识。罗慕路斯建立罗马的故事可能是以口口相传的方式保存下来的。这意味着它不太可能有准确的年份，但存在这种可能，即以世代来形容罗慕路斯的故事与讲述者所处时代的时间间隔。[62] 不过对于共和国，我们可以通过《大事记》（以及卡比托利欧时代）追溯至公元前 509 年左右。或许建城时间是后期通过时间顺序估计出的，例如假设有七位国王，每位国王统治的时间为三十五年左右。[63]

从法比乌斯·皮克托开始，罗马历史学家就这座城市建于第七届至第十二届古奥林匹克运动会期间普遍达成一致，按照我们的估算，为公元前 8 世纪中期。可即便如此，仍然可以提出不同的时间。法比乌斯时代的众多作者无视他记述的版本，认为埃涅阿斯和罗慕路斯存在密切联系，这两人之间不存在漫长的时间间隔。这些作者包括历史学家卡西乌斯·赫米纳（Cassius Hemina，公元前 2 世纪中期），以及诗人奈维乌斯（公元前 3 世纪后期）和恩尼乌斯（公元前 2 世纪早期）。[64] 奈维乌斯和恩尼乌斯都认为罗慕路斯是埃涅阿斯的女儿所生，也就是他的外孙（*Serv. Dan.* on *Aen.* 1.273）。恩尼乌斯提到一件事，“发生在著名的罗马在繁荣兴旺的预兆下建城后的约七百年”（Varro，*Rust*. 3.1.2 = Ennius，*Ann.* 154—155 Skutsch），如果按照他所处的时代计算，罗马建城的时间就变成公元前 900 年左右，如果是从卡米卢斯讲话的时间开始计算，那建城时间就在特洛伊战争爆发的时代。[65]

最终版建城时间是按照同时代地中海城市的标准确立的，[66] 相较于考古证据，要晚一些。对此，有各种可能的解释。卡兰迪尼提出，罗马人保留了关于自公元前 8 世纪中期起的重要城市发展的记忆，因此这是历史发展的真实反映：一个关键性的时刻，但并非这一定居点本身建立的时刻。[67] 其他学者强调古代作者在估计年代时的人为性和多变性，认为在众多建城时间中选择一个相当于凭空捏造一个时间点，然后赋予其特权。[68] 很多学者认为罗马的建城时间经过调整，以便能融入更广的地中海神话和时间体系中。特别是菲尼（Feeney），他表示设定这个建城时间是为了与以古奥林匹克运动会来计算的历史时间线（而不是“神话时间线”）相符。无论真实原因是什么（现在看来已基本无从查考），我们再次发现罗马和地中海的建城神话有关联。

第四章
罗马王政时代

罗慕路斯的统治

关于第一位国王的统治，传说有很多有趣且奇特的特点。首先，我们会注意到传说记录的双胞胎在年轻时经历的冒险。罗慕路斯和瑞摩斯是一群年轻牧羊人中的成员，将他们抚养长大的法乌斯图鲁斯负责看管国王的羊群。在牧神节上，瑞摩斯被一群盗贼掳走。牧神节是一个与畜牧有关的节日，有诸如山羊皮制成的皮带和动物皮这样的动物制品，其出现时间被认为早于罗马建城。古代作者将牧神节与埃文德来自阿卡迪亚联系起来，他们注意到了这个节日与阿卡迪亚在狼山上举办的潘神节有关。这看上去或许像是一个已经过时的田园风情幻想，与古代进化模式相符，即社会在进入更文明的农业化阶段之前会经历游牧阶段。这个故事可能是人们对罗马史前时期游牧这一方式的集体记忆（稍后会详细介绍），但令人惊讶的是，这个故事与古代世界很多其他的建城神话极为相似。建城者通常在他们的社群之外打发时间，与其他年轻人一起活动，往往和处于社会边缘的牧羊人有关联，占据了诸如山间牧场这样有限的空间。[1]

掌权后的罗慕路斯像典型的古代建城者那样组建这座城市。为了增加人口，他采取了两项非同寻常的措施。首先，在卡比托利欧山地势较低的山鞍上的两片丛林之间，他建了一个庇护所。据狄奥尼西乌斯说，罗慕路斯想为邻近城市的难民提供一个开放的住地，这也成功吸引了大量本土人口。包括逃跑的奴隶在内，庇护所向所有出身低微的人开放。我们可以将其与后来接纳被释奴为罗马公民的做法进行比较，后者据说是由塞尔维乌斯·图利乌斯引入的。[2] 在希腊等古地中海其他地方的建城神话中，不法之徒往往扮演了重要角色。[3] 虽然我们几乎无法分辨罗马神话中关于庇护所的说法是否有历史依据，但它显然代表了后期罗马自我形象中一个很重要的元素，到那时，这座城市已发展成为一个人口大国。[4]

著名的萨宾女人遭掳这个神话中出现了同样的主题。神话以一种机械化的叙事方式对罗马不同民族混杂的起源作了进一步解释：被吸引到庇护所的都是男人，所以罗马不得不劫掠女人，罗慕路斯向周边城市恳请得到新娘，没有成功。于是，他邀请邻近的萨宾城居民来罗马参加宗教节日。这是他们抢占女宾客的借口。罗马人通过这个神话来解释罗马女人的来源，称她们的地位和男人同等，被罗慕路斯说服留在罗马，共享公民身份和财产。罗慕路斯的妻子埃尔西利娅要求授予其余萨宾人公民身份。这些女人阻止了在罗马广场发生的战争，让罗慕路斯和萨宾人领袖提图斯·塔提乌斯达成和解。

罗慕路斯统治末期，我们掌握的史料一致表示他消失了。在某些版本中，他神化了，被一团云雾带走。他最终被奉为奎里努斯神。在一个非同寻常的版本中，罗慕路斯被元老们撕成了碎片，后者将罗慕路斯的尸块藏在托加袍下。罗慕路斯的结局存在分歧是故事口口相传的典型特点。在共和国后期，这种故事可能还带有政治色彩。据说，罗慕路斯有一支警卫队［被称为塞莱雷斯（Celeres）］，但这使得奥古斯都对任何与罗慕路斯的类比都感到不自在，据称奥古斯都有动过使用第一位国王名字的念头。罗慕路斯被元老残暴杀死这个版本可能被诸如格拉古兄弟这样的激进保民官的支持者所采用，格拉古兄弟就是被元老私刑处死的。

罗慕路斯的城市体系

在罗马传说中，罗慕路斯是典型的建城者，他创立了这座城市的基本结构。狄奥尼西乌斯的记述最为详尽（2.7.2—14.4），怀斯曼根据狄奥尼西乌斯记述的一个段落追溯到了瓦罗的描述。[5] 据说，在罗慕路斯的组织下，罗马城快速展开了建设，包括两组防御工事和朱庇特·费莱特里乌斯神庙，他还确立了罗马社会的基本结构。罗慕路斯将人民分为平民和贵族，通过建立“庇护制”将二者联系起来。公民团体及领域被分成 3 个部落和 30 个库里亚（curia），首领分别被称为保民官和库里奥（curio）。他设立了元老院，由 100 名成员组成，还设立了被称为“塞莱雷斯”的警卫队，由每一个库里亚提供 10 人。他确立了管控人民行为的法律，明确了国王、元老院和人民的权力。按照李维的说法（1.8.3），12 名刀斧手被指定，这一做法源自伊特鲁里亚人。

这是原始建城者建立城市的标准结果。罗慕路斯被认为是罗马绝大部分主要社会及政治结构的创立者。这些不同的措施似乎构成了罗马社会的基础，它们被打包，被武断地认为全是一个虚构的建城者设定的。其中一些特点可能是长期发展形成的，如庇护制，还有些可能是在较晚期才出现的，如贵族与平民的区分，因为我们直到共和国初期才再次听到这种说法。但有一点，即部落和库里亚的划分，应该受到更多重视，它很可能具有历史意义。

我们是通过后期的史料知道这两个组织的，库里亚似乎一直延续到了后期社会。如我们所看到的，罗慕路斯将人民分成 3 个部落。通过后来的骑兵百人团，我们知道了这些部落的名字：第提斯（Tities 或 Titienses）、拉姆奈斯（Ramnes

或 Ramnenses）和卢克勒斯（Luceres）①。[6] 按照一位名叫沃尔尼乌斯（Volnius）的伊特鲁里亚剧作家（可能于格拉古时代写作）的说法，这些为伊特鲁里亚名。[7] 据说，塔克文·普里斯库斯使得骑兵百人团的人数增加了一倍，但在占卜官阿图斯·奈维乌斯的坚持下保留了名字。据认为，每一个部落都提供了一个百人团的兵力，因此这些名字应该就是部落的名字。[8] 所以，在塔克文的时代（名义上为公元前 7 世纪后期，但不能确定，我们在后面会看到），这 3 个部落可能已经存在了。在共和国后期，这些部落似乎没有扮演很重要的角色，好像被据说是塞尔维乌斯·图利乌斯改革设立的新城市和乡村部落所取代了。

30 个库里亚出现的时间肯定要晚于 3 个部落，或者是同处一个时代，因为库里亚从属于部落。[9] 据李维称，每一个库里亚都是以一位萨宾女子的名字命名的（1.13）。我们知道其中 8 个名字。[10] 库里亚可能是根据出生划分的群体。如古代作者所说，"curia" 一词可能源于 "co-viria"（男人的会议）。[11] 每一个库里亚有自己开会的地方（Dion. Hal. 2.7.4），帕拉蒂尼山的山坡上有被称为 "curiae veteres" 的聚会所，朝向斗兽场所在的谷地，使用时间似乎是从古风时代开始，直到共和国后期。[12] 每一个库里亚都有一个首领，被称为库里奥。大库里奥（curio maximus）是总领袖（通常为贵族，但在公元前 3 世纪，可能还有更早些时候，出现过平民担任大库里奥的情况）。共和国时期，库里亚继续在宗教节庆中扮演角色，庆祝福耳那克斯节（Fornacalia）和福狄西底亚节（Fordicidia）。它们还保留有早期遗留下来的政治功能，构成了被称为库里亚大会的机构，该机构持续到共和国后期。它相当于选举行政长官的机构，但实际权力很小，在每一位行政长官上任之前通过《治权授予法》授予其治权。一直到共和国后期，库里亚大会也负责批准祭司的任命。库里亚大会让位于塞尔维乌斯·图利乌斯设立的森都里亚大会，西塞罗曾经提及它负责选举出早期的平

① 第提斯指的是萨宾国王塔提乌斯领导的萨宾人，拉姆奈斯指的是住在帕拉蒂尼山上的拉丁人，卢克勒斯主要是由伊特鲁里亚人组成的。

民保民官——可能是在公元前 471 年前——我们由此可以看出，库里亚大会曾经享有很高的政治地位。[13] 库里亚大会可能还在军队招募中起到了作用。[14]

现代学者对建城神话中的很多元素进行了大量研究，尤其是数字元素的象征意义。二元结构显然是一个常见的主题。一些学者推测故事之所以编造出罗慕路斯与提图斯·塔提乌斯的双王制，是为双执政官提供先例，后者在古代是一种相对不寻常的治理形式。[15] 我们可以想到双胞胎，以及这座城市一开始设在两座不同的山上（阿文蒂诺山和帕拉蒂尼山）。此外，还有一些古代祭司团存在两个团队［萨利和卢珀西（Luperci）］，早期罗马人口是由拉丁人和萨宾人组成的。但还有些三重结构，例如设有 3 个部落和 30 个库里亚。在颇具影响力的法国神话收集者乔治·杜梅齐（Georges Dumézil）看来，数字“三”具有深刻的象征意义，是所有印欧语系古代社会原始的三元构架的组成部分。杜梅齐认为，他是通过比较古地中海社会和古印度社会发现这一结构的。但他的推论并没有获得太多古代历史学家的呼应。[16]20 世纪早期，学者们试图将这些二元或三元结构与拉丁人、萨宾人和伊特鲁里亚人相关的考古证据联系起来，从民族角度对它们进行解读，同样未能获得成功。

现在，学者们倾向于少从字面意思上解读神话，少去挖掘其可能隐藏的真相，而是更多关注神话中罗马人的自我描述。对于最初罗马公民的卑微出身，用诡计欺骗萨宾人并强暴萨宾女人，神话并没有表现出难堪，这一点尤其让人惊讶。细节夸张似乎是早期传说的标志，不同于后期编造的突出罗马良好形象的故事。库里亚组成的三个早期的部落并不代表构成罗马人口的不同民族。但庇护所和萨宾女人遭掳的神话表明叙述者意识到了早期罗马社会的民族多样性——考古和铭文证据证实了这一点——以及萨宾人和其他“外来者”在早期罗马历史中的重要性。[17]

这一传说的主要特点是罗慕路斯建立了合理的城市构架。这不需要我们认同罗慕路斯是历史人物（尽管我们尚不完全清楚是否可以排除这种可能），或者要我们接受这样一位建城者应当出现在公元前 8 世纪中期。[18] 但关于这些组织本身，似乎有充足的理由证明它们有着悠久的历史。古代希腊也有很相似的组织，例如狄奥尼西乌斯（2.7.3）提到，phyle 和 trittys 对应的是部落，phratry 和 lochos 对应的是库里亚。罗马的部落和库里亚肯定非常古老，在公元前 6 世纪中期，它们基本上被塞尔维乌斯设立的森都里亚大会所代替。学者们没能就部落和库里亚的形成时间达成一致意见，但倾向于将它们的形成与城市定居点的出现联系在一起。例如，康奈尔指出，部落和库里亚的出现不可能早于公元前 7 世纪中期，当时罗马开始城市化。卡兰迪尼则相反，他提出库里亚的出现时间为“第二届七丘节”（Septimontium）①，即公元前 775 年之前，此外，30 个库里亚中有 27 个出现的时间早于罗慕路斯建城。[19]

普遍认为这一早期城市化构架反映出了希腊对早期罗马的影响。[20] 论据是这座城市被分成几个部落，与希腊城邦有相似之处，但不同于希腊的地域邦国（ethne）或其他意大利或伊特鲁里亚社群。意大利城邦的构架不同，部落相当于整个社群。以翁布里亚的城市伊古维姆（Iguvium）为例，它有一个部落，被称作 trifu，相当于 tota，即整个社群。[21] 如穆拉伊（Murray）指出的，在希腊，城邦（polis）和地域邦国的区别在于只有城邦具备“古代合理性”。[22] 因此，罗马被认为是意大利中部唯一的希腊风格城邦，这是一个非常重要的说法。但其论据是脆弱的，建立在意大利和伊特鲁里亚城市构架证据缺乏、相关资料极度贫乏的基础之上。罗马及其邻居的差异被夸大了，其他地方似乎不可能没有出现类似的人口划分：事实上，十分相似的设置被证实出现在翁布里亚（即便只有一个单独的实体）和伊特鲁里亚的曼托瓦（Mantua，似乎存在多个部落和库里亚），按照费斯图斯（358 L.）的说法，伊特鲁里亚人通过宗教仪式相关的书来了解如何将城市分成数个部落。[23] 此外，近期对希腊的研究已经脱离了此前

① 七丘节指的是罗马七个定居点居民一同欢庆的节日，通常在 9 月举行，后期史料也有称是在 12 月 11 日举行。

的观点，即地域邦国是一种落后的城邦。出于政治和军事目的进行的城市划分是以划分后的规模大致相当为前提的，因此不太可能是城市化之前传承下来的，肯定是人为设定的。[24]

最近，里格尔（Rieger）全面研究了这一问题，将最早的罗马部落和多立克城市的部落联系在一起，将科林斯作为可能的史料来源。[25] 里格尔指出，这种联系可能是通过伊特鲁里亚实现的，但伊特鲁里亚对罗慕路斯设立的部落的名字产生了影响这一假说遭到了里克斯（Rix）的反驳，他认为这些名字出自拉丁语，为当地地名。[26] 因此，目前学术界认为，这些部落的起源似乎融合了拉丁当地、意大利中部和更广的地中海元素，但强调其中一方面，而忽视其他元素，这种尝试通常难以令人信服。这种情况在罗马早期历史中很典型，因为在罗马形成的过程中，存在很多不同层面的密切互动，而在后续章节中，这一主题仍将反复出现。

罗马国王列表

传统上认为，罗慕路斯建立的君主制从公元前 753 年开始，持续到公元前 509 年。[27] 据瓦罗在公元前 1 世纪给出的年表，表 4.1 列出了国王在位的时间。我们掌握的所有重要史料中都提到了最为经典的七王版本。他们的平均统治时间为三十五年，以历史标准看，可谓相当长了。这看上去像是人为编造的，艾萨克・牛顿（Isaac Newton）在 17 世纪提出过质疑。[28] 因此，瓦罗给出的时间可能是根据如下思路推测出来的：如果执政官出现的时间可以追溯至公元前 509 年，那么 $7 \times 35=245$ 年；根据 245 年，我们可以倒推到公元前 754 年，和瓦罗的时间几乎一致。不同版本可能是计算方法不同导致的。平均每个统治者在位三十五年，几乎可以肯定太长了。据说很多国王是被残忍杀害的，只有努马是安详去世的。将此和历史上其他时期比较，例如英国君主制，平均每位国王的统治时间就要短得多，只有二十一年。即便是从维多利亚女王到伊丽莎白二世女王这段很长的时间内，6 位君主的平均在位时间也只有三十年。[29] 这里还有一个问题，公元前 657 年，库普塞鲁斯家族在科林斯掌权，据说塔克文 · 普里斯库斯的父亲德玛拉图斯就是在此时离开科林斯流亡海外的，这个契合使得情况变得复杂。由此可以看出史料的问题，年表中的一些时间点存在不确定性。例如，关于苏佩布是普里斯库斯的儿子还是孙子，史料存有分歧，大多数人认为是儿子，但狄奥尼西乌斯（4.6—7）指出，塞尔维乌斯在位四十四年，所以这是极不可能的。注意，公元前 509 年，共和国建立，双执政官制度确立，部分学者对这一时间仍有争议，不过这是另一个问题，我们会在后面谈及。

表 4.1　古代史料记录的国王名单 [30]

国王	原籍（及血统）	妻子	瓦罗记录的日期（公元前）
罗慕路斯（与提图斯·塔提乌斯共治）	来自阿尔巴隆加的拉丁人（在某些史料中，是特洛伊人的直系后裔）；来自库雷斯的萨宾人	埃尔西利娅	753—716 年
努马 · 蓬皮里乌斯	萨宾库雷斯	塔提娅（提图斯 · 塔提乌斯之女）/ 埃吉里娅 / 卢克雷齐娅	715—672 年
图卢斯 · 贺斯提利乌斯	来自梅杜利亚的拉丁人（祖父）	不详	672—640 年
安库斯 · 马西乌斯	萨宾人；马西乌斯之子，努马和蓬皮利娅（努马之女）的朋友	不详	640—616 年
卢基乌斯 · 塔克文 · 普里斯库斯（"老塔克文"）	伊特鲁里亚塔奎尼（伊特鲁里亚 - 科林斯出身）	塔纳奎尔	616—578 年

续表

国王	原籍（及血统）	妻子	瓦罗记录的日期（公元前）
塞尔维乌斯·图利乌斯（或马斯塔纳）	拉丁人（奥克雷西娅或另一个奴隶之子），或伊特鲁里亚人（克劳狄乌斯）	塔尔奎尼娅（塔克文·普里斯库斯之女）	578—534 年
卢基乌斯·塔克文·苏佩布（"骄傲者"）	罗马人（塔克文·普里斯库斯和塔纳奎尔的儿子或孙子）	图利娅（塞尔维乌斯·图利乌斯之女）	534—509 年

如果我们承认国王在位的时间不可信，那么理解君主制的性质就会遇到大麻烦。[31] 我们无法按照时间顺序，将国王与建筑紧密联系起来，因此将可以追溯时间的考古证据与文学史料联系在一起是很冒险的。此外，这表明传统记述在时间线上出现了一些严重的错误，早期罗马国家的主要特点可能遭误解。现代学者普遍倾向于两种解决办法。第一种解决办法是认为君主制开始的时间较晚，可能是在公元前 7 世纪中期左右，考古证据表明这期间发生了重要的城市化发展。这一推论的好处是传说中的国王列表得以保留，但随着公元前 8 世纪中期之前罗马中部相关的考古证据的数量不断增加，情况现在变得复杂起来。[32] 第二种解决办法是认为还出现过其他君主，经典列表中没有收录。如我们将看到的，这种可能性似乎更大，为很多学者所接受，但它没有完全解决问题。

因为关于国王的记述，其性质是很不一样的。虽然我们主要的史料提供者李维和狄奥尼西乌斯，都从自己的角度出发对每一位国王的统治作了合理的描述，但他们的记录的价值大相径庭，关于早期国王的描述的可信度明显不如后期国王相关的描述。如我们所看到的，罗慕路斯被刻画为典型的建城者，这座城市可能就是以他的名字命名的。类似的同名建城者在古地中海传说中很常见，如卡普阿的卡皮斯，因此，学者们倾向于将它们全都视为后期编造的。下一任国王努马是个单维的宗教创立者，与罗慕路斯相反，他是个爱好和平的人，将重点放在宗教仪式和神灵上。图卢斯·贺斯提利乌斯（Tullus Hostilius）也是个与上任截然不同的人，他基本上被描绘成一个战争领袖，这一特点从他的名字可以看出来。① 不同于努马，贺斯提利乌斯并不虔诚，最终因为没有按照正确的方式举办宗教仪式，遭到朱庇特的雷击，与宫殿一起被焚毁。从安库斯·马西乌斯开始，问题就变得更加复杂。[33] 在后四任可以算是多维度、写实的国王中，他是第一个。这几个人可能是真实存在的，并且按照正确的顺序排列，名字也是真实的。

基于各种理由，另一个被普遍接受的观点是罗马王政是真正为人所牢记的制度。[34] 所有文学记述都有记录，这一时代意大利中部其他地方的国王也有相关历史记录。这些包括来自其他群体的独立的历史记录，例如狄奥尼西乌斯保存的《库迈编年史》和《塔奎尼墓志铭》，前者提到了克卢西乌姆的拉尔斯·波尔塞纳（Lars Porsenna of Clusium），后者提及一个名叫奥古尔尼乌斯（Orgulnius）的卡里国王。[35] 我们还有罗马出土的同一时代的铭文证据，雷吉亚发现了一只布切罗杯（公元前 6 世纪最后 1/4 阶段），杯角处刻有 rex（“国王”）字样，以及黑色大理石（公元前 6 世纪早期）上有一段古代铭文，其中出现了 recei② 一词。[36] 共和国期间，各种宗教节庆也会提及国王，这体现在最古老的历法中：Regifugium（“国王的逃遁”）以及被标注为 QRCF 的日子，即 Quando Rex Comitiavit Fas，意为“当国王召开（或主持）大会时，这一天就是吉日”。[37] 这些证据中有一部分可能指的是被称为圣王（rex sacrorum）的祭司，但更有可能就是指国王。最后，后来共和国设立的空位期（interregnum）——两位国王之间的过渡期——提供了进一步证据，因为这个词源于君主制时期。[38]

① Hostilius 在拉丁语中意为“怀有敌意”。
② recei 为 rex 的与格形式。

王位继承

关于每一任国王的任命，史料似乎遵循了一个标准化流程，至少到塞尔维乌斯·图利乌斯时都是如此。这一流程被准确地记下，这种做法并非完全不可能，因为这是关于君主制时期的记述普遍会附带提及的一点。留存至后世的一些制度也支持这种说法。第一个例子是罗慕路斯统治结束时，据说出现了整整一年的空位期，没有找到继任者，这一时期直到平民开始抱怨才结束。

普鲁塔克对空位期的描述如下：

> 眼下中枢无主，无人理政，为了避免相互对立的局面引发混乱，大家同意交由150名元老负责，由他们轮流佩戴代表君王的徽章，依照惯例组织对众神的献祭，处理公共事务，白天和夜晚各6小时。这样的时间分配似乎让双方都能感到平等，权力的交接也有助于消除人们的妒意，因为他们看到一个人当上国王，一个昼夜后，同样一个人就再度成了普通公民。罗马人称这种政体构架为“空位期”。(Plut. *Numa* 2.6—7)

只有贵族可以担任临时摄政者（interrex），空位期结束时，贵族元老会将吉兆告诉新任国王。空位期受到元老院的监管，贵族被要求批准下任国王的人选。新统治者由人民以库里亚大会的形式投票提名，[39] 共和国时期会采用这种方法授予行政长官治权。这可能是以口头表决的形式进行的，而不是投票，在这个过程中，人民可能几乎没有发言权。[40] 事实上，由始至终只有一个王位候选人，不存在临时摄政者需要做出选择的情况。共和国时期存在空位期也得到了证实，不过实施起来有所不同。不同于王政时代早期的常态出现，在共和国期间，这是一个应急职位，只有在正式的行政长官去世或表现无能的情况下才会使用。做法上的差异使得空位期不可能是共和国反向投射到王政时代的，因此它很有可能真的是王政时代的制度。其名字暗示两任国王之间而不是两任行政长官之间存在间隔期，王政时代基础上发展出来的共和国延续了临时摄政官这一职位——这一想法合乎情理。[41]

罗慕路斯的继任者是外来者，来自萨宾，名叫努马·蓬皮里乌斯。后几任国王也都是外来者，或是萨宾人（安库斯），或是拉丁人（图卢斯、塞尔维乌斯），或是伊特鲁里亚人（塔克文·普里斯库斯，严格说来，他是伊特鲁里亚－科林斯人；按照克劳狄乌斯的说法，这个人是塞尔维乌斯）。通常情况下，未来的国王会娶前任国王的女儿为妻，如努马、塞尔维乌斯和苏佩布那样。努马为未来的国王树立了榜样，可能也成了罗马君主制的结构特征之一，即引入外来者来防止精英阶层出现内讧。从人类学角度看，不乏类似的情况，即只让外来者担任最高统治者的社会是存在的。[42]

关于王政时代后期的记述

随着第五位国王塔克文·普里斯库斯的登基，我们的史料出现了重大变化。从这一刻开始，这些记述的可信度似乎有了极大的提升，尽管其历史真实性仍然问题多多。这些国王不再是显而易见的符号化人物，如建城者罗慕路斯、宗教创立者努马、好战的国王图卢斯·贺斯提利乌斯。总的来说，后三任国王比前四任更为真实，主要人物、事件和制度更具历史性。这一时期的一些主要人物首次在同时代的铭文中得到证实，如奥卢斯·维本纳和普布利乌斯·瓦莱里乌斯·普布利科拉。王政时代后期的发展似乎还与地中海历史上同时代其他地方出现的明显趋势有着更为密切的联系，例如暴政的出现，民众支持的重要性，利用神权进一步巩固统治合法性，以及社会和民族间的流动变得普遍。

然而，史料记述仍然存在很多问题。和王政时代早期一样，关于最后三任国王的记述依旧以生平为主，与共和国时期的记述相反。罗马历史的重点仍然放在王室和国王的生平上，尚未过渡到以城市和社群为主的阶段。[43]相较于建城相关的记述，这一时期记述的版本数量要少些，这或许能让我们对后期记述的可信度抱有更多信心，但其实，这种看似连贯的叙述可能具有误导性。我们关于这一时期的所有主要记述引用的资料范围更窄，可能是因为早期史料对建城更感兴趣。但摘录者也明显对那个时期更有兴趣。一些早期史料确实提到了罗马历史中的这段时期。例如，显然存在与这一时期罗马相关的伊特鲁里亚史料，帝国初期的罗马历史学家可以获得这些史料（如我们将看到的塞尔维乌斯·图利乌斯的出身）。狄奥尼西乌斯关于库迈的亚里斯多德莫斯的记述可能引用了一份希腊史料（7.2—11），该史料甚至可能几乎与所记述事件同处一个时代，对罗马产生了影响。[44] 此类其他记述对罗马历史学家的影响似乎很有限，到公元前 1 世纪末，他们似乎提炼出一个连贯的叙述，几乎没有其他版本。我们几乎可以肯定，这个版本的叙述过于有条理，它可能略去了一些（可能很多）重要事件和人物。最典型的例子就是关于王政时代末期和共和国初期发生事件的记述实在让人难以相信，难以与考古证据对上，后者表明当时的情况相当混乱，此外还有版本记述称拉尔斯·波尔塞纳攻占了这座城市，而不是罗马人迫使对手撤军，赢得尊重。[45]

此外，关于最后几任国王的很多故事仍然带有神话或虚构色彩。关于塞尔维乌斯·图利乌斯的神话就很典型：据说（在某些版本中）他的父亲是伏尔甘，后者变成男性生殖器从壁炉里冒出来；当他还是个孩子时，他的头部周围喷出火焰，表明他具有当上国王的潜力；据说，作为统治者的他与女神福尔图纳结合。随着口口相传的反复讲述，这些故事的内容可能变得更加丰富。

这类记述在很多方面呈现出戏剧性，让很多学者犯难。在被称为“塔克文家族”的传奇故事中，有重要且具有特色的女性人物，这在共和国时期的史学中十分罕见，可能表明记述者转而引用了另一类史料。戏剧形式是一种可能的传播途径，这是一种颇具吸引力的假设。[46] 例如，阿克齐乌斯（Accius）写过一部关于布鲁图斯的历史剧，于公元前 133 年演出，讲述了塔克文家族的倒台。[47]

诗歌是另一种可能的传播媒介。[48]从君主制到共和制的编史转变可能反映出受众的改变或史料从口头到书面记录的变化。但我们对于罗马文学体裁的不同受众知之甚少，很有可能口头和书面纪念方式交织成的复杂网络仍然是共和国的典型特征。所以我们要面对的是以纪念碑、文献和仪式的形式保存在集体意识中的记忆，包括但不限于提麦奥斯、法比乌斯以及其他人的文字作品。

关于我们所掌握史料的推测只能到这个程度了。记述的很多方面，如塞尔维乌斯的宪政改革，不太可能出现在戏剧和 / 或诗歌中。我们或许可以认为它们是后期史料直接编造的，学者们一直在努力寻找能让这些编造变得合乎情理的后世背景。[49]但在大多数情况下，我们很难找出一个令人信服的例子，相较于公元前 3 世纪或共和国后期，很多活动同样适合在古风时代背景下展开，甚至显得更为合理。对大多数事件，我们不知道相关记述是真是假。

总之，我们所掌握史料的历史价值受到的影响难以评估，但我们重现古代罗马史的尝试不应受阻。如我们将会看到的，近期，范围更广的地中海考古学和历史学领域的发展——尤其是与希腊历史相似的元素——为我们提供了更为乐观的理由。

后期国王的出身

塔克文·普里斯库斯并非罗马人，他来自伊特鲁里亚城市塔奎尼，凭借技能、好运和继承的财富赢得了王位，文学史料对此的记述是一致的。考虑到古地中海世界相互关联的背景，他的出身显得格外有意思。据说，德玛拉图斯是塔克文·普里斯库斯的父亲，他是统治科林斯的巴基亚家族的成员之一。通过与伊特鲁里亚的贸易，德玛拉图斯变得富有，随着库普塞鲁斯家族在科林斯建立暴政，他最终在塔奎尼定居。德玛拉图斯娶了一位伊特鲁里亚女子，生了两个儿子，其中一个叫卢库莫（Lucumo），他继承了德玛拉图斯的财产。卢库莫娶了伊特鲁里亚贵族女子塔纳奎尔，塔奎尼人的偏见让他无法施展社会抱负，他便搬到了更友好的罗马。在那里，卢库莫与国王成为朋友，最终继承王位，将名字改成卢基乌斯·塔克文·普里斯库斯。

学术界对这个故事的看法不尽相同。一些人认为这是一个独立的希腊传奇故事，被人为放入罗马君主的故事中，虚构了家谱。这么做无疑使得时间线出现了问题，将塔克文·普里斯库斯（传统认为其统治时间为公元前 616 至前 578 年）的父亲迁居与库普塞鲁斯崛起（传统认为是公元前 657 年）联系在一起，就会发现塔克文的儿子苏佩布的年纪老得令人难以置信。[50] 其他人称这是一个连贯的故事，不只有德玛拉图斯，还涉及了整个"塔克文王朝"，即罗马最后三任国王。[51] 德玛拉图斯的故事无疑保存了伊特鲁里亚受到希腊强烈渗透的记忆，对此，我们在上一章已经看到过了。但故事中所包含的纯真的文化英雄元素，即称德玛拉图斯还将黏土制作和字母表带入意大利（Pliny，*HN* 35.152；Tacitus，*Ann.* 11.14），表明随着时间的推移，这个故事经过多次修改，同时也引发了怀疑——德玛拉图斯这个人物可能是为了让这些联系合理化而编造出来的。[52] 而在某些史料中，（可能是奥古斯都时期）强调卢库莫之所以被排除在塔奎尼的公共事务之外是因为伊特鲁里亚人的仇外心理，这也让人产生怀疑，因为作为居民，德玛拉图斯显然是受到欢迎的（在斯特拉波的版本中，他成为这座城市的统治者），和他的儿子一样，他娶了当地女人为妻。[53]

尽管如此，故事中描述的迁移与古地中海相关的考古和铭文证据显示的自由移动十分吻合。[54] 伊特鲁里亚 – 科林斯陶器就是这种联系的产物，由迁居而来的科林斯陶匠在伊特鲁里亚作坊中制作而成。卢库莫到了罗马后，将名字改成卢基乌斯·塔克文·普里斯库斯——将两种传统联系在一起，这看上去像是种拙劣的解释。但在古代的伊特鲁里亚和拉丁姆，改名，同时在新名字中暗示自己的出身，这种做法得到了充分证实，在这里，我们可以举的例子有公元前 7 世纪埋在伊特鲁里亚城市维爱的提图斯·拉提努斯。类似的还有个例子，极受关注，即塔奎尼著名的国王古墓中发现的卢提尔·希普克拉蒂斯（Rutile

Hipukrates)，这是一个希腊和拉丁混血的富翁，被埋葬于此（或是墓中逝者的朋友）。同样，公元前 7 世纪葬在罗马和公元前 6 世纪葬在沃尔西尼的希腊人，也证实了这一移民潮。[55] 这些相似的情况与德玛拉图斯的故事密切关联，因而使得构成传奇故事的主要元素变得十分合理可信，强化了罗马、伊特鲁里亚和希腊在公元前 7 世纪紧密关联这一观点。部分学者提出，这是否导致科林斯——而非伊特鲁里亚——对公元前 6 世纪的罗马产生了主要的影响，但这个问题有一定的误导性。虽然塔克文·普里斯库斯是个重要人物，但将他的出身视为决定性因素，是把问题过于简单化了，因为在以罗马为中心的无数关系网中，这只是其中一个例子罢了。

下一任国王塞尔维乌斯·图利乌斯的出身同样复杂且耐人寻味。关于他是从哪里来的，存在多个不同的版本，尽管和所有前任国王一样，他被描述为来自罗马精英阶层之外。罗马史料称他为奥克雷西娅（Ocresia）之子，她是一个来自拉丁城市科尔尼库鲁姆（Corniculum）的贵族女人，嫁给了这座城市的王族，在科尔尼库鲁姆陷落后被俘虏。在狄奥尼西乌斯以及其他一些史料记述的版本中，塔纳奎尔让奥克雷西娅与壁炉中出现的男性生殖器结合，奥克雷西娅因此怀孕。[56] 其他版本则称塞尔维乌斯是塔克文·普里斯库斯的一个门客和一位在宫廷服务或伊特鲁里亚的女奴生下的儿子。[57] 据说，塔纳奎尔通过征兆意识到塞尔维乌斯具有称王的潜力——火焰包裹着他的头部，但他却没有受到伤害。这些叙述版本中大多数都称他出身卑微，是通过宫殿发生的奇迹登上王位的。

然而，伊特鲁里亚史料给出了另一个版本，克劳狄乌斯皇帝发表的著名讲话中也提到了这个版本，这次讲话的内容就保存在里昂青铜板（Table of Lyons）上。[58] 克劳狄乌斯以博学多才闻名，他接受李维的教导，先后娶过四任妻子，第一任是伊特鲁里亚贵族女子。在这次讲话中，克劳狄乌斯试图说服元老院认可接纳高卢人进入元老阶层这一提议，他提到历史上存在先例，例如罗马的国王就是外来者：

> 曾经，国王统治着这座城市，然而，他们并没有让自己家族的成员成为继任者。其他家族的成员，甚至是外来者，登上了王位。例如努马，他来自萨宾，成为罗慕路斯的继任者。他当然算是邻人，但彼时他就是个外来者，就像接替安库斯·马西乌斯的塔克文·普里斯库斯。塔克文在他的家乡受到阻挠，无法担任官职，因为他的血统不纯——他是科林斯的德玛拉图斯的儿子，他的母亲是塔奎尼人，是一位贵族女子，但家境贫寒，她选择这样的人为丈夫肯定是出于这个原因——后来他移居罗马，在那里登基。塔克文和他的儿子或孙子（即便资料对此存有争议）之间，隔着塞尔维乌斯·图利乌斯。若我们相信罗马的说法，他的母亲是战俘奥克雷西娅；若我们相信伊特鲁里亚的说法，他曾是卡利乌斯·维本纳最忠实的伙伴，参加了他的所有冒险；后来命运发生了变化，他带着卡利乌斯的残余部队离开了伊特鲁里亚，占据了西里欧山，以领袖卡利乌斯的名字为这座山命名；塞尔维乌斯改了名字（他的伊特鲁里亚名为马斯塔纳），使用我现在说的这个名字，他得到了王位，给国家带来了极大的好处。（*ILS* 212，the Table of Lyons，*Beginnings*，133—134）

这个版本表明罗马史料中存在另一段关于王政时代后期的历史。鉴于它给出了诸如塞尔维乌斯移居至另一座城市并改名这些可信的细节，与先前讨论的文学和铭文中的例证相吻合，所以不容无视。

这一版本之所以特别受关注，因为它显然非常古老，且不仅仅是后世对罗马猜测的结果。我们之所以知道，是因为马斯塔纳出现在了弗朗索瓦墓的一幅壁画中，该墓位于武尔奇，时间为公元前4世纪3/4阶段，该壁画似乎描绘了克劳狄乌斯提及的马斯塔纳和卡利乌斯·维本纳一起经历的一次冒险。对这一场景，最好的解读是营救被俘战犯。马斯塔纳正在解救卡利乌斯·维本纳，这与克劳狄乌斯讲话中提及的两人关系密切相符，画中还出现了卡利乌斯的兄弟奥卢斯·维本纳。其他人赤身裸体、作为俘虏被绑缚，但在得到武器后，杀了俘获他们的人。

在被杀的人中有一个是“罗马的格奈乌斯·塔克文”（Cneve Tarchunies Rumach）。一些学者猜测这一场景与塔克文·普里斯库斯的死有关（在罗马传说中，他是被安库斯的儿子杀死的）。或许这是伊特鲁里亚方面的版本，包括塞尔维乌斯在内的一群人杀了他，随后占据了罗马的西里欧山，用武力夺取了王位。但值得注意的是，被杀的是一个叫格奈乌斯的人，而不是卢基乌斯·塔克文，更有可能这是一件不为人知的事，与该王朝的另一个成员有关，与罗马国王本人无关。事实上，塔克文被杀这一幕出现在主壁画的角落，这一点或许表明它并不是主壁画所绘场景的组成部分。杀塔克文的凶手叫马尔斯·卡米特拉斯（Marce Camitlas），这也显得奇怪。这个名字和公元前 4 世纪早期罗马英雄马库斯·卡米卢斯很像，但所描绘的场景与这位共和国人物的经历没有相似之处。[59]

学者们也注意到了对面墙上绘的类似特洛伊战争的场景：在普特罗克勒斯的葬礼上，阿喀琉斯正在处决特洛伊俘虏。因此，这些场景可能是在纪念来自武尔奇——坟墓所在城市——的英雄战胜了俘虏他们的人，其中包括一个罗马人，而相似的场景描绘的是一位希腊英雄（可能得到了伊特鲁里亚人的认可）在杀害特洛伊人（很容易与罗马人对应起来）。[60] 这种解读很有吸引力，想象力丰富，用到了所有的证据，但我们无法确定这样的解读是否正确。根据名字，马斯塔纳及其盟军击败的对手似乎来自不同的伊特鲁里亚城市和罗马，因此可能是典型的杂牌军，符合我们对古风时代意大利中部军队的设想。其与罗马历史某个特定时刻或许不存在交集。在特洛伊战争场景的壁画中，罗马人与特洛伊人的象征意义同样有争议，因为我们现在已经掌握充分的证据，知晓伊特鲁里亚人和罗马人一样，是认同埃涅阿斯和特洛伊的。[61]

其他证据使得这些故事更具历史分量。在维爱，一个约公元前 580 年献祭的布切罗杯子上的铭文证实存在一个叫奥卢斯·维本纳的人。考虑到史料故事设定的日期（就在公元前 6 世纪中期塞尔维乌斯统治前）与铭文时间一致，这个人很可能就是卡利乌斯的兄弟。[62] 在较晚时期的基督教史料来源阿尔诺比乌斯（Arnobius）的记录中，法比乌斯·皮克托在一个奇怪的段落中提到了一个叫奥卢斯·武尔参塔努斯（Aulus Vulcentanus）的人，他可能就是奥卢斯·维本纳，此人死在奴隶手上，卡比托利乌姆（Capitolium）① 这一名字就源于他的头颅被埋在神庙下。[63] 瓦罗将奥卢斯和罗慕路斯联系在一起，但他肯定是将两人弄混了。[64] 维本纳兄弟后来还出现在一面伊特鲁里亚镜子上所绘的神话场景中。对于这些大量让人困惑的证据，理解它们的最好方式是，他们是公元前 6 世纪来自武尔奇的历史人物，和马斯塔纳在罗马有过交集，到公元前 4 世纪，他们的冒险经历在伊特鲁里亚记述中被神话化。

因此，克劳狄乌斯的故事显然是以至少可以追溯至公元前 4 世纪后期的伊特鲁里亚传说为基础的。该传说不一定是对的，但对关于塞尔维乌斯出身的罗马说法的权威性提出了严重质疑。如果克劳狄乌斯是对的，那么罗马史料就是错的，可能是基于其名字和拉丁语“奴隶”（servus）相似，就假定塞尔维乌斯出身卑微（servile）。这就意味着塔克文王朝第二任国王也来自伊特鲁里亚。另一种可能是克劳狄乌斯错以为马斯塔纳是塞尔维乌斯。康奈尔认为他可能知道马斯塔纳是罗马国王，猜测他是塞尔维乌斯，将他与罗马传说中塞尔维乌斯这个（截然不同的）人物画上等号。[65] 这样的话，国王名单上就会多出一位国王，他可能来自西里欧山，强行接管了罗马，这样君主年表就显得更为合理，但如此一来，塔克文王朝的结构就变得更为复杂。

---

① 即卡比托利欧神庙，Capitolium 即 Caput Oli，意为奥卢斯的头颅。

更为确定的是，这些故事表明由出身各不相同的独立勇士–冒险家组成的团队，以及诸如维本纳这样的强大领袖（所参与的活动显得过于含糊不清，无法完全弄清楚）曾流行一时。这些复杂的事件源自城市之间频繁的流动，表明罗马和伊特鲁里亚城市在古风时代有着极为密切的关联。安波洛认为第二次世界大战期间出现的“罗马，不设防的城市”这句话可以用于形容罗马最初的历史。在不同城市间流动非常便捷，表明当时的人尚未形成强烈的民族差异感。伊特鲁里亚铭文证实罗马有伊特鲁里亚人，他们在圣奥莫博诺的圣所和卡比托利欧山进行献祭，阿尔代亚、萨特里库姆、拉维尼乌姆、普雷尼斯特这些位于拉丁姆的地方亦是如此。[66]希腊人和腓尼基人也是这一民族大混合的成员，他们大量出现在如皮尔吉、格拉维斯卡这样的贸易港，以及伊特鲁里亚，或许还有内陆的拉丁城市。

关于塞尔维乌斯·图利乌斯的出身，无论他是来自罗马城外的拉丁奴隶，还是伊特鲁里亚的冒险家，这两个版本的记述都符合这种情况。莫米利亚诺创造了一个略显不恰当的词——“横向社会流动”来概括，指精英个体在城市之间移动，这种情况在某种程度上和荷马时代旅行者及主人通过款待和礼物交换来确认彼此身份一样。两者是如此相似，表明这些社会流动的故事并不是后期史料捏造出来的，后者认为这些故事很奇怪，往往会试图对其做合理化的解释。它们会提出强有力的理由，使这些关于人物出身的故事背后的原则显得真实可靠（即便这些史料讲述的具体细节仍然存有争议）。

君权和“王朝”的确立

塔克文·普里斯库斯和塞尔维乌斯·图利乌斯的迈向权力之路都颇有意思。塔克文·普里斯库斯成了国王安库斯·马西乌斯的得力助手，并且是国王儿子们的导师，而这些王子最终没能获得继承权。塞尔维乌斯亦是如此，他成了塔克文的首席大将及其继承人。两人最终都死于遭他们“篡位”的继承人之手：

塔克文被安库斯的儿子杀死，塞尔维乌斯则被塔克文的儿子或孙子所害。值得留意的是，只有塔克文·苏佩布是作为父系成员即位的。从某种意义上说，所有其他国王都是外来者，他们的王位不是通过继承得来的：或者是受到元老院的邀请（例如来自萨宾的努马），或者是借助个人魅力赢得了君权。通常情况下，国王是前任统治者的女婿，而非儿子：努马娶了提图斯·塔提乌斯的女儿，塞尔维乌斯娶了塔克文·普里斯库斯的女儿，塔克文·苏佩布娶了塞尔维乌斯的女儿。这似乎是罗马王权的结构特点，或许表明存在着一种母系继承习俗，和希腊神话以及人类学家研究过的一些社会相似。[67]女性作为立王者，其所扮演的角色也很特别。塔克文遇刺时，塔纳奎尔怂恿塞尔维乌斯夺取王位，图利娅煽动苏佩布推翻塞尔维乌斯。这两位极具影响力的女性在公开场合称呼塞尔维乌斯和苏佩布为王。

后来的传说仍然称呼后三任国王为国王（reges），但他们的统治性质明显有所不同，和同时代诸如庇西特拉图（Pisistratus）这样的希腊暴君有很多相似之处。在某种程度上，他们的继承都存在问题，他们都是靠某种诡计登上王位的。塔克文·普里斯库斯利用了空位期，但塞尔维乌斯·图利乌斯或塔克文·苏佩布不然。[68]同样值得留意的是，据说后三任国王都依靠自己的支持者，往元老院安插自己人，有随从或警卫队。和古风时代希腊的君王一样，塞尔维乌斯和塔克文·苏佩布寻求人民而非贵族的支持。在这方面，塞尔维乌斯似乎比苏佩布更成功，即便苏佩布也试图通过战利品来赢得民心。据说，苏佩布对贵族发起了攻击，但我们很难判断这种说法是否受到了古风时代希腊暴君或苏拉这样的共和国后期人物的举止的影响。此类描述的史实性存有争议，不过现在，由于希腊与公元前 6 世纪的罗马之间联系密切，使得这一观点——认为其在结构上与同时代的希腊确实存在相似之处，而不是后世根据希腊历史线重新想象出来的——显得更为合理。

另一个重要特点是塔克文家族建立的所谓“塔克文王朝”。对此，我们可以通过不同史料重建，它就隐藏于李维、狄奥尼西乌斯以及他人的描述中。注意，没有一个史料可以提供全部信息，且在部分细节上，史料存有分歧，例如塔克文·苏佩布究竟是普里斯库斯的儿子还是孙子。这个王朝有很多引人注目的特点。它包括塞尔维乌斯·图利乌斯以及两位塔克文，他们通过娶国王的女儿进入王朝。建立共和国的两位主要人物就是塔克文王朝的成员：塔克文·克拉提努斯（Tarquinius Collatinus）和尤尼乌斯·布鲁图斯。在某些版本中，布鲁图斯是苏佩布信赖的大将、警卫队队长，也是国王的侄子。这或许表明王政制的覆灭有点类似宫廷政变，我们会在后面作更多阐述。

塔克文王朝不应被直接视为历史。其中的人物可能大多基于史实，他们的关系也可能是按照正确的时间顺序排列的。但其中存在严重的时间问题，即将德玛拉图斯—塔克文·普里斯库斯—塔克文·苏佩布这条时间线拉长，以便与库普塞鲁斯王朝对应起来。塔克文王朝覆盖的时间之长令人难以置信，可能有其他一些人物被排除在外。事实上，中间可能还存在一些人，例如奥卢斯和卡利乌斯·维本纳，以及马斯塔纳。[69]

制度改革和罗马公民权的创立

据说，塞尔维乌斯对国家制度进行了改革，在罗马传说中被视为这座城市的第二位建立者。他采取的最有名的举动是重组公民本体和罗马城邦国的军队，即塞尔维乌斯改革。

根据李维和狄奥尼西乌斯的记述，塞尔维乌斯根据居住地将人口划分成不同的部落，依照财产分为不同等级，[70]共有五个不同的等级，每个等级都会根据自己所掌握的资源组成军队。所有这些等级都被分组，即百人团。百人团在百人会议上以团队身份投票。通过这种方式，塞尔维乌斯将不同等级的罗马公民——以百人团的形式被召集起来参加森都里亚大会（即百人会议）——的投票权与他们拥有的财富和在军队中扮演的角色联系起来。每个百人团投一票，第一等级先投，只有赢得大多数百人团的选票才能当选。最富有的（第一）等级拥有的百人团数量多于其他等级，这个等级几乎就拥有了大多数选票。虽然第一等级的百人团人数较少，但它们的投票更具分量。森都里亚大会从成立之初就与军队挂钩，这一点是显而易见的，因为拥有军队指挥权的执政官等人选就是由森都里亚大会选出的，还因为大会只能在罗马的神圣边界（pomerium）之外召开。李维（1.42—43）和狄奥尼西乌斯（4.13—21）对据说是塞尔维乌斯引入的由五个等级组成的复杂体系作了详尽的解释，包括每个等级的财产资格，以及每个等级的个人为自己准备的不同武器装备（表 4.2）。

表 4.2　参与百人会议的百人团安排[71]

等级	财产（阿斯）	百人团
第一（包括骑士、Sex Suffragia①、工程师）	＞100,000	98
第二	75,000—100,000	20
第三	50,000—75,000	20
第四	25,000—50,000	20
第五（包括吹号手）	12,500—25,000	32
无产者	＜12,500	1

长期以来，学者们一直对这一记述的准确性表示怀疑，他们发现了不少问题及年代错误。我们拥有的主要描述（Livy，1.42—43；Dion. Hal. 4.13—21；Cic. *Rep.* 2.20）基本是一致的，在很多细节方面竟然是统一的，表明至少前两个出自同一份资料。但差异也是存在的，例如西塞罗称第一等级的百人团数量

① Sex Suffragia 为六个完全由贵族组成的百人团。

为 70 个，而不是 80 个，其对武器的具体描述较少。[72] 而不同等级的武器装备被认为存在年代错误，第一等级用的是全套“贺浦力特式盔甲①”，余下四个等级的装备则逐级变差。[73] 学者们还认为李维和狄奥尼西乌斯给出的财产资格肯定是后来加上去的，因为钱币直到公元前 3 世纪 70 年代才出现。事实上，在公元前 6 世纪的罗马，出现如此高度复杂的体系——对第一等级有着明显极高的资格要求——通常会被认为是年代错误。另一个问题是，骑兵是否先于第一等级投票，先投票符合他们在罗马社会中高人一等的地位，若如某些学者坚持的，骑士在第一等级之后投票，则表明他们的社会地位下降。最后，很多学者发现这一体系与希腊改革人物的措施存在可疑的相似之处，表明塞尔维乌斯·图利乌斯采取的措施可能是根据克利斯梯尼模式重构的。[74]

这些改革是否真实存在是个问题，虽然学术界在这个关键问题上做出了很多努力，但目前还没有简明的答案。对于大致体系，存在某种程度的共识：随着时间的推移，这一体系肯定变得越来越复杂；共和国后期的形式被归功于塞尔维乌斯 · 图利乌斯这一位建城者；编年史史料所记述的诸如武器装备和财产资格等不同方面，都并非其古风时代的表现形式，而属于后期。但现在，这一学术界共识也存在问题，因为该共识的原始假设基础不足以直接否认整个结构为王政制。[75]

虽然财产数额是不同时代重构的，但在古风时代，根据所拥有青铜的重量来衡量财产资格是可信的，为很多学者所接受，后来为了与新的钱币体系匹配，可能调整了等价货币。[76] 大多数历史学家认为在古风时代的罗马，从经济角度看，由五个等级组成的体系显得过于复杂，他们不认可李维和狄奥尼西乌斯的说法，而是采用了加图写的一个段落来重构塞尔维乌斯的体系，认为其分成两个等级：在这段文字中，他通过确立财产资格，将重装步兵归为一个群体，称

① 贺浦力特（hoplite），古希腊城邦的重甲步兵，配备有矛和盾牌。

之为"classis"，而没有获得资格的人则被归为"infra classem"（较次等级）。[77] 然而，格利乌斯为支持这一观点记录的加图的这个段落（*NA* 6.13）无法明确证明存在着拥有单一（或两个）等级的体系，在希腊世界，公元前 6 世纪就已经存在更复杂体系的先例，例如公元前 6 世纪早期梭伦提出的拥有四个等级的体系。

需要注意的是，古文物研究史料证实了王政时代改革的主要内容的史实性，确认了不同等级和百人团的存在。这方面史料提供的信息和李维、狄奥尼西乌斯的记述不同，例如关于塞尔维乌斯的记述更有可能受到了相似的希腊历史人物的影响。[78] 费斯图斯似乎提到王政体制中存在第五个等级。[79] 显然，古文物研究作家认为百人团从一开始就是体系的一部分，尽管最初百人团的数量可能较少。[80]

尽管现代解读大致将这些改革措施归为共和国时期，但它们更适合王政时代。关于古风时代罗马经济简单的说法被考古证据推翻了。改革的前提是有一位强势的缔造者，虽然这在共和国时期是有可能的，但更有可能属于王政时代。[81] 改革也表明这座城市在政治及军事上是统一的。这与展开人口普查及进行军事改革相符，也符合考古证据，即发现的可以追溯至公元前 6 世纪的环形城墙。[82] 此类金权体系的引入日后会激起平民的反对，事实上，在史料记述中完全没有支持晚期的证据。这些论据并不充分，但它们表明学术界对将五个等级的体系归为王政时代持保留意见是不必要的。

归根结底，我们不清楚王政时代百人组织的确切形式，但其主要组成部分带有王政色彩。那么这一新体系的目的是什么？新体系与罗慕路斯时代库里亚的一个关键区别在于通过人口普查对公民群体进行周期性的重塑，允许接纳外来者。[83] 按照莫米利亚诺的说法，森都里亚体系关注的是"社会和经济区分，而非世袭特权"。[84] 费希尔（Fisher）指出类似的希腊重组是为了提升社会凝聚力，他注意到所有政权都会这么做。[85] 因此，改革的主要目的并非如很多人认为的那样是削弱精英阶层的影响力，更有可能是试图最大限度地利用罗马的军事潜力。其实，我们很难将改革在政治和军事两方面扮演的角色区分开来。两者同时作用，服兵役得到的回报是投票权的增加，在古风时代是合乎情理的。[86]

改革也促进了对外来者的接纳。像塞尔维乌斯·图利乌斯这样出身成谜的外来国王肯定清楚后者的价值，不过共和国时期的罗马依然对移民开放。如托雷利所指出的，改革必然是公元前 6 世纪罗马人口大量扩张导致的。[87] 因此，改革考虑到了罗马人口的持续流动和增加，具有前瞻性。公元前 5 世纪人口普查的逐步规范化表明改革并非从一开始就一步到位，而是到了公元前 5 世纪，依然需要通过百人团和部落体系来重新了解始终处于变化中的人口分布，明确军事损失和领土变化。安波洛认为改革是建立在与人口流动的对立关系之上的，但我们同样可以称随着时间的推移，新体系考虑到了人口的流动性。[88]

所以，根据这繁杂的情况，勾勒出一个拥有略显复杂的新结构体系的君主制，似乎是合理的。如我们所看到的，学者们整理出来反对史料记述的论据——带有原始的先入之见——全都站不住脚，即便新体制的许多内容在细节方面仍然存有争议。

共和革命

公元前 6 世纪后期，随着塔克文·苏佩布被推翻，罗马历史进入了一个新纪元。(根据传说)公元前 509 年，塔克文·苏佩布被两位当年的行政长官取代，共和国就此建立。但传说中如此生动的描述究竟有几分真实性，真相到底如何?

首先要注意的是，我们所掌握的古代史料将共和国的建立描述为短时间内发生的一个简单变化。他们是在共和制不间断统治近五百年后写作的，带有“后”见之明，因此虽然共和国的建立很重要，但对他们而言，这是必然会发生的。然而如弗朗西斯·奥克利提出的，大多数古代社会是由受到尊崇的国王统治的，而非共和政体，我们不应想当然地认为共和主义会盛行。[89] 因此，相较于通常情况而言，对于罗马共和国的建立和延续，需要作更多的解释。部分答案肯定可以在更广的地中海背景和当时流传的其他政治理念——尤其是希腊——中找到。另一部分则源自政府权力被授予更大的利益相关者群体。第三个原因可能如弗劳尔所认为的那样，在公元前第一个千年的下半叶，它并非一个庞大单一的共和国，而是由多个连续的共和政体组成的。[90]

如果细读李维和哈利卡尔那索斯的狄奥尼西乌斯记录的传说，我们会发现一些有趣的暗示。导致变化的直接原因是罗马一位已婚妇人卢克雷西娅遭暴君的儿子绥克斯图・塔克文强暴。作为贞洁烈女的代表，卢克雷西娅因为无法忍受这样的羞辱自杀身亡。[91] 卢克雷西娅说的那番高尚话语和举动激励布鲁图斯推翻塔克文及其“大逆不道的妻子”图利娅（Livy，1.59.1）。他和卢克雷西娅的丈夫克拉提努斯以及普布利乌斯・瓦莱里乌斯・普布利科拉联手，三个人都将成为新共和国的领袖。他们鼓动人民宣布驱逐国王。布鲁图斯和克拉提努斯当选为首任执政官，据说他们使用的是塞尔维乌斯・图利乌斯（显然被后世人描述成一位共和国人物）制定的规则。

这场起义被描述成是塔克文的专横性格所导致的。为了在罗马城兴建纪念性建筑和公共工程，如马克西姆下水道，以提升自己的威望，他迫使民众卖命。塔克文政权被描述成非常暴力的政权，始于塞尔维乌斯・图利乌斯遇刺，任何威胁到其地位的人都被消灭了。这与希腊暴君相关的史料记载极为相似，后者通常因为性侵自己的臣民引发公愤。最著名的例子是庇西特拉图王朝，后来的雅典人将其垮台与暴君喜帕恰斯（Hipparchus）对男孩哈尔摩狄乌斯（Harmodius）的欲望联系起来。罗马革命在很多方面都像是一次宫廷政变——家谱表明领导民众推翻政权的人其实是塔克文王朝的一分子。[92] 塔克文・克拉提努斯是塔克文・苏佩布的堂亲，尤尼乌斯・布鲁图斯是塔克文・苏佩布的外甥。据说，没有外部势力参与。

塔克文·苏佩布被逐后，共和国在一夜之间建成，并任命了两位执政官。他们共享国王拥有的权力，即治权，任期限定为一年。两人立刻采取了各种重要的措施。尤尼乌斯·布鲁图斯扩大了元老院规模，新招募的元老被称为conscripti。古代记述因而认为元老院早就存在，在过渡至共和国时进行了调整。国王的宗教职责交由专门设立的祭司职位，该祭司被称为"圣王"。最后，民众要求任何名字中带有可恨的塔克文的人都不能掌权。这意味着塔克文·克拉提努斯被迫和所有其他塔克文家族的成员一起流亡，尽管他没有参与塔克文政权犯下的罪行。在传统记述中，罗马的大多数制度都没有受到影响。这一点在宗教领域尤为明显，几乎所有的祭司职位都被认为是在王政时代设立的。历法的大多数内容似乎都可以追溯到王政时代。最初的执政官为卡比托利欧神庙举办了落成典礼，尽管神庙与王族有关联，但并没有遭毁。诸如部落会议和森都里亚大会这样主要的政治机构也得以保留，且显然以王政时代的形式继续存在。

部分证据支持这一传统记述，尤其是在年代顺序上。按照传统记述，将这一变化定位在公元前6世纪后期可能是对的。尽管仍然存在颇多争议，但行政长官名单（《大事记》）在很大程度上似乎是可信的，上面列出了足够多的名字，可以让我们追溯至公元前500年前。这份名单为李维以及其他历史学家（李维提供的名字可以追溯至公元前502年）所保存，奥古斯都统治时期，名单还被刻在了罗马广场的石碑上，被称为《卡比托利欧大事记》(*Fasti Capitolini*，所刻名字可以追溯至公元前509年)。这些不同的史料之间的差异相对较少，证明名单是真实的。所列出的名字也被认为是可信的，包括到公元前450年左右的平民名字，还有非罗马名字（包括伊特鲁里亚名字）。[93]

王政制度的覆灭在时间上与波尔塞纳围攻罗马密切相关，波尔塞纳是来自克卢西乌姆的伊特鲁里亚国王。他试图攻占罗马，重新扶植塔克文（在一些史料中，塔克文也是伊特鲁里亚人）上位。波尔塞纳的军队在拉丁姆的阿里恰被击败，威胁得以解除，狄奥尼西乌斯对此事有详细讲述。后世的他是从库迈的统治者亚里斯多德莫斯的角度报道这件事的，公元前504年，亚里斯多德莫斯来阿里恰助阵。学者们普遍认同他记述的这一部分历史源自《库迈编年史》，这份库迈当地的历史记述今已佚失。[94]库迈的这一编年史是一份独立史料，将共和国开启的时间定在公元前6世纪的最后十年。

但还是存在一些主要的问题。首先，文学史料明显被爱国情怀扭曲了，刻画了一系列极度理想化的罗马英雄。卢克雷西娅是完美的罗马女性受害者：在这个故事中，她鲜少被提及，直到被强暴后，才发表了一番慷慨激昂的话，自杀身亡。布鲁图斯是不苟言笑的建国英雄：他领导罗马人获得自由；后来在儿子密谋反对新建立的共和国时，他大义灭亲。接着是三位罗马英雄出力，让波尔塞纳陷入困境。据我们所有的最古老的史料来源——波利比乌斯的记录，贺拉提乌斯在桥边挡住了伊特鲁里亚军队，但他为此付出了生命。穆西乌斯·斯卡沃拉试图刺杀波尔塞纳被俘，他将手伸进火中以证明自己不惧酷刑。[95]最后是克洛丽亚，她带着一群柔弱的女性人质逃离了波尔塞纳的军营（Livy，2.13）。据说，克洛丽亚和贺拉提乌斯被雕成雕像以作纪念，贺拉提乌斯和穆西乌斯则获得了可以耕作的土地，这些土地归入他们名下。显然，这些关于不可思议的英雄表现的故事被口述传统塑造成震撼人心的传奇，强调为国家牺牲小我的重要性。这些故事肯定是根据纪念碑和地名捏合在一起的，可能是错的。怀斯曼认为波尔塞纳的故事绝大部分可能源自在舞台上演出的历史悲剧。

其次，波尔塞纳及可能存在的其他未知外来势力所扮演的角色，存在不确定性。在李维和主要的传统记述中，波尔塞纳被击退，与罗马城保持了友好关系。这一极为不合理的记述受到质疑，因为有两个史料记录了截然不同的故事。根据塔西陀的记述，罗马城向波尔塞纳投降（*Hist.* 3.72），普林尼详述了一份条约，其中"波尔塞纳规定罗马人民在国王被逐后只能将铁器用于农耕用途"（*HN* 34.139）。奇怪的是，这个波尔塞纳攻占罗马的版本只出现在后世史料中。这可能是错的，也可能是罗马历史学家试图封禁这样有损形象的记述。[96]

再次，这一变化究竟是如史料记述的那样发生得如此之快，还是一个更缓慢的进化过程。有些清晰的迹象表明从一种政体变成另一种政体，这个过程比史料描述得更为缓慢。其中一个迹象就是圣王的设立，按照李维的说法，这一职位是在共和国成立之初引入的，以履行昔日国王的宗教职责。很多学者对这一观点提出了质疑，称这一职位是早期将宗教权力从国王手中分离出来的产物。[97] 另一个含糊的迹象是在圣王之外，还存在被冠以其他头衔的独掌大权的统治者。从李维那里，我们得知执政官最初被称为裁判官，这一头衔后来为地位仅次于执政官的官员所有（Livy，3.55.12）。此外，李维还提到了古代法律中出现最高裁判官（praetor maximus）这一职位，即首席行政长官，称这就是独裁官（共和国时期，遇到紧急状况时会任命一位统治者）（Livy，7.3.5—9）。这些证据综合起来，表明罗马一度为独裁官统治，其有一位权力较小的共事者。而邻近城市由一位独掌大权的行政长官所统治的情况进一步证实了这一点。根据李基尼乌斯·马克尔的记述，在拉丁姆的阿尔巴隆加，国王被独裁官取代。哈利卡尔那索斯的狄奥尼西乌斯（5.73）也有记录，他形容独裁统治为“选举出来的暴政”。我们可以将之与伊特鲁里亚卡里的统治者塞法利·威利阿纳斯比较。在约公元前500至前480年的皮尔吉金板上，他的地位似乎与这种半官或半王相当：在腓尼基文字中，他被称为国王，但伊特鲁里亚文字称这是他任职的第三年。

最后要考虑的问题是考古证据。约公元前525年，罗马出现了大量带中庭的房屋。直到公元前3世纪后期，这些房屋都集中在帕拉蒂尼山的山坡上，似乎是罗马精英阶层财富增加和主张影响力提升的标志。相比之下，公元前500年左右，有不少其他纪念性建筑被毁或重建，其中包括与国王联系最为密切的雷吉亚。公元前6世纪，雷吉亚经历数次重建，最后在约公元前500年根据确定的平面图建成。[98] 同一时间，维斯塔庭院也经历了类似的重建。雷吉亚的重建被认为与转变成共和国有关，但如霍普金斯（Hopkins）所指出的，罗马北部和南部邻近的城市存在类似建筑，如阿夸罗萨和加比，雷吉亚建材的时间与文学史料给出的公元前 509 年并不能精准吻合，而是指向约公元前 520 年至公元前 5 世纪早期这段时间。屠牛广场的神庙也于公元前 5 世纪早期进行了重建，公元前 6 世纪后期重新铺砌的户外集会场建起了大型阶梯式平台。[99] 户外集会场的重建以及被赋予纪念意义，表明王政时代该地已经确立了集会的政治功能，诸如部落会议这样的集会被认为仍然会在这个场地进行。最后，我们应该注意到，在传统记述中，卡比托利欧神庙是在共和国建成的第一年举办落成典礼的。虽然考古证据不再支持王政时代末期重要纪念性建筑普遍遭焚毁这一观点，但它确实表明，这一时期大量纪念性建筑发生了变化。

我们可以将这些证据整合起来，按照下面的思路提出另一种重建可能。[100] 在某个时间，国王被一位统治者取代，可能是独裁官。王政时代后期的罗马一直不稳定，可能间歇性地被诸如马斯塔纳和卡利乌斯 · 维本纳这样的冒险家所抢占。这样的人物有很多，波尔塞纳可能是最后一个，在我们所有的经过整理的经典版史料中，他被排除在外。随着时间的推移，在罗马，君王的地位越来越难以维持，从公元前 6 世纪纪念性建筑的非常阶段可以看出巩固领袖威望的重要性，宏伟的卡比托利欧神庙就是代表。[101] 圣王的存在表明昔日国王的权力遭削减，其在某个时间开始扮演仪式性的角色。国王可能是被可以连任的独裁官取代（如同卡里的塞法利 · 威利阿纳斯），后者实际上成了统治这座城市的专制君主。塞尔维乌斯 · 图利乌斯和塔克文 · 苏佩布，可能还有其他像马斯塔纳这样的人物，可以被视为罗马的专制君主（可能被称为独裁官）。在公元前 6 世纪后期，在一系列可能与波尔塞纳攻占罗马城有关而我们知之不详的事件中，共和国得以建立。约公元前 504 年，波尔塞纳占领罗马（在罗马人的传统记述中，大多数编年史作家都隐瞒了这件事，但古文物研究史料显示他对这座城市造成了影响，他将军队和物资都留了下来）。当波尔塞纳离开时，罗马由两位执政官统治，独裁官变成只在紧急情况下出现的临时角色。自那之后，罗马就为两位任期一年的行政长官所治理。《大事记》记录的最早时间为公元前 6 世纪的最后一个十年，因此双执政官和共和国肯定是从那时开始的。

虽然这一假设合乎逻辑，对于存在问题的古代史料记述，我们采用批判性的方法进行分析，这种做法是合理的，但我们无法予以证实。该假设与文学史料相去甚远，很难与诸如《大事记》这样的证据对上（如果公元前509年存在某种行政长官，为何没有列出他们的名字？）。事实上，文学史料中关于波尔塞纳没有攻占罗马的记述也可能是对的。然而，公元前6世纪罗马局势不稳，在这种情况下，共和国于这个世纪末进化而成，这样的假设是非常合理的。这种政权转变必然与这一时期意大利中部更广泛的动荡局面有关，在这里，了解地域背景是关键。现代学者提出，这一时期整个地中海地区都开始向共和国转变，罗马不过是其中的一个例子罢了。在公元前500年前后数十年这个大致的时期，政局动荡被认为导致此前的政权难以高枕无忧。但这并不是一个清晰的模式，因为事实是这个时期在大希腊和西西里岛——如叙拉古——专制统治更为普遍。此外，公元前7世纪和前6世纪，大希腊各地尝试过不同的政权、法律制定以及宪法制定。[102] 这些趋势与地中海范围的转变有关，后者对古风时代确立的经济和政治网络产生了影响。在西方，最受关注的发展是迦太基的崛起以及与西西里岛上希腊城市的冲突。在东方，波斯崛起给小亚细亚沿海以及爱琴海地区的希腊城市带来了新的压力。罗马和其他诸如卡里、塔奎尼这样的意大利中部城市依赖便利的第勒尼安贸易，但后者因为公元前524年伊特鲁里亚攻击希腊的库迈、公元前510年希腊重城锡巴里斯（Sybaris）被毁等事件受到干扰。这些趋势的影响才刚刚为我们所了解，一种新的解读——外部影响在罗马新政权建立的过程中起到了直接和间接的作用——开始浮现。

第五章

城市化及城市的建立

导读

在第二章中，我们已经看到公元前第二个千年末、第一个千年初，城市化进程对意大利中部的影响。罗马是这些趋势的重要参与者，尽管由于发掘方面的困难，我们难以拼出完整连贯的画面。关于罗马最早定居点的考古证据包括墓地、住地遗迹和防御工事。过去二十年，这方面的资料以令人振奋的速度激增，尽管大多数仍然存有争议。

本章的重点是王政时代与这座城市的起源和发展相关的考古证据。总的来说，我不会尝试将考古证据直接与文学史料联系起来，因为对王政时代发生的变化，两者给出的解释截然不同，但我会突出每一种证据所体现内容的整体相容性。

本章内容包括罗马从公元前 1000 年左右开始出现定居点，公元前 7 世纪建城，以及从约公元前 625 至前 480 年开始的重要的城市建筑发展。需要指出的是，在整个过程中，事件发生的年代顺序仍然存在很大争议。例如，从考古角度看，关于户外集会场首次进行铺设的时间，争论非常激烈，从公元前 6 世纪到早至公元前 8 世纪不断变化。[1]

地理位置

这座城市的地理位置在很大程度上能说明其后来为何能成就伟大。罗马地处高地，靠近台伯河下游一个弯道及岛屿。台伯河是意大利中部最重要的河流，将萨宾、伊特鲁里亚和翁布里亚与海洋连接起来。它为北部和南部提供了一个现成的通道，以及食物来源。在罗马历史中，台伯河的重要性有点被低估了，不过近来的研究已经作了重新评估。在台伯河位于卡比托利欧山下的弯道处，即屠牛广场，有一个港口，海运商人可以停靠。这符合这个地区的特点，因为河水在绕经台伯岛时流速放缓，紧挨着岛屿下游方向的是一片浅滩，与岸边的距离最近，适合停靠。据说，在安库斯 · 马西乌斯统治时期，第一座桥得以搭建，这一渡口的地位也得以提升（Livy，1.33；Plut. *Num.* 9）。

在意大利中部，罗马城的位置显得颇不寻常，它没有易于防守的高原。它由很多由火山凝灰岩构成的山及其支脉组成。众所周知，罗马被认为是建立在七丘之上，最重要的山丘是卡比托利欧山、奎里纳尔山、维米纳莱山、埃斯奎里山、帕拉蒂尼山、西里欧山和阿文蒂诺山。但古代作者认为七丘指的是别的山，事实上，罗马有很多山，不止七座，大多数其实是东部较高地势的支脉。即便是卡比托利欧山、帕拉蒂尼山和阿文蒂诺山这些特别的山，地形也很复杂，由多个山峰组成，每个部分都有单独的名字，例如帕拉蒂尼山西峰叫凯马路斯（Cermalus）。此外，现如今很多山几乎看不出来了，它们被建筑覆盖，绝大部分被夷平。

山与山之间是河道，流经低洼地区，例如战神广场、罗马广场和维拉布鲁姆区，以及帕拉蒂尼山南麓被称为卢珀卡尔的沼泽地。罗马广场位于卡比托利欧山、韦利安山和帕拉蒂尼山之间，因而周边山丘的地表径流以及泉水会汇聚于此。维拉布鲁姆区是卡比托利欧山和帕拉蒂尼山之间的谷地，其黏土层被用于制作瓦片和陶具，周边的山坡上有被称为 cappellaccio 的石头（一种当地产的火山石）。台伯河周期性泛滥导致低洼地区经常被淹没。在正常的年份，台伯河水位会上涨到海平面以上 9 米，足以淹没维拉布鲁姆区地势较低的坡面以及罗马广场中部。在异常的年份，台伯河水位会上涨到海平面以上 12 米。如我们将要看到的，只有通过人为干预，罗马广场的高度才被提升至周期性冬季洪水的水位之上。

因此，罗马同时拥有青铜时代晚期、铁器时代早期定居者青睐的典型高地位置以及台伯河带来的资源；并且，从交流角度看，这个地方占据了意大利的中心位置。罗马位于从内陆到第勒尼安海岸以及从北至南、与海岸线平行的各条路线的交叉口，位置至关重要。这些流动中有一部分肯定是由环境决定的，历史十分悠久，可能是季节性的。如我们在上文看到的，罗马还控制着意大利第勒尼安沿海路线最容易穿过台伯河进入内陆的地方，位于海岸上游约 19 英里处。古代作家强调，虽然罗马城不靠海，但它仍然具有很多沿海位置的优势。[2]

罗马还是连接台伯河口盐田和半岛内陆山区的路线的中心枢纽。这是一条非常重要的路线，历史极为古老。坎帕纳大道从台伯河口的盐场出发，沿着河北岸通往罗马的交界口，即屠牛广场。[3] 接着，萨拉里亚大道从罗马延伸至萨宾以及高地。盐通常是一种难以用考古学方法进行追踪的物品，但在古代社会，它是不可或缺的，在食物贮藏和家畜饲养方面扮演着重要角色。[4] 台伯河口的产盐区后来被称为“campus salinarum”，位于台伯河右岸，根据文学史料的记述，产盐区最初属于维爱人，后来被罗慕路斯占据。[5] 这是意大利中部绝大部分地区的主要盐源，第勒尼安海岸沿线鲜少有主要的产盐区。[6] 进入萨宾的主要路线起名“萨拉里亚大道”，表明这一贸易的重要性。

罗马最早的定居点

与罗马定居点有关的证据可以追溯至青铜时代中期和近期，屠牛广场发现了这一时期的亚平宁陶器的碎片（位于一个再沉积地带）。罗马国家档案馆（Tabularium）还发现了青铜时代近期的碎片（就在原地）。近来在卡比托利欧山的罗马花园地区（Giardino Romano）的发掘提供了清晰的证据，证明此地在青铜时代后期有稳定的群落。地势较低的山鞍将这座山与城堡（Arx）隔开，但要上山只能从广场一侧走，是一个容易防守的地方，靠近台伯河和渡河点。人们发现了再沉积的陶器碎片，可以追溯至青铜时代中期（公元前17—前14世纪）。大量动物和陶器沉积证实了青铜时代后期有人在此稳定居住。青铜器加工是显而易见的，建筑遗址被发现，还有迹象表明，出于防御或居住目的通往山鞍的山坡经历了改造。铁器时代早期出现了金属加工（此时是铁）相关的进一步证据，以及成人和婴孩的墓地。[7]

关于这一定居点的规模，以及其是否限于一座山上，目前还不能确定。在罗马历史中心的一系列地方，现在都发现了青铜时代的文物。罗马广场（奥古斯都凯旋门所在的区域）发现了青铜时代近期的陶器碎片，这里可能和卡比托利欧山同属一个定居点。[8]此外，帕拉蒂尼山上有始于铁器时代的定居迹象，包括一座坟墓和居住证据。奎里纳尔山上被证实有一片单独的居住区，其时间为铁器时代早期。最近在恺撒广场发现的坟墓（2号墓），其历史可追溯至青铜时代晚期至铁器时代早期的过渡期（公元前11—前10世纪）。这个发现尤其令人兴奋，一起发现的还有小型陶器，通过小型武器（一把青铜长矛和四块双面盾）、一个带蛇形弓的饰针以及一把青铜刀（用于宗教仪式）可以看出墓主享有很高的地位。在青铜时代晚期，这里以及卡比托利欧山上存在梯田耕作，这进一步证明它们为稳定的居住点。此外，近期在屠牛广场展开的钻取土样的勘探工作提供了关于台伯河沿岸活动的首批证据，后来的港口就设在屠牛广场。[9]因此，有越来越多证据证实至少从青铜时代晚期开始，罗马就存在一个稳定的定居点，其规模可能比学者们预想的大，包括卡比托利欧山、罗马广场和屠牛广场。然而，根据我们对伊特鲁里亚维拉诺瓦定居点的了解，这一时期更有可能出现独立的定居区域。

位于圣道上，毗邻安东尼和福斯蒂娜神庙的墓地是罗马自约公元前1000年起出现永久定居点的最重要的证据。1902年，贾科莫·博尼对这一墓地进行了首次发掘。这里的墓葬是极为标准的拉丁时期最初两个阶段（公元前1000—前770年）的形式，有小型陶器和青铜器，有时候会出现小型雕像和装有骨灰的形似小屋的瓮，所有物品都放在一个被称为杜力姆的大陶罐里，然后埋进深坑中。[10]公元前8世纪，土葬取代火化，那之后，这一墓地似乎被废弃了（这种转变的含义将在下文作论述）。佩洛尼认为这一墓地与青铜时代晚期或铁器时代早期卡比托利欧山和帕拉蒂尼山的定居点（或两个定居点，因为我们不清楚它们是否合二为一）有关。[11]

东方化时期，位于埃斯奎里山的另一墓地成为罗马城的主要墓场，而其被发现时的考古条件意味着我们对其知之甚少。[12]该墓地得以确认的时间早于罗马广场的墓地，时间为19世纪70年代。当时这座近代城市正往埃斯奎里山方向扩展，罗马考古学远不发达，结果就是大多数文物都被拿到古玩市场上出售，只有少数得以保留下来，特别是希腊进口的陶器，我们由此会认为这里是富人聚集区，精英阶层显然是通过墓葬来体现其与社会地位低下人士之间的差别的。[13]这里有一些火化墓，但大多数是土葬墓，时间可追溯至公元前8世纪和前7世纪。98号墓群有全套武器（包括一柄带木质剑鞘的短铁剑、一个矛托、一把青铜剃须刀、一个皮带扣以及一副青铜胸甲），尤其有意思。

这两片墓地有什么意义？陶器风格的不同表明墓地使用的时代不同，尽管有些证据表明埃斯奎里山的墓地也是从很早开始使用的。[14]科隆纳对两片墓地的时间顺序给出了标准解释，他留意到在罗马广场的墓地，婴童的坟墓似乎一直延续到了拉丁时期第IIB阶段（公元前830—前770年），他称成人坟墓则转移到了埃斯奎里山墓地。这可能是居住地从山地转至罗马广场所在区域的缘故，小屋之间只能容下孩童的坟墓，他们尚未被接纳为社群的正式成员。但罗马广场是否存在过小屋，存有争议，因为这一区域是排水区。事实是，坟墓似乎都在早期迁出了，该区域在首次进行铺设之前始终无人居住。[15]

埃斯奎里山墓地最古老的部分为东北部。自公元前 8 世纪中期起的坟墓通常是在山区外围发现的，表明靠近中心、地势较高的空间被用于居住。[16] 若定居点是统一的，就构成了一个大型的原始城市中心，面积约为 150—200公顷，包括卡比托利欧山、帕拉蒂尼山、罗马广场、埃斯奎里山和奎里纳尔山，始于公元前 9 世纪，在公元前 8 世纪进一步扩展，其规模和最大的维拉诺瓦中心相当。[17] 卡兰迪尼将之与 Septimontium（七丘）联系在一起，按照瓦罗的说法（*Ling.* 5.41），这是罗马最初的名字。[18] 然而，这个单一定居点的假设存在一些问题。如我们所看到的，罗马广场居住地的面积存有争议，一些学者认为该地区每年都会遭遇洪水泛滥，在公元前 7 世纪下半叶被改造之前是不可能有人居住的。此外，和维拉诺瓦中心的比较显示，铁器时代早期的定居点极少出现连续、完全统一的情况。[19] 这样设想或许更符合实际情况，即在这一广阔地区上的定居点呈零散分布，因水文特征而相隔甚远，要证实连贯的城市和 / 或国家中心的存在，在解读证据时需要格外谨慎。

铁器时代早期定居点的发展

与这些墓地属同一个时代的居住建筑通常被称为“小屋”。从考古学角度看，可以通过木结构建筑留下的柱孔、周围的雨水渠、门、壁炉以及墙上的木屑和灰泥的痕迹来追溯。除了这些之外，小屋的大部分结构都没能保存下来，但可以根据木质框架以及形似小屋的骨灰瓮的形状来重建。这些表明小屋有门，带几何装饰的墙，以及精美的屋顶尖顶饰。因此，“小屋”这个词可能有误导性，因为它们并非不结实的临时建筑，最好是将它们归为“居住建筑”

(habitation structures)。[20] 它们由木质框架建筑构成，部分有数个房间，可以持续超过一个世纪，因而是永久定居点的确凿证据。

位于罗马中心的数个区域都发现了这类居住建筑群，其中最有名的群落位于帕拉蒂尼山西南部，这一定居点可能与罗马广场墓地对应。这些居住建筑的地基于 20 世纪 30 年代被发现，时间可追溯至公元前 9 世纪和前 8 世纪。这一发现是惊人的，考虑到在文学史料的记述中，这一区域是这座由罗慕路斯建立的古老城市的主要核心区，据说，一座属于罗慕路斯的"小屋"被完好保存到了帝国时代 (Dion. Hal. 1.79.11)。帕拉蒂尼山最西面的凯马路斯还发现了一座公元前 900 至前 750 年的大型木结构建筑的遗迹，其最初的尺寸为 12 米 ×8 米，在公元前 750 年左右被两座木建筑取代，其中一座后来经过扩建，有多个房间。

罗马广场也发现了居住建筑。在雷吉亚所在的位置，有大约 11 座建筑，尤利乌斯·恺撒神庙、奥古斯都凯旋门、安东尼和福斯蒂娜神庙，以及维斯塔庭院所在地也发现了很多居住建筑。[21] 安东尼和福斯蒂娜神庙下面的建筑覆盖了墓地，后者在公元前 8 世纪末遭弃用，这或许表明居住地从山顶往山下蔓延。[22] 一些可能是动物围栏的残留，而不是居住建筑的遗迹，例如雷吉亚发现的一些小规模遗址，在约公元前 650 年被洪水冲毁。附近有一座直线形建筑，卡兰迪尼及其团队称之为"雷吉亚之家"，建于公元前 8 世纪下半叶。[23] 该建筑的全部面积以及确切的平面图无法确定，但明显多个房间的布局和可能的庭院似乎意味着其结构更为复杂。所有这些居住建筑的时间通常为公元前 9 世纪至前 7 世纪，那之后转而使用更为劳动密集型的建材，如石头地基、土墙和陶瓦屋顶。但早期建筑的社会组织性质可能非常相似，位于"小屋"之间的壁炉和神龛周边的露天社交空间可能承担了后期建筑中常见的庭院的功用。[24]

这些居住建筑加上墓地，证实了存在单独的定居点，后来合并起来。如我们所预期的那样，居住建筑是在罗马广场周边地势更高的区域。最低的洼地可能无人居住，因为该低地海拔 9 米，常常会被台伯河淹没。但随着山上定居点规模增加，一些定居建筑可能从帕拉蒂尼山和韦利安山的高地向低坡带延伸，往墓地方向蔓延。出于卫生和文化方面的原因，古代世界的墓地倾向于靠近定居点，而不是在相关定居点之内。直到公元前 8 世纪中期，罗马广场区域的墓地——位于安东尼和福斯蒂娜神庙下的墓地以及恺撒广场下的墓地——表明卡比托利欧山和帕拉蒂尼山之间的低洼地还未被认为是宜居的。我们可以更宽泛地说，定居点尚不具备城市化的全部特征。到第 IIA 阶段，这些区域不再出现墓葬，大量墓地开始转至埃斯奎里山和奎里纳尔山，标志着合并这一重要阶段的出现。[25] 这两片新墓地可能直接取代了早先在恺撒广场与安东尼和福斯蒂娜神庙下的两片墓地，虽然在使用时可能会出现重叠。不过，它们表明在第 IIB 和 IIIA 阶段一个大规模的统一的中心出现了。若这个中心从罗马广场延伸至墓地，其面积估计约为 202 公顷。[26]

这在多大程度上表明公元前 8 世纪的定居点应当被视为原始城市中心，甚至是一个国家，存有争议。部分支持这一观点的论据来自帕拉蒂尼山坡上的大规模发掘，卡兰迪尼及其团队确认了一系列具备政治和仪式功用的建筑以及可能的公民地位。在罗马中心，这是一片非常重要的区域，包括精英阶层的私人住宅区、维斯塔神庙及其相关建筑。整个罗马时期以及之后存在很多重要的历史建筑层，意味着发掘面临困难；关于最古老的地层，发掘只能提供极为有限的信息。对早期建筑残留的极为零碎的遗迹进行解读，辅以乐观的重建视图，这种方法被证明是存有争议的。这使得我们很难对发生的事有全面的了解，我们仍然需要保持谨慎，因为我们对这一时期实际情况的了解处于非常初级的阶段。

最受关注的发现是帕拉蒂尼山北面低坡上一段长 12.1 米的城墙，从公元前 8 世纪中期到公元前 6 世纪中期，它经历了三个阶段。[27] 根据城墙下的一处还愿祭品层或墓葬追溯，城墙最初建成的时间约为公元前 730 至前 720 年。[28] 这段城墙似乎是在泥墙内撑木柱，比同时代居住建筑的墙壁厚得多。城墙中有一缺口，被认为是城门，即穆戈尼亚门（Porta Mugonia），还有一座关联的木质建筑，被解读为哨所或宗教建筑。公元前7世纪早期，城墙在被毁后重建，规模更大，绕帕拉蒂尼山延伸。一个孩童和四个成年人被发现葬于此地，与这一阶段，即公元前7世纪早期的城墙有联系，这一发现被认为与奠基典礼有关。公元前560年左右，城墙进行了重建，用方石砌成，后来在公元前530年左右，城墙被拆除，为精英阶层府邸让路。帕拉蒂尼山东北坡，靠近斗兽场附近的聚会所也发现了城墙的延伸段。[29]在罗马文学史料的记述中，罗慕路斯最先在帕拉蒂尼山建造了防御工事，发掘者据此来解读这段城墙的第一阶段。根据公元前1世纪后期被奉为权威的年代测定，罗慕路斯的统治时期为公元前753至前716年。因此，这一记述不能明确定居点确切的开始时间，因为自青铜时代晚期开始，卡比托利欧山及附近地区就已经有定居点存在了。建城故事保留的是一段关于社群政治组织在具有影响力的人物的引领下发展成为城邦的记忆。

其他发展表明公元前8世纪很重要。上文提及的被称为雷吉亚之家的大型建筑极为重要。该建筑围绕一个庭院而建，拥有多个房间，经历了多个阶段，一直延续到公元前6世纪后期。由于根据遗迹平面图（包括很多“可能”以及“假定”的墙）进行重构有局限性，因此我们无法确定其确切结构。同样是在公元前8世纪，卡比托利欧山上出现了一早期的宗教崇拜场地，时间为公元前750至前725年，其中发现了小型花瓶。公元前750至前700年，经证实，罗马出现了第一批道路，用砾岩黏土铺设而成，其中一条被认为与穆戈尼亚门以及城墙建筑关联，另一条将雷吉亚与维斯塔圣所隔开。[30]这被认为是早期罗马城市结构的开启，即划定出了公共空间。卡兰迪尼及其团队因此提出这样的观点：公元前8世纪下半叶是罗马城市形成的关键期，而不是普遍认为的公元前7世纪下半叶。这一时期见证了维斯塔神庙所在地首个公共壁炉、防御工事和共享集会场的落成。罗马城并非诞生于公元前7世纪下半叶，在这个时期，这座城市进入了以纪念主义为主的新时代。

但是，从考古和文学史料两方面进行重构仍然存在几个争议点。城墙前两个阶段相关的墓葬和城墙标记出了一个明确的城市空间，与这一观点相矛盾。安波洛认为，这些墓葬不太可能是活人献祭，它们就是典型的墓葬，位于一个直到公元前 7 世纪后期才表现出清晰城市化迹象的区域。[31] 此外，这座城市核心的公共壁炉建在被认为是罗慕路斯打造的城墙构成的城界之外，也存在问题。关于该城墙是防御工事的这种解读，同样有问题。泥墙内撑木柱是一种极不寻常的施工技术，因为木柱容易腐烂。城墙比普通的居住建筑的墙厚，但其能否起到防御作用存有争议，因为城墙位于山脚，墙基宽不过 1 米。事实上，一些人认为该城墙更可能只是起象征作用，以这样刻意的方式与建城挂钩。[32] 很多学者还指出重构平面图以及确认的建筑的上部结构是建立在假设基础上的。[33] 最后，寻求考古证据和文学史料证据的对等处可能也会引发问题，因为关于罗马建城的史料记述受到极大的人为因素影响，罗慕路斯建城时间的确定其实是很主观的。

所有这些问题尚待解决，关于提出来的各种说法，尤其是与建城相关的，存在着相当大的不确定性，但这不影响被发现的考古遗迹的重要性。帕拉蒂尼山城墙和被称为雷吉亚之家的大型直线形建筑似乎是重要的公共建筑，需要规划和大量劳动力，但它们无法明确表明公元前 8 世纪的定居点具备了城市化特征，也无法证明文学史料记述的准确性，即当时罗马有一个名叫罗慕路斯的建城者。

罗马广场的开建

关于罗马城这一政治组织发展的最佳考古证据，源自罗马广场铺好的路面，这一位于群山之间的广阔的长方形空间构成了这座城市的市政和商业中心。罗马城后来启用的户外集会场尤为重要，它也因此成为极具象征意义的政治空间。令人惊讶的是，这个集会场——共和国时期被赋予了民主色彩——首次进行规划是在王政时代。这表明自社群形成初期起，集会就是重要的组成部分，这与现代西方专制君主政体相反，后者以宫廷为政治中心，人民集会基本上无关紧要。但在荷马时代地中海地区的城邦中，类似《伊利亚特》中阿伽门农和《奥德赛》中阿尔喀诺俄斯这样的国王似乎会参与集会。投票选举国王或其官员时并不一定需要集会场，但它为国王提供了了解民意、获取建议和得到赞誉的机会。例如在《伊利亚特》中，阿伽门农在进攻特洛伊之前参与了四次重要的集会。

近几十年来，我们对罗马广场起源的了解明显加深，除了博尼在 1902 年以及耶斯塔德在 20 世纪 50 年代通过发掘获得的重要的地层数据外，现在还有 20 世纪 80 年代获得的取芯样本提供的科学证据。[34] 这些取芯活动明确罗马广场的水文地质情况是关键所在。罗马广场最初是卡比托利欧山、帕拉蒂尼山和其他山之间的一片低洼地，降雨和天然泉水经过维拉布鲁姆区的谷地汇入台伯河。早期的发掘表明从最初到铺设好路面的帝国时代，罗马广场的水平面提升了 10 米，在王政和共和国时期，广场经历了 28 次填埋和铺设。

取芯的重要贡献是表明罗马广场的最初水平面仅比台伯河河床高几米。谷地地势最低的低洼区只比海平面高 6 米，每到春冬两季，台伯河水位会比海平面高 9 米左右。为了避免被河水淹没，广场水平面得提升 3 米左右。这意味着这片未来的广场区绝大部分都过于潮湿，不适宜搭建永久的居住建筑。因此，安默曼（Ammerman）认为，罗马广场第一层铺面下的厚土层中残留的木屑和灰泥并非如耶斯塔德所推测的那样，是罗马广场首次进行铺面之前居住建筑的残迹。这些土层是由取自其他居住区——周边的山顶最有可能——作填埋用的物料构成的。铺设这些土层肯定是为了人为提升罗马广场的水平面，保护这片区域不受定期洪水的侵害。至少有 23,000 立方米的泥土被移动，这表明需要大量的劳动力，并且肯定需要有相当力度的政治组织和规划。[35]

这些填埋层上面的砾石铺面的辨认和年份也并非毫无争议。概括地说，存在三个解读阶段：20 世纪 50 年代，耶斯塔德确认最早的铺面时间为约公元前

575 年；科隆纳和安波洛将这一时间修订为约公元前 625 至前 600 年；最近，卡拉法和菲利皮提出的时间为公元前 700 至前 650 年。[36] 卡拉法认为户外集会场所在地的两个压实层和壁炉的时间都为公元前 750 至前 700 年，同一时期的宗教崇拜活动可以通过陶器和一个织坠来判断年代。他指出户外集会场真正的第一铺面应该是第 24 层最上面部分，他给出的年份为公元前 700 至前 650 年，随后是另外三层。[37] 其他学者依然坚持传统观点，即真正的第一铺面是第 22 层，时间为公元前 650 至前 600 年，王政时代又铺了两层。[38] 公元前 7 世纪中期的填埋措施可能是多种原因导致的。这个时期，维拉布鲁姆区的黏土层首次进行了开采，因此，填埋可能与上面厚实的沉积物被移走有关。这也是个贸易增长的时期，因此有为来到台伯河的商人提供交易空间的需要。[39] 托雷利指出通过这些努力得来的这一广阔的长方形空间与希腊城市的此类空间有相似之处，希腊城市往往拥有一个大型的露天商业中心广场。[40] 那么假设填埋作业是经过深思熟虑，并非诸如开采黏土层这样的活动的附带品，我们可以认为存在一个中央政治权威——自然是国王——负责为这一宏大的建筑工程安排劳动力。

这些措施，且不论具体实施时间，其更广泛的意义都应得到充分的认识。20 世纪 50 和 60 年代，两大模式被提出来，用于解释这些事件的重要意义，我们可以称之为居地统一以及城市发展模式。耶斯塔德认为考古记录表明，罗马广场的铺设使得很多小村庄合并，这是一种单方政治行为。米勒－卡尔佩（Müller-Karpe）所持的观点则相反，他认为缓慢发展才是关键，帕拉蒂尼山的核心区是逐步扩展到其他山地的。[41] 但这些关于国家形成的观点带有很强的主观性，城市往往需要经历很多不同的过程才能形成，这其中既有循序渐进的时期，也有一蹴而就的时候。事实上，关于社群“居地统一”，这一趋势的物理意义不如其政治含义重要，因为希腊－罗马城邦在本质上是民众以及彼此间的互动，而非他们所使用的建筑（古典时代的斯巴达以缺乏发达的城市中心闻名）。需要注意的是，这个过程始于公元前 8 世纪末，到公元前 7 世纪后期表现得很明显。有些观点提出特定的关键形成时刻，但这类观点过于强调政治干预。我们仍然应该保留部分城市基础模式的元素，不过也要认识到罗马的政治水准在公元前 650 年左右肯定已经达到了一定程度（可以组织起前期准备工作）。因此，即便新确定的更有可能的日期（尚且）没有被接受，公元前 8 世纪后期以及前 7 世纪上半叶这一背景对前 7 世纪中期的重大发展也是至关重要的。在这个阶段，我们应该从政治方面——可能还有物理方面——去寻找罗马建城的证据。接下来是城市建筑的转型，包括新的公共空间和建筑，我们现在将作阐述。

罗马城市景观的变化：公元前 650 至前 480 年重要的建筑项目

自公元前 7 世纪后期起的建筑工程无疑让罗马城发生了变化。从这一时期开始，随着用于纪念性建筑的新技术的使用，包括石头地基、陶瓦屋顶以及用于支撑屋顶重量的重型木质上层结构，我们的考古证据在质量和数量上都有了提升。这些技术留下了更多可见的考古遗迹，尤其是地基、瓦片和建筑陶土装饰。

虽然文学史料的神话色彩减少，两种证据更有可能相互关联，但这并非没有问题。尽管密切相关的情况很少见，但一些建筑得到了两种证据的证实（卡比托利欧神庙或许是最好的例子，下文会作阐述）。大多数建筑只得到了考古或文学一种证据的证实，这给鉴定、解读和可信度判断带来了很大的问题，但整体看，罗马城无疑是一座高度发达的大型城市。

表 5.1 总结出了主要的考古阶段，时间范围为公元前 7 世纪后期至前 6 世纪。这一追求纪念主义的过程影响了罗马中心的大部分地区。大多数证据来自罗马广场，填埋工程提升了这一地区作为公共空间的可行性。瓦片和建筑赤陶证实了户外集会场所在地最早建筑的存在，包括一个戈耳工[①]瓦当，以及刻有

① 希腊神话中的三个蛇发怪物，其中之一为美杜莎。

猫科动物、马和骑手的护墙板。这些文物的历史可以追溯至约公元前 590 至前 580 年，[42] 可能与第一座元老院——赫斯提亚元老院有关，该建筑以传说中的国王图卢斯·贺斯提利乌斯的名字命名。

表 5.1 公元前 7 世纪后期至前 6 世纪的考古阶段 [43]

大致时期（公元前）	考古证据
700—650？年	罗马广场展开大规模填埋，然后进行砾石铺面
650—625 年	再次填埋作业后，罗马广场重新进行铺面
625—600 年	第三次铺面，面积扩大，覆盖户外集会场所在区域；建立第一座雷吉亚
600—575 年	户外集会场旁建成赫斯提亚元老院 雷吉亚第三阶段（建筑赤陶出土）； 屠牛广场建起第一座神庙，取代露天崇拜场地
570—550 年	户外集会场以及南面用于伏尔甘崇拜的场地进行重建； 维斯塔神庙建成
530 年	雷吉亚第四阶段；屠牛广场神庙重建，使用了建筑赤陶
500 年	根据共和国时期最终确立的平面图重建雷吉亚；公元前 5 世纪早期，屠牛广场神庙被毁，取而代之的是双子庙；户外集会场进行第四次铺面

罗马广场东南端，雷吉亚第一阶段的工程在公元前 620 年左右完成。这是一座采用石头地基、拥有多个房间的建筑，还有带角形顶饰的瓦片屋顶。经过鉴定，该建筑的第二阶段工程时间为公元前 6 世纪早期，第三阶段工程时间为公元前 590 至前 580 年，出现了一个和伊特鲁里亚的穆洛及阿夸罗萨的纪念性宫殿建筑相似的庭院结构。[44] 雷吉亚的陶土装饰和户外集会场的装饰相似，有圆盘形顶饰、戈耳工瓦当和装饰有鸟、猫科动物和弥诺陶洛斯的护墙板。这些赤陶和在其他地方——卡比托利欧山、拉丁姆（加比）和坎帕尼亚（库迈和皮特库塞）——发现的极为相近的文物属于同一系列。罗马发现的此类赤陶文物

使用的是来自维拉布鲁姆区的黏土，表明艺术创意可能来自罗马的工匠，且这个时期的罗马成为赤陶加工技术（可能还有工匠）的出口方。在罗马历史上，有过多次与坎帕尼亚发展相关联的情况，其中最有名的或许要属塔克文·苏佩布遭流放后回到库迈。因此，这一时期的罗马与第勒尼安沿海其他重要政体有着密切联系。

罗马其余地方以及意大利中部其他地方开始出现公元前7世纪建造的更持久、更豪华的住所的遗迹。博尼发现的一处公元前7世纪的赤陶屋顶与阿夸罗萨的相似；20世纪早期，博尼在罗马广场早期墓地发掘出一处公元前7世纪的大型建筑。[45] 该建筑宽约10米，墙是用凝灰岩方石砌成的，覆以灰泥，需要重型木质结构支撑屋顶瓦片的重量。

屠牛广场

除罗马广场外，公元前6世纪早期，屠牛广场也经历了重大发展。该广场毗邻台伯河，位于卡比托利欧山和阿文蒂诺山之间。在罗马城的发展中，屠牛广场是个极为重要的地方，但由于不同地层极多，地下水位高，发掘面临重重困难。这是罗马城的登陆点，位于台伯河弯道处，是一个国际化的区域，根据发现的希腊几何风格陶器——大多产自优卑亚，一些为第勒尼安仿制品——判断，这里似乎自公元前8世纪起就有海外商人造访。[46] 屠牛广场的大祭坛被用于极为古老的赫丘利崇拜。虽然考古没有发现该祭坛自古风时代起的遗存，但这一崇拜的腓尼基色彩及其与神话中阿卡迪亚英雄埃文德的联系表明大祭坛很早就建成了。菲利皮最近称对赫丘利的崇拜带有“贸易港的特点”。[47]

祭祀残留证实这个地方自公元前7世纪中期起到后期被用于宗教活动，瓦片表明公元前7世纪后期或前6世纪早期起，这里可能有一座建筑。到公元前580年左右，第一座神庙建成。该建筑不仅是罗马最早的神庙，也是整个意大利中部最早的神庙。第一阶段建在高出洪水位1.7米的平台上，它可能呈正方形，有一个内殿，有台阶通往正面入口，入口处有两根立柱，前方有一个祭坛；屋顶有赤陶装饰，三角楣饰为赤陶护墙板所包围，这种情况不常见。对三角楣饰上的浮雕进行重构后，可以看到是两只猫科动物面朝中间的戈耳工。这一场景复制了科尔库拉（Corcyra）和叙拉古的雅典娜神庙的浮雕群。科尔库拉浮雕也完成于公元前6世纪初期，但刻在石灰岩上，而雅典娜神庙的浮雕则刻在赤陶上，这两处浮雕很像。[48]这表明罗马与海外的交往是在一个面向外来访客的重要地方展开的，一些学者将此与科林斯的巴基亚家族推行的带政治色彩的计划联系起来，该王朝与公元前583年在其家乡城市被推翻的库普塞鲁斯王朝有关联。根据传统记述，罗马塔克文家族的国王的血脉可以通过科林斯移民德玛拉图斯追溯至巴基亚家族，据说，巴基亚家族还建立了叙拉古。[49]根据相似处判断，罗马神庙的浮雕肯定与希腊神话中的美杜莎及其儿子珀伽索斯有关，这在叙拉古存留下来的部分表现得很清晰。因此，它是希腊神话在罗马被同化的最早例子之一。尽管它可能体现了罗马与科林斯（这座城市的钱币上有飞马珀伽索斯的图案，它被认为是柏勒洛丰的诞生地，柏勒洛丰骑着珀伽索斯打败了怪物喀迈拉）的联系，但我们不清楚其在古风时代的罗马完整的象征意义。[50]

我们还有该神庙第二阶段的赤陶装饰。在这一阶段，神庙面积略有扩大，采用了更为复杂的双重浇铸技术，时间为公元前530年左右。它包含被称为罗马－维爱－韦莱特里系列的护墙板，装饰有“女性头像的瓦当，两边是狮头出水口，浮雕描绘了出征的勇士在半人半神的队列中，还有女性驾车手、武装骑兵和竞技的战车”，以及宴饮场景和坐着的众神像。[51]罗马广场、帕拉蒂尼山、埃斯奎里山、卡比托利欧山以及伊特鲁里亚的维爱、拉丁姆的韦莱特里也发现了属于这一系列的护墙板，可能是根据罗马的模式制作的。

赤陶屋顶装饰中最引人注目的是赫丘利和密涅瓦这组山墙顶饰雕像，高约1.4米。这组雕像很可能表现的是被封神的赫丘利在密涅瓦的引领下来到奥林匹斯山。两尊雕像的质量都很高，有明显的希腊特色，让人想起阿提卡、爱奥尼亚和塞浦路斯的雕像。[52]卢洛夫认为这组雕像肯定出自居住在罗马的希腊东部工匠（或他们的后代）之手。两尊雕像被固定在装饰底座上，两侧可能有大型涡旋形装饰，屋檐装饰有斯芬克斯①。另一个底座和雕像组的残片，外加四个涡旋形装饰，表明古风时代这里原本有两座神庙，文学史料予以了证实。[53]

将这一考古证据与文学史料联系起来，问题就出现了。据说，塞尔维乌斯·图利乌斯在屠牛广场为马特·马图塔②和福尔图纳建造了神庙。[54]马特·马图塔神庙通常被认为是第一座古风时代的神庙，由塞尔维乌斯建造，第二座则是塔克文·苏佩布重建的。然而，如我们所看到的，关于神庙装饰的考古证据可以与塞尔维乌斯的前任、国王塔克文·普里斯库斯的巴基亚背景联系起来。至于第二座神庙，多数先前的学术研究将重点放在证明赫丘利-密涅瓦雕像与罗马的塔克文·苏佩布的"专制"政权有特定的联系。[55]但这其中存在很多问题。相较于传统记述中两位国王的统治年份（塞尔维乌斯为公元前578至前534年，塔克文·苏佩布为公元前534至前509年；不管怎样，这两个日期都很有可能是人为编造的），两座神庙的建造时间恐怕太早了。此外，现在可以清楚地看到，罗马以及其他地方的很多建筑都采用了这种屋顶样式，包括诸如维爱这样不在罗马政治控制范围内的地方。[56]其实，卡里、维爱和萨特里库姆的神庙的屋顶在更早的时间（公元前540—前530年）就已经出现了这种赫丘利和密涅瓦像。[57]这使得我们能从这一组像中得出的象征性信息变得复杂，这不可能只与罗马有关联。尽管如此，这又是一个例子，明确表明在古风时代的罗马及其周边地区，希腊神话被完全同化了。

公元前6世纪末，这一古风时代的神庙毁于大火，不复存在。在更大的新的平台上，建起了两座新神庙，这一平台将水平面提升了约6米。填埋物中有

① 斯芬克斯为人头、狮身、鹰翼的怪物，希腊神话将其描述为女性形象。
② 马特·马图塔（Mater Matuta）为曙光女神。

此前留在该地点的大量物品，包括青铜时代和希腊几何风格陶器。没有残片是晚于公元前5世纪的。还发现了一块与建于约公元前480年的双子庙有关的护墙板。这表明重建工程发生在公元前5世纪早期。双子庙高耸于通往屠牛广场的道路上，是当时意大利中部最宏大的神庙建筑群。[58]

卡比托利欧神庙

虽然屠牛广场的神庙有助于揭示罗马很早就出现了与国际的往来，但它并非古风时代最让人印象深刻的建筑工程。这项荣誉落在卡比托利欧神庙身上，即位于卡比托利欧山上的至高无上的朱庇特、朱诺及密涅瓦神庙。这座神庙是罗马历史上重要的丰碑，自公元前6世纪后期到古典时代结束为止，一直矗立在同一个地方，规模始终不变。公元前83年、公元69年和公元80年，神庙遭遇火灾，经历了三次重建。哈利卡尔那索斯的狄奥尼西乌斯对神庙作了详尽的描述（4.61.3—4），其他作者也对其结构和特点进行了讨论。

文学史料将朱庇特神庙描绘成一项庞大的工程，称其动用了大量劳力。按照狄奥尼西乌斯和李维的说法，塔克文·普里斯库斯在对阵萨宾人的战争中发誓要建造这座神庙，他铲平了卡比托利欧的山地，开始建造神庙（Livy，1.38.7；Dion. Hal. 3.69.1）。在塔克文·苏佩布统治时期，神庙接近竣工（Livy，1.55.2；Dion. Hal. 4.59.1），随后在共和国成立初期举行了落成典礼（Livy，2.8.6，7.3.8；Dion. Hal. 5.35.3）。[59]狄奥尼西乌斯提供了非常精准的描述，称神庙近乎正方形，正面有三排立柱，侧面则有一排立柱，有三个内殿，中间供奉的是朱庇特，右边为密涅瓦，左边为朱诺（Dion. Hal. 4.61.3—4），中部屋脊装饰有一尊朱庇特驾驭四马双轮战车的赤陶像。据瓦罗称，塔克文·普里斯库斯委托著名的赤陶匠、维爱的武尔加创作了朱庇特神像和赫丘利像（Pliny，*HN* 35.157；Plut. *Pub.* 13）。公元前296年，四马双轮战车可能被奥古尔尼乌斯兄弟换成了青铜材质。神庙还有一尊苏玛努斯像（苏玛努斯是夜晚代替朱庇特负责雷电的神），公元前 278 年，即皮洛士战争期间，这尊神像被闪电击中（Cic. *Div.* 1.10.6；Livy, *Per.* 14.2）。

过去几十年里对朱庇特神庙遗迹的发掘改变了我们对它的认知。[60] 神庙的地基自 16 世纪起为人所知，使用的是一种名为 cappellaccio 的当地石头。经过发掘和再研究之后，地基如今被巧妙地并入了卡比托利欧博物馆。值得注意的是，虽然绝大部分地基得以保存，但我们几乎没有发现任何有关上层结构的痕迹。但是，这种情况有所改变。2014 年，塔培亚悬崖花园（Giardini della Rupe Tarpea）发掘出了大量文物，有大约 1000 块残瓦和建筑赤陶，它们可能与朱庇特神庙有关。[61] 这些物品的时间可追溯至公元前 6 世纪后期、前 4 世纪早期和前 3 世纪。尽管对这些赤陶的研究仍在进行中，但我们现在能从考古和风格两个角度出发，确认神庙第一阶段的时间为公元前 6 世纪后期，与文学史料将其归功于塔克文·苏佩布一致。[62]

对神庙所在平台的发掘表明其规模十分宏大，宽 54 米，长 62—74 米，由方石砌成的相交的墙壁构成。这些墙壁十分厚重，以阿提卡尺（29.6 厘米）为单位，不用支撑神庙上层结构的区域留出空白。穆拉·索梅拉对底部平台内部的分析显示，上层结构建在石墙之上，肯定覆盖了整个平台前部，任何更小规模的结构都需要在地面填埋层搭建立柱和内殿墙。因此，我们可以重构神庙的整体平面图，内殿墙和成排的立柱建在下部结构的墙上。[63] 这座神庙是一项非凡的工程，宽约 54 米，内部空间极为宽敞，立柱林立。通常认为，以当时的建筑技术不可能建造这样的神庙，但近期的研究显示，当时的意大利中部会使用木桁架，其跨度，即中间两排立柱的间距可达到 10.5 米。[64]

神庙的长度相对不那么明确。狄奥尼西乌斯称其长度大概为 60 米（200 罗马尺），几乎是正方形的。奇法尼照此重构了神庙，长度为 62 米。但穆拉·索梅拉根据北侧的考古发现，认为平台长 74 米，其重构的神庙为围柱式建筑。问题是相较于奇法尼的平面图，多延伸的 12 米遗迹是否属于上层结构。目前，这个问题尚未解决，我们不确定这些残留是否与神庙有关，若是有关联，屋顶结构就会出现问题。若如穆拉·索梅拉所推测的，神庙东侧的井是用来收集来自屋顶的水的，那么屋顶后部就很可能到此为止，而不是继续延伸 12 米。[65]

即便是面积更小的平面图，也让意大利中部其他神庙相形见绌。公元前 6 世纪在雅典、萨摩斯岛和优卑亚，以及自公元前 6 世纪后期在西西里岛的阿格里真托（Agrigentum）和塞利努斯（Selinus）建造的宏伟的爱奥尼亚式神庙更适合作为比较对象。这些神庙规模相当，尽管它们往往显得更长、更窄，卡比托利欧神庙可能受到了山顶地形的影响。各方面细节都直接指向希腊东部的一个模式。和希腊神庙一样，卡比托利欧神庙在正面有三排列柱，营造出具有视觉冲击力的“柱林”效果。[66] 卡比托利欧神庙的下部结构有一面横向墙支撑第三排立柱，萨摩斯岛的赫拉神庙的第四阶段（Heraion IV）复制了这种结构。

平台区发现了很多赤陶装饰物，但很难确定它们是否与神庙有关。其中有一条赤陶饰带，有棕叶图案，其不同寻常的尺寸应该符合重构的神庙的规模。[67] 这种图案是在爱奥尼亚发展起来的，公元前 6 世纪中期已经传到意大利中部，到该世纪末，在这两个地区棕叶饰都成了神庙檐饰的主流。[68] 这些细节，加上这一建筑工程前所未有的规模和复杂程度，使得学者们提出了合理的解释，即爱奥尼亚建筑师建造了卡比托利欧神庙。[69]

近期的发现和研究开始揭示这一非凡工程的复杂程度，以及其对内和对外的象征意义。三个内殿的布局和赤陶装饰是典型的意大利中部特色，出自拉丁和伊特鲁里亚工匠之手，而在古风时代的地中海建筑中，该神庙的规模和专业的建筑技术属于顶级水准。神庙选择的崇拜对象也同时体现出了本土和国际特色。它可能是为了与拉丁人在阿尔班山上对朱庇特的极力崇拜抗衡。神庙供奉了附近伊特鲁里亚城市的守护神，如维爱的乌尼（朱诺）。它可能还与希腊人在奥林匹亚对宙斯和赫拉的崇拜，以及公元前 6 世纪由庇西特拉图家族在雅典引入的奥林匹亚宙斯崇拜有关。瓦罗则相反，认为这三位神是以萨莫色雷斯岛的崇拜为基础的。[70]

卡比托利欧神庙的宏大规模表明了罗马在意大利中部占据主导地位，所有经过罗马或沿台伯河而上的人都能看到守护这座城市的朱庇特。难以想象罗马与更广阔的地中海世界——尤其是意大利南部和西西里岛以及爱琴海的希腊城市——没有密切联系。这座神庙与国王个人有关联，似乎是为了展现出符合国王身份的无与伦比的宏伟壮观，但它同时也是罗马整个社群和地中海范围“同侪政体互动”的产物。[71]

城墙

另一个近期因为考古研究而变得清晰起来的罗马城重要组成部分是其防御工事。文学史料称在城市不同部分逐步合并的过程中，不少国王都建造了城墙。按照李维的说法，罗慕路斯在帕拉蒂尼山筑起了防御工事；接着，安库斯·马西乌斯将阿文蒂诺山和贾尼科洛山并入已经存在的帕拉蒂尼山、卡比托利欧山和西里欧山定居点；塔克文·普里斯库斯在整个定居点周围用石头砌了一道城墙；塞尔维乌斯·图利乌斯扩大了城墙的范围，将奎里纳尔山、维米纳莱山和埃斯奎里山包括在内。根据狄奥尼西乌斯的记述，罗慕路斯为帕拉蒂尼山、阿文蒂诺山和卡比托利欧山建造了城墙，图卢斯·贺斯提利乌斯将城墙范围延伸至西里欧山，安库斯将阿文蒂诺山划入罗马城范围，塔克文·普里斯库斯建了第一道石墙；塞尔维乌斯·图利乌斯将维米纳莱山和埃斯奎里山纳入防御范围内，塔克文·苏佩布对先前的城墙进行了加固。

传统记述并非没有问题。通常，山地只有在有移民或来自被征服群体的个人居住后才会被归入城市范围内，例如安库斯将泰洛内（Tellenae）和波利托里乌姆（Politorium）的居民迁至阿文蒂诺山（Dion. Hal. 3.43.2）。这似乎是一个带有明显人为因素的后期建筑。而在哪些国王为哪些山建造城墙方面，也存在一些差异，尤其是西里欧山（图卢斯、安库斯，可能还有其他人）和阿文蒂诺山（罗慕路斯或安库斯）。但传统记述在几个关键点上保持了惊人的一致。帕拉蒂尼山和卡比托利欧山始终被认为是古代罗马城的核心；阿文蒂诺山以及维米纳莱山、奎里纳尔山和埃斯奎里山这些地势更高的区域是后来并入的；在塞尔维乌斯·图利乌斯统治期间，这座城市发展至数世纪以来的最大规模。所有史料都认为罗马自共和国建立起就拥有了完整的防御工事，并且该城墙多次保护了这座城市（例如 Livy，2.39.9，3.66.5，4.21.8，6.27—28；Dion. Hal. 5.44.1，8.22.2，8.38.3，9.68）。学者们倾向于不考虑这些记述，认为其中存在年代错误，是作者认为罗马城肯定一直有城墙保护导致的。他们指出高卢人在公元前 390 年攻占了罗马。他们转而关注李维一带而过的两条信息：公元前 378 年建造城墙；公元前 353 年对城墙进行修补，据说这是罗马城第一次完全被城墙包围。但文学史料存在的问题被夸大了，近期的考古调查表明其比大多数学者认为的更可靠。

由于防御工事经常会进行整修，共和国时期经历了彻底的重建，后来又融入城市结构中，因此研究防御工事残余绝非易事。不过，大多数学者认为城墙的建造有两个主要阶段，较早的阶段出现在古风时代。[72] 最古老的城墙使用了较小的 cappellaccio 凝灰岩块，按照 27.5 厘米的意大利尺切割成块。塞尔维乌斯时期的罗马城——包括阿文蒂诺山在内——约 11 千米长的城墙大量使用了这种岩块。在古风时代，这种石头是主要的建筑材料，公元前 7 和前 6 世纪有一系列建筑广泛使用（即便不是唯一）这种石头，例如搭建卡比托利欧神庙的平台。这种石头很容易就地取材，例如从帕拉蒂尼山上开采，易加工，就是易碎。它们被来自罗马城区外采石场、更坚硬的凝灰岩取代，后者可以被切割成更大块，其中最有名的是开采自维爱附近采石场的 Grotta Oscura。这种石头构成了“塞维安城墙”最醒目的部分，例如特米尼火车站外保存下来的一长段城墙。使用来自维爱领域的石头说明此举是在维爱城于公元前 390 年被征服之后，大多数学者认为这就是李维提及的公元前 378 和前 353 年的城墙。

我们有几个理由相信凝灰岩块阶段发生在古风时代，可能为公元前 6 世纪。在一些地方（例如圣撒比纳附近的阿文蒂诺山），凝灰岩块砌成的城墙在公元前 378 年城墙的下部，所以普遍认为它的时间更早。埃斯奎里山墓地的发展显现出一条清晰的水平地层带。公元前 8 世纪和前 7 世纪的坟墓出现在后来筑成的城墙的两侧，而公元前 5 世纪和前 4 世纪的坟墓明显迁至城墙外。如果在进入共和国时期之前城墙尚未完工，这种情况就会显得很奇怪。此外，最近关于城墙和相关壕沟所在地层的论述明确其时间为公元前 6 世纪。[73]

与意大利中部的证据进行比较的结果支持公元前 6 世纪这一时间。塔奎尼的城墙与罗马的城墙颇为相似，如邦吉·约维诺最近指出的，塔奎尼城墙可追溯至公元前 6 世纪上半叶。鉴于其长度为 8 千米，若是围绕面积小得多的区域（约 150 公顷），这项工程肯定与罗马城墙的建造（长 11 千米）类似。现在已知很多拉丁城市在公元前 6 世纪有连成一体的城墙，例如阿尔代亚、安提乌姆、卡斯特尔·迪·德奇玛、菲卡纳和拉维尼乌姆，尽管这些城市在规模上远不及伊特鲁里亚南部城市。[74] 我们现在还知道，公元前 6 世纪，在坎帕尼亚的卡普阿和庞贝，也有连成一体的城墙。这说明，公元前 6 世纪的罗马很有可能筑有大规模的一体化城墙，也表明与之相反的假设不太可能成立。[75]

被围起来的区域总面积达 427 公顷，规模远超这一时期意大利中部其他城市，接近大希腊和希腊本土一些最大的城市。因此，这种情况和卡比托利欧神庙相似，即在本土没有类似的例子，而与古风时代地中海最大的中心相近。城墙内的区域不可能全都是居住区。比较研究显示，大多数古代的大城市有大量的开放空间，用于耕种、畜牧养殖、种圣林等。事实上，在建造城墙时，考虑到城市未来的发展，这些无人居住的空间可能是“专门设计的”，使得城墙可以沿着最佳防线筑成。[76]

防御工事的规模也很重要，因为我们可以由此了解这座城市在古风时代的构建。建造城墙表明社群需要集体防御，其本身就是罗马公民意识和集体身份认同的重要表现。我们或许还可以将城墙与塞尔维乌斯改革联系起来，改革为公民团体创建了一个集体防御组织（森都里亚体系），将城市分成四个不同的区，用于城市部落进行投票和征募军队。[77] 对于将公元前 6 世纪城墙的考古证据与传统记述中塞尔维乌斯·图利乌斯所处的公元前 6 世纪中期联系起来，我们需要格外谨慎。关于城墙的时间证据并不明确，王政时代的时间几乎可以肯定在很大程度上受到人为干扰，也可能是过于简化了公元前 6 世纪的罗马统治者。无论如何，文学史料将城墙的建造归功于发起社会政治改革的那个人，即便传统记述倾向于为所有此类革新寻找"创建人"，但文学史料和考古这两种互不影响的证据得出的结论是一致的，即公元前 6 世纪存在社群组织。

其他城市工程

这一时期还出现了大量其他城市工程，证实这是一座强大且充满生机的地中海城市。从公元前 7 世纪后期到前 5 世纪第一个 1/4 阶段，我们可以真正谈论这座城市的转型，尽管由于研究证据面临诸多挑战，使得我们对这一过程的了解仍然处于初级阶段。大多数古风时代建筑的考古遗迹都残缺不全，极为零碎，与上文提及的建筑——如雷吉亚、卡比托利欧和屠牛广场的神庙——相比，这些建筑并没有得到明确的证实。很多神圣（也可能是渎神）的建筑是通过单独的建筑赤陶得以确认的，罗马有很多地方发现了大量此类赤陶。一些建筑只有文学史料提供的证据，而史料本身也存在不确定性。我们有足够的理由去相信神庙地基，因为祭司往往会对神庙进行记录。一些神庙的建立时间能和考古发现联系起来，如卡比托利欧神庙（但如我们所看到的，"符合"并不意味着不存在问题）。虽然一些主要建筑被归功于最后三任国王，却缺乏考古证据支持，例如马克西穆斯竞技场上塔克文·苏佩布的王座，也存在这样一种风险，即这些史料将主要的纪念性建筑归于更具知名度的建城者名下。无论如何，尽管大多数建筑都难以确定，但学者们越来越倾向于接受此类信息，尤其是在可以将纪念性建筑与古风时代的风俗联系起来时，例如竞技场和罗马节、凯旋式有关联。

大量神庙地基被证实属于王政时期和共和国早期。据说，有不少神庙是在带有“神话色彩”的王政早期建成的，例如罗慕路斯建造了雅努斯神庙和朱庇特·费莱特里乌斯神庙，努马（或根据一些史料，罗慕路斯）建了维斯塔神庙。虽然在后来与维斯塔神庙有关的地点以及卡比托利欧山上（据说是朱庇特·费莱特里乌斯神庙所在地点）发现了与公元前8世纪起的宗教活动有关的考古遗迹，但对这些地基，几乎没有确认的信息。[78]

公元前6世纪的发展要重要得多，公元前580年左右，第一座圣奥莫博诺神庙开了先河。[79] 除了献给福尔图纳的众多神殿外，据说塞尔维乌斯·图利乌斯参考以弗所的阿尔忒弥斯神庙的样式，在阿文蒂诺山上建造了狄安娜神庙，作为拉丁民族的联邦中心。[80] 这座神庙建于公元前550年左右，是古风时代地中海最宏伟的爱奥尼亚式神庙之一，尺寸为115米 ×46米，为卡比托利欧神庙提供了一个可以借鉴的式样。其实关于阿文蒂诺山的这座神庙，没有任何考古发现，但斯特拉波（4.5.180）称这座罗马神庙中供奉的神像和马萨利亚的很像，后者是来自小亚细亚的福西亚人建立的希腊殖民地，福西亚人和古风时代的罗马人保持了非常亲密的友谊关系。[81]

建筑赤陶的发现从考古角度证实了一些建筑的存在。一些与建筑地基有关，一些则与文学史料证实存在的建筑有关，例如圣奥莫博诺神庙，但很多地方不存在此类关联。最初，建筑赤陶并非只用于建造宗教建筑，它们出现在既有宗教意义又有居住目的的建筑中，例如伊特鲁里亚地区的穆洛和阿夸罗萨的宫殿，以及罗马广场的雷吉亚。然而，在公元前6世纪，建筑赤陶被限定为只能用于建造具有重要市政和宗教意义的建筑。[82] 这意味着从公元前6世纪后期开始，建筑赤陶可能就是神庙残留下来的。值得注意的是，很多这类建筑都用这种方式得到了证实。按照卢洛夫的说法，在罗马，有10个属于罗马－维爱－韦莱特里系列的屋顶得到了证实，包括伊特鲁里亚和拉丁姆在内，总共有约

16—20 个。此类屋顶肯定与诸如圣奥莫博诺神庙这样的小型神庙有关。[83] 在罗马，其他被发现的使用建筑赤陶的重要地点包括帕拉蒂尼山西角（日后胜利圣庙所在位置的下方）、埃斯奎里纳门、卡比托利欧山、户外集会场、雷吉亚、罗马广场的卡斯托尔神庙和神圣的尤利乌斯神庙、韦利安山、台伯河和埃斯奎里山。[84] 总的来说，南希·温特列出了在罗马发现的 83 个使用建筑赤陶的不同地点，时间范围为帝国时期之前，其中大多数属于古风时代。[85]

值得指出的是，这一宏大的神庙建造进程一直延续到了共和国最初几十年。我们有考古和文学史料的证据，农神庙可能落成于公元前 497 年，墨丘利神庙为公元前 495 年，阿文蒂诺山的克瑞斯、利柏和利贝拉神庙为公元前 493 年，福尔图纳·穆里布里斯神庙为公元前 493 或前 488 年，[86] 卡斯托尔神庙为公元前 484 年，迪乌斯·菲迪乌斯神庙为公元前 466 年。这些工程数量之多让人印象深刻，且这股风潮延续至共和国时期，表明有更为强大的影响力在起作用，这些建筑已不再是国王个人的政治宣言。[87]

据说，后几任国王还从公共空间和基础设施两方面入手装点这座城市。马克西穆斯竞技场是最重要的建筑之一，被归功于塔克文·普里斯库斯（Livy，1.35.8，1.56；Dion. Hal. 3.68）。尽管其在共和国中期之前的存在没有获得考古证据的支持，但王政时代这个时间与其被用来作为举办凯旋式和罗马节的场地吻合。凯旋式的流程是塔克文·普里斯库斯制定的，罗马节的历史或许可以追溯至公元前 6 世纪。泽维认为科林斯人对波塞冬的崇拜——该崇拜与竞技场中部建筑有关——将这一建筑及其使用与塔克文家族（出自巴基亚家族）联系起来。[88] 公元前 363 年，一场洪灾导致在竞技场举行的竞赛中断（Livy，7.3.2），这肯定出自祭司的记录，证实竞技场在当时已经存在了。

据说，塔克文家族的国王都很重视罗马广场的排水问题。据称，普里斯库斯建了管道，将山上流下的水引入台伯河，这可能对稳固罗马广场的人工填埋层至关重要。[89] 接着，苏佩布被认为将这一开放的排水系统改造为规模庞大的地下排水体系，即马克西姆下水道。[90] 李维称这是一项宏大的工程，时至今日，我们依然可以看到这一建筑。保存下来的最古老的部分可能属于古风时代，不过我们缺乏最新的能准确追溯其年份的考古研究，并且在整个罗马时期，该下水道可能经过整修和重建。在斗兽场所处的谷地，发现了另一处类似的排水系统，为可追溯至古风时代的石穹顶所遮盖。[91]

在我们所掌握的史料中，其他被归功于国王的公共设施，包括第一座桥（苏布里基乌斯桥：Livy，1.33.6）、监狱（Carcer 或 Tullianum）（Livy，1.33.8；Festus，490 L.），以及广场商店（Forum Tabernae）（Livy，1.35.10；Dion. Hal. 3.67）。王政时期，罗马城首次建成了道路网。在帕拉蒂尼山的山坡上（尤其是穆戈尼亚门附近）和圆锥水泉（Meta Sudans）所在区域，发现了用压实的黏土块铺设的道路的痕迹，最早可以追溯至公元前 8 世纪。[92] 塞维安城墙上可以清晰地看到后期城门所在的位置。夸雷利指出，我们可以分辨出两种类型的古道：更为古老的道路是以其用途或所在位置命名的［萨拉里亚大道或台伯里纳大道（Via Tiberina）］，它们出现的时间可能早于罗马，后来的道路是以目的地城市命名的［拉比卡纳大道（Via Labicana）、台伯里纳、普莱奈斯蒂纳（Praenestina）］，它们建成的时间肯定较拉丁姆城市化晚。[93] 沿着可辨认的街道排列的长方形石屋是城市布局的重要标志之一。[94] 显然，自公元前 7 世纪起，罗马广场早期墓地上方的圣道沿线就出现了带瓦片屋顶的房子；公元前 6 世纪，在帕拉蒂尼山脚一条街道沿线出现了带中庭的房屋。这些豪华宅邸在帕拉蒂尼山所处的位置在共和国后期是最炙手可热的，我们很容易将此与构成共和国的精英家族的出现联系起来。不管怎样，考虑到公元前 7 世纪埃斯奎里山墓地出现了豪华坟墓，这些家族早就存在的可能性仍然很高。

结论

所以，我们可以追踪罗马的快速发展，从公元前第一个千年初分布在几座山上的小规模定居点开始，到公元前 7 世纪和前 6 世纪拥有令人叹为观止的城市纪念性建筑。后一时期是罗马极为重要的政治和文化发展期之一，通过建筑证据，相关记录变得越发清晰。[95] 这一发展无法直接与文学史料证据关联起来。罗马建城的时间似乎要比传统记述的公元前 753 年早得多，即便现在有关于公元前 8 世纪下半叶出现重大发展的证据，但我们尚且无法对此有全面清晰的认识。公元前 7 世纪后期和前 6 世纪见证了罗马广场及周边山区多座重要纪念性建筑的建造，尤其是户外集会场、雷吉亚和屠牛广场区域。大多数地方都被毁了，或经历数次重建，这或许说明控制罗马的政权的历史要比文学史料粗略的记述复杂得多。

罗马的城市化是一个关键过程，至今仍存有争议。我们认为这个过程有几个关键点：定居点边缘区建起新墓场；在露天圣所——如维斯塔神庙和屠牛广场——所在地区建起大量新的宗教纪念性建筑；街道沿线出现成排的石屋；建起防御工事，将城市包围起来；为了抵御洪灾，进行填埋作业，由此建成了一个中心集会区；台伯岛下游处发展起一个港口。学者们将这些变化与采用新的建筑和屋顶技术联系起来。这些技术的起源最终似乎可以追溯到希腊东部和黎凡特地区，这些地方广泛使用赤陶瓦片和方石地基。对外联系，加上本土的创新和传统——例如使用赤陶装饰屋顶和支撑神庙的平台——创造出了独特的意大利中部建筑和城市化风格。[96]

目前，围绕罗马城市化的开启，争论颇为激烈。一些学者认为帕拉蒂尼山坡上的发掘以及对更古老遗迹的重新研究表明这座城市早在公元前 8 世纪中期就已经处在从原始城市向城邦国家转变的阶段，因而在很大程度上证实了关于罗慕路斯建立罗马的传统记述。其他学者则强烈反对这些说法，他们认为罗马的城市化进程是自公元前 7 世纪下半叶开始的。这些争论不仅涉及对零散证据的有争议的解读，还涉及国家形成的概念问题，国家通常是在城市化之前数十年甚至数百年形成的。[97]

这些变化有重要的社会意义。建筑变得更为持久（不过我们不应夸大早期木质建筑的短暂性），表明社会流动性不那么强。石质建筑对材料和工艺的要求更高，提供了一种展示精英阶层所积累的财富和权力的方式。精英阶层此时采用的象征手法部分源自希腊，但也结合本土情况，以他们独有的方式展现这种权力。但一般来说，值得指出的是，为了营造城市的实体而进行的城市化和石质建筑的建造其实只是政治组织的表现形式罢了。这其实才是城市建立过程中最重要的阶段，如果我们只聚焦考古证据，就很容易忽视这一点。

这座城市在公元前 7 世纪后期和前 6 世纪的纪念主义发展引发的争议较小。目前，人们在希腊对罗马产生了强烈的影响以及罗马和地中海其他社会存在相似之处方面达成了广泛共识，但对纪念主义及其与政治局势的联系仍然存有争议。这个问题引发的激烈争论还在继续，强调的点不尽相同，例如城市化与专制独裁的联系，纪念主义的“热力学”理论，以及罗马公元前 6 世纪建筑令人难以置信的“专横”规模。谁委托建造了这些建筑？不同的建筑工程是否表明参与的不止一位国王？考古证据与罗马政权的特质究竟有多大关联？关于“塔克文王朝治下的伟大罗马”——帕斯夸利（Pasquali）在 20 世纪 30 年代提出的说法——的性质，仍然有很多争议。虽然现在认为相较于奥尔弗尔迪等怀疑论者的观点，这种对古风时代城市的描述显得更为合理，但学者们依然表示这种说法适当与否是个问题。将考古证据和文学史料证据结合起来，仍然会发现大量问题。但是，关于罗马在这个时代受到的影响，这是个非常有意思的问题，包括与伊特鲁里亚的联系，因为塔克文·普里斯库斯的出身而与伊特鲁里亚有关联，通过德玛拉图斯使这个“王朝”可以追溯至科林斯。[98]

学者们还指出可以将罗马与同时代的地中海城市进行比较，特别是城市机构的改造以及公共基础设施的建立，与希腊僭主展开的工程项目极为相似。被归功于塔克文家族的水利工程与萨摩斯岛和雅典的引水渠相似，它们分别是波利克拉特斯（Polycrates）和庇西特拉图建造的。科林斯的库普塞鲁斯家族建造了防御工事、神庙、黎恰安（Lechaeon）的港口，以及跨越科林斯地峡的石道（diolkos）这一伟大工程。[99]罗马的建筑与萨摩斯岛波利克拉特斯的建筑工程亦极为相似，例如萨摩斯岛的赫拉神庙（它可能是迄今为止与卡比托利欧神庙最为相近的建筑）——有6千米长的防御城墙，著名的地下引水道，以及新的港口。然而，建造纪念性建筑的并非只有希腊世界的专制统治者，所有政权都会这么做，就如同各种政府以城市和谐为由推行制度改革一样。例如，公元前5世纪早期，民主雅典就建了大下水道（Great Drain），使露天集市更实用（类似罗马的马克西姆下水道）。[100]

第六章

古风时代罗马及意大利中部的经济和社会

走近古风时代经济

当下学术界达成的共识为罗马是一个强大的城邦国，但其经济以自给农业为主，这让人觉得有些矛盾。通过罗马城的宗教建筑可以明显看出农牧业在罗马社群中扮演了极为重要的角色，尤其是在早期阶段。但是，到古风时代后期（甚至可能早在那之前），罗马是一座能供养数万人口的城市，这一点是毋庸置疑的。有充分的证据表明自给自足的农民在城市人口中不可能占据大多数。本章节会指出，到公元前 6 世纪，早期罗马的经济在本质上已经表现得很多元化了，制造业、商业、农业和畜牧业起着重要的作用。罗马作为地中海“世界体系”——包括地中海盆地和公元前 6 世纪崛起的古近东地区——的一部分，融入范围更广的商业、社会和学识交流中。[1] 此外，王政时代后期及共和国早期，势力扩张（逐渐发展成为更为严格的国家控制）开始在罗马经济中扮演越来越重要的角色。这么做最终给罗马城邦带来了大量土地、奴隶和可移动的战利品。

在罗马王政统治下发展起来的古风时代经济有很多独特的动态特色，它们决定了罗马在接下去数个世纪里的发展。伴随这种活力出现的是卡尔·波拉尼（Karl Polanyi）提出的工业化前经济的基本特点：“经济”并不是单独区域的生活，而是嵌入已经存在的社会结构中；土地和劳动力是经济关系中的两大要素，深受社会关系的影响。[2]

农业和畜牧业

在罗马经济中，作为财富来源的农业和畜牧业至关重要。拥有土地是对服兵役者的基本要求。符合资格的人被称为“占地者”（assidui），被派出去占领土地的殖民者通常是老兵，被称为“隶农”（coloni）。[3]到公元前 6 世纪，农业成为具有市场特色的更为多元化的经济的一部分，和商业等其他经济组成一样，它是动态的，会随着时间的推移发生变化。[4]虽然学者们倾向于强调在古代经济体系中，农业占据主导地位，胜过商贸，但最近的研究突出了这些领域是密切相关的，在古风时代的地中海，是互惠发展的。[5]

古风时代罗马的农业最重要的革新或许是葡萄藤和橄榄栽种的发展，这两种是典型的地中海混养的核心作物。普林尼称这两种作物都不如罗马城的历史悠久（*HN* 14.14，15.1，18.5）。但是，可以肯定的是，自公元前 9 世纪起，意大利中部就种植葡萄藤，公元前 7 世纪，人们开始更积极地种植葡萄藤，这可能与希腊人的做法有关。[6]通过古植物学证据、专门盛装葡萄酒的容器的使用，以及与葡萄酒相关的最古老的节庆历法——维纳利亚节（Vinalia）和梅迪特里纳利亚节（Meditrinalia），我们可以清楚地看到，自公元前 8 世纪末或公元前 7 世纪上半叶起，罗马当地就开始种植葡萄藤。橄榄种植似乎更晚，直到公元前 6 世纪上半叶，才出现在罗马植物记录中。[7]费内斯泰拉（Fenestella）认为在塔克文·普里斯库斯统治期间（传统认为是公元前 616—前 578 年），西班牙、阿非利加和意大利尚不知道橄榄种植。[8]但可以肯定，意大利并非如此，我们有来自公元前 8 世纪伊特鲁里亚的证据。如果在第 IVB 阶段（约公元前 630—前 580

年），在拉丁姆发现的大量阿黎巴洛瓶（用于装油和香水的小瓶子）是当地生产的，那么就能进一步证明橄榄种植可能在公元前 7 世纪已经传到此地了。[9] 到公元前 5 世纪早期，大规模橄榄油生产成为乡村居地的标准特征，会堂建筑的第二阶段（下文有论述）出现了橄榄压榨机。这些发展具有更广的社会意义，因为这两种作物的种植都需要不菲的投资和稳定的土地使用权。新种下的葡萄藤和橄榄林至少需要五年时间才能结果，而采摘需要大量的劳动力资源。

公元前 8 世纪至前 6 世纪见证了其他相关革新，例如金属犁的生产，以及更为有效的作物轮种做法的出现。通过约公元前 450 年的《十二铜表法》，我们可以清楚地认识到农业之于罗马经济的重要性：该法典规定损害作物会受到处罚，要使用葡萄藤架和犁地的牛，并规定了田地界限。[10] 其重要性还体现在宗教日历上。在最古老的罗马历法中，50 个节庆中有 18 个与丰产和作物相关，例如 4 月 25 日的罗比古斯节，祈求神明保佑庄稼免遭锈病侵袭。[11] 很多罗马神明都负责不同的事务，除了丰产 / 农业之外，还与其他事物有关联，这表明古罗马人并不会如我们（以及后来的罗马人）通常会做的那样将农业视为特定的专业。

饲养牲畜亦是古风时代经济的重要组成部分。罗马广场墓地出土的丧葬宴会遗留和《十二铜表法》上的证据表明猪是最常见的饲养动物，绵羊和山羊也很容易得到。养牛鲜少是为了吃其肉，可能大多都用于犁地。[12] 瓦罗（Gell. *NA* 11.1）称最初的罚款是以牲畜来计算的，直到公元前 454 年《亚特尼安法》（*Aternian law*）颁布，才换算成等值货币（阿斯，青铜币）。[13] 然而，《十二铜表法》采用了阿斯这一货币单位，使之规范化，表明到公元前 5 世纪中期，罗马人已经很熟悉这种货币了。[14] 在为绵羊和山羊提供食料方面，罗马附近，即拉丁姆东北部亚平宁山脉的萨宾和埃桂山区的优质夏季牧场肯定起到了重要的作用。位于从萨宾延伸出来的萨拉里亚大道上的屠牛广场，其名字或许暗示了罗马在牲畜流动和贸易方面所扮演的角色，但现有的考古证据很有限。只有两三个古风时代的节庆似乎与饲养牲畜和放牧直接关联［4 月 15 日的福狄西底亚节，4 月 21 日的帕里利亚节（Parilia），或许还有 2 月 15 日的牧神节］。

考古证据还表明在古风时代，罗马腹地的乡村定居点有所增加，尤其是台伯河下游谷地和伊特鲁里亚南部地区。从公元前 7 世纪开始到古风时代，定居点数量稳步增加。[15] 关于乡村定居点，最好的例子就是靠近罗马城北部边缘的礼堂别墅。其第一阶段为约公元前 550 至前 500 年，当时建造了一座颇大的庭院建筑，屋顶用瓦片铺设，还有用于加工和生产食品的独立房间。第二阶段（约公元前 500—前 300 年）时，庭院建筑被一座 700 平方米的更为精巧的建筑取代，该建筑分两个不同的区，北区更出名，很可能是属于精英阶层的主人的住地，南区则用于生产活动。该建筑还有一处规模不小的附属建筑，数个小房间环绕着庭院。一台橄榄压榨机的出现引发了有意思的问题，与罗马相对缺乏双耳瓶证据有关：所有罗马出产的产品是否都为本土市场所消费，到了无须出口的地步？[16]

关于这一时期的土地持有规模，我们知之甚少。诸如瓦罗（*Rust.* 1.10.2）这样的古文物研究史料称早期殖民地分配的 2 尤格（iugera）① 的小块土地就是罗慕路斯时代罗马最早的农民所持有的土地面积，但从学术角度推测，这一重构似乎存在年代错误。[17] 到公元前 367 年，精英阶层显然拥有相当多的土地：这一年，《李锡尼和绥克斯图法案》试图对所有土地（不仅是现代历史学家一度保守倾向于认为的公共土地）的持有加以限制，最多不能超过 500 尤格（125 公顷）。[18] 即便是 500 尤格，也远远超过了一户家庭独自能负担的程度，这清晰地表明精英阶层有现成的劳动力可以依赖。我们将在下文看到，这一结论与我们所有的文学史料证据相关联。

---

① 尤格为古罗马面积单位，1 尤格相当于 1/4 公顷，长约 71 米，宽约 35.5 米。

生产

关于罗马手工业和工业的证据很零散，从很多方面看，都不如伊特鲁里亚的丰富。例如，有大量证据表明伊特鲁里亚出产高品质的陶器，但在罗马，我们几乎没有找到类似的证据。而根据极为有限的记录寻找考古文物，出现了同样的问题，不过近期的发掘和对早期材料的重新评估使得情况有所改善。[19] 此外，文学证据也存在不确定性：以普林尼为例，他提供了关于早期罗马的生产活动、行业公会（Pliny，*HN* 35.46），以及科林斯的德玛拉图斯在公元前 657 年移居至伊特鲁里亚时带来最早的黏土模型（35.43）这些有趣的信息。不管怎样，大多数史料信息都无法证实，带有古文物研究推测的印迹：从考古学角度来说，外来陶器可以追溯至公元前 657 年之前，而具有象征意义的“创立者”——例如德玛拉图斯的陶匠尤希尔（Euchir，其名字意为“巧手”）——就引人怀疑。但新的考古知识与文学史料证据存在一些有趣的联系，表明其中包含一些有价值的信息。[20]

罗马制造的起源可以追溯至公元前 9 世纪，有陶器和冶金。用本土含有大颗粒夹杂物的黏土制作的粗陶器是早期罗马生产的特色，在简单的小规模环境中进行大量生产。这些陶器是在转速缓慢的陶轮上手工制作的。[21] 自公元前 7 世纪起，罗马埃斯奎里山墓葬中出现的希腊原始科林斯陶器、伊特鲁里亚布切罗陶器和伊特鲁里亚 - 科林斯陶器（详见下文）——是自公元前 7 世纪起在伊特鲁里亚“集体”生产的——证明当地对更高品质的陶器产品的需求。这一需求似乎是通过进口，而不是本土生产得到满足的。同样，目前还没有证据表明约公元前 625 至约前 500 年期间，罗马有类似伊特鲁里亚那样广泛出口到地中海西部的运输用双耳瓶——可能产自武尔奇——的产品。但是，罗马方面证据有限可能具有误导性。罗马提供了一个非常成熟的市场，自公元前 6 世纪起，罗马可能就拥有自己的城市陶器作坊。[22] 在屠牛广场的沉积层发现了包括布切罗陶器、织坠和小型物品在内的罗马制品。这一沉积层中还有本土金属加工的相关证据，即在圣奥莫博诺和拉丁姆其他地区发现的公元前 6 世纪用于献祭的青铜像，可能还有象牙或骨头雕像。[23] 奎里纳尔山山坡上发现的还愿物品中有一个被称为“多埃诺斯花瓶”（Duenos vase）的物品，时间为约公元前 575 年，瓶上有古风时代的拉丁铭文，其中可能出现了一个工匠的名字：铭文中有 duenos med feced 这段文字，意思为“多埃诺斯制作了我”。[24]

据我们所掌握的史料，努马设立了独立的行业工会（collegia），包括乐手、金匠、木匠、染工、皮匠、制革工、黄铜匠和陶匠（Plut. *Num*. 17.2；Pliny, *HN* 34.1，35.46）。努马这个人物的刻画缺乏历史背景，使得这一说法变得可疑，还有传说将这归功于塞尔维乌斯·图利乌斯（Florus 1.6.3）。[25] 行业工会被进一步证实与公元前 495 年落成的墨丘利神庙有关，并且约公元前 450 年颁布的《十二铜表法》有所记录。[26] 因此，我们有理由认为它们在公元前 6 世纪已经存在了。[27] 埃斯奎里山的陶匠区似乎是主要的陶器生产区（Varro，*Ling*. 5.50；Fest. 344 L.），就像雅典的凯拉米库斯（Ceramicus）一样，也毗邻主要的墓葬区。

关于罗马制造，最引人注目的证据与公元前 7 世纪后期和前 6 世纪出现的重要建筑工程相关。这些工程需要大规模生产瓦片和装饰用建筑赤陶——源自科林斯于公元前 7 世纪上半叶发明的一项技术，该技术迅速为伊特鲁里亚及意大利中部其他地区所共享。生产通常是在开采处附近专门的作坊进行，这表明罗马的专业化劳动力有所增加。位于帕拉蒂尼山、台伯河和屠牛广场之间的低洼地维拉布鲁姆区提供了现成的黏土来源。[28] 罗马存在瓦片屋顶的最早证据是圣道上的一座房屋，时间为公元前 650 至前 625 年。[29] 在建筑发展的两大重要阶段——约公元前 580 年和公元前 530 年，公共建筑出现了更为精致的屋顶。这两个发展阶段见证了罗马城多个地方出现重要的建筑：卡比托利欧山上建起一座神庙，可能是朱庇特·费莱特里乌斯神庙；赫斯提亚元老院；雷吉亚；以及屠牛广场圣奥莫博诺的神庙。温特近期提出，通过模式存在相似性判断，罗马的作坊还接受了其他地区的委托；公元前 590 至前 580 年的坎帕尼亚（皮特库塞和库迈），公元前580至前575年的伊特鲁里亚北部，约公元前530年的维爱（伊特鲁里亚南部）和韦莱特里（拉丁姆），约公元前520年的卡普里费克（Caprifico，拉丁姆）。[30] 建筑赤陶上的希腊装饰图案以及其从希腊迅速传播开来这一点，表明这些作坊中有来自希腊的移民工匠，或者在很大程度上受到了这些移民工匠的影响。[31]

公元前7世纪和前6世纪的希腊模式为爱奥尼亚式。到公元前5世纪，该模式被西西里岛的希腊风格取代。[32] 普林尼（*HN* 35.45）记录了阿文蒂诺山上的克瑞斯、利柏和利贝拉神庙在公元前493年举办了落成典礼，为该神庙进行装饰的是希腊艺术家德莫菲勒斯（Damophilus）和戈耳伽索斯（Gorgasus），他们会在完成的作品上用希腊语签名。这一工程与塔奎尼附近知名的公元前6世纪和前5世纪早期带壁画的墓室属于同一个时代，后者也是出自希腊艺术家之手。埃斯奎里山发现的一尊受伤勇士的躯干的赤陶进一步表明希腊对意大利中部这一地区的重要影响，这尊赤陶躯干精美的工艺也和西西里艺术家联系在一起。[33]

公元前5世纪下半叶至公元前4世纪，考古证据出现了长时间的空白。这在一定程度上是拉丁姆地区自公元前6世纪起不再在安葬逝者时放入随葬物品导致的，但也反映出公共建筑建设的步伐明显放缓，这或许与公元前5世纪罗马整顿经济环境有关。公元前5世纪末之前，阿提卡陶器是古风时代最负盛名的进口物品，在其消失后，公元前4世纪，坎帕尼亚和伊特鲁里亚成为精美陶器的本土生产地。最典型的产品是用于丧葬的红彩陶器和作为餐具的黑釉陶器，法莱里维特雷斯（Falerii Veteres）成为最重要的生产地，直至公元前4世纪后期，被罗马所取代。罗马制造似乎是从公元前4世纪下半叶起步的。分布广泛的格努奇里亚（Genucilia）盘子（其是否起源于罗马存有争议）以及“带签名作坊”（atelier des petites estampilles）出品的黑釉碗被大量生产。[34] 公元前300年左右，精美的费克洛尼匣子（带装饰的青铜容器）表明金属加工在罗马似乎也变得重要起来。人们只在拉丁姆的普雷尼斯特发现了这种公元前5世纪后期至公元前3世纪早期生产的青铜容器。费克洛尼匣子是其中最精美的作品之一，上面刻有“诺维乌斯·普劳提乌斯在罗马制作了我”（Novios Plautios med Romai fecid: *CIL* I^2 561 = *ILLRP* 1197）。尽管这是唯一一件可以直接与罗马挂钩的作品，但它清晰表明了在其制造时代——公元前 315 年左右——罗马青铜加工的水准。[35]

贸易、航海及海盗

在早期罗马的相关研究中，贸易和商业往往很少受到关注。这座城市保存下来的最古老的法典《十二铜表法》更注重农业，而非贸易；在历法中，占主导地位的是农业相关事务，而非商业相关；罗马人通常被认为对贸易不屑一顾，尤其是各种海运贸易。按照西塞罗的说法（*Rep*. 2.9—10），罗慕路斯刻意将这座城市建在深入内陆约 19 英里处，以免其受到成熟港口常见的腐败生活的影响。西塞罗还称商贸不如农业体面，很多其他史料也持这种态度。几乎没有迹象表明在公元前 3 世纪之前的时代，罗马存在有组织的海军，对第勒尼安海的控制权的争夺在伊特鲁里亚人、迦太基人和希腊人之间展开，与罗马人没有关联。波利比乌斯认为在被迫参与与迦太基人的海战之前，罗马人并不了解大海。[36] 因此，伊特鲁里亚常常扮演介于希腊和罗马之间的调解角色，总是被描述为希腊知名的进口物品的来源地。

可尽管存在这些犯了年代错误的刻板观念——部分是受到史料宣传的“罗马幻象”的影响，我们还是有充分的理由认为海上贸易和与海洋的联系是罗马早期历史的重要特点，主要迹象之一就是罗马的规模和位置。它和雅典、科林斯以及迦太基一样，是公元前 6 世纪在地中海“世界体系”内涌现的一系列大型沿海或近海中心中的一个。[37] 这些城市的发展已经超过了其农业内陆地区的承载能力，首次开始依赖进口粮食。考虑到有罗马在公元前 5 世纪初从库迈、西西里岛和伊特鲁里亚进行紧急采购的说法，公元前 6 世纪的罗马也可能是这种情况。[38] 公元前 495 年献给墨丘利的神庙落成以及商人协会（collegium mercatorum）的成立，最古老的历法中对水神及海神尼普顿的崇拜也体现出了罗马对航海和商业的兴趣。[39]

尽管台伯河的流量会随季节变化出现极大的波动，但重达200吨的船只可以航行至罗马。[40]即便是大型的远洋船舶也可以沿河上行至这座城市，比如公元前204年将地母神从小亚细亚运到罗马，公元前167年珀尔修斯乘坐的皇家船只。[41]公元前6世纪典型的希腊桨帆商船有能力逆流而上抵达罗马。文学史料称有些船只做到了，台伯河口出现的来自福西亚的希腊船只（Justin, 43.3.4），以及纳瓦利亚（Navalia）保存下来的一艘古风时代的五十桨战船证实了这种说法。[42]因此，尽管古代史料强调罗马因为与海岸有一段距离而获益，但它仍然拥有很多沿海地理位置的优势。[43]

对于同一时代从罗马出发的船只，我们并不清楚，但邻近伊特鲁里亚地区有证据可以证明，这些证据既包括墓室壁画（例如塔奎尼船墓中出现的公元前5世纪中期的船只），又有失事船骸。通常情况下，我们不可能查明在现代意大利和法国海岸失事的货船的船主身份，但通过船上装载的货物，我们可以看到罗马与包括地中海东部在内的其他地区有广泛的贸易联系，例如在约公元前580年的吉廖岛沉船上发现的科林斯头盔和希腊陶器。[44]这些船上也发现了大量来自伊特鲁里亚的物品。例如，“大里博F号”沉船（约公元前500年）就装了约1000个伊特鲁里亚双耳瓶，根据刻在一些陶器上的名字，这艘船是由一位有拉丁血统的伊特鲁里亚商人指挥的。[45]

纳瓦利亚是罗马的军港，位于台伯河北岸，毗邻战神广场。[46]它早在公元前338年就已经存在了，部分在安提乌姆俘获的舰船就收缴在此。安提乌姆人的其他船只被损毁，喙形船艏被用于装饰户外集会场的演讲台，演讲台因而得名“Rostra”（喙）。商船使用靠近屠牛广场的台伯河港，即位于卡比托利欧山和阿文蒂诺山的河岸区。[47]台伯河第一座桥——苏布里基乌斯桥（Pons Sublicius）也是在这里架起来的，李维（1.33.6）称这发生在安库斯·马西乌斯统治期间。

尽管存有争议，但夸雷利将屠牛广场解读为罗马城的贸易站点，这一说法很有说服力。他将屠牛广场与第勒尼安海岸沿线设在明图尔纳（Minturnae）、皮尔吉、格拉维斯卡、普尼库姆和雷吉斯维拉的其他贸易战点相比较，其中一些（尤其是皮尔吉和格拉维斯卡）有频繁对外联系相关的证据。这些贸易站点的规则分布体现了沿海贸易模式（沿着海岸港口逐个交易，可以在港口过夜），大多数古地中海海运商人都会这么做。一些站点建有圣所，供奉受到希腊或东方影响的赤陶雕像，例如圣奥莫博诺的赫丘利和雅典娜的浮雕组，并有大量从希腊和东方进口的物品，尤其是陶器。

按照文学史料的说法，罗马的港口奥斯蒂亚是由安库斯·马西乌斯建立的，当时他征服了台伯河下游地区，在河北岸建起盐场（Livy，1.33.9）。关于台伯河南岸的殖民军营，主要的考古证据可以追溯至公元前380至前350年。这一建于公元前4世纪早期的殖民地巩固了罗马对台伯河口的控制。但有更早的考古遗迹表明这里自公元前7世纪后期和前6世纪起存在一个定居点，在这里发现了屋顶瓦片、小屋地基和建筑赤陶。[48]

自罗马和迦太基于公元前509年第一次签订条约起，罗马参与海外贸易就已经是显而易见的了。[49] 波利比乌斯（3.23.4）称："罗马人或出于贸易目的前往费尔岬角（Fair Promontory）一侧的迦太基本土以及利比亚所有地区，撒丁岛和迦太基的西西里行省，迦太基城邦应确保支付其正当债务。"罗马也通过签订条约的方式与马萨利亚建立联系，第一次的条约显然是在约公元前600年随着福西亚希腊人的到来签订的（参见上文），第二次的平等条约是在高卢入侵期间（公元前389年），马萨利亚向罗马伸出援手之后。我们对条约的条款一无所知，但其目的很有可能与和迦太基签订的条约相似。[50]

罗马还通过不那么仁慈的手段，即海盗行为，与地中海航海世界产生联系。按照斯特拉波的说法（5.3.5），"更早些时候，安提乌姆人曾拥有船只，和第勒尼安人一起参与海上抢劫行为，尽管当时的他们已经是罗马的臣民"。罗马控制着安提乌姆这一殖民地，自公元前 467 年起，这座城市就沦为拉丁殖民地，到公元前 338 年，成为罗马殖民地。这些海盗活动使得罗马遭到了亚历山大大帝和德米特里乌斯·波利奥西特斯的反对。他们派出使节表明他们清楚罗马在意大利中部的统治力，安提乌姆的海盗活动甚至延伸到了地中海东部。[51] 罗马官方没有纵容这些活动，但也没有密切监管殖民地的日常活动。[52] 公元前 339 年发生了一件类似的事，西西里岛僭主蒂莫莱翁（Timoleon）处死了一个叫波斯托米安（Postomion，拉丁语为 Postumius）的人，他被控犯有海盗行为。狄奥多罗斯称此人为第勒尼安人，名字表明他是拉丁人，可能是罗马人，也可能是安提乌姆人。[53] “Tyrrhenos”一词通常被认为是指代伊特鲁里亚人，但如狄奥尼西乌斯回忆的那样，更早期的希腊作者在使用这个词时并不那么准确，他们用此来指代所有生活在第勒尼安海沿岸的居民。所有拉丁海岸都可以被称为第勒尼安，罗马也是一座第勒尼安城市。[54] 这就提出了一种有趣的可能，即大量希腊人提及的第勒尼安海盗可能包括罗马人和拉丁人。

因此，有大量证据表明早期罗马与海洋关系密切，其居民并非如波利比乌斯及他人所描述的那样是不情不愿的水手。一些同时代的希腊人的想法更现实。早在公元前 3 世纪早期，吕哥弗隆（1226ff.）就预言，罗马人不仅将在陆地上享有霸权，还将统治海洋。[55]

对于亚平宁山脉中部、山区腹地的萨宾人和其他人而言，罗马与地中海的联系可能是关键。罗马是谷物和盐这些主食以及进口陶器和金属制品等奢侈品的来源地。作为回报，罗马可以为地中海商人提供其内部产品，例如盐（对于保存鱼类至关重要）、皮革、纺织品、木材、肉，可能还有奴隶。从考古学的角度来说，由于这些物品的易腐性，因此难以找到相关贸易留下的痕迹。但罗马进口的物品表明存在这样的交流。例如，埃斯奎里山墓地的 193 号墓中有一个来自爱琴海帕罗斯岛的大理石瓮，可能制作于约公元前 500 年，和其他物品一起被进口至意大利，这些物品分散至斯皮纳、他林敦和卡里。埃斯奎里山墓地还出土了大量原始科林斯式陶器，现藏于卡比托利欧博物馆地下室，可追溯至约公元前650至前600年。大多数陶器来自一座墓，包括一个产自公元前7世纪后期的单耳酒壶，壶上有希腊铭文克雷科斯，可能是指主人。[56]屠牛广场圣奥莫博诺的还愿祭品层，虽然到目前为止只有部分被发掘，却是最为惊人的进口物品出土处。[57]这里的发现反映出来自希腊和腓尼基的物品占主流，其中有15块公元前8世纪希腊风格陶器的残片（可能是维爱人仿制的），以及包括琥珀、象牙、伊特鲁里亚布切罗陶器和希腊陶器在内的公元前6世纪的重要物品。[58]后者包括100余个阿提卡、拉科尼亚和希腊东部陶器，制作时间为自公元前6世纪第二个1/4阶段起。还有科林斯的阿黎巴洛瓶（香水瓶），三个来自埃及瑙克拉提斯的阿拉巴斯特龙瓶。在进口陶器中，来自阿提卡的陶器最引人注目，在黑色大理石、罗马广场和帕拉蒂尼山，以及圣奥莫博诺发现了很多高品质的陶器。[59]对阿提卡陶器的进口持续至公元前5世纪，但在该世纪中期，这一情况基本结束了。

罗马的地形位置意味着其占据了陆路交通的有利位置。如我们所看到的，古老的萨拉里亚大道从屠牛广场延伸至意大利中部山脉；罗马通过坎帕纳大道，沿着台伯河北岸通至台伯河口（以及那里的盐场），通过拉丁大道（Via Latina）与南部相连。罗马建立这一历史悠久的道路网是为了给内陆的萨宾供盐，萨拉里亚这个名字因此而来。[60]这条路线的延伸段通到海岸，由北至南。这座城市同时处在第勒尼安沿海从北至南的路线上：最容易渡过台伯河的地方就在罗马。考古证据在很大程度上证实罗马与伊特鲁里亚之间存在陆上贸易。例如，伊特鲁里亚最精美的陶器布切罗在古风时代的罗马——公元前7世纪最后1/4阶段以及前6世纪——广泛存在，在圣奥莫博诺、奎里纳尔山、卡比托利欧山以及罗马广场的还愿祭品层都有发现。[61]罗马与南部拉丁姆的贸易更难追溯，因为罗马的物质文化基本带有拉丁特色，但两者之间的贸易肯定是很频繁的。

虽然在罗马贸易不可能像在位于希腊本土的科林斯那样扮演重要角色，但至少从公元前7世纪起到前5世纪中期，罗马与第勒尼安沿海活跃的海上贸易有着密切联系。这一时期的考古证据不复存在，至少在一定程度上与陶器供应枯竭有关，第勒尼安沿海贸易路线因为希腊和伊特鲁里亚两国之间的竞争而中断。但在公元前4世纪，文学史料证据变得更为详尽，透露出罗马与爱琴海周边的希腊世界依然保持联系，与大希腊地区仍然有密切交流。

古风时代的经济状况与共和国中后期的经济状况有所不同，体现出数个重要特点。首先，当时的罗马社会缺少成熟的奴隶体系，更多依靠受债务束缚的不自由的劳动力。罗马经济大量使用奴隶可能始自公元前4世纪。古风时代的经济还得依靠不太发达的造船技术。我们发现，自公元前4世纪起，沉船体积开始明显增加，专门的港口设施开始出现，以容纳这些船只。罗马的纳瓦利亚在公元前4世纪中期就已经存在了，不过专门港口的出现时间要晚得多。在古风时代，鲜少城邦拥有有组织的海军，海盗行为可能在地方范围内很常见。城邦对经济的控制力也可能较小，征税体系不成熟，经证实，战争税最早在罗马出现是公元前5世纪后期。自公元前4世纪起，城邦对从经济活动中获利的兴趣增加，我们可以看到一些革新措施，例如释放奴隶需要缴税（公元前357年）。海盗行为是拉丁沿海社群早期经济活动的重要组成部分，公元前3世纪，罗马对海上活动的兴趣大幅增加。

钱币证据也表明经济局面在公元前300年左右发生了这一变化。[62] 让人感到意外的是，公元前3世纪70年代之前，没有全面铸造罗马钱币的需要。这可能意味着经济发展放缓，但情况并没有那么简单。古代世界的钱币铸造通常是应国家需要进行的，主要是用于支付军队和大规模公共项目的费用，而不是满足经济需求。因此，罗马缺乏早期钱币可能主要反映出当时不需要支付雇佣军的费用，以及有效组织起了对公民税的征收。[63] 不过，从某种意义上说，钱币在罗马已经存在了一段时间，公元前6世纪起，出现了获得认可的度量衡制。据各方面的记述，塞尔维乌斯时期的社会阶层——根据拥有的财产来划分——肯定早于钱币的引入。如史料所表明的，塞尔维乌斯时期的社会阶层很可能使用青铜作为重量单位。度量衡制可能是塞尔维乌斯·图利乌斯根据这一体系设定的。[64]

此外，其他社会铸造的钱币有在罗马流通。当时已经出现了钱币兑换商（argentarii），他们可能就是公元前 309 年在罗马广场负责处理银币的人（即银行家）（Livy，9.40.15）。[65] 这表明到公元前 309 年，市面上流通的钱币足够多，使得银行家可以以此为生。罗马的青铜币首次出现大约是在这个时间，最初是在那不勒斯进行铸造的，与公元前 312 年铺设阿庇亚大道有关。[66] 这些钱币紧随希腊模式，采用希腊的重量标准和样式，但使用的是罗马的图案。Romano（rum）这个词（即"罗马的"）表明罗马的身份得以清晰体现，但这是从局外人的角度看的。更标准化的铸造到公元前 3 世纪 70 年代的皮洛士战争期间才出现。[67] 这与大规模向海外派遣军队符合，尤其是自公元前 264 年起第一次布匿战争期间，随着罗马军队开始更系统地采用盟军的形式，意大利境内也出现了钱币铸造，士兵军饷由其所属城邦支付。因此，与其说钱币是经济发展的标志，不如说其表明了罗马城邦持续希腊化。当然，钱币的铸造还开创了一种新型经济，财富可以更流畅地转移，但这并不一定意味着更早期罗马经济极不发达。

人口统计

近期，罗马人口统计再次受到广泛关注。近来的争论主要集中在公元前 3 世纪后期到奥古斯都统治期这段时期，对早期罗马的关注相对较少。[68] 通过表 6.1，我们可以看到各史料保存下来的人口普查数据，以李维为主，从共和国早期开始可以追溯至塞尔维乌斯·图利乌斯进行的首次人口普查。我们无法确定数据的可信度。自公元前 3 世纪起的数据被普遍认为是可信的，贝洛赫和布伦特（Brunt）认为更早的数据是不可信的，但莫米利亚诺和夸雷利试图为最早的数据辩护。[69] 本书旨在解释证据的性质及其存在的问题，而不是找到解决办法。

表 6.1　罗马人口普查数据[70]

时间（公元前）	人口普查数据	参考文献
塞尔维乌斯·图利乌斯	80,000 84,700 83,000	Livy 1.44 Dion. Hal. 4.22.2 Eutropius 1.7
508 年	130,000	Dion. Hal. 5.20；Plut. *Pub.* 12
503 年	120,000	Hieron. *Ol.* 69.1
498 年	150,700	Dion. Hal. 5.75.4
493 年	110,000	Dion. Hal. 6.96
474 年	103,000	Dion. Hal. 9.36
465 年	104,714	Livy 3.3.9
459 年	117,319	Livy 3.24；Eutropius 1.16
393/392 年	152,573	Pliny，*HN* 33.16
340/339 年	166,000	Eusebius，*Ol.* 110.1
约 336 年	130,000 150,000 250,000	Plut. *Mor.* 326C Oros. 5.22.2；Eutropius 5.9 Livy 9.19
294/293 年	262,321	Livy 10.47

要认可这些数据，我们得处理几个难点。学者们提出质疑：既然监察官这一职位直到公元前 443 年才设立，此前的人口普查数据是如何保存下来的？狄奥尼西乌斯（1.74.5）告诉我们，从公元前 443 年开始，相关记录是由监察官所属家族保存的。但我们知道，如果此前的人口普查记录确实存在，在公元前 443 年以及百人会议出现之前——很多人认同后者是在公元前 6 世纪出现的——古风时代的罗马是有能力保存诸如历法这样的详尽的文学记录的。更大的挑战是这些数据记录的是什么。在给出塞尔维乌斯·图利乌斯统治时期的数据时，李维（1.44.2）表示“最老的历史学家法比乌斯·皮克托称这是能拿起

武器的人的数字”。这一说法存在的主要问题是要在李维给出的 8 万人的基础上，按照 7∶2 的比例算上妇女和儿童的数量，这就意味着总人数在 28 万左右。以罗马当时的领土规模而言，是无法容纳这么多人的。莫米利亚诺称法比乌斯与提麦奥斯之间有争论，后者肯定认为这一数字是总人口数。这种说法更为可信，事实上，我们有理由认为早期的人口普查包括了所有公民，而不仅仅是针对成年男子。[71]

学者们普遍接受贝洛赫和布伦特的观点，不认可早期的数据，转而寻求用其他方法去推测可能的罗马人口数。最权威的估计来自安波洛，他称罗马领土的承载力在 2 万至 3 万人左右。他将此与厄尔贡（Heurgon）对伊特鲁里亚城市卡里的估计相比较，后者根据卡里墓地的逝者人数估计这座城市的人口数在 2.5 万左右。[72]

其实，有些积极因素表明王政时代的罗马拥有更多的人口。一些学者指出，一座城市领土的承载力不一定是估算古代城市人口数量的最好方法。[73] 公元前 5 世纪，罗马在危机时刻进口粮食，表明领土的承载力应该用于估算罗马所能容纳的最少人口数，而不是最大人口数，最大人口数可能会多很多。实际上，就罗马而言，将其人口数量与领土面积等同起来是很困难的，因为我们没有办法知晓这一时期罗马完整的领土范围，再者，罗马的领土可能随着公元前 5 世纪爆发的战争发生变化。针对哥本哈根城市项目（Copenhagen Polis Project）列出的古希腊城市人口数，汉森（Hansen）考虑的是同样的问题。他提出，要估算城市中心的人口数，相较于领土承载力，其社群所占面积提供了更为可靠的基础。他注意到有人居住的大城市中所占比例较低，估计平均只有 33% 的面积被使用。[74]

即便罗马城的人口没有填满城墙内的城区，但为防御工事所包围的大片城区对于城市人口也有着重要的影响。与面积达 427 公顷的罗马相比，150 公顷的卡里理应被视为小很多，而罗马的人口应该是卡里的数倍之多。[75] 根据汉森对希腊城市人口的估算，我认为公元前 6 世纪，罗马城的人口数可能在 21,100—28,200 之间，而罗马的总人口在 64,050—85,400 之间。[76] 尽管是假设，但这一估计是建立在最新考古证据所含信息的基础上的，同时考虑了史料关于王政时代人口迅速增长的描述。史料中有清晰的发展线，整个王政时代都有外来移民迁至罗马，通常有大量追随者，例如马斯塔纳带着卡利乌斯 · 维本纳的军队，阿图斯 · 克劳苏斯带来了大量受庇护人。这与人口迅速增长相符合，也与托雷利的观点保持一致，即塔克文王朝时期人口入城使得平民阶层崛起。[77] 罗马领土上发现的考古证据表明公元前 6 世纪人口有所增加。[78] 此外，设立百人团的前提是可以招募到大量人员，拥有一支相当规模的军队。若弗拉卡罗（Fraccaro）的观点是对的，即公元前 509 年有 2 个军团，每个军团有 3000 士兵，那么这种说法就更为可能。

然而，这并不能让我们认为早期人口普查数据是可信的，尽管这些数据与我对罗马在公元前 6 世纪总人口的估计相关。人口普查究竟包括哪些人，数据究竟是总人口，还是只有成年男性，这个问题仍然存在。我们缺乏足够的证据来解释人口普查为什么以及何时从统计所有人变成了只统计成年男性，如公元前 200 年起那样。我们依旧不能明确数据是从何时开始突然变得可信的。公元前 498 年统计的 150,700 人被普遍认为是夸大了。确实，其他数据与我们所知的罗马领土在公元前 5 世纪和前 4 世纪的减少和扩张情况保持一致，即公元前 5 世纪上半叶有所减少，随后是很长一段时间保持增长，直至公元前 340 年为止。夸雷利的观点是可能的，他称我们应该认可李维给出的公元前 336 年的 250,000 这一数据，因为当时的罗马吞并了拉丁姆和坎帕尼亚部分地区。这些数据似乎还反映出了投票部落的扩大，其数量从公元前 495 年的 21 个逐步增加。[79] 学界普遍认为关于部落数量的记录是可信的，并且传到了李维手中，而自公元前 495 年起，整个公元前 5 世纪部落数量都没有增加这一事实让人惊讶。下一次大幅增加发生在公元前 387 年，当时维爱境内成立了 4 个新部落，自那时起，部落数量的增加反映了人口普查数据的提升。尽管如此，公元前 400 年之前的数据存在的问题意味着它们仍然会遭到很大的质疑。

社会及社会制度

古风时代的罗马社会作为一个独特的存在，亦很值得探究，虽然鲜少有关于罗马社会关系的研究涵盖这一时期。考虑到以我们所掌握的证据，要探讨这一主题会面临的挑战，出现这种情况是可以理解的，但我们不能因此而用假设替代合理的分析。对早期罗马社会的解读通常以制度“化石”为基础，如氏族和庇护制，学者们认为制度早于城市出现。这种方法非常合理，但依靠的是罗马保守主义长期存在的观点，面临诸多挑战。例如，近期关于氏族以及相关制度的专业研究认为其与城市社会密切关联，几乎不可能追溯到更早时期。学者们转而研究考古证据，但关于经证实存在的社会群体的性质，以及从考古学角度来证明其存在时限，依然存在很大的不确定性。[80] 其他研究表明古代关于这些领域拥有远古传统的说法缺乏事实依据，罗马人高估并歪曲了这座城市为支持传统的精英阶层权力构架所表现出来的保守程度。[81] 对前工业化社会的比较人类学研究倾向于强调其活力，称变化往往会被当下的优势所掩盖。因此，我们应该避免假设或描绘静态的局面，最终结果应该是刻画出一个极具活力的罗马社会，如学者们近期对古风时代的希腊的描述那样。[82] 依赖文学史料对罗马社会的描述还存在一个问题，即这些史料过分强调古风时代的“简朴”习惯。这或许与公元前 5 世纪出现过短暂的经济紧缩有关，文学史料将其概括进更为宏观的局势中。但关于公元前 7 世纪和前 6 世纪的描述肯定与实际不符，再晚些时候的情况可能也是如此。不管怎样，我们依然可以清楚地看到，罗马社会很多重要特征都源自古风时代，可以通过谨慎利用史料来辨别。

早期罗马社会的一个明显特征是社会阶层的出现。文学史料证实王政时代存在精英、平民和奴隶这些阶层。我们拥有的叙事史关于这方面的描述可信度不高，因为它们倾向于认为早期的社会状况和后世一样，但我们可以找到更切实的证据。罗马精英阶层的特点是拥有众多群体，包括贵族、元老、骑士、森都里亚体系中的第一等级（据说财产资格要求为100,000阿斯），以及各氏族的领头人。通过考古，自公元前8世纪后期东方化时代初期起，罗马和邻近拉丁姆以及伊特鲁里亚南部的城市显然都出现了精英阶层。我们有著名的墓葬、房屋遗迹和圣所中发现的还愿祭品。这些当然与罗马精英阶层的自我形象——简朴、对财富嗤之以鼻——相矛盾。诚然，到公元前6世纪早期，奢华的墓葬在罗马和拉丁姆都不复出现，但这可能并不是贫穷化的标志，而是意味着城区精英阶层正式形成。相较而言，对于东方化时期，意大利中部墓葬疯狂炫耀财富的现象，或许最好的解读是这是精英阶层在那个动荡时期缺乏安全感的体现。城市的发展为精英竞争提供了新的竞争方法。他们不再通过随葬物品来炫富，而是选择其他方式，包括精心安排的送葬队列。我们的史料只能追溯到公元前200年左右以及那之后，但这类仪式有可能可以追溯至共和国早期，这些精心安排的仪式是对墓葬方式的改变、随葬物品减少的补偿。[83]

精英阶层的存在表明社会的分化，精英与平民之间具有社会流动性。在罗马社会阶层体系中，平民（至少在最初）似乎是不同于精英阶层的群体。到公元前4世纪，平民阶层将包括那些拥有的财富与公认精英相当的家族，因为他们可以立志与贵族在高层共事。平民（plebeians）这个词似乎与希腊语中的plethos（多数）有关。[84]公元前5世纪早期，平民组织了第一次撤离运动（First Secession，参见第七章），我们不清楚在那之前平民的地位。他们肯定是罗马公民，但在这期间，公民身份提供的保护可能非常有限，因为公民可能受到债务束缚（其实就是为债权人服务的农奴）。史料记述给人一种很强烈的感觉，即平民对他们经常遭受的残忍行为和折磨心怀不满。王政时代这方面的记述很简单，塔克文·苏佩布迫使平民为建造公共建筑出力（Livy，1.56；Dion. Hal. 4.44；

Pliny，*HN* 36.24），但随后篇幅有所增加，公元前 5 世纪和前 4 世纪，这成为涉及最多的罗马历史主题之一。这些纠纷可能与同时代其他地中海社会——尤其是在希腊和大希腊地区——的政治动荡有关。按照芬利（Finley）的说法，随着法律面前人人平等（isonomia）以及公民身份这些概念在公元前 6 世纪的发展，此类抱怨在地中海社会的下层阶级中很常见。[85] 平民的出现肯定与公元前 7 世纪和前 6 世纪的开放和流动有关，人口因而大幅增加。通过灵活的人口普查、部落和百人团，这些新增人口得以融入罗马的制度体系中。[86] 古文物研究史料也提到了王政时代百人团体系中存在阶级和较次等级之分，证实存在某种阶层体系和底层阶层。

债务奴役制是早期罗马社会的核心制度。债务奴役制不同于动产奴隶制，通过法律史料，我们知道后者同样自早期就存在了。在债务奴役制下，债务人几乎完全受到借款给他们的人的控制。罗马史料称这一制度为 nexum，受债务束缚的人为 nexi，并表示该制度于公元前 326 年被废除。公元前 5 世纪和前 4 世纪的阶层斗争期间，这是核心问题（参见第七章）。按照我们所掌握的史料的记述，平民普遍欠富人债务，他们因而"被富人奴役"。债务人抱怨因为欠钱而遭到富人奴役。李维描述了一位值得尊重的前任百夫长的可怕经历，他也遇到了这种事：

> 不仅与沃尔西的战争迫在眉睫，公民内部也是针锋相对，贵族和平民之间的分歧升级，彼此仇恨，主要是因为那些受到偿还债务束缚的人。这些人大声抱怨，称当他们在外为自由和领土而战时，在祖国却要受到同胞的奴役和压迫。
>
> （一位前任百夫长抱怨称）在他参加萨宾战争期间……他背上了债务。因为高利贷，他欠的债务进一步膨胀。他们先是抢占了他的田地……余下的财产，最后就如同疫病一般，他们开始攻击他本人，他

被债务人带走，不是沦为奴隶，而是被带到了监狱的酷刑室。（Livy, 2.23.1—12，公元前 495 年）

摩西·芬利对债务奴役制作了创新性研究，他注意到古风时代地中海各地类似的制度，包括希腊各个社会和罗马社会。他称债务奴役制是严苛的古代债务法的产物。作为得到贷款的回报，为了避免因为欠债而受到惩罚，穷人完全被债权人控制，他们为债权人所有，债权人从穷人的劳动中获利。[87] 公元前 5 世纪，罗马在军事方面没能获得成功，这可能导致债务增加；但在公元前 4 世纪，罗马在战场上取得了更多胜利，意味着能得到更多土地和奴隶，同时平民阶层在政界变得更为强大。公元前 326 年，《波特利亚－帕皮里亚法》表面宣布债务奴役制非法，[88] 但后续有提及债务人被当成奴隶，表明这种做法仍然以某种形式延续。

史料认为奴隶在王政时代已经存在，但这些记述未必可靠。奴隶被数次提及，例如塞尔维乌斯·图利乌斯，他是女奴（战俘）之子，按照一些作者的说法，他本人也是奴隶。[89] 公元前 5 世纪的一些史料也对奴隶略有提及。公元前 449 年的罗马节前，一名奴隶遭到虐待，招致神怒（Cic. *Div.* 1.55）。李维称在共和国建立的第一年，出现了第一名被释放的奴隶，这名奴隶接受了权杖的触碰（vindicta），用这种方式释放奴隶就此成为习俗（Livy，2.5.9—10）。公元前 460 年，萨宾的阿庇乌斯·赫多尼乌斯率领一支由流亡者和奴隶组成的军队占据了卡比托利欧山，号召罗马的奴隶加入其阵营（Livy，3.15）。公元前 420 年，告密者阻止了一场奴隶叛乱，得到元老院的赏赐。[90] 维爱国王让奴隶演员在沃尔图姆纳圣所举办的伊特鲁里亚节庆上进行表演（Livy，5.1.5）。考虑到史料是在很久之后写成的，这些记述都难以令人信服。但它们与同时代出现的证据相符，例如《十二铜表法》提及了奴隶（1.14，1.19，12.2）。奴隶还出现在这一时期伊特鲁里亚的壁画中，例如沃尔西尼的戈利尼墓（Golini Tomb），在铭文中，他们被称为“lautni”。

罗马也可能有外籍居民，类似雅典的外邦人。相关的例子包括埃斯奎里山墓地发现的经证实的来自希腊的克雷科斯，根据圣奥莫博诺出土的信物确认的来自伊特鲁里亚的斯普林纳家族，伊特鲁里亚雕塑家武尔加，以及其他工匠。在古风时代的罗马，这些移民的地位是否如在极为国际化的希腊城市雅典那样得到认可，我们无法确定。他们可能被认定为“incolae”，这是后来出现的用于指代殖民地居民的法律术语，不过《十二铜表法》使用的是“hostis”这个词（参见第七章）。

我们还可以重构罗马社会关系的一些基本特征。庇护制是社会生活的根本组成部分之一，关于公元前 5 世纪和前 4 世纪的记述文本普遍证实了这一点。古人认为这一制度是由罗慕路斯创立的，是公民本体的原始组织（Dion. Hal. 2.9—11 ; Plut. *Rom.* 13）。不出意外，学者们对这一“创立”事件持怀疑态度，指出了数个可疑之处：狄奥尼西乌斯称受庇护人有义务承担庇护人担任行政长官时的支出，并且在选举中为他们投票，这种说法存在年代错误，不可能在共和国之前出现。普鲁塔克简单地称罗慕路斯将人口分成两部分，元老是庇护人，民众是受庇护人。两位作者都认为，在他们自己所处的存有问题的时代之前，罗马社会能保持稳定，这一制度是根本原因（至少相较于古地中海的标准而言），因此他们以此构建出一个理想化的早期罗马。[91]

但认识到这些问题并不意味着庇护制在古风时代不盛行。考虑到这是诸如罗马这样等级分明的社会的典型特征，所以不太可能不存在。[92] 事实上，史料强调庇护人—受庇护人这一关系的影响力，以及该制度通过继承延续了很长时间，这种说法很可能是有根据的。庇护制更有可能是一种随着时间的推移发展起来的习俗，而不是由一个创始人创立的。通过法律规制，这一制度逐渐确立，例如《十二铜表法》规定庇护人若伤害受庇护人，就会遭到冥神的诅咒。[93] 这表明庇护制的出现肯定早于公元前 5 世纪中期，证实了李维和其他史料关于受庇护人在公元前5世纪和前4世纪的社会斗争中扮演重要角色——支持其贵族出身的庇护人——的说法的可信度（Livy，2.35.4，2.56.3，2.64.2，3.14.4等）。我们还发现阿图斯·克劳苏斯在公元前504年迁居罗马时带来了“大量受庇护人”，公元前477年，法比乌斯家族与维爱交战，受庇护人为其组建了一支有数千人的军队（Livy，2.49.5）。受庇护人可以包括平民，这一点也得到进一步证实（Livy，5.32.8关于卡米卢斯的追随者），受庇护的罗马人也可能出现在罗马以外的地区，如伊特鲁里亚（Livy，4.13.2）。

这一关系显然具有极强的影响力，作恶者会受到惩罚，庇护人和受庇护人需要宣誓，以及这一关系所拥有的神圣光环（从伤害受庇护人会受到神的惩罚可以看出来），这些相关故事进一步证明这一点。史料中有些线索，称受庇护人的地位是庇护人向其提供土地的缘故（Festus 288 L.，289 L.），这表明庇护关系可能逐渐演变成债务奴役制，受庇护人的地位降低，若庇护人滥用权力，受庇护人就会沦为其农奴。[94]但就精英阶层的掌控而言，这不太可能是一种全方位覆盖的权力：据说，平民反对过受贵族庇护的人，表明后者有采取行动的自由，可以主动找到心仪的人选，如卡米卢斯；由此形成的关系网相当复杂，更为富有的受庇护人也可以去庇护他人。

我们还听说过其他追随者，古风时代称之为“sodales”（同伴）。罗马精英阶层的随从就是证明，例如公元前509年，塔克文王族年轻的追随者们，出发去维爱作战的法比乌斯家族的追随者，以及公元前461年，凯索·昆克修斯（Caeso Quinctius）与平民交战时，团结在他身边的年轻人。这个词出现在萨特里库姆之石上，进一步表明其古风时代的特质。这块石头是由“普布利乌斯·瓦莱里乌斯的同伴”于约公元前500年在萨特里库姆刻成的，献给战神。[95]“同伴”似乎是指一种特别的精英人士追随者，在战争中与其领袖并肩作战，是一种带有神圣色彩的追随者。

早期罗马和意大利中部的女性

阿皮安（Appian）称在公元前278年，皮洛士的使节齐纳斯（Cineas）带来了礼物，想要打动罗马人，他“知道罗马人喜欢金钱和礼物，自古以来，在罗马人中，女人就有很大的影响力”。罗马人谢绝了礼物，但同意停战（App. *Sam*.3.27）。尽管这是一个典型的关于罗马人廉洁品行的道德故事，但其内容与罗马人塑造的两大典型自我形象相矛盾，即他们在古风时代的先人很简朴，并严格采取父权制。这是谁的观点（齐纳斯、阿皮安、阿皮安的信息来源或者摘录阿皮安文字的拜占庭人？），我们无从得知，[96] 但女性在早期罗马的地位是个引人入胜的话题，理应在罗马历史中扮演更主流的角色。[97] 这个观点虽然相关证据充足，但在方法论层面上，也存在很多挑战。

若想要加深对相关知识的理解，主要方法就是比较东方化时期及古风时代的文学史料和考古证据，尤其是邻近罗马的伊特鲁里亚和拉丁姆地区的女性墓葬。我们有来自伊特鲁里亚和部分拉丁女性墓葬的铭文证据，还有墓葬壁画和建筑饰板这些图像证据，这些壁画和饰板描绘了宴会以及标志着权力的队列场景。这类文物尤为珍贵，因为它们是同一时代的，但挑战同样存在。最关键的问题是来自罗马的墓葬证据很有限，不过罗马和附近城市存在近乎相同的建筑赤陶，表明罗马肯定与其邻居有很多相似之处。

伊特鲁里亚和拉丁姆的女性墓葬发现的考古证据呈现出各种有趣的主题。[98] 最引人注目的墓群为东方化时期的墓群，考古学家通常认为最奢华的坟墓属于“王室女性成员”。女性墓葬以珠宝和类似纺轮、线轴、纺锤和纺纱杆这样的羊毛加工用具为特色。它们通常不会出现武器，不过存在一些例外，例如普雷尼斯特的卡斯泰拉尼墓（Castellani Tomb）中有三面盾牌。[99] 奢华坟墓的特点是有大量随葬品，例如希腊花瓶墓（Tomb of the Greek Vases）中发现大量花瓶，反映出墓主在生前得到这些物品，并予以展示，银盘是财富的象征。通常，这些坟墓中还有代表权威的独特符号。战车只会出现在最富有的坟墓中，[100] 但还有其他权力象征，如王冠、胸甲、扇子、王座和各种交通工具。这些反映出当地热衷于接受近东——亚述和黎凡特地区——的权力意识。物品中还包括埃及圣甲虫、胸甲和彩陶，黎凡特的银质和镀金餐具。其中最有名的是卡里的雷戈里尼–加拉西墓（公元前675—前650年）和普雷尼斯特的贝尔纳迪尼墓（公元前675—前650年），前者可能属于一位名叫拉提娅（Larthia）的女子，后者可能是一位叫维图西娅（Vetusia）的女子的墓。[101]

女性坟墓中出现的刻有名字的餐具表明这些女性具备读写能力，而自公元前7世纪开始出现的诸如尖笔和蜡板这样的书写用具，以及数以千计刻有文字的镜子——基本上出现在较后期的墓葬中，对神话人物作了详尽标注——进一步证实了我们的这一印象。其他还包括塔奎尼的波克霍利斯墓、武尔奇的伊西斯墓，这两座墓中都有很多受埃及影响的物品，它们可能是通过腓尼基商人进口的。伊特鲁里亚和拉丁姆的女性墓葬还有大量宴会用具，这些物品都是专门为会饮场合设计的，其中包括诸如双耳瓶这样的装酒容器，以及用于调酒的碗等上酒用的物品和大型装饰用架子。事实上，一些调酒用的碗被证实只出现在女性墓葬中，其中一个碗甚至刻有向女主人问好的文字。[102]女性形象也常常出现在伊特鲁里亚墓葬壁画的宴会场景中，例如位于塔奎尼、约公元前470年的豹墓中斜倚身子的伴侣；或者以纪念像的形象出现，例如卡里发现的约公元前500年的精美的夫妻石棺（现藏于卢浮宫）。总之，这些墓葬给人的整体印象是热衷于炫耀财富、身份和权力，意大利中部的精英女性享有特权地位，在宴会中扮演了特别重要的角色。

在女性墓葬中，对外联系体现得尤为明显，这可能是异族通婚以及很多妻子是混血导致的。古风时代意大利中部存在不同民族间、移民和原住民通婚的现象，这已经得到广泛证实。从考古证据可以看出，据推测，皮特库塞有从伊特鲁里亚嫁过来的女子，因为她们的饰针样式与维爱饰针相似，又或者伊特鲁里亚、萨宾和翁布里亚地区使用“环形挂坠”表明当地可能有拉丁女性。[103]文学史料也证实存在异族通婚，尤其是德玛拉图斯和他的儿子娶塔奎尼当地的女子为妻。狄奥尼西乌斯证实罗马人和拉丁人之间通婚很普遍（6.1.2），公元前470年，法比乌斯家族最后一个成员娶了来自贝内文图姆（Beneventum）的奥塔西里乌斯（Otacilius）的女儿（Festus 174 L.）。异族通婚很重要，为移民提供了快速融入新社群的机会，尤其是涉及本土精英时，如塔奎尼的塔纳奎尔家族。

而罗马本土的考古证据相当少。在一些认为伊特鲁里亚女性和罗马女性截然不同的学者看来，这一点非常重要。[104] 但罗马邻近地区发现了大量奢华的女性墓葬，例如拉丁姆劳伦蒂纳（70号墓，约公元前675—前650年）和卡斯特尔·迪·德奇玛的战车墓葬，表明差别说是没有根据的。事实上，罗马广场和埃斯奎里山墓地发现了少量富有女性的墓葬，其中一座发现了13枚饰针，另一座随葬有华丽的进口物品。此外，罗马－维爱－韦莱特里的护墙板系列拥有相似的图像也表明古风时代存在“文化共通”现象（如安波洛提出的），而不是各民族之间存在鲜明差异。[105] 如我们所看到的，这些相同的护墙板出现在自约公元前530年起的罗马、维爱（伊特鲁里亚）和韦莱特里（拉丁姆），以及其他地方的建筑上，展现了女性出现在宴会（包括饮酒）、重要人物的聚会上以及在队列中的场景。这些护墙板很可能是在罗马设计并制作的。所有这些物品颠覆了后世罗马（以及希腊）对古风时代女性的设想，而罗马人称简朴这一理念对其古风时代的祖先而言是根深蒂固的这种说法也受到了质疑。我们当然不应认为罗马比邻近的拉丁城市更贫苦。

至于文学史料证据，值得注意的是，在罗马建城前和王政时代的相关记述中，女性人物显得很突出，与共和国早期和中期形成对比。我们可以辨认出女性在传统记述中扮演的角色。一些女性扮演了促进者的角色，通过联姻与竞争群体建立联系，例如拉提努斯的女儿拉维尼娅，她的婚姻使得埃涅阿斯率领的特洛伊人和本土拉丁人联合起来，还有罗慕路斯的妻子、萨宾女子的领袖埃尔西利娅，她的调解帮助罗马人和萨宾人团结在一起，组成一个社群。共和国早期，女性促进者依然显得很重要。公元前491年，科利奥兰纳斯和沃尔西人向罗马发起进攻，维图里娅和沃伦尼娅带领罗马女子保卫罗马。[106]在建城故事中，女性同样扮演了重要角色，以母亲（例如罗慕路斯和瑞摩斯的母亲雷亚·西尔维娅）或养母［牧羊人法乌斯图鲁斯的妻子拉伦提娅（Larentia），法乌斯图鲁斯发现了母狼哺乳的双胞胎，将他们带回家，交由拉伦提娅抚养］的形象出现。其实，一些人甚至认为母狼的故事源自拉伦提娅是妓女这一事实（文字游戏，lupa同时有母狼和妓女的意思）。一些女性是道德楷模，后世作者视她们为行为典范；一些女性是矛盾、负面的代表，例如塔培亚（她可能是维斯塔女祭司），因为贪恋黄金，她背叛了罗马，但她得到了应有的惩罚，萨宾人用盾牌把她砸死了。还有赫拉提娅，她与库里亚提乌斯（Curiatius）订婚，但在贺拉提乌斯家族和库里亚提乌斯家族的对决结束后，她竟然为战死的未婚夫落泪，结果被自己的兄弟所杀。最有名的例子是卢克雷西娅，她的死引发了宪政改革，代表了这个新生的未受过往玷污的国家。最奇特的正面女性道德楷模要属"侠女"克洛丽亚，共和国初期，她成为罗马的英雄之一，这些英雄的勇敢行为使得拉尔斯·波尔塞纳征服罗马的雄心受挫。她是一个比男性展现出更多"男子气概"（virtus）的处女（virgo），十分有名，圣道上立有一尊她骑马的雕像。[107]

少数女性被描绘成拥有权力和影响力，例如带有神话色彩的拉维尼娅。据说在埃涅阿斯去世后，她统治了拉维尼乌姆。历史上还有其他例子，例如塔纳奎尔家族的王后，塔克文·普里斯库斯的伊特鲁里亚妻子以及她的外孙女图利娅，即塞尔维乌斯·图利乌斯的女儿。据说，她们在王位继承中扮演了重要角色，在背后对事件施加影响。塔纳奎尔说服其丈夫移居罗马，因为希腊难民儿子的妻子这一身份使她丧失了地位，她对此感到厌恶。在前往罗马途中，她看到一只老鹰俯冲下来，叼走了塔克文·普里斯库斯的帽子，然后又回到塔克文的头上，塔纳奎尔认为这是丈夫将掌权的征兆（在罗马，伊特鲁里亚人解读征兆的能力得到普遍认可）。在塞尔维乌斯·图利乌斯的人生中，塔纳奎尔同样扮演了重要的角色。看到塞尔维乌斯的头被火焰裹住，她预言他未来能登上王位。她密切关注这个奇才，让国王收养他，将他带入宫中抚养长大，并最终娶了国王的女儿。但塔纳奎尔在公开场合只出现过一次，是在普里斯库斯被谋害时。在这惊人的一幕中，她出现在宫殿的窗口，要求人民在国王恢复之前，接受塞尔维乌斯为国王的代表，这么做给了塞尔维乌斯巩固其地位并占据王位的机会（Livy，1.41.4；Plut. *Quaest. Rom.* 36）。由于“窗前的女性”这一主题源自近东地区，一些学者称这个故事反映出王后代表的母权是王权的力量之源。[108]

第二位极具影响力的“立王者”是塞尔维乌斯·图利乌斯的女儿图利娅。后世作者将她作为典型的例子，以证明女性野心的邪恶。为了与姐夫塔克文·苏佩布结婚，她设计杀害了自己的丈夫和姐姐。图利娅迫使苏佩布杀害塞尔维乌斯，篡夺王位。在元老院拥立丈夫为王后，图利娅驾驶战车从父亲的尸体上碾过，这个地方后来被称为邪恶街（Vicus Sceleratus）。人们将她恶劣的人格与罗马人对其丈夫的暴虐统治的恨意联系起来，可能以塔克文家族戏剧性的历史事件这种形式阐述出来。

在以男性占主导的传统记述中，塔纳奎尔和图利娅的故事让人意外，她们似乎通过个人能力或影响力控制了王位继承事宜：前者鼓动塞尔维乌斯取代国王，后者煽动苏佩布通过谋害他人来登顶。这两位女性与卢克雷西娅这样极度理想化的人物形成了鲜明对比，后者在遭绥克斯图·塔克文（塔克文·苏佩布之子）强暴后自杀身亡。她的故事也反映出后世罗马人心目中得体的女性行为是怎样的，卢克雷西娅表示为了不让后来不贞的女子有榜样可以效仿，她必须死（Livy，1.58.10）。

这些关于王族女性的故事，即便抛开征兆和预言这些具有神奇色彩的元素，也是问题多多。它们起着串联塔克文王朝统治者变更的作用，但如我们所看到的，有理由怀疑这份简洁的国王名单是后世重构的。例如，有迹象表明王位的更替更为暴力，雷吉亚和屠牛广场这些纪念建筑遭到过破坏，又被重建。关于国王的出身有不同的记述，罗马可能存在过其他统治者，如卡利乌斯·维本纳和拉尔斯·波尔塞纳。在关于共和国建立的传统叙述中，卢克雷西娅是关键人物，但她的短暂出现主要是为布鲁图斯发起宫廷政变提供一个正当的理由。此外，她的故事和其他被牺牲女子——她们的纯洁与雄心勃勃的独裁者的堕落形成对比——的说教故事有着惊人的相似性，最典型的例子就是韦尔吉妮娅，公元前 450 年，她的死导致专制的十人委员会被推翻（Livy，3.44—48）。

但是，我们还有切实的理由能确定这些故事包含真实的成分，认同强势的女性在罗马王政时代后期扮演重要角色这种说法。紧邻地区的考古证据表明早期罗马社会应该存在这样的人物。相较于王政时代早期，在该时代后期的相关记述中，王族女性显得更为突出，表明这些故事并不是后世作者捏造的。事实上，从历史角度看，在王政时代，由于女性在政治权力中心——宫廷中所扮演的角色，她们往往显得格外有影响力。在罗马，她们在王位更替中扮演了关键角色，候选人通常会迎娶前任国王的女儿，这种说法似乎不太可能是捏造的。因此，公允的评价是塔纳奎尔和图利娅并非后世人编造的纯粹的神话人物，而是带有神话色彩的历史人物。[109] 虽然书面史料出现的时间普遍较晚，但这些故事本身先于利维娅（Livia）以及其他共和国后期的女性出现，因此后者不可能成为效仿的榜样。此外，它们不太可能是公元前 2 世纪影响深远的希腊化罗马的人为产物，我们知道，法比乌斯·皮克托在公元前 3 世纪后期已经提供了一份关于塔克文王朝的记述。这些故事最有可能是口述传奇故事的产物，常常与“邪恶街”这样的纪念性建筑或马特·马图塔神庙中的塞尔维乌斯·图利乌斯像联系在一起。[110]

法律史料和带有说教意义的轶事对早期罗马女性亦有论述。这些史料通常强调女性持重、美德和虔诚的重要性。因此，狄奥尼西乌斯在提及罗慕路斯允许家族像对待通奸者一样，处死饮酒的女性时表示赞同（Dion. Hal. 2.24）。据说，埃格纳提乌斯·梅塞尼乌斯（Egnatius Mecenius）因为妻子喝家中酒桶装的酒将其杀害，罗慕路斯却赦免了他的罪。法比乌斯·皮克托记录了另一个例子，一女子因为“打开装有酒窖钥匙的钱包”，被家人活活饿死。[111]按照加图的说法，对饮酒女性的惩罚应该和通奸女性的惩罚相当，他还补充称家父（paterfamilias）可以合法处死女性。[112]传统的婚姻以共享小麦（confarreatio）①或买卖婚姻（coemptio）为标志，在这样的婚姻中，女性无法与丈夫离婚，在“婚姻关系中处于从属地位”，受夫权（manus）控制（Gaius，*Inst.* 1.111）。这种对婚姻权力的明确界定被认为提升了罗马婚姻的稳定性，共和国后期之前，离婚十分罕见。此外，据说在萨宾女人遭掳之后，当萨宾女人同意留在罗马时，女性被授予各种荣誉，被认为是一家之长，“免除所有除纺织外的劳动和苦力活”（Plut. *Rom.* 19）。[113]

此类证据极度理想化。我们掌握的史料大多出现于共和国后期或更晚些时候，以怀旧的心态回溯历史，对道德、简朴、责任和爱国精神作了理想化的描述。如很多学者所强调的，这些理念之所以与共和国后期的作者和读者有关，原因是显而易见的，[114]但它们同样有着更为古老的渊源。罗马人对女性和家庭的焦虑，对女性行为进行说教，至少可以追溯至公元前3世纪后期：法比乌斯·皮克托、普劳图斯和加图都表达过这种想法。祭司婚姻受到仪规约束，强调年轻的维斯塔贞女候选人需保持处子之身，表明此类观念可能在这个时代之前就已经存在了。当然，诸如麦饼联姻礼和夫权这样的“制度化石”很重要，不太可能是后世编造的。然而，我们难以确定这些制度的覆盖范围。我们或许不应如古代史料所暗示的那样，认为所有古风时代的罗马人都是如此，到了我们所掌握的史料出现的时间——例如加图写作期间，这些制度习俗显然都过时了。[115]

在比较这些关于限制罗马女性的证据与同时代表明伊特鲁里亚女性享有明显自由的考古证据时，我们必须谨慎，如一些学者所做的那样。使用意大利中部女性相关的考古证据来反衬文学史料的理想化是一种更为有效的方法。有了

① 即麦饼联姻礼，far在拉丁语中意为小麦。

考古学的帮助，我们可以对伊特鲁里亚、罗马和拉丁姆享有较高地位的女性作重新描绘，结果截然不同，她们会像男性同胞一样，参与很多社会活动，包括在宴会上饮酒和社交。

最后，在古风时代的罗马和拉丁姆，女性担任了多种宗教角色，其中包括诸如维斯塔贞女、萨利贞女和弗拉米尼加（弗拉米尼的妻子，弗拉米尼是诸如战神玛尔斯这样特定的神的祭司）这样的高级女祭司。所有这些祭司职位可能在王政时代后期已经存在。这一说法即便无法证实，但例如她们在十月马节（October Horse）——属于最古老的历法——这样具有古风时代特色的节庆上扮演核心角色，这种情况可以成为佐证。考古证据——例如东方化时期奥斯特里亚·德洛萨的奢华女性墓葬中出土的青铜刀具——也证实女性在宗教体系中扮演活跃的角色。[116] 近期的学术研究对女性通常被禁止参与祭祀、不能饮酒的假说提出了质疑，认为这种禁令通常限于特定的背景或环境（例如禁止她们参与在大祭坛举行的对赫丘利的献祭，或者过度饮酒），而不是作为通例实施。[117]

总体而言，要研究罗马社会的这个方面，需要使用其邻近地区的同时代证据以及文学史料提供的后世“幻想”。相较于以往，如今越来越多的考古资料使得我们可以更清楚地记录女性在意大利中部扮演的角色，尽管在诸如女性的法律地位和婚姻这样的关键问题上，相关证据缺乏。对这两种证据进行批判性审视，我们可以看到罗马及意大利中部的女性在社会流动和精英网络中扮演了关键角色。她们通过影响王位更替以及参与宗教仪式来行使权威。

在这种情况下，文学史料将塔纳奎尔和图利娅描绘成具有影响力的人物，其中一些描述似乎可能是历史上真实存在的，不过更早些的人物，如埃尔西利娅和塔培亚，看起来完全是虚构的。一些获得权力的机会肯定与这一时期罗马社会的结构特点有关。君主政权通过统治家族的精英女性在宫廷中扮演的角色授予她们权力，利维娅能成为继图利娅之后又一个真正重要的能左右当权者的罗马女性，并非偶然。另一方面，根据考古证据，女性角色似乎以操持家务为主。[118] 羊毛纺织（除了同时代墓葬出土的纺织工具外，塔纳奎尔和卢克雷西娅的故事也证明了这一点）、举办宴会和个人服饰这些方面得以突出。证据表明尽管女性担任了重要的宗教角色，可以享有政治影响力，但她们不能掌控正式的政权，只能在家庭中扮演关键角色，控制诸如财富和家族谱系这样的事。

民族

这一节收集了公元前 290 年前罗马民族认同感相关的证据，探讨了其与更广袤的意大利中部和地中海世界的关系。这些问题直到最近才得到系统性的研究，鉴于其复杂程度，这并不令人感到意外。[119] 公元前 300 至前 50 年间，随着罗马从一个拥有数十万居民的区域强权发展成统治着数百万人口的地中海霸权，罗马人的民族认同感很可能发生了巨大的变化。要了解罗马人在公元前 700 年的民族认同感将更具挑战性。对于史料所持的观点，我们需特别谨慎，因为它们或是由外来者记录的，或是始于共和国后期，当时罗马人的民族认同感已经与公民身份联系在一起了。史料本身所处的时代或许可以解释其依照民族差异来解读罗马王政时代这种做法，例如塔克文·普里斯库斯因为是移民之子，在塔奎尼遭到排斥，又如塔克文·苏佩布以有共同的民族背景为由，向伊特鲁里亚国王求助。[120] 但我们还有其他类型的文学史料证据，例如早期的希腊史料和古文物研究证据，我们还可以使用同时代的考古和铭文证据。

关于这一主题的现代研究真正始于 1970 年，卡尔米内·安波洛围绕科林斯的德玛拉图斯写了一部先锋著作，德玛拉图斯是国王塔克文·普里斯库斯的希腊父亲。在这部著作中，安波洛认为在古风时代的意大利中部，民族界限几乎不会成为社会流动的阻碍，这个早期阶段可能不存在强烈的民族差异感。这与广泛共识——在意大利历史发展初期，通过铁器时代早期的物质文化和自公元前 8 世纪起的铭文证据，可以明显区分出诸如拉丁人、伊特鲁里亚人和萨宾人这样的意大利中部主要民族及其领地——形成有趣的对比。现在的学者对于证据可见性的问题（例如，铭文取决于是否有在石头上刻字的习惯），以及“文化史”这一古典考古学遗留的问题表现得更为警惕。[121] 我们已不再假定意大利的主要民族在铁器时代早期就已全部出现。不过，其他方法让我们有理由感到乐观，例如布莱克对青铜时代后期流通的人工制品的研究，这似乎促成了部分意大利中部民族认同感的形成。[122] 此外，我们越发清晰地看到，意大利中部和地中海其他社会之间的交流在青铜时代就已经出现了，意大利发现迈锡尼的物品可以证实这一点，这种情况在铁器时代早期和后期变得更为活跃。[123] 因此，产生民族差异感的先决条件早在古风时代之前已经出现了，很多意大利民族都可能有着极深的渊源。

东方化时期和古风时代可能是民族认同感发展最为关键的时期。这一时期以流动性和频繁交流为特点，这无疑加速了民族认同感的显现。[124] 精英阶层收集大量外来物品，尤其痴迷于近东地区权力和声望的象征。这一时期还见证了第一次真正的外来工匠和商人掀起的移民潮，例如“亚里士多诺索斯”，卡里出土的双耳喷口杯上刻有他的名字。[125] 沿海贸易港在很大程度上证实了外来者的流通，如格拉维斯卡、皮尔吉和罗马屠牛广场的圣奥莫博诺（不过类型略有差别）。在这些访客和居民中，有住在格拉维斯卡的索斯特拉托斯（著名希腊商人）和某个叫奥姆布里克斯（Ombrikos，意为“翁布里亚人”）的人，皮尔吉有腓尼基人（皮尔吉金板可以证明），罗马有迦太基人（罗马 – 迦太基条约），迦太基有伊特鲁里亚人［一件出土信物上有普尼埃尔・卡萨兹（Puniel Karthazie）这个名字］。[126] 近期，德米特里奥（Demetriou）提出，通过促进沟通和差异感的形成，贸易港在希腊民主认同感的发展中起到了关键作用，这样的解释也一定适用于希腊人常常前往的沿海伊特鲁里亚和罗马等地本土的民族认同感。[127]

我们还可以通过其他方式追溯意大利中部人民民族认同感的形成。共用圣所和节庆在培养认同感方面起到了强有力的作用。虽然我们无法精准确定其中大多数节庆最初出现的时间，但其中一些非常古老，例如在阿尔班山上举行的拉丁节，很多学者认为其属于原始城市化时期，因此至少可以追溯到公元前 8 世纪。[128] 其他或许可以追溯至古风时代（公元前 6 世纪和前 5 世纪），例如在沃尔图姆纳圣所举办的伊特鲁里亚节，该圣所可能就位于沃尔西尼外围，自公元前 6 世纪后期起被使用。同一时期还有其他圣所得到证实，例如伊斯佩鲁姆的翁布里亚圣所（可能是献给朱庇特的），以及罗马阿文蒂诺山上献给狄安娜的拉丁圣所，其落成被归功于塞尔维乌斯·图利乌斯。[129] 这些地点给人的感觉是，自公元前 6 世纪起，在建造圣所方面的大量投入对于群体认同感的形成而言非常重要。它们表明到公元前 7 世纪和前 6 世纪，罗马及其邻近地区已经形成了明确的拉丁认同感，而参与宗教场所举办的年度节庆使得这种认同感得以进一步加强。

早期希腊文学史料也提供了意大利中部民族的相关信息。公元前 8 世纪，赫西俄德最先提及的就是拉丁和第勒尼安民族。在公元前 6 世纪，斯特西克鲁斯等希腊史料作者提及埃涅阿斯向西航行（尽管这些史料可能并没有将他和拉丁人联系起来），可能谈到埃文德出现在罗马。从《致狄俄尼索斯的荷马颂诗》（*Homeric Hymn to Dionysus*）中也能看出早期希腊人知道伊特鲁里亚人的存在（可能是公元前 6 世纪）。[130] 但是，这些早期史料中使用了“第勒尼安人”这一不明确的说法，表明其中存在不确定性。这些史料究竟在多大程度上反映了本土或希腊的想法，我们很难确认。

从民族角度看，罗马似乎可以被定义为一座开放、具有适应力的城市。在神话中，罗马会接受移民和访客，例如萨宾女人遭掳；历史也是如此，在王政时代后期，就有伊特鲁里亚人迁居罗马。罗马吸收“外来”思想由来已久，无论是希腊的、意大利的，还是伊特鲁里亚的，后来的罗马人认为这是其强大的原因之一。这种开放的传统可能是具有高度流动性的古风时代环境的无意识产物，而非罗慕路斯这样的人物有意识决策的结果。流动性和开放性是所有意大利中部社会的特点，例如卡里和维爱这样的伊特鲁里亚南部城市，以及普雷尼斯特和萨特里库姆这样的拉丁城市。[131] 罗马在其早期历史中似乎特别强调了这些特点，成为（托雷利给出的具有启发性的模式中的）“前沿城市”，类似伊特鲁里亚的沃尔西尼，墓葬铭文清楚表明其公民来自不同的地方。举个例子，罗马人可以相对容易地流亡至邻近城市，如表 6.2 所示。[132]

在这种情况下，可以说，要定义“罗马民族认同感”很难。公元前 2 世纪之前的直接证据很少，大多数证据来自写于汉尼拔战争之后的文学史料。在当时，成为“罗马人”意味着属于一个更广的范畴，不仅仅是这座城市的居民，更属于意大利人的范畴。诸如钱币上出现“Romano”（罗马的）图案这样的证据只能追溯至公元前 3 世纪 70 年代，目前，我们无法找到存在确切的罗马语或文化的迹象。不过，罗马民族认同感在古风时代已经明确存在，甚至可能表现得很强烈，这是显而易见的。可以肯定，与埃文德、埃涅阿斯和罗慕路斯相关的关于罗马起源的神话至少可以追溯到公元前 6 世纪，甚至可能更早。[133] 这些神话突出了罗马与其他地方的联系，人口的混杂性。来自伊特鲁里亚和西西里岛的同时代铭文证实这期间出现了“罗马人”和“拉丁人”的说法，不过罗马本土没有发现相关证据。[134] 更多证据与古风时代宗教崇拜和节庆相关，可能是王政时代，颂扬了一个由罗马不同阶层组成的统一群体。很多与这座城市的地形（例如七丘节、牧神节和阿尔格伊节）、罗马的运势（维斯塔、凯旋式）、罗马起源的神话（大祭坛、卡耳门塔利亚、家神和帕里利亚这些崇拜活动）有关。

表 6.2　共和国早期罗马人的流亡地

时间（公元前）	流亡者	参考文献
塔克文家族被逐后	罗马人流亡至庞廷平原和库迈	Dion. Hal. 7.2
509 年	L. 塔克文 · 克拉提努斯在拉维尼乌姆	Livy 2.2.10；Dion. Hal. 8.49.6
491 年	科利奥兰纳斯率领沃尔西人	Livy 2.35.6；Gell. *NA* 17.21.11；Dion. Hal. 8.1.6

续表

时间（公元前）	流亡者	参考文献
461 年	凯索·昆克修斯率领伊特鲁里亚人	Livy 3.13.8；Dion. Hal. 10.8.4
458 年	M. 沃尔西乌斯在拉努维乌姆	Livy 3.29.7
449 年	M. 克劳狄乌斯在提布尔	Livy 3.58.11；Dion. Hal. 11.46.5
390 年	M. 弗利乌斯·卡米卢斯在阿尔代亚	Livy 5.32.9，44.1；Dion. Hal. 14.5.3

另有证据表明早期罗马存在其他民族，尤其是萨宾人和伊特鲁里亚人。萨宾女人遭掳、萨宾的提图斯·塔提乌斯和罗慕路斯共同担任国王、努马和安库斯·马西乌斯两位国王有着萨宾血统，这些神话给了我们一种很强烈的印象，即罗马存在着混合社群，但我们无法确定此类传说的历史意义。更有用的是，罗马精英阶层中的一些氏族自称有萨宾血统，例如瓦莱里乌斯氏族和克劳狄乌斯氏族，众所周知，他们于公元前 504 年从萨宾的因雷吉鲁姆（Inregillum）移居过来。[135] 萨宾人还和公元前 5 世纪早期的维爱有联系，这一时期举办的一些凯旋式是庆祝同时战胜了萨宾人和维爱人。

自公元前 7 世纪后期起，有充分证据表明伊特鲁里亚人出现在罗马，最引人注目的是塔克文王朝。[136] 值得注意的是，这个王朝是伊特鲁里亚－科林斯混血。工匠这种属于下层社会的伊特鲁里亚人也定居于罗马（与拉丁人一起，可能还有一些希腊人），据说，罗马城被称为图斯库斯区（Vicus Tuscus）① 的区域就是因他们得名的。古代史料普遍认可伊特鲁里亚对早期罗马的影响力，例如象征王权的标志、凯旋式以及城市结构，尽管共和国后期的作者可能会夸大这种借鉴。此类文学史料得到了罗马发现的少量古风时代伊特鲁里亚铭文的支持，后者证实罗马有说伊特鲁里亚语的人。德·西蒙尼（De Simone）认为这些表明

① 意为伊特鲁里亚街区。

罗马存在独特的伊特鲁里亚方言，会说双语可能很普遍。[137] 长期以来，现代学者围绕这一无可否认的现象的性质争论不休：奥尔弗尔迪称古风时代罗马是一个由伊特鲁里亚势力连续控制的无足轻重的中心，最近的学术研究倾向于强调罗马在文化共通的第勒尼安沿海地区的独立地位。[138] 无论如何，伊特鲁里亚依然有可能对王政时代和共和国早期的罗马造成了实质性的影响。

因此，总体而言，罗马可能从一开始就是一座拥有多民族的前沿城市，我们难以就古风时代罗马统一的民族认同感有清晰的认知，但我们可以确立三个要点。首先，东方化时期和古风时代密切的互动和流动性构成了民族相关讨论的重要背景。在由意大利中部的伊特鲁里亚城市、拉丁姆和坎帕尼亚以及更广的地中海世界中的西西里岛、撒丁岛、马萨利亚、迦太基和爱琴海构成的网络中，罗马是其中的一员。我们有证据表明公元前 7 世纪，西西里岛上有拉丁人，公元前 6 世纪末签订的罗马－迦太基条约中提及罗马人航行于第勒尼安海之上。其次，我们很难从单一民族的角度来形容这种情况，例如拉丁人、萨宾人、希腊人和伊特鲁里亚人，这样做会将古风时代的复杂问题变得过于简单化。例如，塔克文王朝统治的是“伊特鲁里亚式的罗马”这一普遍观点忽视了塔克文·普里斯库斯的科林斯－塔奎尼混血背景，以及塞尔维乌斯·图利乌斯的拉丁或伊特鲁里亚背景。“纠缠的历史”这一现代观念更为有用，即认识到诸如雅典和罗马这样的古代社会鲜少是由单一民族组成的，试图在这些城市中找出最初、最主要的认同感是没有用的。最后，随着城邦在公元前 7 世纪至前 5 世纪的发展，古风时代的开放性逐渐发生变化，公民身份结构使得居住地变得更关键。公元前 5 世纪和前 4 世纪，随着罗马政府开始引入殖民计划，受其控制，流动性也开始放缓，不过在更广的环境内，这依然是特点之一。[139] 所以，古风时代给后世留下的是具有流动性、民族出现的复杂情形，通过故事、神话、制度和习俗为后人所记住。

第七章
共和国早期的罗马

新共和国

按照传统记述，共和国政府这一新形式于公元前 509 年设立，当时国王被逐出罗马城。尽管事后看来，君主制转为共和制被认为是划时代的改变，但看起来，宪法方面的改革几乎没有发生。根据文学史料记述，此前国王拥有的权力——治权（imperium）——由两位执政官（最初可能被称为裁判官）共享，[1]他们的任期被限定为一年。要领导军队，必须有治权，这一权力是在军事和民事情境下对从属者的生死予夺权。这些行政长官由森都里亚大会，即百人会议，选出，该大会据称是由塞尔维乌斯·图利乌斯设立的。随后，在公元前 5 世纪后期和前 4 世纪早期，出现过一个不只有两位最高行政长官——被称为军事保民官——的阶段。这些行政长官类似之前的国王和市政长官（custos urbis），拥有召集元老院开会的权力。[2]

后世罗马人认为之前的大多数制度都得以沿用。罗马主要的机构都被认为是在公元前 509 年出现的。百人会议很有可能是王政时代的组织，尽管其在王政罗马的复杂程度存在争议（参见第四章）。如我们所看到的，大多数现代学者认为百人会议在公元前 5 世纪或前 4 世纪变得更为复杂，但这方面的证据主要是基于推断。其他主要机构，如部落会议，也被归功于塞尔维乌斯·图利乌斯。[3] 这些机构似乎取代了库里亚大会，后者被认为是罗慕路斯设立的。据说，所有主要的神职人员，例如祭司、占卜官、维斯塔贞女和负责神圣事务的两人祭司团（duumviri sacris faciundis），自王政时代起就没有变过。只有圣王被认为是在共和国初期设立的，但如我们所看到的，这一时间顺序存在很大的问题。此外，史料称元老院延续了此前顾问委员会的模式。按照费斯图斯（290 L.）的说法，元老院最初是由国王的朋友组成的，到共和国时期变成执政官的顾问组。其成员是临时的，每年更换（如费斯图斯所述），还是半永久性的（如李维等史料所称的，可能存在年代错误），关于这个问题，仍然存有很大的不确定性。[4] 显然，《奥维尼亚法》改变了元老院的构成，该法是公元前 4 世纪后期出台的一系列激进的保民官法案之一。

鉴于我们可能会认为富有爱国精神的罗马人在叙述这个故事时会夸大共和国缔造者的作用，史料关于国家结构几乎没有发生变化的记述让人意外。这样的描述是否可信，仍难确定，因为我们所有的最早的书面史料出现的时间至少比这些事件晚三百年，且公元前 6 世纪后期的传统记述存在很大的问题。[5] 罗马这座城市是由不同的国王逐步打造而成的，这一盛行的观点也意味着相较于实际情况，会有更多的制度被归于王政时代。不过，我们可以料想英勇的共和国缔造者会有更多的革新。事实上，我们发现在很多其他古风时代地中海城市中，如雅典、科林斯和大希腊的城市，单一统治者在建立和调整国家制度方面起到了和后来更为民主的政权同样重要的作用。

有两种史料证实了关于制度延续性的传统记述。像费斯图斯这样的古文物研究作者详细记录了传统记述中没有的早期制度。这些史料还证实很多制度可以追溯至王政时代，例如塞尔维乌斯改革和大多数神职。[6] 关于罗马城物质基础设施的考古发现也在一定程度上证明了这一点。诚然，如乔纳森·霍尔（Jonathan Hall）所指出的，考古学往往无法确切地反映出制度结构。[7]举个例子，从考古学角度看，罗马城内只有一处集会场所，森都里亚大会是在城墙外集合的，没有实质意义上的受限空间。此外，行政长官没有专门的工作场地，他们在神庙处理公共事务。不过，这一时期主要的城市空间及建筑普遍没有发生变化，这一点非常引人注目。这其中包括元老院、集会场地、朱庇特神庙、卡斯托尔神庙以及农神庙，可能还有竞技场。[8]

贵族

共和国新出现的行政长官职位被“贵族”——受追捧的氏族的成员——所垄断。他们享受着始于王政时代并延续至共和国的各种特权。关于贵族的起源，我们尚不清楚，且这个问题存在很多争议。在王政时代和共和国早期，他们享有特权地位。根据史料，罗慕路斯创立了元老院，它有100个成员，他们的后代被称为贵族（例如 Livy，1.8.1；Dion. Hal. 2.8.3；Cic. *Rep*. 2.23；Plut. *Rom.* 13）。按照狄奥尼西乌斯的说法（2.8.1），他“可以通过出身辨出那些地位显赫者，他们具有的美德和拥有的财富可以证明这一点，并且他们已经有子女，与寂寂无闻、地位低下、穷困潦倒者截然不同”。后者就是平民。patricii①一词可能来自 patres（父亲），通常指元老。贵族身份是世袭的（因此共和国精英家族会小心维系祖先血统），最终被认为始自最初罗慕路斯创立的元老院。在19世纪后期及20世纪早期，关于贵族和平民最原始差别的讨论，学术界用种族征服来解释，例如萨宾人战胜利古里亚人，雅利安人征服地中海人。但这种解读在古代证据中没有依据，并且它显然受到了“更文明”国家征服并控制其殖民地上“表现出种族劣性”的人这一现代观念的影响。[9]如史料所主张的那样，

① 拉丁语 patricius（贵族）的复数形式。

将贵族视为最初罗慕路斯召集的元老的后代，同样存在问题。就我们所知，在元老院的历史上，无论是哪个阶段，都没出现过全部由贵族组成的情况，在共和国中期之前，元老院并不是一个清晰的稳定实体。[10] 事实上，贵族特权似乎与元老院作为一个机构的性质无关。

贵族更有可能是这一优势群体在青铜时代后期至公元前 5 世纪期间逐步崛起的产物，他们声称拥有古老的血脉，巩固对君主政体中各种权力来源的控制。[11] 自青铜时代后期起，通过对意大利中部墓葬的考古，可以看到社会阶层中出现了继承优势地位的个人。[12] 约公元前 720 至前 580 年的东方化时期，墓葬陈列的发展尤其明显。随葬物品表明了这些新兴精英阶层对奢华生活方式的渴望，这种方式以近东地区对奢侈和君主统治的理念为基础。很多随葬物品，例如用于献祭的刀、权杖、宝座、脚凳、遮阳伞和战车，展示了逝者家族在政治和宗教方面占据的主导地位。这些物品也出现在了女性和孩童的墓葬中，说明能享有较高地位的不仅是成年男性，还可以覆盖整个家族。到了公元前 7 世纪，精英阶层墓葬的结构变得更复杂，巨大的坟冢中出现了多个墓室，这显然是精英阶层的表态，即其地位将为数代人所继承。墓中通常包括了对祖先的崇拜。[13] 公元前 7 世纪末，穆洛和阿夸罗萨等地建起了华丽的宫殿，进一步佐证了这一关于贵族权力的说法。[14] 通过铭文，我们知道这些精英阶层是流动的，与地中海世界关系密切，其中有富有的外来者。但考古证据表明公元前 7 世纪中期，意大利中部已经有精英阶层宣称拥有最原始的权力，我们可以在文学史料对阶层斗争期间贵族的描述中辨认出这种权力。[15]

近期，学术研究关于早期罗马贵族权力的范围出现了两种对立的观点。一些认为国家其实是强大的氏族主要为了自己的利益而采取的控制手段，历经从青铜时代到共和国后期这一极大的时间跨度。这个观点在一定程度上受到了比较法的启发，大量考古证据表明东方化时期精英阶层积累了非凡的财富，同时文学证据表明意大利中部其他城市（尤其是伊特鲁里亚的城市）也出现了贵族权力以及其他类似的精英阶层。以名字为例，在王政时代和共和国早期，各乡村部落显然是以特定的氏族命名的，例如克劳狄乌斯和法比乌斯，反映出特定家族或氏族可能控制了这些地区的土地。[16]这使得部分学者将罗马设想为一个近乎黑手党式的国家，持续存在的精英统治民众，而不是谋求公众利益。其他学者则将重点放在氏族的存在与发展和国家结构之间的联系上，认为这些氏族并非最原始的。事实上，还有一种更审慎的方法——针对精英阶层声称其地位和权力是祖传的，这种主张在比较分析中被称为“贵族神话”——强调精英权力与其他制度的关系总是很紧张，在罗马社会中常常会遭到其他群体的质疑。[17]如理查森最近指出的，一个国家需要获得其人民的认可才能像罗马那样有效运作，成功扩张。[18]

现代学者没能就贵族世家名单达成一致，近期也没有学术研究试图给出一份确切的名单。按照狄奥尼西乌斯的说法（1.85），共和国后期有不超过 50 个贵族世家。古代的高死亡率使得家族延续面临严峻的挑战，一些贵族世家似乎在共和国中期就已经绝后了。贵族在一开始可能数量较多，可能多达 130 个世家。显然，随着时间的推移，还有群体加入贵族之列，其中包括一群较小的氏族。据说，由于罗马人口增加，塔克文·普里斯库斯将这些较小的氏族提升为元老（Livy，1.35），不过较大的氏族仍然保留着在元老院率先发表意见的特权。但是较小的氏族并不全都是贵族，也包括平民家族。[19]共和国初期，还有一个群体跻身元老院，他们被称为 conscripti（新进人员），对元老院成员的典型称呼 patres (et) conscripti① 就源于此（Livy，2.1.10—11；Dion. Hal. 5.13.2）。李维还记录了一个后来发生的实例，在克劳狄乌斯家族的领袖阿图斯·克劳苏斯带着其亲人和追随者从邻近的萨宾地区迁居至罗马后——按照传统记述，这发生在公元前 504 年，该家族跻身贵族之列。[20]

---

① 意为“各位父老及各位新进”。

贵族的权力建立在他们对各种特权的行使之上。[21] 他们拥有元老院权威（auctoritas patrum），即批准大会决定的权力，包括森都里亚大会和库里亚大会的立法和选举。这一特权被《普布里亚法》（*Lex Publilia*，公元前 339 年）和《马艾尼亚法》（*Lex Maenia*，公元前 287 年）取消，法律要求贵族在投票前通过大会的行动，而不是在事后否决它。贵族还拥有在空位期掌权的权力（参见上文第四章）。这表明他们能在挑选国王一事上发挥作用。此外，贵族垄断了主要的神职，拥有通过“占据占卜官一职”来解读神愿的独权。李维记述了公元前 445 年平民要求担任执政官后得到的回应，发人深省：

> 执政官出现在民众面前，讲话发展为争执，保民官要求其给出不应选平民为执政官的理由。库尔提乌斯如此回答，他说的也许是真话，但在这种环境下，没什么意义，“因为没有平民担任占卜官，这也是十人委员会禁止（平民和贵族）通婚的原因，这样就不会出现因为出身而无法明确占卜官地位的情况了”。此话让平民怒火中烧，因为这是在宣称他们无法担任占卜官，就好像他们受到不朽众神的仇视一般。(Livy，4.6，公元前 445 年)

这段虽是间接引语，却代表了李维关于问题根源的看法。它应被视为反映出了贵族对权力的主张是存有争议的，这些主张并没有成为宪法原则，可能体现出了共和国早期精英阶层的意识形态。

共和国中期之后，随着新法律允许平民担任重要的神职人员，这已不再成为问题。王政时代和共和国早期，最重要的神职团（祭司团、占卜团以及负责神圣事务的两人祭司团）和主要的专门神职人员（供奉特定神的弗拉米尼祭司和圣王）都要求由贵族出任。这些职位中的很多都带有古风时代特质，尤其是弗拉米尼祭司，进一步佐证贵族权力的宗教基础可能确实在早期就出现了这一观点。[22] 这其中有很多有意思的含义。在王政时代，对国王而言，尽管其拥有政治和司法权，但贵族显然是宗教权威的代表。他们可能有权力批准对国王的任命。当国王被执政官取代后，其拥有的政治和司法权被分开，执政官为每年任命，且需要竞选，可能由非贵族担任，至少在共和国早期是如此。但贵族的宗教权力——肯定在共和国成立前就出现了——仍然不受影响，可以被用来操控新共和国的大会和行政长官。[23]

平民运动的兴起

政治和社会层面针对贵族的反对来自平民运动。共和国早期，随着经济衰退，社会冲突加剧。罗马在与敌人的军事对抗中，遭受一系列挫败，尤其是在对沃尔西人和埃奎人时，失去了对王政时代末期获得的领土的控制。因此，史料称平民关心的主要问题包括债务负担、缺少土地和粮食分配，这在意料之中。在公元前 5 世纪早期的环境下，所有这些要求都是合乎情理的，其中大多数必然与这座城市在公元前 7 世纪和前 6 世纪的扩张有关，建筑工程带来的就业前景以及其他具有经济回报的活动吸引移民的到来。很多担任平民官职的家族似乎都是非罗马出身。[24] 然而，平民并非完全或大多数是由城市居民组成的，将他们简单地视为对抗老牌贵族的新来者是错误的。在罗马的传统记述中，这两个阶层都可以追溯至罗慕路斯时代。不管怎样，精英关于其在罗马城有着悠久渊源的说法可能是错的，若不假设很多平民是拥有地产、在军队服役的农民，就不可能了解阶层斗争。[25]

其他因素推动了平民运动的发展。首先，在王政时代后期，民众可能扮演了更为重要的角色。据说，后几任国王寻求民众对其统治的支持，以对抗元老（可能还包括更广范围）精英。从这个角度看，关于塞尔维乌斯·图利乌斯的描述显然就是如此，类似的还有积极寻求平民支持的塔克文·普里斯库斯和攻击公认贵族的塔克文·苏佩布。[26] 新共和国的行政长官肯定依赖于王政时代已经存在的库里亚大会和百人会议的合法化。百人会议的投票团队（百人团）分配不公，对穷人存有偏见（将最穷者排除在外）。但这一随共和体制一起引入的选举行政长官的机制，肯定激励人们去建立更具代表性的政府。[27] 其次，罗马人很熟悉同时代希腊城邦的情况，例如在意大利南部和西西里岛的城邦。文学史料和同时代考古文物都证实了这一联系。[28] 民主运动在这些地方很常见，即便从长远来看，这些运动往往以失败告终。最后，公元前 6 和前 5 世纪，军队的性质发生了变化。[29] 公元前 6 世纪，装备贺浦力特式盔甲的重装步兵成为军队的主流力量。骑兵（以精英为主）的作用减弱，对国家而言，可以自我装备成贺浦力特重装步兵的普通土地所有人变得越发重要。

罗马贵族的权力可能在公元前 5 世纪下半叶达到顶峰。《执政官年表》（*Fasti Consulares*）显得至关重要。该年表表明在公元前 5 世纪上半叶，一些非贵族当选为最高行政长官。随着公元前 5 世纪继续推进，这一比例开始下降，第一个 1/4 阶段为 21%，第二和第三个 1/4 阶段分别降至 7% 和 8%，最后一个阶段将至 1%。[30] 根据名字看，很多出任执政官的人似乎是外来者出身，意大利中部其他地方的铭文能证实这一点（表 7.1）。[31] 我们无法确定其他人是否为平民，因为在其他名字相同者出任平民行政长官之前，有很长一段时间的间隔。《执政官年表》遭到了很多学者的质疑，但其中可以看到清晰的模式，不太可能是编造的。非贵族的名字没有增加（如我们可能预期的那样，考虑到他们后来与贵族一起执政），而是显著减少。这个世纪下半叶几乎没有出现平民。这个过程被称为“贵族抱团”，因为他们控制了共和国新设立的官职。到公元前 4 世纪，这种局面最终遭到了平民运动发起的挑战；公元前 6 世纪后期和前 5 世纪早期，受到压迫的穷人和较为富有的非贵族可能结盟。[32]

平民的撤离和流动

第一次有组织的平民运动是公元前 494 年的“撤离运动”。[33] 撤离是有组织地离开这座城市。李维和哈利卡尔那索斯的狄奥尼西乌斯关于早期罗马历史的权威记述证实出现过三次撤离运动，贵族被迫做出让步，制定一系列利于平民组织的措施。

表 7.1　推测为有外来血统的贵族 [34]

氏族	担任执政官时间（公元前）	推测出身
塔克文	509 年	伊特鲁里亚
贺拉提乌斯	509 年	伊特鲁里亚
瓦莱里乌斯	508 年	萨宾
卢克雷提乌斯	508 年	伊特鲁里亚
拉西乌斯	506 年	伊特鲁里亚
赫米尼乌斯	506 年	伊特鲁里亚
波斯图米乌斯	505 年	萨宾
梅尼涅乌斯	503 年	伊特鲁里亚（？）
维吉尼乌斯	502 年	伊特鲁里亚
科米尼乌斯	501 年	伊特鲁里亚
埃布提乌斯	499 年	伊特鲁里亚
维图里乌斯	499 年	伊特鲁里亚、萨宾（？）
克劳狄乌斯	495 年	萨宾
诺提乌斯	488 年	伊特鲁里亚、拉丁（？）
西西尼乌斯	487 年	伊特鲁里亚
阿基利乌斯	487 年	伊特鲁里亚
曼利乌斯	480 年	伊特鲁里亚
沃卢米尼乌斯	461 年	伊特鲁里亚
罗米利乌斯	455 年	伊特鲁里亚（？）

续表

氏族	担任执政官时间（公元前）	推测出身
塔培乌斯	454 年	伊特鲁里亚（？）
阿特尼乌斯	454 年	伊特鲁里亚（？）
弗利乌斯	433 年	萨宾、沃尔西（？）

据说，第一次撤离运动发生在公元前 494 年，平民撤到了位于台伯河以北的圣山，距离罗马城约 5 千米。在李维和狄奥尼西乌斯的记述中，第一次撤离源于一场债务危机，大量平民背负债务，受到债权人的虐待。一支军队被招募起来去对抗沃尔西人、埃奎人和萨宾人，但士兵拒绝投身战争，转而前往圣山。大量居住在城市的平民加入服兵役的平民的行列。元老院和平民展开多次协商，最终达成和解，后者首次被允许选举自己的代表，即平民保民官。[35]

根据我们所掌握的史料，第二次撤离运动发生在公元前 450 年，与十人委员会的终结有关。这是一个由十人组成的委员会，代替已有的行政长官，为罗马起草法案。当十人委员会开始以专制方式行事时，平民寻求推翻这一政权。那些在军队服役的人先在位于罗马城南的阿文蒂诺山集合，最终再次撤到圣山。关于第二次撤离，我们所有的传统记述显得尤其复杂，让人生疑。这个故事围绕暴虐的十人委员会成员之一阿庇乌斯·克劳狄乌斯、被献祭的少女韦尔吉妮娅这些具有代表性的人物展开。[36]

第三次撤离运动发生于公元前 287 年。关于这次运动，证据最为缺乏，平民撤到了贾尼科洛山。他们直到贵族做出最后的让步才返回，即平民大会有权通过对全体罗马人具有效力的法律。关于第三次撤离运动的史料没有太多明显的问题，这在一定程度上是因为相关信息太少，李维对这一时期的记述已佚失。[37]

关于撤离运动的目的地、时间和次数，史料提供了不同的版本。主要的传统记述称第一次撤离的目的地是圣山，位于阿尼奥河和台伯河之间的克鲁斯图梅里乌姆区（Crustumerium）。[38] 还有一个版本认为撤离的目的地是阿文蒂诺山，按照李维的说法，这个版本不常见。[39] 李维的记述称还有两次撤离运动，分别是公元前450年至阿文蒂诺山和圣山，以及公元前287年至贾尼科洛山，但其他史料给出的次数不同，我们不清楚它们的记述是否更为权威。[40] 一些作者认为，狄奥多罗斯提及的一件事（11.68.8）暗示第一次撤离运动其实发生在公元前471年，但狄奥多罗斯只是记录称这是第一次选出了4名保民官，而不是2名。史料对于首次当选为保民官的人的名字也存在分歧，李维表示，在有些版本中，第一次仅选出了2名保民官。[41]

由于后世的篡改，这些记述可能存在一些细节问题。撤离运动和盖乌斯·格拉古于公元前121年撤至阿文蒂诺山的相似度引发了后者是否为前者的记述提供了参考模式的疑问。[42] 梅尼涅乌斯·阿格里帕（Menenius Agrippa）为了说服平民重返罗马，向他们讲述了一个关于人体由不同部分组成的寓言故事，解决了危机，狄奥尼西乌斯发现他讲述的这个寓言其实源自希腊早期故事（6.83.2）。在第一次和第二次撤离运动中，克劳狄乌斯家族都被描绘成典型的反派，与瓦莱里乌斯极为正面的形象形成对比。这引发了合理的怀疑，即编年史作家瓦莱里乌斯·安提亚斯篡改了与其祖先有关的历史。[43]

而诸如债务在阶层斗争中起的作用等细节问题显得更为可信。[44] 平民通过的《萨克拉塔法》——这一神圣法（用于保护保民官）可能源于誓言——也是可信的。这是一种典型的带有军事色彩的意大利现象，萨莫奈人等其他意大利人也会在举办春祭仪式时以此来征兵。[45] 按照狄奥尼西乌斯的说法（6.89.3），平民发下的誓言包括将任何违反神圣不可侵犯权的人的财产献给克瑞斯。克瑞斯崇拜与坎帕尼亚有关联，公元前493年，也就是第一次撤离运动后不久，阿文蒂诺山上建起了一座献给克瑞斯的神庙。这座神庙是为克瑞斯、利柏和利贝拉三位神建造的，罗马人富有创意地将这些意大利女神组合在一起。因此，对克瑞斯的誓言不像是后世编造的，与共和国早期的背景更为符合。[46] 平民可以被视为出现在古风时代、类似于机动武装组织的群体，有专门崇拜的守护神，他们可能在被其征服的土地上建起新的社群。

现代学术研究围绕撤离运动的历史真实性问题进行了重点讨论。大多数作者认为公元前287年发生的最后一次撤离可能是真实的，因其与罗马首位历史学家法比乌斯·皮克托（于公元前3世纪后期写史）只隔了几代人。[47] 现代作者尤其质疑早期撤离运动的真实性。一些学者认为一再的撤离很可疑，对社会斗争持续两个多世纪之久、平民似乎用了极长时间才达到目的表示怀疑。按此理解，关于早期撤离运动的描述是参考了公元前287年发生的撤离。其他人则认为相关记述不可信，是以希腊故事为参考的。[48]

事实上，早期撤离运动的独特性质更受关注，应该将其放在社群间存在广泛流动这一公元前5世纪上半叶的背景下去理解。[49] 第三次撤离运动显得很不一样：它是在很久之后才发生的，涉及距离罗马城更近的一处地点，这座城市显然遭到了军事威胁。因此，它不太可能成为前两次撤离运动的参考对象。第一和第二次撤离运动的空前性质，以及传统史料对主要事件的描述基本是一致的，表明了它们是真实发生过的。[50] 如林托特（Lintott）指出的，将平民撤离描述为由激烈的政治冲突引发但没有导致暴力的事件，使得它们不太可能是以关于希腊城邦内乱的故事为参考的。事实上，这些事件的独特性是一个强有力的证据，证明它们是真实发生过的，而不是编造的。[51]

关于撤离运动代表了什么，现代观点存在较大差异。[52] 在蒙森看来，第一次撤离运动“威胁要在罗马最肥沃的地区建立一座新的平民城市”。[53] 另一些人则认为，考虑到很多平民来自其他地方，他们有可能成立一个敌对城邦，加入罗马敌人之列。在权威的参考文献中，撤离运动被定义为“确切来说是离开城邦”，是一种“极端的非暴力反抗形式”“意味着脱离公共生活，移居至罗马以外的地方”。[54] 其他作者表现得更为谨慎，他们认为撤离显然不同于叛逃，平民热切希望确保他们仍然是罗马城邦的一分子。[55]

这些观点之所以相互矛盾，一定程度上是因为作者在哪些人是平民这个问题上存有分歧，这也反映出史料相关描述的复杂程度。因此，奥格尔维（Ogilvie）称平民包括大多数工匠、商人、刚来到罗马还没有庇护人保护的移民（与史料描述的贫农形象矛盾）。在莫米利亚诺看来，平民主要属于“较次等级”，从财产角度看，这些人缺乏加入军队的资格。这可以解释为何平民的要求没有立刻得到满足，以及阿庇乌斯·克劳狄乌斯为何会对平民的参战承诺不屑一顾。[56]但这种解读也存在问题，因为史料一致将撤离运动与军队罢工联系在一起，引发后者的是债务危机。理查德认为撤离运动肯定主要是由公民士兵发起的，他们联合了较次等级和受债务束缚的人。他表示，那些符合塞尔维乌斯等级财产资格要求的人是受农业危机影响的主要群体，较次等级的问题是次要的。[57]拉夫劳布（Raaflaub）持类似观点，他认为撤离运动肯定主要是由重装步兵发起的。他认为罗马精英阶层拥有的权力——通过他们在意大利中部同时代人的墓葬可以看出来，并且他们对宗教的牢牢掌控也能证实这一点——可以解释改革进程缓慢的原因。他还称保民官的设立是一次极大的让步，暗示平民的要挟具有相当大的影响力。事实上，关于撤离运动，最好的解释是，将平民视为由不同群体组成的组织，具有相当的军事影响力，反映出罗马社会及经济的复杂性。[58]

撤离运动常常被认为等同于军队罢工，但其中隐含了更切实的威胁，即彻底离开罗马社群。[59]在流动的环境下，撤离这一行为表明可能出现定期地去到或迁居另一座城市的现象。因此，撤离运动并不是军队罢工那么简单，还是一种暂时的迁居。其实，史料数次明确提及过这些。对于第一次撤离运动，狄奥尼西乌斯（6.47.1）称贵族担心平民可能会投奔敌人。当撤离者在圣山安顿下来后，留在罗马城的移民开始逐个溜走，有公然离开的，也有悄悄撤走的，他们都加入这场运动中（Dion. Hal. 6.48.3）。最引人注目的是，狄奥尼西乌斯称平民领袖尤尼乌斯·布鲁图斯（与同名执政官没有联系）发表讲话，提议离开罗马，在其他地方建立殖民地（Dion. Hal. 6.80.3）。[60]还有个例子，当公元前 471 年再度爆发内乱时，李维称沃尔西人有意鼓动一些撤离的平民站到他们这一边。[61]

这些编年史作家的观点在多大程度上反映了公元前5世纪的情况，我们无法确定。[62]鉴于这些是讲话或作者的感觉，将它们作为证明历史真实性的确凿证据是不明智的。不过，它们表明李维和狄奥尼西乌斯都认为撤离运动可能导致平民永久地投奔罗马的敌人，这个想法与他们对罗马公元前5世纪历史的整体描述形成鲜明对比。根据史料，这一时期，罗马与沃尔西人、埃奎人等敌人展开了不折不扣的生存大战，在这种背景下，平民叛逃的可能会引发异常的恐慌。

其他证据表明，古风时代存在着从一个社群撤离，加入另一个社群的想法。后世史料保留了撤离可以逐渐发展成移居或殖民这一想法：后来罗马的评论家塞尔维乌斯在点评维吉尔时，将通过公共协议建立的殖民地与因为撤离运动出现的殖民地区分开来。[63]关于后者，有一个例子：公元前342年，罗马驻军计划夺取卡普阿的控制权，这一不同寻常的事件计划发展为一场撤离运动。尽管李维（7.38—42）并没有将其描述为一场板上钉钉的撤离运动，但平民迫使贵族做出了各种让步。李维还记录了平民在阿尔代亚发起的一次暴力撤离，导火索是求婚纠纷引发的社会冲突：

> 平民被击退，但他们没有像罗马的平民那样，武装起来从城市撤离，前往某座山安营扎寨，而是手持刀剑火炬，发起突然袭击，劫掠贵族的农田。(Livy，4.9.8—13)

在一篇关于早期殖民的文章中，巴耶（J. Bayet）称这些运动为“武装撤离”。[64]其中一些成功建立了可以被我们称为“殖民地”的定居点，例如公元前3世纪80年代梅萨纳的马末丁人，公元前281年雷吉乌姆（Rhegium）的坎帕纳军团（Legio Campana）。关于马末丁人，其中一个版本称他们离开了家乡，在春祭之日来到了梅萨纳，呼应了平民发下的誓言。[65]因此，无论是作为一种选择，还是策略，放在流动很普遍这一更大的背景下，撤离可能会构成真正的威胁，即永久性地撤出一个社群，在其他地方居住。

由于我们所掌握的大多数后世史料存在年代错误问题，我们对这些运动的理解也会受到影响。如很多评论者指出的，后世史料倾向于从自己所处时代的角度出发，对共和国早期作重新解读，用共和国后期的术语区分群体流动事件，使用诸如殖民地和撤退这样的概念。但我们应该对这些观点保持警惕，这样的分类具有误导性。这种人口流动，无论是非正式的，还是正式的，都是融合在一起的。[66]这一点在殖民领域体现得尤为明显。殖民地这个词被用于指代共和国早期大量为罗马所统治、吸纳不同数量的定居者或驻军士兵的各个社群。[67]

因此，归根结底，即便我们觉得不可能明确平民撤退的意图，但在公元前5世纪具有高度流动性的意大利地区，迁出罗马这一行为意义深远。尽管纠纷得以成功解决，加上史料带有极强的“后”见之明，阻碍了我们对这一威胁性质的了解，但有一点是可以肯定的，即平民能迁出罗马，可以在“敌人”的领土上建立“殖民地”。

在罗马，平民几乎建立了又一个城邦，他们成立了专属的大会组织（平民会议，于公元前471年成立），设立专属的行政长官（保民官和平民市政官）。平民运动的复杂程度是惊人的，这些运动创立了与贵族占主导地位的城邦相似的结构制度。[68]保民官受神圣不可侵犯权的保护，后者是所有平民宣誓保护保民官的产物，保民官在面对行政长官和元老院——为执政官出谋划策的长老团——时可以行使否决权（veto，字面意思为“我不允许”）。[69]平民使用阿文蒂诺山上的克瑞斯神庙作为其运动的据点。他们会崇拜三位守护神——克瑞斯、利柏和利贝拉，类似卡比托利欧山上的三位神（朱庇特、朱诺和密涅瓦），后者是罗马城邦最重要的宗教信仰。平民崇拜的三位神源自希腊的得墨忒耳、科莱和狄俄尼索斯，前两位在雅典附近的厄琉息斯（Eleusis）受到崇拜，不过三神组合在一起具有意大利特色。[70] 这座神庙是由西西里艺术家装饰的，进一步证明罗马与意大利南部的联系。它成为重要的平民中心，起着档案存放地和资金库的作用。宗教、文化和政治理念一起流动，掌管平民的神的起源表明他们的政治灵感在很大程度上来自意大利南部的希腊城市。

十人委员会及第二次撤离运动

平民运动通过更多的撤离（公元前 450 年以及前 287 年）和政治煽动来追求其目标，即共享政治机会，减轻对贫困公民的压迫。据说，公元前 451 年，平民要求组建十人委员会，以公布法典。十人委员会制定了十项法律，以铜板的形式公布（Livy，3.34.1；Diod. Sic. 12.26）。尽管最初对十人委员会的设想是仅一年任期，但出于增补法律的需要，人们又选出了一届十人委员会。然而，在十人委员会的第二年任期期间，据说，其领导人阿庇乌斯·克劳狄乌斯变得专横暴虐。所有其他行政长官的职位都被他免去，人们无权就十人委员会的判决提起上诉。这届十人委员会只公布了另外两块铜板，其中之一很出名，禁止贵族和平民这两个阶层之间通婚。所有这些法律构成了著名的《十二铜表法》，这是构成罗马法律的重要基础。公元前 450 年，也就是平民发起第二次撤离运动之后，十人委员会被废。

在罗马历史上，这是一段极为混乱的时期，传统记述存在不少问题，一直让现代学者感到困惑。尽管阶层斗争在《十二铜表法》的制定中起着不可或缺的作用，但除了禁止通婚之外，这些法律几乎没有涉及社会冲突。关于十人委员会的记述——最初是在平民的鼓动下任命的，后来又因为其暴虐行为遭到反对——有些不合乎情理。传统记述中包括一些极为丰富的情节，例如阿庇乌斯·克劳狄乌斯和韦尔吉妮娅，这些故事肯定是在口口相传中或者随着舞台表演而被戏剧化了。阿庇乌斯渴望得到少女韦尔吉妮娅，他的一个手下宣称她是其奴隶，直到韦尔吉妮娅被她的父亲杀死，只有这样，她才能避免遭受性奴役。

这个故事与塔克文·苏佩布被推翻以及希腊暴君虐待臣民的故事有相似之处。此外，我们所掌握的部分史料提供了十人委员会的完整名单，但这其中也存在问题。第二次当选的委员中包括相当数量的平民，可他们却通过了具有争议、不利于平民的通婚法。《十二铜表法》中的其他法律没有明显偏向平民，反而包括一些极为严厉的惩罚条款。[71]

然而，我们有不少理由认为十人委员会的基本情况和《十二铜表法》的制定是可信的。后世作者对保存下来的法律文本残片作了引用。按照西塞罗的记录（*Leg.* 2.59），罗马的年轻人要背诵《十二铜表法》全文，这是他们受教育的一部分。如史料所称，《十二铜表法》肯定从多处汲取灵感：《君王法》（Livy，6.1）、习俗（Dion. Hal. 10.55，10.57），以及其他地中海社会已经完善的法律。很多地中海社群在公元前 7 世纪和前 6 世纪就制定了法律。这些法律通常不是以政治为目的的，而是旨在尽可能减少内部纷争。[72] 这一目标似乎也适用于《十二铜表法》。其与近东地区的法律存在一些明显的相似之处，不过古风时代希腊的范例或许更具影响力。[73] 史料称希腊方面从不同渠道对《十二铜表法》产生了影响：据说，公元前 452 年，有三名委员被派往雅典去获取灵感，他们带着梭伦制定的法律返回罗马（Livy，3.31—33），著名的希腊立法者以弗所的赫莫多罗斯（Hermodorus of Ephesus）在罗马流亡，据说，他帮助制定了《十二铜表法》（*Dig.* 1—1.2—4；Pliny，*HN* 34.11；Strabo，14.25）。尽管这些故事的确切细节遭到质疑，但罗马长期受到来自希腊的深远影响这一记述很符合我们所知的早期罗马的情况。罗马是一个希腊化的社会，经常从其邻居那里汲取文化经验，尤其是意大利南部的希腊城市。

《十二铜表法》保存下来的残片让我们得以更深入地了解公元前 5 世纪中期的罗马。[74] 这些残片揭露了一个等级社会，它由属于不同阶层的公民、自由民、奴隶、受债务束缚者和外邦人组成。对于公民，根据其是占地者，还是无产者（proletarii）来划分（1.4）。这样的划分需要进行人口普查，证实了罗马传统记述中关于这一制度自公元前 6 世纪就存在的说法（Festus 47，5 L.）。法律禁止非法聚集（8.14—15），对叛国者处以死刑（9.5）。这是个严苛的社会，制定的残酷刑罚包括“为了克瑞斯（谷物女神）”处以绞刑、火刑、分割肢体（若无法偿还债务）、卖为奴隶、从岩石（卡比托利欧山上被称为“塔培亚岩石”的尖坡）上扔下去。不过，《十二铜表法》也为个人提供了一些保护，他们不会成为特定法律的目标（9.2），除非被判有罪，否则不能被处以死刑。

对于较低阶层的人而言，生活显得尤为艰苦。《十二铜表法》对受债务束缚的人的地位作了细致的规定，他们会被划分为 forctes 和 sanates 这样神秘的群体（1.5）。① 债务人可以被卖到台伯河以外的地区（3.7；这肯定意味着进入维爱的领土），父亲可以卖子。奴隶身份出现争议的情况被认为是可能出现的（1.11），一如韦尔吉妮娅的遭遇。相较于伤害自由民，伤害奴隶受到的惩罚没有那么严厉（1.14）。对由奴隶造成的损害，需要予以赔偿（12.2）。其他经济措施表明农业和保护作物的重要性。道路建设设有最低标准（7.6—7），农田受到保护，禁止使用魔咒或唱怀有敌意的歌曲（8.1）。债务问题尤为突出，法律并没有特别偏向平民，即便其公布反映了平民要求获得全部公民权利的主张。保证人（1.4）、担保人（1.10）、债务（3.1—7）、利息（可能的，8.7）以及押金（8.8，亦不确定）的出现，展现出经济生活存在一定的复杂性。罗马可能有外邦人（hostes），他们不能因为使用而获得所有权（2.2；6.4）。罚金可以以阿斯（即青铜）缴纳，在钱币发行前，青铜是衡量财富的标准（1.13；1.14；1.15）。[75]

针对家庭和社会关系采取的措施表明罗马是父权至上的社会，存在家族和超家族群体。女性受到监护——维斯塔贞女除外（5.1；5.2）——并且在婚姻关系中处于从属地位，但这是可以避免的（6.5）。女性也可以离婚（4.3），继承遗产（5.4）。在没有继承人的情况下，遗产由氏族继承（5.5）。法律授权，

① 费斯图斯提到过这两个群体，而根据杰弗森·埃尔莫尔（Jefferson Elmore）的分析，“forctes”指的是身体状况良好的人，“sanates”则是指身体出现过问题但已治愈的人。

父亲在家庭中拥有很大的权力：父亲可以杀死残障的孩子，将后代卖为奴隶，大概是卖给其他罗马人（4.1；4.2 关于卖子）。《十二铜表法》旨在强调庇护制：自由民作为受庇护人，可以从一个家族转投至另一个家族门下（5.8）；庇护人若对受庇护人不公，会受到诅咒（8.10）。

还有条款反映了罗马人的宗教信仰以及对葬礼开支的限制。《十二铜表法》提到了维斯塔贞女和克瑞斯女神、神圣誓言，以及留在圣所的还愿物品。用魔咒造成伤害是被禁止的（见上文）。其中一个规定可能与在历法置闰有关（11.2）。[76] 其余规定对丧事过于铺张加以限制，例如禁止使用香水、酒、金饰、紫色衣物和乐师（10）。

最具争议的条款是禁止贵族和平民通婚（11.1），这表明在公元前 5 世纪的罗马，这两个群体之间确实存在社会冲突。若仔细关注史料，我们就会发现在这之前，罗马存在通婚的情况，例如塔克文家族和科利奥兰纳斯，在伊特鲁里亚则有德玛拉图斯。[77] 这一规定试图进一步突显已有习俗中存在的分歧，但似乎并不成功。禁止通婚可能是对平民阶层的出现和平民运动的成功兴起的回应。仅五年后，该条款就被《卡努勒亚法》（公元前 445 年，见下文）废除，但在公元前 4 世纪，这依然是一个问题。公元前 296 年，一位因为嫁给平民而失去贵族身份的女性在奎里纳尔山建了平民贞洁圣所（Shrine of Plebeian Chastity）。这个故事表明即便是在后世，这种紧张关系仍然存在（Livy，10.23.1—10）。

根据我们所掌握的史料，十人委员会这一在治理模式上的新尝试被第二次撤离运动终结了。在罗马的传统记述中，韦尔吉妮娅被她的父亲杀死是最初的导火索。当时驻扎在两个地方（维西利乌斯山和萨宾）的军队被维吉尼乌斯痛苦的恳求打动，发起叛乱。两支军队先去了阿文蒂诺山。对于平民而言，罗马城的这片区域早已变得十分重要，既是他们的居住地，也是他们发起运动的核心地，如我们在上文所看到的。[78] 但是，平民后来撤离到神圣边界之外的圣山。第一次撤离运动期间，平民就来到这里，因为撤到更偏远的地方可以向元老院施加更大的压力。只有在十人委员会辞职后，平民才被说服返回罗马城。阿庇乌斯·克劳狄乌斯遭到维吉尼乌斯的起诉，自杀身亡。元老院中最亲民的领袖瓦莱里乌斯和贺拉提乌斯当选为次年——公元前449年的执政官。他们通过了《瓦莱里奥–贺拉提安法》，满足了平民的各种要求：恢复了上诉权；平民大会的决议对各方都有约束力；恢复保民官权力，同时恢复并强调保民官的神圣不可侵犯权。

现代历史学家对这些法规提出了质疑。关于上诉权（公元前509和前300年，两次都是由瓦莱里乌斯家族其他成员通过的）和平民决议（公元前339和前287年）的法律反复出现，学者因而认为对应的法律只在公元前300和前287年获得通过，而较早两次在历史上并不存在。[79]但在公元前449至前287年间，至少通过了35次公民投票，[80]相同的法律后来再度出现可能是对早期未能得到实施的条款进行了修订和补充（如格拉古兄弟后来修订了古风时代关于土地所有权的法律）。总之，这些事件的重要性不在于十人委员会当政以及《十二铜表法》制定相关的具体细节，而是由此制定的法律以及两个社会阶层重新达成和解。

公元前5世纪余下的时间，社会动荡依然持续，罗马承受了更大的军事压力。政府官职仍然为贵族所牢牢掌控。公元前445年的《卡努勒亚法》废除了《十二铜表法》中关于通婚的法规。制定该法律的卡努勒乌斯还提议，由平民出任执政官之一。这一提议遭到否决，元老院提出的另一个建议得到支持，即选出三位最高行政长官（后来人数增加：自公元前426年起为4人，公元前405年起为6人）。他们被称为军事保民官，拥有执政官权力。但平民没有从中获得好处，直到公元前400年，才有平民当选，这种情况后来只在公元前396、前383和前379年发生。公元前367年，《李锡尼和绥克斯图法案》恢复了执政官这一职位，军事保民官遭废除。

公元前4世纪的平民运动

公元前4世纪，平民运动取得了最为重要的成就。阶层斗争的另一个关键点出现在公元前367年，起因还是债务危机，平民领袖的野心使得问题进一步激化。在一段长时间的平民骚动后，一些激进的法律出台。据说，自公元前377年起，李锡尼和绥克斯图九次当选保民官。公元前375至前370年，任职的他们阻止了贵族行政长官的选举（直至公元前370至前367年选出拥有执政官权力的保民官）。李维对这一事件戏剧化的描述——李锡尼的妻子受到其嫁给贵族的姐妹的冷落，她的野心激励了保民官们——以及行政长官选举在如此长一段时间内受到阻止，对这两点，现代学者普遍表示怀疑，但结果是可以肯定的。

据说，公元前368年，他们成功通过了两项法律，限制土地拥有（通过《土地法》）和限定利率。《土地法》通常被认为只适用于公共土地（ager publicus），如同提比略·格拉古在重新制定该法律时规定的那样，影响到拥有500尤格以上公共土地的人。但史料没有明确指出是公共土地，该法可能适用于所有拥有土地者。[81] 因此，这一激进的法律体现出精英阶层所拥有土地的规模以及随之引发的担忧。它标志着罗马也受到了更大范围的政治风向的影响，这在公元前4世纪的雅典和大希腊地区，体现得尤为明显，促进了城市宪法的民主化，以及法律面前人人平等。公元前367年，两位保民官得以进一步通过与执政官相关的法律，李维称相关法律规定一位执政官必须由平民担任，且平民也应当进入负责神圣事务的两人祭司团。新的十人祭司团成立，平民和贵族各占五席。作为补偿，贵族可以担任新的行政长官——裁判官以及两个贵族市政官——任期一年，很快，平民也可以出任。

事实上，《李锡尼和绥克斯图法案》似乎没能在进一步开放执政官选举上起到决定性的作用，因为公元前355至前343年，当选的两位执政官基本上都是贵族。[82] 李维称，公元前342年，《格努西亚法》回到同样的问题上，禁止收取贷款利息，允许两位执政官都可以由平民担任（Livy，7.42）。在《执政官年表》中，自这一刻起，执政官中通常有一位是平民。直到公元前172年，才出现了两位执政官都是平民的情况。这促使现代学者认为李维弄错了，公元前367年的法律只是表明平民有资格担任执政官，但直到公元前342年，法律才规定平民必须在执政官中占一个名额。[83]这种说法看似合理，但它是以此类法律得以严格遵守为前提的，而这一前提可能不成立。

可以看到，阶层斗争不仅发生在宗教领域，还发生在官场上，因为贵族权威的体现主要来自这两方面。宗教权力开放的最后阶段是在公元前300年，《奥古尼亚法》在已有贵族大祭司和占卜官的基础上，增加了平民大祭司和占卜官。平民被允许在所有重要的神职团中任职，不过类似弗拉米尼祭司这样古风时代的神职团仍然只允许贵族加入。最后，公元前287年，在平民第三次撤离运动——这一次他们前往贾尼科洛山——之后，《霍腾西亚法》（相关证据极为缺乏）赋予公民投票（平民大会决议）的法律效力，适用于全民。[84]在那之前，平民大会决议只适用于平民。《霍腾西亚法》实际上使得平民大会成为正规的国家机构。类似条款在此前，即公元前445年也曾获得通过，但这次重复表明此前的法律遭到无视。

所有这些法律的结果是一个新的由贵族-平民混合的贵族阶层得以形成。这一点可以通过《执政官年表》看出来，随着平民家族成员开始担任行政长官，加入元老院，《执政官年表》上开始出现平民的名字。从某种程度上说，穷人失去了为他们在政界发声的捍卫者，但平民运动在一定程度上成功缓解了贫困和剥削。公元前326年，针对罗马公民的债务奴役制被定为非法（Livy，8.28就相关法律的颁布给出了极为戏剧化的描述）。这种措施或许表明富人已经有了奴隶这一替代的劳动力来源，但法律禁止以任何形式重拾债务奴役制，稳固了罗马公民的权利。[85]自公元前334年起，对被征服土地进行分配——特别是以建立拉丁殖民地的方式——变得很普遍（见下一章）。这再次体现了《李锡尼和绥克斯图法案》预示的前景，渴望建立一个理想化的罗马社群，实现作为公民的农民—士兵的相对平等。通过阿皮安对提比略·格拉古于公元前 133 年恢复土地法的相关背景的描述（*B. Civ.* 1.8），我们知道很多精英阶层依然反对这种愿景，他们拥有的公共土地超过 500 尤格，更不用提私有土地了。

社会冲突以及相关联的平民撤离运动可以被解读为在罗马早期历史阶段，尚未形成共有的公民意识。若是如此，早期社会斗争只得到部分解决必然进一步强化了这一观点。我们可以从罗马历史记述重心的转移看出这一点，李维撰写的前十卷书就体现得很明显。他对王政时代和共和国早期的历史记录以关于重要人物的故事为主，诸如塞尔维乌斯·图利乌斯、科利奥兰纳斯和卡米卢斯这样的国王和将军。到共和国中期，李维记述的重心发生了明显的变化，转而聚焦整个社群，以及城市和国家，对主要人物着墨就少了很多。这或许在某种程度上反映了罗马统治方式的变化。重要人物受到共和国权力分掌思想的约束，在从公元前 390 年罗马遭劫到大西庇阿于公元前 202 年击败迦太基赢得重要胜利这段时间，他们难以在政坛占据主导地位。但这肯定也反映了罗马集体记忆和记录保存性质的改变，即不再像古风时代那样突出个人，而是更多地聚焦社群。最终，这些问题的解决表明罗马人对社群作了重新定义，如克里斯托弗·史密斯所说，表现出早期罗马国家的凝聚力，尽管罗马在这一时期的实力遭到了质疑。[86]

第八章

公元前 6 世纪至前 4 世纪罗马的对外关系

导读

要理解罗马城的崛起和发展，罗马在约公元前 600 至前 338 年的对外关系至关重要，尽管公元前 338 年之后的情况大相径庭。此时的罗马正处在扩张萌芽期，其于公元前 6 世纪末在拉丁姆建立了一个小帝国，但随后屡遭挫折，没能统治邻近地区。我们对公元前 338 年之前的罗马的了解表明罗马拥有的资源强于其所有近邻。罗马城的规模大于任何意大利中部的敌对城市，是其他拉丁中心城市的数倍。其领土位于意大利中部最肥沃的平原之一，占据了意大利中部最重要的河流两岸。从罗马城在公元前 6 世纪的面积和城墙看，它肯定拥有大量的人力资源。朱庇特神庙这样的纪念性建筑表明至少在公元前 6 世纪，罗马的经济储备实力强于其邻居。然而，共和国早期的政治危机似乎阻碍了罗马对这些资源作有效安排，平民和贵族在诸如债务、组建和领导军队这些问题上展开争斗。只有在平民成功迫使贵族做出让步后，罗马潜在的优势才能显现出来。此外，即便是对最强大的城邦而言，这一时期意大利中部同盟组织和城邦结盟的复杂变化使得确立控制权变得十分困难。只有当罗马为自身谋利组建联盟时，它才能更快地进行扩张，并控制被其征服的土地。

一如既往，鉴于我们所有的关键证据是文学史料，且所有主要的文学史料来自希腊－罗马传统记述，所以我们难以得出一个不带偏见的观点。人们再次对这些作者及其撰写的文学著作表现出兴趣，这既有好处，亦有问题。自共和国建立之初起，关于罗马扩张的记述就变得越来越详尽，尤其是李维（至公元前 292 年）和狄奥尼西乌斯（至公元前 445 年），还有狄奥多罗斯、波利比乌斯和其他人的补充。公元前 5 世纪和前 4 世纪的资料变得越发可靠，这一趋势必然与文献记载被更多使用有关。[1] 尽管存有差异，但我们所有的史料在这一时期主要事件的梗概上基本达成一致。史料提供的信息不仅是罗马方面的，还有外邦城市以及意大利人的，因为他们与罗马有联系，尤其有关于伊特鲁里亚人、萨莫奈人和高卢人的额外记述，很有价值。

文学史料存在很多问题，这一点亦很明显。最为人所知的是，所有我们掌握的主要史料都是在其所记述事件发生至少一个半世纪后写成的，它们显然对得到的基本资料有一定程度的怀疑。传统记述中明显存在对事件的编造和曲解。在这方面，家族史的影响（西塞罗和李维都对家族史的可信度持保留意见），以及在口口相传中对故事的不断重塑，都是显而易见的因素。李维提及了关于胜利的争议，指出一些逆转获胜可信度低，或是为了挽回颜面编造的，他觉得不太可能是真的。[2] 更不易为人察觉的是，我们所有的史料（甚至包括希腊史料）基本上都是从罗马视角出发写成的，诸如维爱这样的外邦城市只是因为与罗马扩张有关联才被提及，与贸易、迁移和宗教习俗相关的和平互动往往被忽略。此外，这种以罗马为中心的视角掩盖了更广范围内历史发展起到的作用，例如在罗马崛起期间，伊特鲁里亚城市在其境外的扩张。由于史料是在罗马的权势达到巅峰时撰写的，它们不可避免地受到“后”见之明的影响，因而将罗马的稳步征服描述为以不可阻挡之势展开的不断扩张。

所以，在史料受限的情况下，历史学家试图将罗马置于意大利境内发展这一背景下，这很重要。[3]在可以得到相关考古和铭文证据的情况下，更多使用这类证据也很有帮助，因为这类证据不会出现文学史料所带有的偏见。此外，意识到关于罗马崛起的希腊–罗马历史记述有着极为复杂的根源，也很重要。至少在一定程度上，此类记述依赖同时代的书面记录或更早期、没有受后奥古斯都时期史料“后”见之明影响的希腊史料。很多希腊史料通过后世如狄奥尼西乌斯和狄奥多罗斯等的历史记述得以保存，尽管他们在记述时容易出现曲解。因此，总体而言，我们必须留意，不能过于依赖文学史料给出的特定的记述框架。本章节的目标是考虑伊特鲁里亚和拉丁姆的情况，然后在范围更广的背景中研究罗马的扩张。

伊特鲁里亚人和伊特鲁里亚同盟

伊特鲁里亚城市在罗马崛起的过程中扮演了重要的角色。这些城市的统一成为很多学术讨论的主题。伊特鲁里亚人建了12座城市，文学史料的相关记述是一致的，一如下文，为斯特拉波所写：

> 当第勒努斯抵达时，他不仅以自己的名字将这片区域命名为第勒尼亚，还让塔科担任“殖民者”，建立了12座城市；塔奎尼这座城市就是以塔科的名字命名的，他自儿时起就表现得很聪慧，按照神话讲述者的说法，塔科出生时便有一头灰发。起初，第勒尼人只听从一个统治者的命令，他们很强大，但随着时间的推移，他们的联合政府似乎不复存在。第勒尼人屈服于邻居的暴力之下，分散在不同的城市中。（Strabo，5.2.2）

李维（5.33）的说法则相反，他称伊特鲁里亚本来就有12座城市，他还补充称随着伊特鲁里亚人将领土范围扩张至意大利北部，他们在那里复制了同样的模式。据说，伊特鲁里亚人还在坎帕尼亚建立了12座城市。这种说法可能基于某种存在的集体组织，此类故事可能源自伊特鲁里亚人。但这种公式化的说法引人怀疑，斯特拉波承认由一位带有神话色彩的领袖治理的联合政府转变为城市自治这种说法只是推测。12这个数字可能是罗马古文物研究作者猜测的，不存在权威的城市（或“民族”）名单，后来我们听说过一个由15座城市构成的组织。就史料给出的信息而言，罗马从来都不是这一集体组织的成员。

文学史料记录了伊特鲁里亚领导人在沃尔图姆纳圣所参加同盟会议。对伊特鲁里亚人而言，沃尔图姆纳是一位重要的政治神祇。我们掌握的所有史料一致认同这次会议是在沃尔西尼（奥尔维耶托）的领土上召开的，对于大多数伊特鲁里亚人而言，沃尔西尼地处中心，是很便捷的集会地。所有的伊特鲁里亚城市会在这里举办一年一度的节庆展会。铭文也证实了伊特鲁里亚人会举办神圣竞技会。铭文提及在帝国早期，有一个由15个民族组成的伊特鲁里亚同盟，该同盟可能是亲伊特鲁里亚的克劳狄乌斯建立的。公元4世纪，人们还会举办这一节庆，在沃尔西尼和伊斯佩鲁姆，伊特鲁里亚和翁布里亚祭司会组织一年一度的宗教仪式（翁布里亚人在某个未知的时间加入了这一活动），还有竞技比赛。[4]

这一同盟通常被认为在被罗马征服后解散，但在帝国时期，罗马人一时兴起，又将其恢复。不过近期在奥尔维耶托外围的发掘使得我们有理由认为此地可能是沃尔图姆纳圣所所在地，这一观点因而受到质疑。考古发掘发现了一座壮观的圣所，其规模和重要地位与书面史料给出的关于沃尔图姆纳圣所的描述相符。[5]该圣所面积达30公顷，有祭坛、大型建筑的地下室以及两条用于举办仪式的道路（宽6米，长60米的裸露段）。这里有可追溯至公元前8世纪的陶器，还有自公元前6世纪和前5世纪起的黑彩和红彩阿提卡陶器碎片。考古发现了希腊大理石质地的雕像残片、公元前 6 世纪至前 3 世纪的建筑赤陶，这些物品都很精致，肯定属于不同的神圣建筑。其他发现还包括翁布里亚、希腊和西西里 – 布匿的钱币。这个场所一直使用到古代晚期，最终在公元 12 世纪，此地建起了韦泰雷的圣彼得教堂（church of San Pietro in Vetere，名字表明其与古代遗迹之间的联系）。所有证据都符合我们对此类事件的预期，即体现了举办人的富有以及与外邦的联系，还表明从伊特鲁里亚历史早期到其被罗马征服过去后很久，这一节庆始终在举办，几乎没有中断。

李维在写到公元前 403 年发生的事件时，提及有一位祭司被十二同盟选为领袖：

> 维爱人厌倦了每年（为行政长官）进行游说，这种做法有时候会引发分歧，他们选出了一位国王。此举让伊特鲁里亚人感到不满，他们痛恨君主制和国王本人。一段时间以来，伊特鲁里亚人因为国王的财富和傲慢而对其深恶痛绝。由于在政事方面不顺，国王粗暴地打断了庄重的竞技会，这被认为是亵渎之举。国王之所以这么做是因为十二同盟投票选出了一位祭司，没有选他，他因而在竞技会中途撤走了所有演员，大多数都是他的奴隶。因此，忠于宗教仪式胜过其他任何事物（更因为宗教仪式最能展现他们的虔敬）的人们投票决定只要维爱人服从国王的统治，就不会给予其帮助。出于对国王的害怕，维爱人被禁止提及这次投票，对于提及此事的人，国王不会视其为无聊流言的传播者，而是当作煽动叛乱的主导人。(Livy，5.1.3—7)

可以看出，这些城市不会联合起来去保卫同盟中的成员。一些史料倾向于认为这是一个拥有共同政治目标的强大联盟。一些学者认为“zilath meχl rasnal”这个称呼应该翻译成“praetor Etruriae populorum”（伊特鲁里亚人民的行政长官）。[6]尽管这确实是一个行政头衔，而不是神职头衔，但现在看来，它更有可能是指单独伊特鲁里亚社群的领袖，而不是整个同盟的领袖。有时候会有这样的看法，即同盟会在一个领袖的带领下采取军事行动，这在一定程度上以狄奥尼西乌斯的评论为依据——在联合军事征战期间，每位伊特鲁里亚国王的法西斯束棒（权力的象征）都会被交给一位拥有绝对权力的领袖（3.61.2）。

但这一同盟的真正规模存疑，一些学者对其是否真的存在提出了质疑。[7]关于联合军事行动的证据太少，大多数与伊特鲁里亚历史上的神话时代关联。相比之下，拒绝给予军事援助的情况频繁出现，例如公元前 403 和前 397 年拒绝为维爱提供军事援助。史料还证实伊特鲁里亚的联合军事行动与同盟无关。一些城市在面临威胁时会联手，但通常是两座城市合作，而不是大规模结盟。与斯特拉波的说法相反，从政治角度看，伊特鲁里亚很可能从来都不是一个统一的实体。事实上，尽管拥有民族共同性，但不少伊特鲁里亚城市都曾相互侵略。出土于塔奎尼、公元 1 世纪的一系列铭文“塔奎尼墓志铭”可以证明这一点，铭文包含的信息可能来自伊特鲁里亚本土的史料，与罗马历史无关（我们无法确认提及的内容和日期，但可能是公元前 5 世纪）。其中一段颂词是这样的：

> 奥卢斯·斯普林纳……两次担任裁判官（？即原始伊特鲁里亚文献中提及的行政长官“zilath”）……在阿雷提乌姆的战争期间……被卡里国王奥格尼乌斯废除（沦为奴隶？）。[8]

因此，我们最好将伊特鲁里亚理解为由若干独立城邦组成，伊特鲁里亚人为了共同的目标而定期聚集在一起。宗教节庆和军事合作使得这些语言相同的独立城邦形成了伊特鲁里亚集体认同感，这种认同感并非源自原始的统一。

一些史料夸大了伊特鲁里亚的实力。加图在其《起源》中称“几乎整个意大利都为伊特鲁里亚人所统治”（*FRH* F72，Serv. *Aen.* 11.567—568 引用），但这显然指的是伊特鲁里亚历史非常早期的阶段，可能是带有神话色彩的初期。李维（5.33）的记述更符合事实，他称“在罗马称霸之前，伊特鲁里亚人得以在海陆进一步扩大势力范围”。尽管这种民族替代的概念——伊特鲁里亚人被罗马人所取代——过于简单，但有充分证据表明在意大利境内，伊特鲁里亚之外的两个地区——坎帕尼亚和意大利北部——确实为伊特鲁里亚人所掌控。

伊特鲁里亚之外的伊特鲁里亚人

坎帕尼亚的几个地方［例如卡普阿、蓬泰卡尼亚诺和迪亚诺河谷（Vallo di Diano）］，有着和伊特鲁里亚重要的铁器时代中心相似的考古史，可以追溯至公元前9世纪的原始维拉诺瓦和维拉诺瓦阶段。这些坎帕尼亚墓地展现了维拉诺瓦南部文化，在墓葬习俗、墓地类型和聚落形态方面，与伊特鲁里亚存在大量相似之处。后来，铭文表明伊特鲁里亚语有在坎帕尼亚使用，例如庞贝和蓬泰卡尼亚诺，这两地与维爱和卡里有明显的联系。

这一现象亦得到了文学史料证据的支持。斯特拉波称坎帕尼亚有12座伊特鲁里亚人的城市，包括庞贝和赫库兰尼姆（Herculaneum）：

> 再一次，有人说，尽管最初居住在这里（坎帕尼亚）的是奥比西人，还有奥索尼人，后来被奥斯坎部落的西迪奇尼人所占据，但西迪奇尼人被库迈人赶走，而库迈人又被第勒尼人逐走。这些人还说，这片平原因为土地肥沃而成为众人抢夺的目标，第勒尼人在此建起了12座城市，将首府命名为“卡普阿”。但由于生活奢靡，他们变得软弱，因而被迫离开这一帕杜斯河（波河）周边的区域，将其让给萨莫奈人……尼阿波利斯之后，他们来到赫拉克勒斯要塞（赫库兰尼姆），这里有一处岬角伸入海洋，宜人的微风从西南吹来，使得这里成为一个健康宜居的定居点。这一定居点以及后来的定居点庞帕亚（庞

贝）——萨尔努斯河流经这里——都曾被奥比西人占据，然后是第勒尼人以及皮拉斯基人，再接着是萨莫奈人。（Strabo，5.4—8）

伊特鲁里亚定居点的性质不尽相同。一些可能是伊特鲁里亚城市建立的，例如卡普阿。诸如蓬泰卡尼亚诺这些地方更可能是贸易港，因贸易发展起来，与伊特鲁里亚的海上力量关联。伊特鲁里亚南部和坎帕尼亚之间的联系部分是靠海运，利用第勒尼安沿海地区。但两地之间肯定还有通过陆路实现的联系，这需要穿过罗马和拉丁姆地区。公元前 474 年，伊特鲁里亚海军在库迈遭遇败仗，这必然使得伊特鲁里亚的海上联系变得更不稳定，也因而危及伊特鲁里亚对这些南部定居点的控制。根据我们所有的史料，最终在公元前 5 世纪后期，伊特鲁里亚失去了这些定居点。

卡普阿是坎帕尼亚最大且最强的伊特鲁里亚城市，也是这些城市中最靠北的。卡普阿的地理位置使其具有重要意义，它位于沃尔图诺河上天然形成的十字路口，控制着意大利北部和南部之间的陆路和河道。在早期历史上，卡普阿通过陆路与罗马连接，后来出现了诸如拉丁大道和阿庇亚大道这样的道路。维莱伊乌斯·帕特尔库鲁斯（Velleius Paterculus）坚称这座城市是在公元前 800 年左右建成的（1.7）。他还记录了加图给出的时间，为公元前 472 年，但就考古遗迹而言，这个时间似乎太晚了。公元前 7 世纪后期的卡普阿呈现出网格化布局，类似庞贝——或许是公元前 6 世纪，庞贝最初也可能是一座伊特鲁里亚城市。斯特拉波称卡普阿是这一地区的首府。伊特鲁里亚最长的铭文之一——卡普阿陶板——就出土于此。这座城市最终被萨莫奈人占据，李维的描述极富戏剧性，他称这事发生在公元前 423 年。事实可能没有那么夸张，但伊特鲁里亚的影响被削弱，铭文证据减少。到公元前 5 世纪，萨莫奈人控制了整个坎帕尼亚地区，铭文使用的主要语言开始变成奥斯坎语。

波河河谷同样发现了大量与伊特鲁里亚有关的证据，包括铭文和文学证据。

波利比乌斯（2.17）认为伊特鲁里亚的富庶是建立在控制了这一肥沃地带的基础上，不过主要城市似乎是在伊特鲁里亚文明初始阶段之后出现的。斯特拉波可能是参考了波利比乌斯已经佚失的文字（5.1.7），他称伊特鲁里亚人在这里建立殖民地是与翁布里亚人竞争的结果。据说，这个地区有另外12座伊特鲁里亚城市，它们是伊特鲁里亚人建立的殖民地：

> 他们先是选择在亚平宁山脉靠近西海一侧建立12座城市。接着，他们在亚平宁山脉另一边建立12个殖民地，在数量上与母城对应。这些殖民地占据了波河到阿尔卑斯山的整个地区，维尼蒂人居住的角落除外，他们环绕一个海湾而居。(Livy，5.33)

费尔西纳，即今天的博洛尼亚，可能是最重要的定居点：普林尼称之为“伊特鲁里亚领袖”（princeps Etruriae）（*HN* 3.115）。塞尔维乌斯在为《埃涅阿斯纪》作注释时称费尔西纳是由佩鲁西亚建城者的一位神秘亲戚建立的（10.198）。这里有大量墓地，例如维拉诺瓦和切尔托萨（Certosa）的墓地，出土有著名的斯图拉瓶（situla，桶形的礼器）。[9]

从考古角度看，最出名的定居点是马尔扎博托，设立这一定居点是为了控制跨亚平宁山脉的贸易。在这个地方，到公元前500年左右，经过规划的布局取代了公元前6世纪早期的小屋，而这一定居点的常设性质表明其是殖民地之一。马尔扎博托可能是在公元前350年左右被高卢人征服，此后就荒废了。这里最有名的发现是一尊大理石青年雕像，可能是从斯皮纳进口的，位于波河河口的斯皮纳是伊特鲁里亚北部最重要的港口。约公元前530至前520年间，斯皮纳呈现网格化布局，这里出土了大量阿提卡陶器，证明其作为亚得里亚海贸易节点之一，扮演了非常重要的角色。谷物可能是主要的出口物品。保存在重要的希腊德尔斐圣所的宝藏证明斯皮纳很富有（Strabo，5.1.7）。等到罗马于公元前 2 世纪早期征服这一地区时，费尔西纳为高卢人所掌控（Livy，33.37.4），不过斯特拉波（5.1.11）认为即便到那时，在阿里米努姆（Ariminum）和拉文纳（Ravenna）这样的城市，仍然残留着伊特鲁里亚和翁布里亚的痕迹。

所以，总体而言，十二同盟可能更像是一个宗教组织，而非军事或政治联盟，意大利从来没有出现过真正意义上的伊特鲁里亚帝国。然而，考古证实伊特鲁里亚人曾出现在坎帕尼亚和意大利北部。这些是不是脱胎自伊特鲁里亚母城、真正意义上的“殖民地”，还很难下结论。这种说法在古代很常见，不过一些定居点确实看上去是在网格化布局的基础上新建的，证实了文学史料的描述。更明显的是，这里的城市在文化上与伊特鲁里亚密切相关，并且和伊特鲁里亚本土的城市一样，它们彼此独立，相互竞争。这种情况既证实了伊特鲁里亚个人在本土之外的流动性，也表明伊特鲁里亚城市和它们在其他地方设立的定居点之间形成了关系网。在拉丁姆和坎帕尼亚地区，我们能明显看到这些关系网，它们在罗马的发展过程中起到了重要的作用。

拉丁人和拉丁同盟

拉丁姆地区的地理基础很有限。拉丁人所占据的核心区是一块面积相对有限的平原，以台伯河和阿尼奥河为界，最北面是群山。这一地区的东部和北部界线更为清晰，但西南面缺少天然的地理边界。老拉丁姆（Latium Vetus）实际上就是阿尔班山中部和湖泊地区，为火山活动后形成的区域。它是典型的意大利地区，更多是根据居民的民族认同感来划分，而不是天然的地形特征。

组成拉丁姆的各个城镇认为自己是更大的社群的一部分，因为它们有一些共同特征。所有城镇说一种语言，即拉丁语。所有城镇享有同样的起源神话，他们是特洛伊人埃涅阿斯的岳父、本土国王拉丁努斯的后人。所有城镇有着相同的物质文化，以及可能是最为重要的，所有城镇都会参与一些共有的宗教崇拜仪式，其中最重要的要属在阿尔班山举行的拉丁节。普林尼列出了参与者：

在（奥古斯都建立的）第一个区，有如下知名的拉丁姆城镇，已经提及的除外：萨特里库姆、波米蒂亚……；包括这些城镇在内，阿尔班民族习惯在阿尔班山上分享肉食（例如在参加献祭仪式时），包括阿尔班尼人、阿索拉尼人、阿切塞斯人、阿波拉尼人、布贝塔尼人、波拉尼人、库苏埃塔尼人、科里奥拉尼人、费代纳特人、弗莱尼人、霍腾斯人、拉丁尼安斯人、隆古拉尼人、马纳特斯人、马克拉雷斯人、穆尼安西斯人、努米尼安西斯人、奥利库拉尼人、奥图拉尼人、佩达尼人、波鲁西尼人、奎奎图拉尼人、西卡尼人、西索兰西斯人、托莱里安西斯人、图提安西斯人、维米泰拉里人、韦利安西斯人、维内图拉尼人、维泰兰西斯人。这 53 个来自老拉丁姆的族群就这样消失得无影无踪。(*HN* 3.5.68—70)

长期以来，学者们试图确定这些族群的身份，他们指出其中一些族群似乎是以罗马不同的山命名的，因此可能是罗马城统一之前分布在这个地方的村庄留下来的居民。[10] 韦利安西斯人通常与韦利安山联系在一起，奎奎图拉尼人与西里欧山有关联。[11] 格兰达兹称这一名单可能出自一公元前 5 世纪的铭文，认为这一习俗在当时已经过时了。这些迹象表明阿尔班山举办宗教崇拜仪式有着极为悠久的历史，可以追溯至青铜时代。

阿尔班山并非拉丁人共享的唯一宗教地点。他们还会聚集在拉维尼乌姆，在十三祭坛圣所举办维纳斯崇拜仪式。20 世纪 60 年代的考古发掘发现了这一圣所，经鉴定，从公元前 6 世纪早期到前 4 世纪末，它经历了一系列建筑阶段，纪念性祭坛的数量逐步增加，现在认为有 14 或 15 个祭坛。[12] 另一个共用的拉丁圣所位于内米湖，守护狄安娜丛林的是一位被称作内米之王（rex nemorensis）的祭司（Virgil，*Aen.* 6.137；Ovid，*Fast.* 3.271），还有塞尔维乌斯·图利乌斯于公元前6世纪在罗马阿文蒂诺山上建造的狄安娜神庙。史料称，塞尔维乌斯此举是为了将拉丁人统一起来，以便为罗马人所控制，神庙参考了以弗所的阿尔忒弥斯神庙的样式（Livy，1.45）。让人印象深刻的是，所有拉丁人共用的圣所都建在城外，这么做肯定为来自其他社群的个人使用圣所提供了便捷。塞尔维乌斯也遵守了这一规定，他将狄安娜神庙建在阿文蒂诺山上。尽管这座山在公元前6世纪封闭的塞维安城墙内，但它位于罗马的神圣边界之外。

拉丁人享有各种共有的权利，这也证明他们拥有相同的认同感。[13] 共和国早期，罗马通过一份条约正式认可了这些权利，但可能在那之前，这些权利已经是约定俗成的了。我们无法确认这么做是试图正式批准先前的安排，还是为了让拉丁人变得更加团结。拉丁人有通婚权（conubium），即与来自另一个拉丁社群的人合法结婚的权利；交易权（commercium），即与另一个拉丁人缔结有法律约束力的合同的权利（例如，在其他地方拥有土地）；迁移权（ius migrationis），即迁至其他拉丁城市并获得该城市公民权的权利。[14]

罗马既是这一更大社群的一分子，同时也有别于其他拉丁人，反映出其处在边缘位置。罗马拥有大多数构成拉丁认同感的重要元素，罗马人会参加拉丁人的宗教崇拜仪式，享有共同的文化，说同样的语言。[15] 但罗马人对自己有更为复杂的想象，他们认为自己不只是本土早期拉丁人或移民来此的埃涅阿斯的后代那么简单。关于罗马的民族认同感，决定性因素是他们自认是由起源不同的族群构成的民族。[16] 如我们所看到的，史料将罗马描述为由罗慕路斯建立的庇护所，是一座开放的城市，对任何想要来到这座城市的人开放，而萨宾女人遭掳的传说表明罗马最初人口中的女性是从邻近的萨宾劫掠来的。除了这些神话外，罗马人还保留了历史上更有可能发生的关于迁居至罗马的故事，例如卢库莫从塔奎尼来到罗马（成为塔克文·普里斯库斯），阿图斯·克劳苏斯及其追随者在公元前6世纪后期从萨宾迁至罗马，构成了伟大的克劳狄乌斯部落的核心。

关于罗马城在王政时代进行的领土扩张的传说——大多为占据其他拉丁城

镇——也清楚体现了罗马人与拉丁人的不同。

王政时代的罗马扩张

要估计公元前 6 世纪，即罗马早期的领土范围，非常困难。[17] 斯特拉波称罗马的一些节庆保留了关于罗马领土边界的记录，当时这些边界很靠近城区：

> 在那些标注出与罗马的距离的石头中，第五和第六块石头间有一个被称为“费斯蒂”（Festi）的地方，据说，这是当时罗马领土的边界。此外，祭司会在同一天庆祝被称为“安巴瓦利亚”的祭祀节日，举办地除了费斯蒂之外，还包括其他几个被认为是边界的地方。（Strabo，5.3.2）

这个地方是否确为罗马早期领土的边界，存有疑问，但类似这样神圣的遗迹往往容易被重新解读。

据说，罗马王国第一次将大量拉丁领土纳入自己的范围发生在图卢斯·贺斯提利乌斯统治时期。阿尔巴隆加被征服，其人口全体迁至罗马。传说中，这座城市在阿尔班山上，靠近罗马。但考古只发现了零星几个村庄的痕迹，公元前 9 世纪后期，这些村庄基本都衰退了。[18] 显然，我们面对的是神话，但可以明确的是，这片山峦自早期起就是罗马的领土。向这个方向扩张合乎常理，因为这里不像北部的伊特鲁里亚地区，有强大的城邦阻挡。拉丁城邦的规模都要小得多。[19] 在安库斯·马西乌斯统治时期，台伯河谷各城镇被征服，台伯河口建起了奥斯蒂亚。据说，他将战败的人带到罗马，以增加罗马的人口，就像图卢斯·贺斯提利乌斯所做的那样。有意思的是，这与后世开拓殖民地的做法截然不同，后者是派罗马移民前往被征服的土地，因此似乎不太可能是参考殖民做法编造出来的。[20]

对于两位塔克文，据说他们征服了与罗马毗邻的萨宾和拉丁姆。李维（1.52—53）称塔克文·苏佩布重建了拉丁同盟，攻占了沃尔西人的苏埃萨波米蒂亚。关于他们征服其他地区的传说显得含糊不清且夸张。例如，传说称普里斯库斯征服了所有拉丁人，苏佩布则获得了对拉丁同盟的控制权，但后者还得向加比和阿尔代亚发起攻击。不管怎样，扩张的大体情况是完全有可能的。值得注意的是，所有史料都称普里斯库斯征服的是靠近罗马的地区，苏佩布征服的则是更远的地区。弗尔米南特（Fulminante）根据罗马文学史料，绘制了关于王政时代罗马领土扩张的地图，使用泰森多边形法绘出邻近城市的领土范围。如她所指出的，地图从地理逻辑角度呈现了相关描述，尽管这么做可能使得一个极为复杂的过程变得过于简单。我们无法确定传说的历史真实性。虽然传说的内在联系是说得通的，但这种逻辑也可能是后世人为编造的结果。[21]

不过，自公元前 6 世纪末起，我们有更可靠的独立证据证明罗马在拉丁姆建立了一个稳固的帝国。首先，据李维的记述，公元前 495 年，新部落的数量达到了 21 个。由于罗马人通过这种方式来安排新公民的投票权，表明罗马在此前已经获得了这些领土。[22] 李维的这一记述并不详尽，但它还提到了墨丘利神庙的落成日期，因而提升了其可信度：祭司很有可能保存这样的记录。

第一份迦太基条约进一步证实了这一点，波利比乌斯称条约是在公元前 509 年签订的。他记录的条约内容如下：

> 罗马与迦太基之间的第一份条约是在卢基乌斯·尤尼乌斯·布鲁图斯和马库斯·贺拉提乌斯担任执政官期间签订的，他们是国王被逐后最早的两位执政官，也是卡比托利欧山朱庇特神庙的建造者。这比薛西斯渡海前往希腊早二十八年。我在下文尽可能准确地翻译了这份条约，但古罗马的语言和现代语言相去甚远，即便是最聪慧之人，费尽心思，也只能做到一知半解。条约内容大致如下："罗马人及其盟友

与迦太基人及其盟友就这些条款达成一致。罗马人及其盟友不得驶过费尔岬角，除非为暴风雨或敌人所迫；除了修理船只或祭祀所需，任何人不得强行购买或带走任何东西，且必须在五天内离开。商人只能在有使者或市政书记员在场的情况下达成交易，若交易发生在利比亚或撒丁岛，这种情况下达成的交易金额，国家会保证卖者能获得收益。若有罗马人来到迦太基行省西西里岛，他享有和他人一样的权利。迦太基人不得侵害阿尔代亚、安提乌姆、劳伦提乌姆、奇尔切、塔拉奇纳或其他任何臣服于罗马统治的拉丁城市的人民。对于不是罗马臣民的拉丁人，他们也不应该干涉这些城市的事务。若他们占据了任何一座城市，应该将其完好无损地交给罗马。他们不得在拉丁领土上建造要塞。若他们武装进入这些地方，将不得过夜。”（Polybius，3.22）

这份条约签订的时间和真实性存有很大争议。波利比乌斯称他读过条约原件，大多数学者认为条约不太可能是编年史编造的。[23]20 世纪 60 年代刻有腓尼基和伊特鲁里亚双语的皮尔吉金板被发现，表明公元前 500 年后，这一沿海地区有说腓尼基语的人。这证实了波利比乌斯给出的第一份条约签订的时间。[24]迦太基想必一直都想与罗马新建的共和政体确立友好关系，可能想签订新条约以取代他们此前和罗马某位国王签订的条约。无论如何，新条约承认罗马人其实控制了整个拉丁姆沿海地区（一直到安提乌姆和奇尔切），但还有些拉丁人不受罗马掌控。这与李维描述的情形十分相似，后者称塔克文·苏佩布殖民了奇尔切，成功占领加比，在围攻阿尔代亚期间遭放逐。因此，波利比乌斯保存的信息的真实性至少有助于证实关于王政时代后期扩张的传统记述的大致时间线。

拉丁人的反抗及雷吉鲁斯湖战役

罗马逐步侵占拉丁姆，拉丁人对此的反应是自己结盟，我们称之为拉丁同盟。和伊特鲁里亚同盟一样，这一组织肯定是建立在此前就存在的宗教合作的基础上，继而延伸至政治和军事领域。李维称一些类似的联盟已经反抗过安库斯·马西乌斯，据称，塔克文·苏佩布接管了一个以费伦蒂纳丛林为据点的拉丁组织。苏佩布让他们加入由罗马人和拉丁人混组的联合军队，他本人拥有军队最高掌控权（Livy，1.52）。但随着君主制在公元前509年左右被推翻，这一据说由苏佩布建立的权力基础似乎不复存在，局势变得不稳定。

公元前504年在阿里恰，拉丁人团结在一起，对抗拉尔斯·波尔塞纳，我们无法确定罗马人是否参与其中。大约在这个时期，拉丁人开始反抗罗马。加图残留的记录片段证实存在这一同盟，这段记述可能抄录了约公元前500年（考虑到公元前5世纪早期，沃尔西人从拉丁人手中攻占了波米蒂亚，因此时间不可能更晚）的一段铭文：

> 拉丁独裁者、图斯库鲁姆的埃吉利乌斯·拜比乌斯在阿里恰的森林中开辟了狄安娜丛林。下面这些人联手加入：图斯库鲁姆人、阿里恰人、拉努维乌姆人、劳伦图姆人（即拉维尼乌姆人）、科拉人、提布尔人、波米蒂亚人、阿尔代亚鲁迪里人……（Cato，*Orig.* 2.28 C. = *FRH* F36）

阿里恰的森林被认为与内米的古拉丁人宗教场地一样。这份名单没有提及罗马为参与者（尽管名单并不完整），这一联盟由一个图斯库鲁姆独裁者领导，这表明其记录的是反抗罗马的组织。[25]

在公元前499或前496年发生的雷吉鲁斯湖战役（Livy，2.21.3—4表示困惑）中，拉丁同盟被罗马击败。关于这场战役，文学史料有详尽的叙述。拉丁人试图重立塔克文·苏佩布为罗马国王。罗马获胜后，双方在公元前493年签订了《卡西安条约》，以执政官斯普里乌斯·卡西乌斯的名字命名。西塞罗和李维称条约内容刻在演讲台旁边的铜柱上，一直保留到共和国后期。[26]铭文保留了关于这份条约的记忆以及负责签约的执政官的名字。狄奥尼西乌斯为我们提供了这份条约的文本，但他可能用了记录有条约内容的古文物史料，而非亲眼见过：

> 这些是条约的条款："只要天地仍在，罗马和所有拉丁城市之间将享有和平，彼此不再开战，或带来敌人，或授予任一方的敌人通行权。在征战时，它们会互帮互助，全力以赴，平分在一起参与的战争中得到的战利品。私人合约引发的争议应当在缔约国并且在十天内解决。除非得到罗马人和所有拉丁人的认可，本条约不得有任何增删。"这些条款得到了罗马人和拉丁人的承认，并通过誓言和祭祀正式通过。(Dion. Hal. 6.95)

这份条约看起来是一份关于罗马人和拉丁人互助的协定，其最重要的功能似乎是双方联手防御进犯的沃尔西人和埃奎人。狄奥尼西乌斯称无论获得怎样的战利品，双方都会平分，但考虑到罗马在当时是最强大的城邦，这似乎不太可能。我们不知道联军的指挥权归哪一方。罗马获胜后签订的条约很有可能偏向罗马人，在我们所掌握的史料中，联军通常是由罗马人指挥的。费斯图斯对此有过论述，这段文字表面看是暗示指挥官是由双方共同决定的，但关键片段显得模棱两可："有一年，轮到罗马人奉拉丁人之命，派出指挥官统领军队。"（Festus 276 L.）这可能是表示有些年份，是拉丁人派出指挥官，但更有可能是罗马人派出指挥官。[27]在其他年份，双方并没有集结起军队。

随着时间的推移，拉丁同盟逐渐扩大。新建的殖民地成为同盟成员。公元前486年，在被罗马人击败后，赫尔尼西加入拉丁同盟。按照狄奥尼西乌斯的说法（8.69.2），赫尔尼西人和罗马人签订的条约与拉丁人和罗马人签订的条约一样。《卡西安条约》确立了拉丁人和罗马人的双边关系，这一关系一直持续到公元前

4 世纪后期。而双方享有的权利（上文有论述）可能因为这一关系而确立。总之，拉丁人和罗马人的联合是因为罗马共和国表现出来的更软化的态度，还因为他们受到了来自外部的威胁。公元前 5 世纪，沃尔西和埃奎这些山地部落试图侵占拉丁姆的肥沃平原。更大的意大利范围内都呈现了这一趋势，即亚平宁山脉中部的民族成功占据低洼城市（例如波塞多尼亚和卡普阿），但这一次，沃尔西人和埃奎人没能攻下拉丁姆腹地。不过，很显然，和在坎帕尼亚的萨莫奈人一样，沃尔西人成功渗入了拉丁姆的很多城市，包括萨特里库姆、安提乌姆和韦莱特里，最终在这些城市成为罗马共和国的组成部分后，沃尔西人被罗马授予选举权。

沃尔西和埃奎

公元前 5 世纪的罗马历史以与沃尔西和埃奎这两个民族的战争为主。到我们所拥有的大多数史料撰写时期，即共和国晚期，他们已不复存在，因此这依然是两个鲜为人知的民族。埃奎人占据了上阿尼奥河谷，即普雷尼斯特和提布尔后方的山地，这些地区留有一些丘陵要塞的遗址，但除此之外，就没有其他遗迹了。[28] 关于沃尔西人，我们掌握的信息要稍多些，得到了一些有用的考古和铭文证据。经鉴定，有两处铭文属于沃尔西人，其中之一出现在萨特里库姆墓地出土的一柄迷你斧头上，另一处则刻在于韦莱特里发现的一块铜板上（韦莱特里铜板）。若分析结果是正确的，那么铭文使用的语言更接近翁布里亚语，而不是奥斯坎语，考虑到历史上沃尔西地处拉丁姆南部，这样的结果出人意料。[29] 这或许表明沃尔西和翁布里亚有联系，但意大利中部的语言情况十分复杂，所以我们很难确定这种说法是否属实。有充分证据证明沃尔西人在历史上占据了莱皮尼山和庞廷平原，人们对萨特里库姆的墓地和定居点以及利里斯谷（Liris valley）的索拉附近——一些人认为这是沃尔西的核心区——进行了细致调研。[30]

第一份罗马 – 迦太基条约表明，在公元前 509 年，罗马控制了直到塔拉奇纳的拉丁沿海地区。沃尔西人可能已经进入了诸如安提乌姆和波米蒂亚这样的拉丁城市。通常认为，塔克文·苏佩布在公元前6世纪后期征服苏埃萨波米蒂亚标志着罗马与沃尔西的关系变得敌对。通过文学史料，以及针对沃尔西人占据的定居点——尤其是萨特里库姆——的考古研究，我们可以看到沃尔西人对拉丁姆地区施加的压力。文学史料给我们的印象是沃尔西人和埃奎人在公元前5世纪早期快速崛起，对罗马构成了极为严重的威胁。李维告诉我们，到公元前495年，科拉和波米蒂亚落入沃尔西人之手（2.22.2），沿海的安提乌姆则在公元前493年为沃尔西人所掌控（2.33.4）。阿尔班山南坡的韦莱特里在公元前5世纪早期为沃尔西人所有，不过据说，罗马人在公元前493年重新夺回了这座城市。韦莱特里铜板就是在韦莱特里发现的，上文提及过这一沃尔西人的铭文，其历史可以追溯至公元前4世纪或前3世纪，这个时间表明拉丁姆地区一直有沃尔西人。但是，值得注意的是，现代学者质疑沃尔西人是否在拉丁姆南部地区进行了扩张，情况有可能相反，他们是罗马扩张的牺牲品。[31]

罗马人对庞廷平原尤为感兴趣。夸雷利将这一地区的古排水隧道（公元前6世纪和前5世纪）与塔克文王朝在罗马建造马克西姆下水道时使用徭役联系起来。[32] 萨特里库姆发现了大量与神庙有关联的还愿祭品（事实上这是拉丁姆地区最为丰富的发现），以及文学史料称此地非常奢华，表明了这一罗马周边地区的富有程度。建造卡比托利欧山上的神庙的资金来自从波米蒂亚获得的战利品，不过就得到的金属的确切数量，最早期的史料存有争议。当平民鼓动要求进行土地分配时，他们也常常会寻求庞廷平原的土地。公元前5世纪粮食短缺时，罗马人为了谷物来到这里，而失去这片土地，让其为沃尔西人所占据，是导致罗马在公元前5世纪早期遭遇经济问题的原因之一，关于债务的故事和神庙建造记录中出现的空白证明了这一点。

关于科利奥兰纳斯（莎士比亚戏剧的主人公）的传说或许代表了沃尔西人扩张的巅峰。[33] 李维、狄奥尼西乌斯和普鲁塔克将科利奥兰纳斯描述为一个傲慢的贵族，尽管在战场上表现英勇，却遭到不公对待，为平民所谴责，被迫流亡。他去找沃尔西人，成为他们最优秀的将军。接着，科利奥兰纳斯率领军队以势不可挡之势向罗马城门进发。史料对其行军路线存有分歧，一说是通过普雷尼斯特，一说则是穿过庞廷平原。[34] 科利奥兰纳斯的母亲、妻儿离开罗马城，来到军营恳求他，方才让他停止行军（李维和普鲁塔克强调家庭价值观和对罗马的忠诚最终战胜了个人的复仇心切和愤怒）。关于这一故事的历史真实性，仍然存有很多问题。这一传说有着明显的口述特点，被科利奥兰纳斯攻占的地方显得含糊不清，且故事极富戏剧性（表明它是史诗歌曲或另一种类型的传说所描述的主题）。科利奥兰纳斯没有出现在《执政官年表》中，这也使得他的身份受到质疑。但科利奥兰纳斯从一个社群迁入另一个社群，在古风时代，这种精英阶层的社会流动很典型，且与其他相关文学和铭文证据密切关联。[35] 不考虑科利奥兰纳斯这个人物的历史真实性，故事表明在当时，沃尔西人崛起对罗马造成了严重的威胁。公元前 5 世纪和前 4 世纪，沃尔西人仍然是罗马的死敌，不过公元前 431 年之后，史料描述的重点从沃尔西人转向罗马其他的敌人，那一年，在普雷尼斯特附近的阿尔吉都斯山，沃尔西人和埃奎人惨败给罗马。

考古研究提供了另一个有趣的维度。被称为波米蒂亚或萨特里库姆的这座城市是很有用的可供研究的案例，我们可以将考古发现与文学史料联系起来。根据文学史料，这座城市地处肥沃的庞廷平原中心，被塔克文·苏佩布攻占，但在公元前 500 年后不久，它落入沃尔西人之手。经过大规模发掘，人们在这个地方发现了精英阶层的大宅邸，以及建在卫城区域、献给马特·马图塔的神庙。[36] 这座神庙经历了数个主要的建造阶段，第一个阶段为公元前 6 世纪中期，第二个阶段发生在公元前 5 世纪早期的火灾之后。这一后续阶段是根据不同的底层平面图建造的，还建了大量贵族宅邸。新墓地设在旧定居点范围内，标志着沃尔西人的文化习俗不同于早期的拉丁居民。这表明居住者的心态是非城市的，符合文学史料描述的沃尔西人。萨特里库姆可能是沃尔西人对此地的叫法。

和埃塞特拉（Ecetra）一样，是沃尔西人的重城之一。它的另一个名字苏埃萨波米蒂亚为拉丁语和奥伦奇语的混杂。奥伦奇人占据了庞廷平原南部。他们可能是此地最早的居民，随后是塔克文·苏佩布统治时期的罗马殖民者，再接着是沃尔西人。我们可以将之与（拉丁城市）塔拉奇纳比较，后者的沃尔西语名字为安刻苏尔。[37] 最终，所有这些城市和民族都将成为罗马国家的组成部分，但这个过程将持续数个世纪。

古风时代战争的性质

这一时期的战争与古风时代意大利中部社会的性质相关联。城邦国家的实力远不如后世，当罗马的君主制垮台时，意大利中部局势动荡，人们离开故土迁居他地成为常态。战争期间，私人群体或氏族会跟随城邦军队在意大利中部游走。[38]

1977 年，在萨特里库姆马特·马图塔神庙发现的约公元前 500 年的铭文证实了最有名的一个例子。[39] 在重建这座公元前 6 世纪的神庙期间，当时的人重新使用了一块古老的石头，上面有略早时期拉丁人留下的铭文，这块石头正面朝向神庙内部。这或许表明这个地方的新居民沃尔西人不懂拉丁语。关于这段铭文，最有可能的解读是波比利奥斯·瓦莱西奥斯的同伴将这块石头献给战神。它有两个最重要的特点：首先，它是一群人给出的献词，以他们追随的精英阶层领袖之名，而不是以城邦国家成员之名；其次，波比利奥斯·瓦莱西奥斯是普布利乌斯·瓦莱里乌斯这个名字在古风时代的叫法。他可能就是文学史料提及的同名人物（普布利乌斯·瓦莱里乌斯·普布利科拉），此人在共和国初期的罗马数次担任执政官，分别为公元前 509、前 508、前 507 和前 504 年。学术界最普遍的解读是这一给战神玛尔斯的献词来自一个私人的战争追随团，这些群体在出征时不受任何国家控制。不过，我们不能排除这种可能性，即它只是私下给出的献词，这些人其实听从罗马人的指挥，又或者它只是纯粹的宗教团队给出的献祭品，没有任何特定的军事色彩。[40]

关于私人团队追随一个领袖，而不是为国家效力，还有一个例子，即公元前504年，阿图斯·克劳苏斯带领一群“受庇护人”移居。这些受庇护人是他的追随者，他们迁至罗马很有可能具有军事含义。[41]公元前460年，阿庇乌斯·赫多尼乌斯攻占卡比托利欧山，这是另一个例子。赫多尼乌斯率领一支武装队伍（一些史料称有4000人），有意夺取罗马的控制权，他可能想要效仿公元前6世纪极具影响力的人物（尤其是塞尔维乌斯·图利乌斯，若他真的是来自伊特鲁里亚的冒险家马斯塔纳）。赫多尼乌斯失败了，但值得注意的是，这次尝试还导致萨宾地区的人迁至罗马，这一地区有很多社群移居至第勒尼安沿海地区。[42]

在古风时代的战争中，这样的迁移很典型，即独立的武装团队（可能是由受庇护人组成）追随精英阶层的领袖，且独立行事。很显然，这与荷马在《伊利亚特》中描述的希腊国王相似，这些国王的领导能力似乎是基于其血统、个人魅力以及军事能力。这些移动体现了我们在前面章节中经常提及的迁移和个人关系网。我们还见过其他的例子，即具有影响力的人物带领其追随者踏上征程，例如伊特鲁里亚的卡利乌斯·维本纳和马斯塔纳，他们后来去了罗马。普布利乌斯·瓦莱里乌斯这个例子看起来是往另一个方向迁居，一个来自罗马的重要人物出现在远离罗马城的地方。

史料记录了这种现象，但鉴于古代作者通常是从其所处时代的角度看事情，即有组织的军队受到国家的严格控制，因此史料无法完全理解这种现象。最能证明这一点的是法比乌斯家族于公元前479年在克雷梅拉采取的行动。按照李维（2.48—49）的记录，整个法比乌斯家族带领其追随者和受庇护人离开罗马，与维爱战斗，但在克雷梅拉河，他们几乎全军覆没。李维将这件事描述为法比乌斯家族英勇承担了捍卫国家的责任。法比乌斯的乡村（罗马）部落就位于这一地区，表明他们这么做可能是为了保护自己家族土地的核心区。因此，他们可能是为了自身利益参战的，不受罗马政府的全面控制（但李维认为法比乌斯家族是在得到元老院批准后采取行动的)。

我们知道其他罗马氏族也与特定领土有关联，例如，瓦莱里乌斯家族和庞廷地区存在联系。另一个例子来自苏埃托尼乌斯(*Vit.* 1.3),不过具体时间不明。在论及皇帝维特里乌斯的家族出身时，苏埃托尼乌斯称：

> 这一家族世系历史悠久，从贾尼科洛山延伸至大海的维特里安路和同名殖民地就可以看出来。在古代，这个家族请求获得以自己血脉组建军队的权力，以对抗埃奎科利人。

若细读史料(其可信度无法得到保证)，这似乎是私人团队参与的另一种战争，但得到了罗马权威的认可，因为该家族像法比乌斯家族一样，请求得到参战权。伊特鲁里亚发现的同时代证据也支持这种以氏族为基础的战争的说法，伊特鲁里亚可能也出现过同样的情况。维图洛尼亚发现了125个青铜头盔，时间可追溯至公元前5世纪，头盔上都刻有“hapnas”，可能是类似的氏族军队遗留下来的。佩鲁西亚发现的斯佩兰迪奥石棺(约公元前500年)描绘了一次典型的氏族发起的进攻，他们带着俘虏和牛凯旋。[43]

因此，学者们普遍得出的结论是在这一时期，来自精英阶层的冒险家和以氏族为单位的团队参与私战，而在使用武力方面，国家不具备垄断权。这一时期，私人和氏族团队似乎是稳定的军事单位，而战争的类型肯定不再局限于塞尔维乌斯改革确立的重型步兵方阵，相较于以城市为基础的军队之间的冲突，频繁突袭、伏击和小规模战斗更为常见。尽管这一新共识使得大量证据——其中一些是同时代证据——变得合乎情理，且与我们所知的古风时代的社会流动密切相关，但其假设性质不应被掩盖。这一共识建立在史料给出的信息是真实的基础上，即便史料无法完全理解这些信息，试图在不同的时代对这些信息加以重新解读，以符合他们的先入之见。此外，同时代的图像和铭文资料，例如萨特里库姆之石，往往存有争议。事实上，有很多迹象表明这一时期城邦国家开始崛起，这意味着我们没有必要夸大意大利中部城邦在公元前6世纪和前5世纪的弱点。[44]我们无法确定在国家的控制之下，有多少这样的“私人”战争团队，也不确定李维和苏埃托尼乌斯给出的法比乌斯和维特里乌斯家族参战需要获得国家批准的例子是否只是因为作者所处时代不同，加以润色的结果。这种情况下，将罗马的费提阿里斯祭司所扮演的角色考虑在内，变得尤为有意思。这一祭司团进行的仪式可能代表了罗马试图约束这种私人发动战争的行为，因为他们要求罗马的敌人交出进犯罗马领土的个人，并且创立了一个受到管控的正式体系，用于宣战。[45]

拉丁姆的殖民化

上文提及维特里亚这一氏族殖民地，我们的话题可以转向殖民问题。和公元前6世纪和前5世纪的战争一样，殖民类似原始的土地侵占，如同共和国中期建立起有组织的城邦。[46]举个例子，可能供奉萨特里库姆之石的普布利乌斯·瓦莱里乌斯·普布利科拉被描述为独自建立了殖民地：

> 普布利科拉在缺席的情况下第二次当选为执政官，提图斯·卢克雷提乌斯成为他的搭档。在返回罗马途中，他的首要愿望是超越波尔塞纳，展现自己的崇高，因而建立了西格琉里亚这座城市，尽管对手已经逼近。在耗费巨资建好防御工事后，他派700人前往这个殖民地，表明他不在乎或不害怕战争。然而，波尔塞纳对城墙发起猛攻，赶走了守卫部队。（Plut. *Pub*. 16.2—3）[47]

其他史料提供了更多记述。李维和狄奥尼西乌斯认为将军及其士兵有权保留他们在军事行动中赢得的土地（Livy，2.48.2—3，4.49.11）。赢得大多数决定性胜利、为罗马获得新领土的将军拥有土地分配的掌控权（Dion. Hal. 8.30.2）。在负责建立殖民地的三人委员会中，他们能占据最重要的地位。[48]

拉丁战争之前，在拉丁姆地区建立的殖民地被称为古拉丁殖民地（priscae coloniae Latinae）。[49] 根据李维的说法，最初建立殖民地的是国王，然后是元老院。公元前 340 年的拉丁战争后依然是如此。但现代学者有不同的看法，认为这些殖民地是由拉丁同盟共同建立的。萨尔蒙（Salmon）表示，这种做法源于同盟在征服土地后如何分配的问题。他称被征服的土地邻近罗马领土，例如维爱的领土，这些土地被并入罗马，被分配给单独的罗马移民（viritane）。但罗马和所有拉丁小城邦之间无法分配南部和东部的土地。解决方法是在南部被征服的土地上建立一座新城，比邻拉丁领土，让其加入拉丁同盟，成为又一个拉丁城邦。[50] 表 8.1 中列出了我们所掌握的史料中记录的殖民地。这些殖民地通常被认为具有军事用途。它们建有传统的防御工事，例如西格尼亚和诺巴（Norba），似乎是独立的城市。它们的位置大致标出了罗马人和拉丁人对外扩张的线路，很可能有助于拉丁人巩固对被征服地区的控制。

然而，近年来，这一条理清晰的观点遭到了批评，学者们开始意识到史料中存在的一些问题以及繁多的殖民动机。殖民地的建立通常是出于明确的社会经济原因，且很多殖民地是建在原本就存在的地点上。这些是在城市基础上建起的殖民地，而不是从零开始创建的，它们往往类似驻防地，如同上文提及的西格琉里亚。所有拉丁人都可以通过行使“迁移权”参与殖民。罗马人可能是规模最大的殖民团队，因为罗马人口要比其他拉丁城市的人口多很多，这是增加罗马和拉丁人口的重要方法。[51] 但可以确定的是，幸存下来的本土居民有时候也会被计入人口数，如公元前 467 年在安提乌姆，李维（3.1.7）称“沃尔西殖民者被计算在内”。阿尔代亚（Livy，4.11.3—7）、奇尔切（Dion. Hal. 8.14.1）和韦莱特里（Dion. Hal. 7.12—13）的殖民地也是如此。[52] 这或许可以解释为何殖民地经常会发生叛乱，反抗拉丁同盟或罗马，沃尔西人参与了其中一些叛乱。公元前 4 世纪 40 年代，在拉丁同盟瓦解之前，该同盟会和沃尔西人联手反抗罗马，大多数殖民地与拉丁人站在一起，而不是罗马，如我们将会看到的。[53]

表 8.1　共和国早期的拉丁殖民地

时间（公元前）	殖民地
498 年	菲德纳
495 年	西格尼亚
494 年	韦莱特里
492 年	诺巴
467 年	安提乌姆
442 年	阿尔代亚
418 年	拉比奇
404 年	韦莱特里（第二次殖民化）
395 年	维特里亚
393 年	奇尔切
385 年	萨特里库姆
383 年	内皮
383 年	苏特里乌姆
379 年	塞提亚

我们应该在更大的背景下——从古风时代起到共和国中期，意大利中部个人和群体的流动性——理解殖民化这个问题。从很多方面来说，这代表了国家正式认可这一已经发生的迁移运动，后者往往取决于个体的主动性。我们也应该在土地占有欲的背景下看殖民化。公元前 5 世纪早期，经常有平民抱怨称忍饥挨饿（例如 Livy，2.34），当公元前 6 世纪的国际联系和随之而来的经济繁

荣在公元前5世纪艰苦的环境中消失时，殖民化发展为一种战略。在这种情况下，我们注意到公元前6世纪后期，克利斯梯尼通过在优卑亚岛和萨拉米斯岛（Salamis）创建殖民地来寻求解决雅典的社会冲突，这很有启发性。[54]

更广的背景：意大利危机？

罗马在公元前5世纪面临的挑战——社会危机和外敌施加的压力——与这一时代意大利其他地方的情况类似。有很多迹象表明不仅仅是罗马人面临危机，伊特鲁里亚、坎帕尼亚和意大利南部都在发生重大的变化，关系到古风时代的势力平衡。事实上，学者们认为公元前5世纪，整个意大利中部地区都处于"危机"时代。[55]在某种程度上，这与地中海中部的海外网络发生变化有关，意大利中部和希腊本土之间的贸易路线严重受阻。这一点从自公元前5世纪中期起罗马和伊特鲁里亚从阿提卡进口的物品减少可以看出来。[56]它也与叙拉古作为一股重要的海运力量开始崛起、公元前474年伊特鲁里亚海军在库迈战役中不敌叙拉古及库迈有一定关联。

位于坎帕尼亚地区、以伊特鲁里亚人和希腊人为主的城市遭遇衰退尤其能体现这种危机感。史料称公元前5世纪，库迈、卡普阿和波塞多尼亚被说奥斯坎语的人暴力占据，萨莫奈人来到坎帕尼亚，卢卡尼人来到波塞多尼亚。[57]李维写过一个骇人听闻的段落，描述了说奥斯坎语的人逐步渗透进城市，然后在公元前423年与原来的精英阶层反目，将他们屠戮殆尽：

> 据说，这一年发生了一件事，尽管与罗马历史无关，但值得一提。伊特鲁里亚城镇沃尔图诺被萨莫奈人占据，其现代名字卡普阿就出自萨莫奈人。这个名字被认为源自他们的领袖卡皮斯，但更有可能是用于形容其所在的地区——大片区域，或者"平原"地带。夺取这座城市的过程尤为恐怖。战争耗尽了伊特鲁里亚人的力量，他们允许萨莫

奈人共享城里的设施，一同在属于他们的土地上劳作。一天夜里，刚过完公共假日，毫无防备的伊特鲁里亚人正在熟睡，萨莫奈人发起袭击，将伊特鲁里亚人斩尽杀绝。(Livy，4.37)

这很可能是一个更为长期的过程，不过它似乎导致精英阶层（我们无法确认城市是不是被暴力攻占的）发生了实质性的变化。公元前 6 世纪和前 5 世纪，这些城市的精英阶层似乎既有伊特鲁里亚人，也有本土的坎帕尼亚人。[58]公元前 6 世纪和前 5 世纪，卡普阿和庞贝有很多伊特鲁里亚语铭文，但在那之后，数量就开始减少。同样地，到了公元前 4 世纪，库迈和帕埃斯图姆（Paestum）的希腊语铭文消失了。在所有这些城市中，首席行政长官变为奥斯坎语——meddix（复数为 meddices）。亚里士多塞诺斯（Aristoxenus）① 写过，公元前 3 世纪早期生活在帕埃斯图姆的希腊人是近乎十足的野蛮人，但他们显然保留了一些习俗。[59]

萨莫奈人和卢卡尼人从位于亚宁平山脉的传统居住地迁至平原地区的富庶城市，可能与公元前 5 世纪沃尔西人和埃奎人扩张至拉丁姆地区类似。意大利南部也可以看到同样的趋势，萨莫奈人、卢卡尼人和雅皮吉人开始给南部的希腊城市施加极大的军事压力。这种流动与人口增加、低地城市拥有的财富吸引力有关，也影响了阿普利亚。[60]但我们所掌握的史料可能误解了这个过程，将其描述为军事征服。[61]根据遗迹判断，事实更有可能是政变或政治转型之后的渗透。我们知道这一时期其他地方发生了政权更迭：公元前 490 年，著名的暴君亚里斯多德莫斯在库迈被推翻，大希腊和坎帕尼亚地区建立起了共和政权。[62]

但显然，全局并非如此。例如，将这一时期定性为所有伊特鲁里亚人遭遇的危机时期之一，明显具有误导性。这一时期，当与坎帕尼亚地区有密切联系

---

① 古希腊逍遥派哲学家，亚里士多德的学生。

的伊特鲁里亚南部城市——诸如塔奎尼、卡里和维爱——遭遇衰退时，北部和内陆的重要城市却很繁荣。伊特鲁里亚的财富分布更为广泛，出现了新的古典艺术形式。奢华的墓葬不再流行，关于还愿祭品，也有了新的习俗。这些公元前 5 世纪的变化最终导致的结果是，在原本以希腊人和伊特鲁里亚人为主的坎帕尼亚地区和意大利南部的一些城市中，新来的说奥斯坎语的人成为大多数。但在拉丁姆和伊特鲁里亚地区，萨宾人、沃尔西人和埃奎人这些群体在确立长期影响方面就显得不太成功，这些变化的最终受益方是东山再起的罗马势力。

征服维爱

公元前 5 世纪末，罗马在面对沃尔西人和埃奎人时，进一步巩固了其地位；到公元前 396 年，在经历一系列战争后，罗马军队攻占了最近的伊特鲁里亚城市维爱。这是罗马对外扩张过程中极为重要的里程碑，因为它消灭了一个城邦劲敌，使得罗马可以向伊特鲁里亚南部扩张。

维爱与罗马仅相隔 9 英里，位于台伯河的支流克雷梅拉河上，易守难攻。这座城市处在天然形成的凝灰岩高地上，大多数面都有陡峭悬崖保护。狄奥尼西乌斯（2.54.3）称“它位于一块高耸峭峻的岩石上，面积和雅典一样大”。虽然这种说法有些夸张，但维爱肯定是伊特鲁里亚地区最大的城市，面积达 194 公顷（尽管并不是所有地方都有人居住）。它拥有肥沃的土地，适合农耕，排水隧道和公路的出现使得其潜力进一步提升。这座城市在公元前 7 世纪和前 6 世纪尤为繁荣，可能是因为它有农业基础，并且控制着台伯河的贸易。[63] 人工制品证明从公元前 8 世纪起，维爱和希腊（公元前 8 世纪中期带半圆形手柄的优卑亚杯子）以及近东地区（公元前 8 世纪后期来自亚述和乌拉图的棱纹碗）就有贸易往来。诸如米凯莱山墓地（Monte Michele cemetery）5 号墓（公元前 7 世纪第二个 1/4 阶段）这样豪华的坟墓，以及伊特鲁里亚部分最早期的墓葬壁画（公元前 700 至前 680 年的咆哮狮子墓、公元前 680 至前 660 年的鸭子墓）证实在公元前 7 世纪，维爱出现了大量精英阶层。自公元前 6 世纪早期起，丧葬习俗变得简朴，随葬物品受到限制，表明这座城市与拉丁姆地区有着密切的文化联系。通过铭文，我们知道维爱还通过个人移民与拉丁姆有联系，例如提图斯·拉提努斯被证实公元前 7 世纪时在维爱。（这是最早的以民族身份提及“拉丁人”的文字。）虽然公元前 6 世纪的墓葬证据有所减少，但这一时期还见证了诸如波尔托纳乔神庙这样重要的圣所建筑的兴建，奢华的还愿祭品证明精英阶层经常前往这些圣所，包括维本纳和托伦尼乌斯家族的成员。[64] 据说，公元前 6 世纪后期，罗马的塔克文·苏佩布聘用了著名的维爱雕刻家武尔加。[65]

随着罗马和维爱在公元前 8 世纪和前 7 世纪成为台伯河下游河谷最重要的两大核心，它们之间发生冲突恐怕是不可避免的。沿着台伯河由北至南、延伸至山区的路线——如萨拉里亚大道——以及从伊特鲁里亚到拉丁姆和坎帕尼亚的由东至西的路线尤为重要。在早期，这两座城市围绕位于台伯河口的盐场的控制权起过冲突，据说，罗慕路斯从维爱那里抢到了盐场的控制权（Plut. *Rom.* 25.4），两地还争夺过菲德纳这一设防小城。菲德纳占据了很重要的地理位置，能俯瞰台伯河。公元前 5 世纪，罗马和维爱之间一再爆发战争，尤其是围绕菲德纳的归属问题。公元前 479 年，法比乌斯家族在克雷梅拉河遭遇了那场广为人知的失利（上文有提及）。在这些战争中，维爱得到了邻居法利希人的支持，后者在文化和语言方面接近拉丁人、卡佩纳人和菲德纳人。作为台伯河左岸——拉丁人这边——孤立的伊特鲁里亚城市，菲德纳不断遭到罗马的攻击，直至公元前 435 年，被罗马彻底占领。公元前 6 世纪中期，维爱已经建起（或整修）环绕城市所在高地、长 8 千米的城墙，规模与罗马的塞维安城墙相当。[66]

史料关于维爱陷落的叙述极具神话色彩，围绕传奇人物卡米卢斯展开。按照李维的说法，罗马人围困维爱长达十年，直到公元前 396 年，一些预言成真，在神的庇佑下，这座城市终于被攻克。这样的描述似乎在某种程度上参考了特洛伊战争的进程，或许不应被认为是真实发生的。[67]但考虑到攻下维爱的难度，对罗马而言，围攻显然是一次大规模行动。李维（4.59.11）称，为了准备这次围攻行动，罗马军队首次确立了军饷制度。随之而来的是对罗马公民征收税款，以及要求敌人支付赔偿金，从这时起，李维经常会提及这两件事。[68]维爱人向12座伊特鲁里亚城市组成的同盟求助，但李维称由于不久前维爱任命了一位国王，且此人不虔敬的行为导致同盟的其他成员疏远维爱，因此他们的请求遭到了拒绝。[69]

落败城市的领土被并入罗马。根据德国历史学家贝洛赫的估计，这使得罗马的领土面积增加了约50%，并且使其有机会得到台伯河下游河谷和北部路线的控制权。[70]罗马（可能还有拉丁姆地区）派了很多殖民者前往维爱，不同家族单独定居在不同的小块土地上（分配式殖民）。绝大部分被征服的人受到了苛刻的对待。李维（5.22）称所有生来自由的幸存者沦为奴隶。这表明罗马的经济中已经出现了大量对奴隶的需求，尽管奴隶也可以被卖给其他社群。李维后来（6.3—5）表示，很多来到罗马的维爱人获得了公民身份，分到了土地。公元前387年，新移民和存活下来的伊特鲁里亚人成立了四个新的部落。台伯河谷团队发表了对这一地区的勘测结果，在对这些结果进行重新评估后，我们发现很难确认这次劫掠的确切影响。勘测结果表明从古风时代（公元前6世纪和前5世纪早期）到共和国早期（公元前5世纪后期以及前4世纪早期），这些地方出现了显著的衰退。这次劫掠之后，几乎找不到与新殖民者相关的新地基遗迹，不过古风时代有不少遗址后来都变成了别墅庄园。[71]罗马人除了接纳部分本土人口之外，还接受了对女神朱诺的崇拜，她是维爱城的守护神。通过"召唤"（evocatio）朱诺女神的仪式，罗马人将这一崇拜转移到了阿文蒂诺山（Livy，5.22）。接纳部分幸存者以及维爱城的守护神展现了罗马的包容性，这一古风时代的态度更注重罗马公民本体和众神的完整性，而不是担心新加入者的民族特征。

罗马战胜维爱几乎立刻在社会和宗教两方面产生了影响。这个地方对后来的罗马人产生的吸引力广为人知，据说，在维爱被征服后不久，平民保民官就两度提议让部分平民迁居至维爱。但两次提议都因为卡米卢斯的影响而遭到否决，卡米卢斯的爱国精神后来得到颂扬。[72] 现代历史学家普遍认为历史上并未出现过这些提议，但其与平民撤离运动十分相似，意味着我们应该予以重视，即历史上或许确有其事。[73] 据说，卡米卢斯因为侵吞从这座富裕的城市抢来的战利品——包括青铜门——而遭到流放。[74] 平民对他尤为愤怒，因为他一直无视提议，直到要将部分战利品献给众神为止。罗马人曾就攻占维爱这座城市前往德尔斐寻求神谕，为了进行弥补，他们献上一只金碗，供奉在与马萨利亚人共有的宝库内（Appian，*Italian Wars* 8）。为了纪念这场残忍的胜利，罗马宣称得到了阿波罗的支持，后者是这一著名国际中心的主神，伊特鲁里亚人早就来到这里。这或许意味着罗马人对如此大规模的屠戮感到不安，但也表明罗马人重视用地中海城邦的外交语言来正面宣传自己。[75]

高卢人的劫掠

这一重要胜利使得罗马在台伯河下游盆地占据主导地位，但没过多久，这座城市就遭遇一场灾难性的失利。公元前 390 年，一支高卢大军在罗马城以北的阿里亚河大败罗马人，并洗劫了毫无防备的罗马城。后世的罗马人认为这是罗马有史以来遭遇的最沉重的打击，毕竟这是公元 410 年哥特人亚拉里克（Alaric）之前唯一关于罗马城被敌军攻占的记录。在李维看来，这是布匿战争之前，罗马历史上最大的灾难，为其著作前十卷的核心内容之一。他称罗马城被付之一炬，后仓促重建，结果就是街道布局杂乱无章。他还认为所有早期文献都毁于大火，导致此前的罗马历史鲜为人知。[76] 事实上，这两个推论都可能是错的。有充分证据表明公元前 390 年前的早期文献得以保存，毫无计划的街道布局更有可能是自然发展的产物，而非一次性重建的结果。但不管怎样，史料将此事视为一场巨大的灾难，这可能是对的。[77]

尽管叙述内容有所差异，但史料普遍认同高卢军队的核心是来自亚得里亚沿海的塞农人，此外还有其他高卢部落。特别是李维，他将这次攻击与高卢人受到富裕的伊特鲁里亚城市的吸引，从阿尔卑斯山北部进入意大利的整体趋势联系起来。高卢人最初打算攻击的是伊特鲁里亚城市克卢西乌姆，但后来转向罗马，据说是因为一些被派往高卢军队的罗马使节和克卢西乌姆人一起，杀死了一位重要的高卢酋长。传统记述称高卢大军立刻向罗马进发，在台伯河的支流阿里亚河，击败匆忙召集起来的罗马军队。罗马军队一些残部退到维爱，另一些则撤回罗马。高卢人并没有马上意识到他们将赢得大捷，意味着罗马有时间召集其最好的斗士来守卫难攻的卡比托利欧山。随后，高卢人洗劫了罗马城的主要区域，尽管筑有城墙（Livy，5.38—39），但由于缺乏主要的武装力量，罗马城得不到保护。据说，由于没有足够兵力守卫城墙，罗马城门大开。

祭司将一些最神圣的物品埋藏起来，带着余下的圣物逃到邻近的卡里，这表明罗马与这座伊特鲁里亚重城有着特殊的联系。大多数平民弃城逃至附近的城镇（Dion. Hal. 13.6 1；Livy，5.40.5—6）。这个细节也让人想起早期的平民撤离运动，也标志着平民和精英阶层一样，随时可以流动。高卢人洗劫并火烧罗马，部分史料称高卢人在这座城市驻留了约七个月。[78] 与此同时，在罗马受到围困期间，守军表现英勇，牢守卡比托利欧山。据说，曼利乌斯・卡比托利努斯得到朱诺的圣鹅发出的警告，发现了一次高卢人的入侵。几年后，就在他曾勇敢阻挡高卢人的那块岩石上，他被扔下摔死。[79] 高卢人在得到巨额赎金后才离开。在一系列不同的记述中，罗马人在罗马附近击败高卢人，追回了这笔赎金（不太可信），或者是在高卢人经过卡里时，卡里人夺走了赎金。[80] 据说，罗马人在支付这笔过高的赎金时得到了马萨利亚的支持，后者是其在高卢南部的长期盟友。[81]

史料——尤其是李维给出的非常详尽的记述——向我们描绘了一个令人振

奋的爱国版故事，但这显然是出于道德目的而修改过的。整个故事与卡米卢斯这个被夸张化的历史人物有关，他在罗马遭劫时被流放，但后来回来拯救罗马，完成对高卢人的复仇。罗马人因为使节鲁莽的举动、不虔敬以及仓促组建军队前往阿里亚河参战付出了代价。不过这些事件的基本梗概是合乎情理的，表面看是可信的：阿里亚河遭遇败仗、平民弃城，以及向高卢人支付赎金。公元前4世纪的希腊作者都提过此事，例如本都的赫拉克利德斯，他是雅典的一位哲学家（称罗马为“希腊城市”），亚里士多德的版本（李维亦是如此）称有一个平民保护了圣物，还有来自希俄斯岛的历史学家塞奥彭普斯（Theopompus）。[82] 因此，这是一起对整个地中海造成影响的事件，即便早期希腊史料中提供的细节很模糊。

罗马人铭记这件事，7月18日后来被指定为阿里亚日（Dies Alliensis），这一天成为罗马历法中最不吉利的日子，由此可见这场劫难造成的心理冲击。晚些时候，罗马人有一个专门的术语来指代遇到高卢入侵时的征兵制（tumultus gallicus），就连祭司也可能被征召入伍，所有盟友都有义务派遣全部兵力支援罗马。[83] 公元前225年就是如此（Polybius，2.24），当时有一支高卢大军入侵意大利中部，放言要摧毁罗马（Polybius，2.35），不过这一次，遭遇败仗的是高卢人。公元前284年，罗马人将塞农人逐出高卢土地。自那时起，罗马人对待意大利北部的高卢人就极为严苛，这也清晰地表明了遭高卢人劫掠对他们的影响。[84]

这场劫掠对罗马的影响仍然存有争议。尽管曾被认为与此次事件相关的考古破坏层现在被重新确认为是公元前6世纪后期的，但尤利乌斯·恺撒广场和卡比托利欧山脚的发掘提供了新的证据，表明这里遭遇过大面积火灾。[85] 史料很确信这座城市遭遇了严重的火灾，高卢人长达七个月的占据暗示罗马被摧毁了。此事的长期影响带有更大的不确定性。在传统记述中，人口主体并没有被围困在罗马城内，他们得以逃离，在周边地区避难。高卢人似乎是一个更具流动性、唯利是图的群体，他们可能只对夺取战利品感兴趣。[86] 高卢人是可以被收买的，这表明他们无意在罗马定居。按照查士丁的说法，在劫掠罗马之后，高卢人继续移动，与叙拉古的狄奥尼西乌斯结盟（Justin，20.4）。在经历城市陷落、人口被迫疏散之后，罗马究竟是如何复苏的——尤其是若高卢人真的如史料所说的那样占据罗马城那么长时间——是个值得研究的问题。人口的流动性似乎是罗马的优势之一，城市得以重建证明了这个地方具有天然的吸引力。

高卢人劫掠之后

维爱和罗马这两座位于台伯河下游河谷的主要城市均遭洗劫，表明公元前 4 世纪早期处于动荡和暴力中。埃克斯坦（Eckstein）一针见血地指出，城邦之间环境的不可预测性和对遭灭顶之灾的恐惧困扰着所有古地中海舞台上的演员，从很多方面看，这些关键事件塑造了罗马人的心态。即便是在共和国晚期，他们依然将高卢人视为一个始终存在的威胁。[87] 但相较于罗马，维爱受到的打击更具毁灭性，且更为持久：维爱始终没能复苏，到共和国后期，它沦为一个无足轻重的定居点；罗马则在一个世纪内崛起，统治整个意大利半岛。

在被高卢人洗劫之后，罗马似乎仍能召集起军队，这表明其人口并没有被完全摧毁。[88] 罗马对拉丁姆的控制有所松动，接下去几年，罗马重新确立了其在这一地区的权力。约三十年后，高卢人重返拉丁姆，在阿尔班山安营，他们在此停留了数年，利用这个地方向周边乡村发起突袭。

罗马在被高卢人劫掠后的逐步复苏体现在不同方面。城市建筑得以重建，其中最有名的是“塞维安城墙”，始建于约十年后，也就是公元前 378 年（Livy，6.32.1）。这座城墙使用了来自不久前占领的维爱的石头。使用新的石头强烈表明这是对此前城墙的修缮，而不是如很多现代学者所认为的那样，是新建的一道城墙。[89] 但即便是在已有城墙的基础上翻修也是一项浩大的工程，在意大利中部，11 千米长的城墙依旧是规模最大的。有大约 427 公顷的土地被城墙环绕，在城墙建成约两个世纪后，这一面积仍然远大于邻近任何具有可比性的城市。[90]

遭劫后的罗马还开启了一个新的殖民计划。公元前383年，被攻占的维爱北部、萨特里库姆和内皮都建了新殖民地，公元前380至前350年，奥斯蒂亚建立了新殖民地。罗马还在地中海西部展现出了对外征服的雄心。公元前389年，罗马与马萨利亚延长了双方在古风时代签订的条约（Justin，43.5.10），作为对马萨利亚帮助支付给高卢人的赎金的回报。罗马还向最近的岛屿派出了殖民者。狄奥多罗斯称在公元前378年，“罗马人派出500名殖民者前往撒丁岛，他们获得了税收豁免权”。从泰奥弗拉斯托斯（*Hist. pl.* 5.8.2）那里，我们知道“罗马人想要建立一座城市，他们一度派25艘船前往（科西嘉）岛”。泰奥弗拉斯托斯称这次远征以失败告终，但没有提及具体时间。学者们提出了各种可能的时期，但最有可能的是公元前4世纪，和前往撒丁岛的远征属于同一时期。[91]

罗马和迦太基签订的第二份条约证实罗马对地中海西部感兴趣，波利比乌斯又提供了这份条约的文本（3.24）。尽管时间无法确定，但这份条约可能就是李维（7.27）告诉我们的在公元前348年签订的条约。通过文本可以看出，相较于上一份在公元前509年签订的条约，罗马的控制力并没有大幅提升。[92]罗马在拉丁姆地区拥有一片臣服其统治的土地，且觊觎余下的土地。罗马人可以与地中海西部岛屿进行贸易，撒丁岛除外。此时的罗马也被视为潜在的殖民地建立者。迦太基出于担心，阻挠罗马与撒丁岛或阿非利加过度接触，但罗马还是可以与迦太基和西西里岛开展贸易。这份条约的签订本身证明迦太基人觉得罗马已经恢复了实力，表明罗马依然是以地中海为重心的城市，但史料刻意掩盖了这方面的信息。可以肯定的是，罗马的扩张阶段重新开启，其军队将进入新的活动领域，与新的对手展开较量，就从入侵坎帕尼亚开始。

坎帕尼亚和拉丁战争

自公元前4世纪40年代后期起，罗马的实力有了大幅提升。公元前4世纪50年代和40年代，罗马处于守势，击退了高卢人、拉丁人、伊特鲁里亚人甚至是希腊海上入侵者发起的攻击。这一时期见证了数场罗马人在罗马附近赢得的艰难胜利，例如公元前 360 年，他们在科林门（Colline Gate）击退了高卢人和蒂沃利人。根据记载，这一时期还出现了诸如曼利乌斯·托尔卡图斯和瓦莱里乌斯·科尔乌斯这样的罗马人，他们单枪匹马与高卢敌人对抗。这些人在面对人数更占优势的高卢人时表现英勇，赢得胜利，也因此获得别名，以资纪念［托尔卡图斯这个别名源自他从对手那里得到的颈环（torque），而科尔乌斯这个别名源自据说在战争期间助瓦莱里乌斯一臂之力的渡鸦］。此类故事肯定出自家族史。

公元前 4 世纪 40 年代后期，罗马人采取了几个重要的措施。他们与萨莫奈人短暂交锋，此战产生了重要的影响。罗马人控制了坎帕尼亚最重要的城市卡普阿以及周边的坎帕尼亚平原。他们还瓦解了拉丁同盟，重组整个拉丁姆及相邻的坎帕尼亚地区，拥有了控制权。

罗马人及其劲敌萨莫奈人之间的敌对关系越来越紧张，因为在公元前 4 世纪中期，双方都向坎帕尼亚扩张。这个地区拥有意大利最好的农耕用地，其富庶对外来者有着天然的吸引力。双方第一次爆发冲突是因为公元前 343 年，萨莫奈人击败了住在泰亚诺的人，后者向坎帕尼亚最重要的城市卡普阿求助。坎帕尼亚人（对卡普阿居民的称谓）随后两次不敌萨莫奈人，萨莫奈人开始围困卡普阿城。城中居民向罗马求助，寻求这座位于北部的强大城邦的保护，他们不希望落入高地民族萨莫奈人的掌控。讽刺的是，根据李维对这座城市在约八十年前——公元前 423 年遭到渗透并沦陷——的描述，坎帕尼亚人本身就出自萨莫奈这一民族。史料称罗马元老院在援助卡普阿一事上表现得很谨慎，因为这么做会违反他们在公元前 354 年与萨莫奈人签订的条约，但坎帕尼亚人提出无条件投降（deditio），即接受罗马统治，罗马人同意了。埃克斯坦认为这种情况标志着各地均陷入了混乱，更强大的势力在小城邦的恳求下卷入冲突，同时也体现出罗马激进外交的特点：尽管有可能引发战争，仍然一意孤行。[93] 由此引发的短暂冲突是罗马人和萨莫奈人之间爆发的多次重大战役中的第一次，不过这一回，由于罗马内部出现动乱，外部遭遇叛乱，双方很快停止冲突，重新结盟。

这场战争引发了一连串相互关联的事件。公元前342年，卡普阿的罗马驻军爆发哗变，导致罗马发生重大的政治变动。[94] 这一政治纷争促使拉丁人在公元前341年反抗罗马，此后几年，罗马一直忙于处理这些问题。拉丁人和沃尔西人联手，其成员还包括安提乌姆人。公元前467年，安提乌姆成为罗马的殖民地。同样地，拉丁人的领袖是"塞提亚的L. 安尼乌斯和奇尔切的L. 努米修斯，他们都是罗马殖民者"（Livy，8.3.9）。殖民地西格尼亚和韦莱特里也加入进来，表明这一时期建立的殖民地人口混杂，包括罗马人、拉丁人，有时候还有沃尔西人，沃尔西人在身份认同上更亲近拉丁人，而不是罗马人。坎帕尼亚人也加入了。

公元前341至前338年的拉丁战争以罗马获胜告终，并带来了划时代的变化。在数次尝试后，罗马元老院就罗马与卡普阿之间地区的重组达成最终方案。这一复杂方案部分基于早期安排，部分基于分而自治原则，确立了三个地位不同的群体。拉丁同盟瓦解，所有拉丁城市不再拥有共同的组织，而是与罗马挂钩。一些城市直接被并入罗马：诺门图姆（Nomentum）、佩杜姆（Pedum）、图斯库鲁姆（Tusculum）、拉维尼乌姆、阿里恰、拉努维乌姆、安提乌姆和韦莱特里。一些更远的社群，包括位于坎帕尼亚的卡普阿和库迈，位于拉丁姆南部的普里韦努姆（Privernum）、丰迪（Fundi）和福尔米亚（Formiae），获得公民身份，但没有投票权（一种新的身份）。其他城市则继续以罗马的拉丁盟友的身份存在，如科拉、普雷尼斯特、提布尔、阿尔代亚、西格尼亚、诺巴、西提亚和奇尔切。他们保留了传统的拉丁人的权力，即通婚权、交易权和迁移权。

这一创新灵活的安排使得罗马得以稳固长久地控制意大利两个最富饶的农业区，即拉丁姆和坎帕尼亚。这两个地区人口稠密，为罗马提供了充足的人力资源。根据贝洛赫的估计，罗马的领土面积从1902平方千米增加至5525平方千米。[95] 罗马人拥有了半岛最大规模的军事人力资源，他们得以进一步扩张这一第勒尼安沿海的权力根基，进而控制整个意大利半岛。在这次的安排中，罗马公民身份被授予远离罗马的社群，此举具有重要的象征意义。被并入罗马的城邦（自治城镇）的居民拥有了罗马公民身份，也拥有自己的城市——相较于希腊的概念，这一公民身份概念非常灵活。[96] 在罗马安排被其征服的土地——先是意大利，然后是地中海，最终是帝国其余地方——的体系形成的过程中，罗马人在此次获胜后给出的方案是最为重要的阶段。

结论

罗马人和拉丁人的历史始终密切关联，即便有时候，双方处于敌对状态。他们会联手抵御敌人，罗马人和拉丁人一起开创的建立殖民地模式会延续下去，进一步巩固其后续征服的成果。罗马人保留着公元前 5 世纪面临困境的惨痛记忆，这最终导致他们严惩沃尔西人和埃奎人，这一时期之后，就鲜少有这两个民族相关的消息。按照李维的说法，埃奎人在公元前 304 年的一场速战中差不多被灭族（9.45），这些民族与罗马的战争为后来诸如罗马人与萨莫奈人、迦太基人的战争奠定了基调。围攻维爱和遭受高卢人洗劫也对罗马国家在这一时期的形成造成了关键的影响。罗马能在其绝大部分人口逃散、免于被毁之后复苏，重新确立对周边地区的控制权，然而遭受长期围困的维爱人就不那么走运了，尽管其中一部分人得以幸存，却被并入了罗马公民本体中。

第九章

公元前 338 至前 290 年的罗马和意大利：征服与和解

导读

自拉丁战争于公元前 338 年结束起，到公元前 290 年征服萨宾以及战胜萨莫奈人，这一时期见证了罗马的命运发生了划时代的变化。罗马人迅速对外扩张，意大利绝大部分地区都被纳入其统治之下，这个过程最终于公元前 264 年完成。[1] 罗马建立了大量新殖民地，领土和人力的大幅增加将在公元前 3 世纪改变这个国家。意大利从由相互竞争的城邦和民族组成的分裂半岛变成覆盖地中海的罗马帝国的中心，并且将会持续六个世纪之久。

近来，关于罗马为何能在如此短的时间内征服意大利以及罗马的胜利是不是必然的，引发了很大争议。古代对此的解释集中于罗马人个性的优点，强调了罗马人的道德观、纪律性、决心以及勇于牺牲，例如在单兵作战时。现代作者对这些自我吹嘘进行了解构，对于古代模式化的观念和民族中心主义，则采用更具批判性的方法，使得我们可以从新的视角分析罗马的征服。[2]

数十年关于意大利民族的研究意味着我们现在对罗马在这一时期的敌人有

了更多的了解。[3]罗马扩张期间，意大利城邦分散，竞争激烈，这样的环境意味着罗马面临很多不同的对手。我们已经意识到大多数可以被称为城邦国家的意大利中部社群的复杂性，以及意大利境内除罗马外还有其他城邦有着扩张野心。学者们也开始探究罗马与雅典、波斯和其他帝国的相似之处。近期研究也强调意大利内部关系网的重要性，这一关系网为信息的快速传播和军事技术的共享创造了环境。到公元前 4 世纪后期，罗马组建起一支训练极为有素的军队，不过意大利很多军队即便在数量上不及罗马军队，在能力上也可与之相当。罗马人往往会通过联姻以及其他社交模式与被他们掌控的民族建立联系。大多数被我们称为罗马征服的扩张行动是出于权力的投射，而非简单地为了在战场上赢得胜利、让对手臣服。[4]我们也意识到罗马在这一时期的扩张程度与同时代罗马内部的政治变动有关。新的不同民族混杂的贵族阶层的出现使得罗马内部为了争夺荣誉而展开更为激烈的竞争，这促使罗马渴望征服。[5]

萨莫奈人

拉丁战争（公元前 341—前 338 年）结束五十年后，萨莫奈人成为罗马最重要的敌人。李维将他们描述为意大利霸权的竞争对手。他们与罗马人展开了一系列战争，按惯例分为三个阶段：公元前 343 至前 341 年，公元前 327 至前 303 年，公元前 301 至前 290 年。传统上，这几个阶段分别被称为第一次、第二次和第三次萨莫奈战争，不过这是现代人的叫法，并没有出现在史料中。[6]事实上，史料认为罗马人和萨莫奈人几乎一直处于交战状态，持续到公元前 3 世纪 70 年代后期，当时萨莫奈人和伊庇鲁斯国王皮洛士联手。

萨莫奈面积颇大，构成一个有效的政治统一体。这一时期，萨莫奈可能有四个主要的部落并肩作战，后来它们被罗马不同的盟友瓜分。到公元前 4 世纪中期，萨莫奈威胁到了坎帕尼亚，这必然使它们站到了日益强大的罗马的对立面。希腊罗马史料对萨莫奈人的描述很生动，称他们是勇敢强壮的高地人。李维如此描述他们与阿普利亚人的关系：

> 萨莫奈人当时住在山村里，他们劫掠了平原和沿海地区，鄙视当地的耕种者，认为他们软弱无能，就如同他们的出生地一样。这很常见，萨莫奈人自己就是粗野的山地人。(Livy，9.13.7)

萨莫奈人无疑是强大的。波利比乌斯对罗马在公元前 225 年对阵高卢人时的兵力作了分析（2.24），萨莫奈人为罗马军队提供了规模最大的一支同盟军（约 77,000 人），考虑到这发生在萨莫奈被征服约五十年后，说明在与罗马的战争爆发之前，萨莫奈人的实力甚至更为强大。和罗马人一样，在整个公元前 4 世纪，他们建立了很广的盟友关系网，进一步扩张，向低地民族发起攻击。他们多次入侵拉丁姆，尽管从未能攻占罗马，但他们有时会对罗马霸权构成真正的威胁。[7] 考古研究既有支持古代观点的，也有与之相左的，真实情况正逐渐浮出水面，显得更为复杂。[8] 萨莫奈人和他们的邻居一样，具有很多希腊化文化的特点，他们说奥斯坎语。和很多住在亚平宁山脉的民族一样，他们散居在村庄、要塞和圣所，不过公元前 4 世纪和前 3 世纪，其中部分主要核心向城市发展。萨莫奈并非罗马这样的城邦，而是更为原始的定居点组织形式，最好将其与非城邦相比较，后者在地中海很常见，类似希腊本土的地域邦国，例如埃托利亚（Aetolia），或者意大利北部的高卢。

坎帕尼亚和第二次萨莫奈战争

拉丁战争之前的短暂交手后，一系列原因导致罗马人与萨莫奈人爆发了第二阶段的冲突。公元前 4 世纪 30 年代，罗马逐步控制拉丁姆南部地区，威胁到了萨莫奈边缘，以及萨莫奈人与坎帕尼亚的联系。公元前 328 年，在由萨莫奈人控制的利里斯河北岸，罗马人在一早期沃尔西人定居点的基础上建立了殖民地弗雷杰拉。此举表明罗马肯定违反了其与萨莫奈人签订的条约。第一次条约于公元前 354 年签订，在公元前 343 至前 341 年的冲突之后，双方又续签了该条约。一年后，即公元前 327 年，一支罗马军队被派往坎帕尼亚，去应对帕莱波利斯（Paleopolis）和尼阿波利斯（Neapolis）的萨莫奈人，据说他们攻击了坎帕尼亚的罗马人。这标志着罗马对这一地区干涉的升级，使得罗马赢得了对尼阿波利斯的控制权。

在这场战争中，罗马表现出持续的攻击性，从建立弗雷杰拉到攻击萨莫奈的盟友和邻居，例如公元前 325 年进攻韦斯蒂尼。拉丁姆南部、坎帕尼亚和萨莫奈，双方在意大利中部各地展开对决。战争即将结束时，大多数战斗都发生在萨莫奈领土上，后期，罗马军队似乎能随心所欲地游走。然而，萨莫奈人同样好斗，他们奉行的扩张主义导致他们与罗马发生接触，如我们所看到的，萨莫奈人多次入侵拉丁姆。唯一的停战期出现在公元前 321 年的卡夫丁峡谷战役之后，对萨莫奈人而言，这是一场重要的胜利。他们将由两位执政官带领的罗马军队困在萨莫奈一道狭窄的山谷中，迫使被俘虏的军团从用长矛架起的轭下穿过，以此羞辱他们，轭是罗马人投降的标志。两位执政官被迫同意与萨莫奈人达成协议（Livy，9.1—11）。在罗马的传统记述中，这一不同寻常的外交决定源自一个典型的令人摸不着头脑的传说。萨莫奈指挥官盖乌斯・庞提乌斯面对前所未有的好运，不知如何是好，他向父亲赫伦尼乌斯寻求建议。赫伦尼乌斯提议屠尽罗马军队，但庞提乌斯无法接受；赫伦尼乌斯又提出一个完全相反的建议：与罗马结盟。困惑的庞提乌斯不明智地拒绝了这两个建议，并且迫使罗马签订协议。后来，罗马人找了一些蹩脚的借口，故意无视这一协议，得以复苏，在公元前 306 年统治了萨莫奈。这个故事向后来的罗马人强调了罗马崛起过程中的不稳定性，以及其最终获得霸权是上天注定的。尽管故事是精心编造的，但其结果可能是真实的，表明萨莫奈人很熟悉国际外交准则，并不是罗马传统记述中所描绘的未开化的民族。[9]

这场战争于公元前306年结束，标志着罗马在确立对意大利的统治的过程中一个重要的阶段，各外来势力对罗马予以认可。在与萨莫奈人交锋期间，罗马人就与亚历山大大帝有联系。他警告他们，不要让海盗劫掠希腊船只。公元前332年，罗马与亚历山大大帝的妹夫、伊庇鲁斯的亚历山大签订条约；公元前323年，罗马和其他意大利城邦一起派使团祝贺亚历山大大帝实现的征服壮举。[10]公元前306年，迦太基续签了与罗马的条约。若亲迦太基的历史学家腓里努斯的记述可信，那么迦太基承认了罗马拥有整个意大利的控制权。[11]罗得岛人也可能在这一时期与罗马建立了长期的友谊关系。[12]

罗马和伊特鲁里亚人以及翁布里亚人

罗马还卷入了与伊特鲁里亚人和翁布里亚人的战争中。这些战争持续了很长时间，自王政时代开始，到沃尔西尼于公元前264年被摧毁为止，不过具体情况很复杂，中间出现过长期的和平以及多次结盟，例如公元前4世纪与卡里的结盟。公元前5世纪和前4世纪，罗马与维爱和法利希人交锋；自公元前4世纪中期起，罗马则与塔奎尼以及包括武尔奇在内的其他伊特鲁里亚南部城邦作战。自公元前4世纪第一个十年起，他们开始转而与佩鲁西亚、阿雷提乌姆（Arretium）这些伊特鲁里亚北部城市对抗，还在翁布里亚卷入冲突。公元前308年，在梅瓦尼亚前的平原上，集结起来的翁布里亚人被击败。罗马的干涉行动还包括在公元前299年征服奈奎努姆（Nequinum），并在纳河上的驻防地建立了纳尼亚殖民地；公元前295年，罗马在森提努姆面对萨莫奈人、高卢人、伊特鲁里亚人和翁布里亚人组成的联军，取得了关键性胜利。[13]

相较于向南扩张至拉丁姆和坎帕尼亚，罗马向北扩张进入伊特鲁里亚的进程更为缓慢，因为伊特鲁里亚城邦规模较大，是更为强大的对手。伊特鲁里亚战争更进一步（对罗马军队造成了极大的影响）。大多数城市都建有复杂的防御工事，与通常难以抵达的地方互补。伊特鲁里亚城市大多是独立行动，不过也会出现几座城市结盟的情况。自公元前 3 世纪早期起，来自罗马的威胁日益增加，促使更大规模的结盟，到森提努姆对战时，高卢人和萨莫奈人也加入进来。

公元前 303 至前 290 年间，罗马人和萨莫奈人爆发战争，这期间，伊特鲁里亚人和翁布里亚人加入了一个空前的意大利中部同盟。按照李维的说法，这一同盟是由萨莫奈将军格利乌斯 · 埃格纳提乌斯发起的，包括萨莫奈人、高卢人、翁布里亚人和伊特鲁里亚人。这似乎是为了在人数方面与罗马抗衡，自公元前 338 年起，罗马能召集的兵力可能远超其他任何意大利中部城邦。公元前 295 年，冲突进入高潮，翁布里亚的亚平宁山脉爆发森提努姆战役，到当时为止，这可能是意大利境内规模最大的战役。按照当时的标准，双方军队规模都很庞大。罗马这边派出了 4 个军团（约 18,000 人）以及至少同等人数的盟军（总共可能有 36,000 人）。李维称对手在人数上远超罗马，最终有 25,000 人阵亡。根据狄奥多罗斯的引用（21.6.1—2），同时代的希腊历史学家萨摩斯的杜里斯给出了一个不太可信的数字，有 100,000 敌人阵亡。撇开这一夸张数字不谈，值得一提的是，这场战役是如此出名，以至于同一时期希腊的作家也留意到了。

后来，西维塔尔巴附近的神庙饰带上纪念了森提努姆战役，其时间可追溯至公元前 2 世纪，绘有高卢人被众神击败的场景。这可能是刻意为之，表现了阿波罗将高卢人逐出德尔斐的场面，不过也可能是高卢人在意大利遭遇的其他败仗，例如公元前 4 世纪 80 年代，他们被卡里击败。[14] 无论饰带呈现的是哪一个具体场景，罗马人似乎都想将这场战役视为意大利人对高卢人的胜利，而非罗马领导的盟军战胜萨莫奈人领导的盟军。这场战役对意大利的命运而言至关重要。此后，公元前 293 年，罗马在阿奎洛尼亚战役中击败萨莫奈人，公元前 290 年，萨莫奈人求和（Livy，*Epit.* 11）。

在罗马历史中，关于公元前 3 世纪 80 和 70 年代的主要记述缺失，这意味着我们更难厘清罗马后期的对外征服阶段。公元前4世纪第一个十年至前3世纪80年代罗马连番取得胜利，这表明对伊特鲁里亚而言，这是一个关键时期。它也可能是罗马同盟体系形成过程中的决定性时期。意大利中部的主要参与者再也无法达到与罗马分庭抗礼的程度，尽管罗马和与高卢人结盟的意大利北部城邦在伊特鲁里亚展开过多场战役，例如公元前280年在瓦迪蒙（Vadimon）。征服伊特鲁里亚的最后阶段，除了维爱之外，有更多伊特鲁里亚城市被摧毁，包括多加奈拉（Doganella）和沃尔西尼。翁布里亚被严重殖民化，伊特鲁里亚紧随其后，程度稍轻。在这里，罗马可能更多依靠亲罗马的精英阶层统治伊特鲁里亚城市。[15] 到公元前3世纪70年代，罗马终于完全控制伊特鲁里亚，在伊特鲁里亚沿海地区设立了殖民地，如科萨（Cosa）、皮尔吉和阿尔西乌姆（Alsium）；公元前241年，奥雷利亚大道穿过伊特鲁里亚；公元前220年，弗拉米尼亚大道穿过伊特鲁里亚南部和翁布里亚。

罗马和亚得里亚海沿岸

在森提努姆击败反罗马同盟后，更广阔的亚得里亚海沿岸地区呈现在罗马面前（尽管罗马早在公元前320年就进入了阿普利亚北部，当时正值萨莫奈战争期间，公元前314年罗马在距离海岸有些距离的卢塞里亚建立殖民地）。控制这一沿海地区很重要，在当时，外来城邦已经具备了在意大利海岸建立自己的殖民地的潜力，例如，公元前387年左右，叙拉古在亚得里亚海沿岸建立了安科纳（Ancona）这一殖民地。西海岸情况则不同，公元前348年签订的罗马－迦太基条约禁止迦太基在意大利中部的第勒尼安海沿岸建立殖民地，就如同罗马不能在西西里岛和撒丁岛建立殖民地一样。

公元前290年，战胜萨莫奈人使得马尼乌斯·库里乌斯·登塔图斯得以通过一场速战征服萨宾人和普拉图蒂人。意大利中部一大片土地被纳入罗马共和国版图，这一块为罗马所有的领土阻碍了所有萨莫奈和伊特鲁里亚结盟的企图。

对罗马而言，这是一次重要的领土扩张，但我们对相关情况知之甚少，因为李维对这一阶段的记述全部佚失。萨宾和普拉图蒂大多数本土人口可能留在原地，罗马个体移民则被派往大多数地方。

此时，罗马的领土从第勒尼安海延伸至亚得里亚海岸。公元前 3 世纪 80 年代，罗马向塞农人发起攻击，将他们逐出位于诺维拉腊（Novilara）和费尔穆姆之间、直到亚得里亚海岸的高卢土地。通过进一步的殖民，罗马在亚得里亚海沿岸地区的存在感越来越强。独立的移民家庭被派往高卢土地，卡斯特鲁姆诺乌姆（Castrum Novum，公元前 290—前 286 年）和塞纳加利卡（Sena Gallica，公元前 283 年）建立殖民地，居民拥有罗马公民权。他们的任务可能是守卫沿海地区，留意海上发起的攻击。同一时期（公元前 290—前 286 年），阿德里亚（Hadria）建立了拉丁殖民地，其将产生更大的殖民影响。公元前 266 年，翁布里亚北部的萨尔西纳人被击败，同样落败的还有皮森特人。公元前 268 年，阿里米努姆建立殖民地；公元前 264 年，费尔穆姆皮塞努姆（Firmum Picenum）建立殖民地；公元前 244 年，布伦迪西乌姆（Brundisium）建立殖民地，罗马进一步加强了对亚得里亚海沿岸地区的控制。皮塞努姆和布伦迪西乌姆是港口城市，在建立时有很多本土人口。[16]

罗马领土的扩张

在这个故事中，如果说其中一部分是关于罗马迅速将意大利其他民族置于其直接掌控之下，那么另一部分就是罗马建立起了一个稳定的体系以控制这些被征服的人。在同盟者战争之前，除了第二次布匿战争（公元前 218—前 202 年）——当时有另一股强大的势力，即汉尼拔率领的迦太基军队，出现在意大利境内——罗马没有遭遇其他意大利民族发起的真正反抗，由此可见罗马成功巩固了其统治。公元前 4 世纪后期至前 3 世纪早期，罗马主要有三种方式来巩固其统治：将被征服的土地并入其版图，殖民化以及结盟。

在征服期间，落败方的大片土地被没收，成为罗马的领土。我们可以通过拥有投票权的部落的设立来追踪罗马在意大利的扩张，罗马用这种方式来管理其领土。这些都记录在罗马的文献中，可以被认为是可信的，真实反映了罗马共和国的扩张。[17] 最早的部落是在罗马城边界确立后立刻设立的，到公元前495 年，部落数量达到 21 个（4 个城市部落，17 个乡村部落）。[18] 公元前 5 世纪，罗马没有设立更多的部落，这值得注意，表明当时基本上没有新的土地可以分配。在征服维爱后，罗马再次开始设立部落，公元前 387 年，在这座被击败的城市的领土上，罗马设立了 4 个部落。随后，在公元前 341 至前 338 年的拉丁战争前后的数十年里，拉丁姆南部和坎帕尼亚也设立了部落。公元前 299 年，拉丁姆南部、阿庇亚大道沿线设立了特雷蒂纳部落（Teretina），阿尼奥河上游河谷——阿奎伊人落败的地方——设立了阿尼安西斯部落（Aniensis）。罗马纳入的最大领土来自萨宾地区（从罗马延伸至阿德里亚），马尼乌斯 · 库里乌斯 · 登塔图斯在公元前 290 年完成的征服使得两个海岸之间的大片土地为罗马所有。这一阶段，留下来的萨宾居民可能获得了公民身份，但没有投票权，不过到公元前 241 年，随着奎利纳（Quirina）和维利纳（Velina）这两个部落的设立，萨宾人获得了所有的公民权。

表 9.1　罗马投票部落

时间（公元前）	部落
495 年之前	城市：帕拉蒂纳、科里纳、埃斯奎里纳、苏布拉纳 乡村：埃米利亚、卡米利亚、克劳狄亚、克卢斯图米纳、科尔内利亚、法比亚、加莱利亚、赫拉提亚、莱蒙尼亚、门内尼亚、帕皮里亚、波利亚、普皮尼亚、罗米利亚、塞吉亚、沃尔提尼亚、沃土利亚
387年	阿南西斯、萨巴蒂纳、斯泰拉蒂纳、特罗门蒂纳
358 年	波比利里亚、蓬皮蒂纳

续表

时间（公元前）	部落
332 年	马西亚、斯卡皮蒂亚
318 年	法莱利纳、乌芬蒂纳
299 年	阿尼安西斯、特雷蒂纳
241 年	维利纳、奎利纳

关于罗马将公民身份授予更多人这一做法，史料无法完全理解。尤其很多非罗马作家认为这么做很反常，因为在希腊世界中，公民身份受到的传统限制要严格得多。马其顿的腓力五世在第二次布匿战争期间是汉尼拔的盟友，公元前 215 年，他在写给拉里萨（Larissa）的居民的一封信中评价罗马的这一政策是成功的：

> 亦可参考其他使用同样方法授予公民身份的国家，其中就有罗马人，他们甚至接受奴隶，在还奴隶自由身后，还允许他们担任行政长官，如此一来，他们不仅扩张自己国家的领土，还能派出移民前往差不多 70 个地方。（*Sylloge Inscriptionum Graecarum*^{3} 543）

共和国后期以及之后，作者们往往将授予更多人公民身份解读为罗马慷慨的标志，因为他们写作的时期，罗马公民身份很有声望，受到欢迎。哈利卡尔那索斯的狄奥尼西乌斯（在奥古斯都时期写作）显然就是这么认为的，他评价了罗马在这种情况下表现出来的仁慈、宽容：

> 最终，罗马人设法从最小的国家发展为最强大的国家，从最默默无闻的国家变为最辉煌的国家，除了仁慈地接纳那些想在他们的土地

上安顿下来的人之外，他们还与所有在战争中顽强抵抗但最终被他们征服的人分享公民权。(Dion. Hal. 1.9.4)

事实上，古代史料曲解了这一情况，因为在较早时期，公民身份可能没有那么吸引人。[19]李维写的几个段落表明公元前 4 世纪和前 3 世纪，吞并敌人属于敌对之举，是在获胜后进行的。例如，公元前 306 年，阿纳尼亚（Anagnia）的赫尔尼西人在发起叛乱后获得罗马公民身份（Livy，9.43）。公元前 304 年，李维称埃奎人向罗马抱怨：

> 罗马人试图以战争要挟，恐吓他们，让他们成为罗马公民。赫尔尼西人的举动证明罗马公民身份是多么不得人心，那些拥有选择权的人选择了自己的法律，而不是罗马公民身份；而那些没有选择权的人被迫接受了罗马公民身份，如同惩罚。(Livy，9.45)

这合乎情理，因为罗马公民身份要求新近被接纳的人承担诸如服兵役和缴纳战争税这样的责任。可他们如果只得到公民身份，没有投票权——一如萨宾人（自公元前 290 年起）和卡里人（自公元前 273 年起），以及其他民族——就无法得到政治权力方面的好处。没收土地也很常见，这些土地成为罗马的公共土地，被分配给罗马的移民，例如公元前 387 年的维爱和公元前 290 年的萨宾。因此，在很多情况下，罗马领土的扩张或许应该被视为具有惩罚性。这是一种吞并被征服城邦、从中获取更多人力资源的方法，腓力五世显然意识到了这一好处。

殖民化

另一种控制被征服土地的关键方式是在这些土地上建立殖民地，拉丁战争结束后，即使拉丁同盟瓦解，罗马仍继续这么做。罗马建立的殖民地分两种：公民殖民地和拉丁殖民地。尽管在公元前5世纪，两者的差别可能没有那么明显，但到公元前4世纪后期，它们成为两种截然不同的殖民地。[20]公民殖民地是小型要塞，主要建在沿海地区，如奥斯蒂亚、安提乌姆、皮尔吉和阿尔西乌姆。它们主要负责近海事务，守卫罗马领土上的港口，阻止迦太基人和叙拉古人这样的海上入侵者登陆。这类殖民地通常有数百名移民，他们保有罗马公民身份。

公元前338至前264年，拉丁殖民地比罗马殖民地更为重要。它们与共和国早期的殖民地大为不同，是重要且独立的城市。拉丁殖民地是大型设防定居点，或是重新建立起来的，或是已经存在的社群，拥有罗马的支持，移民被授予拉丁身份。从公元前338年起，罗马人开始在拉丁姆以外的地区建立拉丁殖民地——此前的拉丁殖民地是由罗马和拉丁同盟在拉丁姆建立的。第一个殖民地是位于坎帕尼亚北部的卡勒斯（Cales），时间为公元前334年。二十年后，卢塞里亚建立，它可能是第一个建在罗马领土之外的殖民地，周围是盟友或敌人的领土。值得一提的是，李维记录了一场关于是否应该建立这一殖民地的争论（Livy，9.26.1—5）。从这时起，在罗马领土之外，距离罗马有些距离的地方建起了很多殖民地，例如帕埃斯图姆（公元前273年）、维努西亚（公元前291年）和布伦迪西乌姆（公元前244年）。李维记录了殖民地的建立，内容基本很简单，包括年份、地区和殖民者人数，肯定是照搬了文献记录。例如：

> 在卢基乌斯·盖努奇乌斯和塞尔维乌斯·科尔内利乌斯担任执政官期间，对外战争暂歇。索拉和阿尔巴建立了殖民地。6000名移民来到位于埃奎领土境内的阿尔巴。索拉曾属于沃尔西人，但萨莫奈人控制了这个地方，4000人被派往此地。(Livy，10.1.1—6，公元前303年)[21]

拉丁殖民地成为罗马共和国重要的据点。它们通常筑有坚固的防御工事，大多数使用了典型的拉丁式多边砌墙技术，虽然一些城墙可能只是在早期防线的基础上进行整修而已。后世史料强调了这些殖民地在守卫罗马方面起到的作用。西塞罗（*Leg. agr.* 73）形容古代殖民地建在“恰到好处的位置，可以提防所有潜在的危险，作为帝国的堡垒，它们看起来不像是意大利的城镇”。阿皮安引用了共和国后期的一份史料，称：

> 罗马人通过战争接连征服意大利民族，占据他们的土地，在那里建立城镇，或者从自己人中选出移民前往已经存在的城镇——相当于派出驻防部队。而在战争中获得的土地，他们将能耕种的部分直接分配给殖民者，或卖掉，又或出租。（Appian，*B. Civ.* 1.7）

一些殖民地与罗马之间有道路相连，通行更为便捷。公元前 338 年前，罗马就开始建造道路，但自公元前 4 世纪后期起，筑路成为更雄心勃勃的工程，并且道路以负责的监察官的名字命名。阿庇亚大道是这些新道路中的第一条，由监察官阿庇乌斯·克劳狄乌斯·凯库斯建于公元前 312 年。这条路将罗马与拉丁沿海地区的殖民地连接起来，最终通至坎帕尼亚的卡普阿。阿庇亚大道建成后，公元前 4 世纪后期以及前 3 世纪，一系列道路建成，将罗马与其在意大利中部的殖民地连接起来。瓦莱里亚大道（可能建于公元前 306 年）连通卡尔索利（Carseoli，建于公元前 298 年）、阿尔巴富森斯（建于公元前 303 年）和罗马。奥雷利亚大道（公元前 241 年）沿伊特鲁里亚海岸，连接科萨（公元前 273 年）。弗拉米尼亚大道（公元前 222 年）将斯波莱蒂乌姆（公元前 241 年）、阿里米努姆（公元前 268 年）与罗马连接起来。尽管道路通常连接起殖民地和罗马，但有时候终点会设在同盟城市。例如，阿梅利亚大道（Via Amelia）的终点就在翁布里亚的阿梅利亚，奥雷利亚大道则止于比萨。道路也可能最终通往卡普阿这样的罗马城市。这表明道路设计除了“连接”殖民地外，还有出于让军队可以尽快抵达潜在问题点的考虑，例如坎帕尼亚，以及阿里米努姆以南的高卢土地。值得注意的是，阿庇亚大道并没能阻止卡普阿在公元前 216 年叛变，转而支持汉尼拔。

很多学者认为拉丁殖民地的安排存在战略意图，尤其与道路网的建成有关联。早在 19 世纪，蒙森强调了这一点，称到公元前 311 年，“罗马人的布局越发成熟，他们的目标是征服意大利，随着时间的流逝，后者深陷罗马要塞和道路构成的网络中”。[22] 最近，一些学者提出质疑，认为这一观点夸大了罗马扩张的必然性，且建立在现代殖民借喻上。[23] 古代作家没有明确提及建立殖民地的长期战略，他们强调的是对当地人口的控制。[24] 我们可以肯定的是，对于罗马军队而言，殖民地是重要的庇护所，但鲜少有证据表明殖民者扮演了活跃的“驻防部队”的角色。毫无疑问，殖民地可能具有重要的战略意义，例如公元前 3 世纪后期汉尼拔战争期间的斯波莱蒂乌姆和维努西亚，公元前 1 世纪早期同盟者战争期间的阿尔巴富森斯和阿塞尼亚（Aesernia）。但认为这是罗马建立者最初计划的一部分，而不是写于共和国后期及帝国早期、面临截然不同境况的史料的“后”见之明，就有些牵强了。尤其是道路，它们被视为元老院宏图伟略的标志，但筑路相关史料表明其是出于更为直接的通俗目的。[25] 筑路是“政治行为”，负责人通过这些工程来提升他们在罗马平民中的受欢迎程度。[26]

这并非现代学术界关于罗马殖民的解读中唯一需要修改的地方。近期研究表明罗马殖民地受到的影响很复杂。公元 2 世纪，哈德良皇帝称殖民地是“伟大威严的罗马人民”的“缩影和复制”（Gellius，*NA* 16.13.9 记述）。萨尔蒙用这句话来解读诸如位于伊特鲁里亚的科萨（建于公元前 273 年）这样的殖民地，认为它们是理想的迷你版罗马。[27] 但殖民地的布局可能源于多方影响，参考了地中海范围的样本，例如，户外集会场就效仿了希腊南部城市的集会场所，以及马萨利亚殖民地的直线网格平面布局。[28] 同样地，我们或许不应该视罗马的筑路工程为罗马所独有，这种做法在地中海很普遍，罗马将其进一步完善。波斯和马其顿这样的地中海和近东城邦早就建好了主要的道路。事实上，罗马用执政官或监察官的名字为罗马的道路命名，这种特别的做法可能受到地中海东部的道路由王室赞助的影响。如米歇尔·胡姆（Michel Humm）指出的，阿庇亚大道是以阿庇乌斯·克劳狄乌斯的首名命名的，希腊化时期君主会用这种方法来强化其身为仁慈帝王的形象。[29]

现在，殖民地与其所处当地的环境密切关联，这一点变得越来越明显。据认为，落败敌人的土地被没收，重新分配给殖民者。存活下来的当地人可能会沦为奴隶，或遭驱逐，被罗马殖民者取代。但实际情况往往复杂得多，并非罗马人取代此前已有的人口那么简单。[30]殖民者经常会被派往建立已久的城市，例如帕埃斯图姆和布伦迪西乌姆；或者城市由被派去控制已有人口的驻军发展而来，例如索拉或弗雷杰拉。在科萨，当地人似乎被清除了，但在很多地方，即便当地人一开始没能获得完全的拉丁身份，他们肯定还是留了下来，甚至可以待在城墙内。这种身份差异不太可能持续很久，因为后来的拉丁殖民地没有两个社群一起生活的证据。根据奥古斯都时期的作者斯特拉波的描述（5.1.10—11），诸如阿里米努姆这样的拉丁殖民地是罗马人和翁布里亚人混居的定居点，它们在之前接受了罗马移民。我们还知道，阿塞尼亚的拉丁殖民地有萨莫奈人：从该殖民地出土的铭文提到了“Samnites inquolae”，即“萨莫奈居民”。[31]有些时候，罗马的盟友也有资格进入殖民地。[32]

同样明确的是，除了军事目的外，拉丁殖民地的建立还有社会经济目的。这甚至可能是它们在这一时期的主要目标。据史料记载，若传统说法可信，罗马派出 2500、4000 或 6000 名男性移民前往殖民地。他们会耕种分配给他们的土地，因此有资格服兵役。史料常常将此作为建立殖民地的理由，称这种做法受到平民的欢迎。[33]殖民可能是政治行为，因为这么做会让提议者获得支持，将军们也可以用这种方法来奖励麾下的士兵。[34]罗马人还总是关心人口的活力和规模，通过殖民来增加人口。[35]

因此，罗马在这一时期推进殖民和筑路工程是基于复杂多样的原因。所有这些措施与罗马成功实现领土扩张、公元前4世纪后期激烈的政治竞争以及平民的要求有关。意大利通过这些措施开始重组，罗马从中获益成为意大利的中心，不过此时的意大利尚未发展成那个构成罗马帝国心脏的统一、彼此相连的半岛。

条约及盟邦

罗马控制意大利的另一个主要方式就是结盟。到公元前264年，意大利波河河谷以南所有未被殖民或没被并入罗马领土的城市和民族都成了罗马的盟邦。早在公元前6世纪，罗马就开始签订条约，与马萨利亚和迦太基结盟。狄奥尼西乌斯甚至称迪乌斯·菲迪乌斯神庙保存了塔克文·苏佩布与加比签订的条约文本。[36] 罗马素有寻求盟邦的习惯，按照埃克斯坦的说法，这是国际无政府状态下国家会出现的一种特有行为，到公元前5世纪早期，随着罗马人与拉丁人之间签订《卡西安条约》，这种做法无疑变得更加正规。这种只要有可能就会寻求新盟邦并与它们联手作战的倾向延续到了公元前4世纪，罗马在战场上收获更多的胜利。考虑到意大利城邦之间关系不稳定，罗马需要持续作战，为罗马军队寻找人力资源，而不是索要贡金，这么做合乎情理。不同于雅典，罗马从未要求其盟邦提供财政资助。

表9.2　罗马在公元前390至前264年签订的条约[37]

签订条约的盟邦	条约签订时间（公元前）	参考文献
萨莫奈	354年	Livy 7.19.4
迦太基	348年	Livy 7.27.2；Polybius 2.24（?）

续表

签订条约的盟邦	条约签订时间（公元前）	参考文献
拉丁、赫尔尼西	338 年	Livy 8.14
高卢	334 年	Polybius 2.18
尼阿波利斯（平等）	326 年	Livy 8.26.6
卢卡尼和阿普利亚（联盟）	326 年	Livy 8.27.2
阿普利亚蒂耶蒂	317 年	Livy 9.20.7—8
卡梅里努姆（平等）	310 年	Livy 9.36.8；Cic. *Balb*. 46
迦太基（根据李维的说法，第三次重新签订条约）	307 年	Livy 9.43.26
索拉、阿尔皮努姆、塞森尼亚（据称是结盟）	305 年	Diod. Sic. 20.90.4
萨莫奈（重新签订条约）	304 年	Livy 9.45.4；Diod. Sic. 20.101.5
马尔西、佩利尼、马鲁奇尼和弗伦塔尼	304 年	Livy 9.45.18；Diod. Sic. 20.101.5
韦斯蒂尼	302 年	Livy 10.3.1
马尔西（重新签订条约）	302 年	Livy 10.3.5
皮森特	298 年	Livy 10.10.12
卢卡尼	298 年	Livy 10.11.11—12.2
伊古维姆	295（？）—266 年	Cic. *Balb*. 47
萨莫奈（重新签订条约）	290（？）年	Livy，*Epit*. 11
波伊	284 年	Polybius 2.20
赫拉克利亚（平等）	278 年	Cic. *Arch*. 6 Cic. *Balb*. 50
迦太基（根据李维的说法，第四次重新签订条约）	278 年	Livy，*Epit*. 13
塔奎尼	?	*NSc* (1948) 267

表 9.2 列出了征服期间被证实签订的条约，可以看到与罗马签订条约的民族数量之多，其中包括分布在意大利的民族，还有迦太基这样的外来势力，甚至还有些高卢人，罗马与他们签订的条约直到公元前 1 世纪仍然有效。[38] 然而，有很多意大利民族不在其中，尤其是翁布里亚和伊特鲁里亚城邦中的大多数。征服早期阶段，即公元前 4 世纪后期，似乎只有和平迎接罗马的城邦得以签订完整的条约，如公元前 310 年翁布里亚的卡梅里努姆（Camerinum）。这其中有马尔西、马鲁奇尼、佩利尼和弗伦塔尼这样的群体，公元前 304 年，埃奎人遭屠戮让他们感到恐慌，转而向罗马求助。[39] 战争中被击败的城邦可以达成停战协议，或者被要求支付赔偿金，例如塔奎尼，又或者得到保证，例如奥克利库鲁姆（Ocriculum）。[40]

将条约定性为一种控制意大利大部分尚未被占领或没被殖民的地区的方法，被证明会引发争议。自 19 世纪起，很多学者认为关于这些结盟，之所以缺乏明确的证据是因为史料残缺不全，尤其是公元前 292 年之后，此外还可能是史料没能系统记录条约内容的缘故。[41] 最近，里奇（Rich）对这一共识提出质疑，他认为大多数被罗马击败的意大利城邦不太可能与之签订正式条约，它们向强大的罗马投降，服从于不那么正规的安排。[42] 这或许有助于解释诸如塔奎尼和卡梅里努姆这样的盟邦后来庆祝与罗马签订条约，仿佛这能为它们带来声望一般，但对于最适合的判断标准，我们恐怕无从得知。事实上，即便一些城邦与罗马签订条约，另一些城邦则服从不那么正规的安排，实际意义也基本上是一致的。

没有条约文本，关于条约的具体内容我们知之甚少，不过我们可以察觉到一些原则。虽然一些条约被称为是“平等的”（aequum），但大多数可能包含有利于罗马而非意大利缔约方的条款。所有条约都有一个基本要求，即盟邦要自主招募士兵，提供给罗马军队，支付军饷，按需将他们派往罗马。波利比乌斯称结盟民族是以罗马为中心组织起来的：

> 执政官向意大利境内愿意提供军队的结盟城市发出指令，告知需要多少人手，以及这些军队必须在何时何地出现。行政长官立刻执行，按照所需召集士兵，让他们宣誓，任命指挥官和司库。(Polybius, 6.21.4）[43]

这与早期雅典帝国的构成有些许相似之处，雅典负责协调提洛同盟的军队派遣。但在提洛同盟中，这逐渐演变为每年缴纳贡金。在意大利，这就像是对盟邦征税，只不过以一种显然不那么具有侮辱性的方式执行罢了。对大多数盟邦而言，罗马很可能具有召集其全部人力的能力，只要它有这个意愿。事实上，罗马每年只需其盟邦所有兵力的一部分。将这一负担均衡地分配给盟邦很重要，因为这些盟邦规模不等，要求翁布里亚小城市和整个萨莫奈民族提供相同数量的士兵是不公平的。公元前 111 年《土地法》中提及的“穿托加袍者的名单”可能就起到了这一作用。[44] 得到每一个盟邦的士兵清单后，罗马就可以确定每一个盟邦需要提供的士兵数量。

表面上看，罗马使用结盟的方式着实令人感到意外，因为理论上，它可以将整个意大利并入罗马共和国，事实上，公元前 91 至前 88 年的同盟者战争之后就是如此。总的来说，这一模式可能是来自罗马的命令被分散执行以及不同将军个人偏好所导致的。一些将军选择这么做是因为结盟地区不受罗马的直接控制。从很多方面来说，相较于授予更多人罗马公民身份，这也是更切实可行的解决方法，能有效利用盟军。在罗马军队中，盟军数量众多，不过其在盟邦人口所占比例小于罗马自己为军团提供的兵力比例。据波利比乌斯（6.26）称，盟邦提供的步兵总数通常与罗马士兵相当，是骑兵数量的三倍。他们由同盟指挥官（praefecti sociorum）指挥，按民族划分，可能使用自己的语言。这保留了他们的身份认同感，提供了能代表罗马出战的具有战斗力的斗士。他们能分得一部分战利品，从罗马的胜利中间接获取好处。

在第二次布匿战争中，留在罗马同盟体系中的好处是显而易见的。公元前216年在坎尼（Cannae），罗马遭遇第三场同时也是最惨痛的失利，随后，罗马遭遇盟邦的严重背叛（Livy，22.61）。很多盟邦依然忠于罗马，为其奋战，例如佩利尼步兵团攻占了贝内文图姆附近一个迦太基营地（Livy，25.14）。公元前205年，众多盟邦自愿加入西庇阿入侵阿非利加的大军，让人印象深刻（Livy，28.45）。因此，我们很难相信盟邦仅仅是因为害怕而屈服于罗马：利己以及对罗马的认同感也是它们保持忠诚的重要原因。[45] 事实上，盟邦被允许实行地方自治，由和罗马贵族拥有共同利益和联系的精英阶层管理，成为罗马控制体系中标志性的特点：自治城镇、殖民地和盟邦都是如此。[46] 这一体系可能是出于利益考量的产物，与罗马人"宽宏大量"的精神境界或深思熟虑无关，如我们在后面会看到的。此时的罗马共和国尚不具备直接控制所有被其征服的地区的能力，不过作为国家，它变得越来越强大，因此元老院开始更多地干涉意大利事务。在皮洛士战争和汉尼拔战争期间，面临巨大的军事压力，这一体系运作良好，罗马尽管遭受灾难性损失，但最终还是赢得了这两场战争，该体系的恢复能力可见一斑。

战争和扩张模式

要了解罗马的征服，我们还需要审视罗马的军队及其奉行的扩张主义，探索罗马为何能在战争中如此成功以及是什么促使罗马人投入战争。罗马的崛起与其他地方的崛起有些颇有意思的相似之处。沙伊德尔（Scheidel）指出，罗马和雅典都是典型的从城邦发展起来的共和帝国。它们最初都是因为受到外来威胁而结成的防御联盟的领袖。这种受到一致认可的领导地位后来转化为霸权，"使它们能协调并最终处于掌控地位，让不同城邦联合起来进行防御和掠夺"。[47] 不过，在意大利环境下发展起来的罗马共和国军事体制有其特性：从不使用雇佣军，高度依赖公民，以步兵为主（而不是依靠骑兵或海军）。古风时代希腊战争鲜少出现敌人土地被占领的情况，例如斯巴达人攻占麦西尼（Messene），罗马则在公元前 396 年占领了一座伊特鲁里亚城市，并吞并其领土，奴役生活在其中的伊特鲁里亚人，或者接纳其人口。

罗马军队的结构在这一时期经历了重大变化。公元前 6 世纪的塞尔维乌斯改革确立的军事结构以规模庞大的重装步兵为基础。他们自备有贺浦力特式武器和盔甲，通常是圆形盾牌，类似护胫这样的防护甲，以及矛。他们是否以大方阵的队形作战，我们无法确定，因为近期关于古风时代希腊军队的研究对这种军事组织提出了质疑。[48] 公元前 4 世纪的某个时刻，一种新编队形式被引入，可能是在这一世纪早期，与军饷的引入有关（Livy，8.8），也可能是在第二次萨莫奈战争期间，即公元前 4 世纪后期（Diod. Sic. 23.2）。这种新阵型由三线步兵组成，分别是青年兵（hastati）、壮年兵（principes）和后备兵（triarii），每一线又分成规模更小的队（maniples），拥有 120 人。这使得军队在排兵布阵方面有极大的灵活性，等到战斗进入关键时刻时，后备兵才会上场。这一革新肯定与盔甲的变化有关。*Ineditum Vaticanum* 的匿名作者称方阵是模仿伊特鲁里亚人，三线阵体系通常使用的长方形盾牌和标枪源自萨莫奈人。[49] 虽然这个观点缺乏新意，但早期意大利是一个高度互联的世界，军事技术可以极快转移，三线阵体系使用的武器可能比之前使用的武器便宜。事实上，和早期罗马很多其他特点一样，罗马的军事战术和盔甲也受到地中海西部和东部的多重影响。在这一时期，罗马标准的装备可能发生了这样的变化：萨莫奈式长方形盾牌取代圆形盾牌，长矛从刺人变成用于投掷，使用短剑，青铜盔甲可能被锁子甲替代。此外，国家会为骑兵提供马匹。

军队规模因而扩大。自王政时代初开始，标准规模可能是 2 个军团，到公元前 311 年，增加至 4 个军团。[50] 每个军团可能有约 3700 人，到波利比乌斯所处的时期，即公元前 2 世纪中期，人数增加至 4200 人左右。盟邦提供的分队也很重要，通常为每支军队提供的士兵人数和军团人数相当。这是罗马强大和成功的关键，罗马想必更多依赖于人数的优势，而我们所掌握的史料不太愿意承认这一点。按照古代标准，罗马军队很庞大。公元前 479 年的普拉提亚战役，斯巴达军队只有 5000 名斯巴达人，他们与装备较差的 5000 名庇里阿西人和 35,000 名斯巴达奴隶并肩作战，而雅典派出了 8000 名希腊步兵（Hdt. 9.28）。相比之下，森提努姆战役中罗马和盟邦军队可能达到了约 36,000 人。[51]

罗马能在军事方面取得成功，其经济实力是另一重要因素。从波利比乌斯那里，我们知道在第一次布匿战争期间，资金和人力同样重要，因此这一时期的情况可能也是如此。历史上，战争往往具有风险，要付出昂贵的代价。18 世纪的英国，战争的要求促使其设立所得税，英格兰银行为国家机关提供了长期的军事经费。[52] 同样，经济体制改革使得罗马能在公元前 4 世纪为越来越多的战争提供资金。自公元前 443 年起，监察官能评估所有公民的财产，将数据提供给国家，以便公平分配税额。公元前 406 年维爱战争期间，罗马开始发放军饷（Livy，4.59.11）；共和国时期，罗马继续为其规模大于邻居的军队支付军饷。据说罗马基本的战争税是在约公元前 400 年开始实行的，用于支付军饷。公元前 4 世纪开始，赔偿金被用于补充战争开支，这使得一些将军发起战役以筹集资金，例如公元前 293 年对阵特罗鲁姆，与法利希人开战，为了达成和平协议，法利希人支付了 10 万青铜币，并且要资助罗马军队长达一年。[53]

战场上的成功让罗马及其盟邦受益匪浅，它们可以占据各式各样的战利品：战俘（可卖为奴隶）、银和铜，甚至还有从落败城市搜刮来的贵重物品，例如维爱的铜门，据说被卡米卢斯侵吞了。[54] 据说，这一时期，征服萨宾人（Strabo，5.228）、高卢人（Polybius，2.29）、萨莫奈人和伊特鲁里亚人（Livy，10.46）使得罗马积累了巨额财富。[55] 塞普西斯的梅特罗多鲁斯（Metrodorus of Scepsis）称公元前 264 年，仅仅是从伊特鲁里亚城市沃尔西尼，罗马就掠夺了 2000 尊雕像。自公元前 3 世纪 90 年代早期开始，罗马开始首次记录战俘数量，表明国家保存有关奴隶贩卖的官方记录。

现代研究表明指挥官准备承担的风险大小取决于对部队训练的投资以及是否可以找到替代投资。稍加训练以及数量足够的士兵使得罗马的指挥官能像现代军队指挥官一样，在战斗中承担更多风险。[56]罗马比其他城邦更进一步，在重大战争中更愿意冒损失军队的风险，这或许是平民缺乏真正政治影响力的标志；类似雅典这样的民主政体受到更多约束，民众不满会引发危险。此外，不同于马其顿这样的君主政体，在罗马体制下，将军是可以替换的，和所率领的士兵一样，他们也是可以牺牲、被取代的，或者根据所拥有财富数量使任期得以延长。如罗森斯坦（Rosenstein）所言，罗马成功的关键之一是其应对失利的灵活方式，罗马落败的次数要比其名声所预示的更频繁。[57]

罗马最终能获得成功的原因，仍然是人们热议的话题。自20世纪70年代起，罗马是一个穷兵黩武的社会，这一观点被普遍接受。[58]精英和平民认可战争。罗马的贪婪为其敌人所周知。扩张主义深植于罗马的很多制度和习俗中。在极度危险的时刻，罗马会任命一位紧急独裁官。将军、军队、民众和众神会一起出现在凯旋式上，以庆祝罗马赢得胜利。罗马的同盟体系意味着其长期需要军队。罗马的寡头政治竞争十分激烈，尽管在公元前4世纪后期，其组成发生了改变，但依然重视军事方面取得的荣耀。对普通士兵亦是如此，勇气很重要，有一系列军事奖章用于表彰他们的英勇表现，卢基乌斯·西基尼乌斯·登塔图斯的故事就是代表：

> 我们从编年史中得知，在斯普里乌斯·塔佩乌斯和奥卢斯·阿泰尼乌斯担任执政官时（公元前454年），平民保民官卢基乌斯·西基尼乌斯·登塔图斯是一位精力充沛的勇士，凭借非凡的勇气，他赢得了“罗马阿喀琉斯”的称号。据说，他参加了120场战斗，与敌人奋战，背上没有伤疤，但前面有45道疤；他获得过8次金冠、1次攻城冠、

> 3次壁形冠以及14次公民冠；他有83次被授予颈链，超过160次得到臂钏，18次获得长矛；此外，他还25次获得勋章；他得到很多战利品，很多都是在一对一的打斗中赢得的；他和他的将军们一起参加了9次凯旋式。（Gellius，*NA* 2.11.1—4）[59]

若如史料所述，西基尼乌斯·登塔图斯在第二届十人委员会时期被杀害，他惊人的记录——被描述成通俗小说中的民间英雄（“最勇敢的罗马人”）——可能是精心编造的。不过，这个故事表明对某些罗马士兵而言，一对一作战是很寻常的经历。罗马传统记述中有很多关于赢得这类战斗的著名人物的故事，尤为出名的例子有公元前361年的提图斯·曼利乌斯·托尔卡图斯和公元前349年的瓦莱里乌斯·科尔乌斯。关于他们所赢得的胜利的叙述存在问题，因为这些故事被一再传述，显得很套路化，且明显带有神话色彩。在这些故事中，罗马人虽然处于不利地位，但总是能成为胜利者，他们会从敌人的尸体上剥下战利品，作为获胜的象征。这些故事通常包括神对罗马一方做出的干预，例如公元前349年，帮助瓦莱里乌斯攻击高卢对手的渡鸦（corvus）。这两个人都得到了别名，托尔卡图斯源自他从对手那里得到的颈环，科尔乌斯则源自渡鸦。这种主题可能是源于被反复讲述的家族史故事。然而，诸如西基尼乌斯·登塔图斯这样的逸事证据进一步表明历史上确实有可能发生这些事件，就如同指挥官下令禁止一对一对决，说明这种情况频繁出现，其实有着很重要的影响。[60]

战争与罗马关于出身的集体认同感密切相关。作战季的开始与结束被写入罗马历法，会举办战神节（Armilustrium）和十月马节这样的节庆。[61] 自公元前4世纪后期起，军队开始出征更远的战场，一次就要数年。[62] 自公元前335年起，军团开始在战场过冬，等待新执政官上任，并且萨莫奈战争期间，军团服役的时间多次被证实超过一年。[63] 自公元前327年起，指挥官开始被委派连续指挥数年，因此他们留住麾下士兵是合乎情理的。三线阵体系要求进行更全面的训练，从军事角度看，解散一支处在进攻位置的训练有素的军队毫无意义。[64]

罗马承受着发动战争的社会压力。据狄奥尼西乌斯称（10.33），阶层斗争期间，对外战争成为安抚低下阶层、缓解内部纷争的方法。当没有战争时，罗马倾向于创造战争，例如公元前 303 年，李维（10.1.1—5）称“为了不让罗马人一整年都不采取军事行动，一小支远征军被派往翁布里亚”。同盟体系——罗马利用受其掌控的城邦的军队，而不是贡金——意味着除非有仗可打，否则罗马得不到任何好处。[65] 按照波利比乌斯的说法，公元前 2 世纪中期，罗马元老院开始担心意大利人“由于长期和平而变得柔弱”。[66] 意大利中部其他城邦也有这种无休止战争的文化，它们热衷于劫掠邻居，往往通过具有侵略性的图像来表达好战的理念。[67] 罗马同盟体系为结盟城邦的黩武文化提供了一个固定的表现机会，即便这些城邦被罗马征服后亦是如此。

李维这样的史料坦诚记录了罗马对战败者的暴行。据说，类似奥索尼和埃奎这样的小部落几乎被歼灭。[68] 数以千计的“叛乱者”在罗马广场遭鞭笞，被处决，包括萨特里库姆的“反叛”殖民者。根据记录，双方都犯下暴行。公元前 357 年，塔奎尼人在其广场处决了罗马俘虏。公元前 354 年，罗马人以牙还牙，并且他们的暴力进一步升级（Livy，7.19）。[69] 奇怪的是，一些罗马所谓的大屠杀被证实有夸张的成分（古代世界武器匮乏，且不具备现代种族清洗的意识形态）。[70] 维爱部分人口在历经洗劫后得以幸存，后来被授予罗马公民身份，但一开始我们被告知所有维爱人都被卖为奴隶。塔奎尼的情况亦是如此，据说公元前 354 年，当地人被屠戮殆尽。罗马人之所以夸大其词，肯定是因为将军们为了有资格举办凯旋式（自公元前 2 世纪起，据说要求杀死 5000 敌人），声称自己赢得了更为彻底的胜利，而实际情况并非如此。在描述赢得压倒性胜利，击败后来成为帝国重要组成部分的民族方面，罗马史料似乎并不以此为耻，反而引以为傲。虽然类似描述显然言过其实，但这种暴力理念在其他古代意大利民族中同样明显，如我们所看到的，他们亦会美化军事冲突和处决敌人的行为。

此外，罗马人的屠杀对意大利其他民族造成了心理影响：目睹公元前 354 年塔奎尼战役的结果，萨莫奈人请求缔结条约；公元前 303 年的埃奎战役后，马尔西人、佩利尼人、马鲁奇尼人和韦斯蒂尼人也是如此。

近来一些学者认为这是处于无序状态的城邦间体系的特点，即最强者生存，这借鉴了现代国际关系的“现实主义”观点。[71] 这么看来，在这样的体系中，惧怕对手是真实存在的，且很普遍，是推动战争发生的一个重要因素。罗马所处的位置很关键，相较而言，它靠近塞农高卢这样具有侵略性且相对混乱无序的城邦，这对其早期发展有着重要影响，可以说罗马所处的国际环境甚至比迦太基和希腊本土的城市更具挑战性。敌人塑造了罗马，而罗马人的自我形象——向所有与他们战斗的人学习并最终完成超越——在一定程度上以此为基础。公元前 309 年，高卢人洗劫罗马肯定产生了尤其具有决定性的影响，促使罗马对其潜在的敌人采取更具侵略性的态度。[72] 在军事实践方面，罗马和其邻居极为相似：大量使用重装步兵，颂扬一对一对决战展现出来的军事实力，设立奖项，钟爱战利品，这些做法在意大利其他城邦也广为流传。它们也习惯寻求盟邦和缔结条约，在战争中充分利用宗教和仪式。很多意大利城邦为共和政体，行政长官任期有限，这肯定会促使他们通过战争寻求机会，谋取好处。[73]

但是，关于征服意大利的现实主义观点可能具有误导性。[74] 现实主义理论是冷战这样的特殊情况的产物，忽略了霸权中的非军事因素。现实主义强调统治阶层对战争达成共识，但就扩张而言，罗马和意大利城市的平民也很重要。在罗马，公元前 4 世纪的改革后，人们对国事产生了新的兴趣。现实主义观点或许更适合用于分析多民族的大帝国的扩张行为，例如布匿战争期间的罗马和迦太基，以及东方的希腊化王国。将之用于分析公元前 5 世纪或前 4 世纪的罗马会引发更多问题。[75] 现实主义论强调对手对罗马造成了真正的威胁，对于李维以及其他史料夸大敌人实力、突出罗马的英勇表现，可以说，现实主义这一观点无法给予充分的反驳。[76] 事实上，即便经常遭遇失败，外交手段仍被普遍使用。征服期间的情况是罗马与城邦网络中的一个城邦打交道，而非伟大帝国之间的碰撞。这些城邦的精英阶层是流动的，相互关联，例如来自拉丁姆南部丰迪的维特鲁威乌斯·瓦库斯（Vitruvius Vaccus），他在罗马的帕拉蒂尼山上拥有一处宅邸，却在公元前 330 年率领普里韦努姆人发起叛乱（Livy，8.19.4；Cic. *Dom.* 101）；还有公元前 264 年，萨莫奈人在罗马一精英阶层的宅邸内休养（Cass. Dio，fr. 10.42）。因此，罗马完成的征服在一定程度上应该被理解为是精英阶层相互关联的产物。意大利城邦通常不会像团结一致的现实主义行动者一样采取行动，独立（非城邦）的精英互动和消除主义战争一样重要。[77]

结论

战争是历史研究关注的重点，早已存在的长期紧张关系在这些危急关头表现出来。例如，第二次布匿战争期间，很多盟邦背叛，投靠汉尼拔，可以看出它们与罗马关系的关键特点。罗马的征服是数个复杂历史进程的结果，罗马以及意大利民族均参与其中。这包括罗马和萨莫奈等各意大利势力的扩张，以及围绕财富和资源展开的竞争，各种势力争先试图控制诸如坎帕尼亚平原这样的肥沃地区。征服亦是罗马财富增加、突显人数优势，以及逐步积累强大军事盟邦的结果。平民对服兵役表现出来的热情也是原因之一，这与罗马将军会分享战争所得利益有关。此外，很多敌人的分裂和疲软也推动了罗马对外的征服，它们通常是小城邦组成的松散同盟（例如翁布里亚人），或者分布过于零散，结盟过晚，无法阻挡罗马的攻势，例如公元前 3 世纪 90 年代萨莫奈人和高卢人的结盟，还有自公元前 3 世纪 70 年代起，希腊城市和萨莫奈人的联手。另一个关键因素是公元前 4 世纪后期，罗马贵族变成一个覆盖面更广、竞争极为激烈的统治阶层，我们将在下一章看到。

第十章
约公元前 300 年的罗马

导读

公元前 338 至前 290 年，罗马共和国在政治、经济、文化、人口和宗教方面都发生了巨大的变化。随着最高行政长官的职位放宽竞选条件，政治竞争加剧。希腊化进程使得罗马不仅与意大利南部的希腊城市关系更加密切，与希腊本土城市也是紧密关联。罗马变得越发国际化，其对地中海事务的兴趣也愈加浓厚。下文每一节都能看到这些主题。

共和国中期政治：元老院和精英阶层

公元前 4 世纪后期以及前 3 世纪早期是罗马政治的形成期，阶层斗争期间实行的改革开始见效，征服意大利使得罗马共和国的领土得以大幅扩张。很多罗马政治制度是在这一时期确立的，行政长官得以规范化，元老院的主导权得以确定。这些变化创立了一个为西塞罗和李维这样的后期共和国作者所熟悉的国家，但也正因为这样的转变，我们往往很难弄清楚这一时期之前罗马的习俗和制度。因此，要确定这些变化的确切性质颇具挑战性。

大多数史料保留的关于早期制度的观点是扭曲的，因为在记述得以保存的罗马作者中，很少有人体验过正常运转的共和体制。我们主要的史料在提及这一时期的政治斗争时，显得混乱且矛盾，因为对共和国后期西塞罗这样的政治家而言，早期发生的争论和制定的法律是重要的先例。例如，对于公元前367年的土地改革，存有很大争议，这些改革措施虽然为格拉古兄弟在公元前2世纪30年代和20年代发起的土地改革提供了先例，却遭到他们对手的反对。结果是，史料往往容易受到不切实际的念旧情绪以及从道德角度看待自己所处时代政治错误的影响。保存下来的最早史料来自波利比乌斯，他在公元前2世纪中期写作。他所著史书的第六卷提供了非常宝贵的关于罗马共和国中期混合政体的记述，尽管波利比乌斯倾向于夸大其均衡的特性，低估精英阶层的控制程度。瓦罗（公元前1世纪中期）和费斯图斯（可能是公元2世纪，但转述了奥古斯都时期学者维里乌斯·弗拉库斯的研究）这样的古文物研究作家也提供了关于早期制度形式的珍贵信息。

尽管史料存有问题，但我们可以看出这一时期重大的政治发展。第一个重要发展是自公元前4世纪后期起，元老院在罗马政坛占据了主导地位。费斯图斯写过一个重要的段落，从中可以明显看出元老院最初更像是一个非正式的咨询机构（consilium），由执政官亲自任命，没能入选元老院并不丢脸。但在公元前318至前312年间的某一刻，《奥维尼亚法》规定了元老的任命由监察官负责：[1]

> 曾经有一段时间，没当选元老不会被认为是丢脸的，因为如同国王曾要亲自挑选（或选择替补）公务顾问一样，共和国期间，执政官或拥有执政官权力的军事保民官习惯先是从贵族然后是平民中挑选他们最亲密的朋友。这种做法一直延续，直到保民官奥维尼乌斯颁布法令予以禁止。奥维尼乌斯的法律要求监察官发誓在各个阶层中选择最

佳人选进入元老院。实施该法律的结果就是没有入选因而失去地位的元老会被认为是不光彩的。(Festus 290 L.)

所以，任命前任行政长官可能是在这个时候确立的。监察官可以增加人员，开除有不道德行为的人。但实际上，只要行为得体，元老资格就是终身的。这赋予元老院新的持久性，在正常情况下，元老人数为 300 人左右。按照费斯图斯的说法，被排除在外被视为是丢脸的，这必然增加了政治竞争的风险。这项法律也促使这种情况的出现，即罗马贵族阶层由元老身份来定义。从这时起，成为贵族意味着祖先曾是元老，共和国后期西塞罗及他人就是从这个角度分析问题的。[2]

到了波利比乌斯写作的公元前 2 世纪中期，元老院控制了财政和外交关系，包括意大利的管理工作和国家安全：

起初，元老院控制了国库，负责管理所有财政收支……对意大利境内发生的罪行，同样要求进行公开调查……若意大利境内任何个人或群体需要仲裁……它还负责派遣所有使节前往意大利以外的国家，或解决分歧，或提供友善建议，或确实要采取强硬手段，或接受对方投降，或宣战；同样，对于抵达罗马的使节，元老院会决定以怎样的方式对待他们，并且给出怎样的答复。(Polybius，6.13)

元老院还享有就立法是否具有适用性提出建议的特权（但提出立法的必须是在职官员）。元老院还能决定执政官的派遣地，接见代表团，不过在战场的行政长官通常需要快速行动，遇到需要立刻答复的事往往无法咨询元老院。

元老院几乎没有正式权力，但其建议难以拒绝，鲜少被无视。有几个有趣的例子。例如公元前 264 年，执政官煽动民众投票，对西西里予以干涉，以帮助梅萨纳的马末丁人，但这种情况很少见。元老院的权力之所以大于主要行政长官，是因为大多数罗马贵族只能担任一年执政官，但他们往往会一直出任元老。所以他们不愿忽视元老院极大的威权，否则他们后期生涯的影响力可能会受限。不过，值得注意的是，围绕诸如是否应该在公元前 279 年与皮洛士达成和解这样的问题展开的辩论是真实的，而且往往存有分歧。所以，认为元老院在共和国政坛扮演统一的角色是无益的，元老院内部往往存在各种意见。

这一时期第二个重要发展是新贵族的崛起。如我们在第七章所看到的，在共和国早期，贵族开始独揽大权。平民发起运动，寻求担任国家行政长官的机会，后者为贵族所掌控，他们还希望罗马社会最穷者能摆脱贫困和债务。公元前 4 世纪，多种措施出台，使得平民可以出任政府官员。贵族试图禁止任何曾担任过平民保民官的平民成为国家官员。平民进行抗争，通过一系列法律，使得平民可以担任执政官（公元前 367 年），然后规定执政官中必须有一位是平民（公元前 342 年）。斗争还延续至国家神职人员的任命上，一些职位亦拥有政治权力，公元前 367 和前 300 年这些职位对平民开放。这让参与平民运动的较富裕的平民感到满意，他们和贵族一起进入元老院。结果就是形成了一个由平民和贵族共同组成的贵族阶层。通常认为，随着这些法律在公元前 4 世纪实施，阶层斗争实际上已经结束了，在《大事记》中，我们可以看到新贵族的出现。

到公元前 4 世纪末，罗马的国家制度还发生了其他重要的变化。公元前 447 年，此前由执政官选择的财务官改由选举产生（Tacitus，*Ann.* 11.22）。公元前 366 年，裁判官和贵族市政官（与平民市政官对应）设立。这些新官职促使“荣耀之路”（cursus honorum）于公元前 4 世纪末出现，在这一职位晋升体系中，财务官、市政官或保民官、裁判官可以升至执政官，最后是监察官（虽然这种情况很少见，因为每隔五年才会任命监察官）。

平民的成功和国家高层官员入选资格的放宽加剧了竞争。和贵族一样，所有富裕的平民也可以担任要职。对罗马行政长官而言，获得荣耀的主要方法是赢得军事胜利，不惜一切代价获胜变得越发重要。无法重复任职也促使这种情况变得更普遍。公元前 300 年前，执政官往往可以连任：昆图斯·法比乌斯·马克西穆斯曾五次当选，一直任职到公元前 295 年。但自约公元前 290 年起，重复任职逐步被废除，通常，一个人一生只能出任一次执政官。重复担任执政官的情况很少，但并非没有发生过。元老院延长了行政长官的“治权”期限，这个过程被称为“特许延任”。这使得前任行政长官变为资深执政官或资深裁判官，他们负责管理特定区域（provincia，并非行省，而是“特定的行动区域”）。第一位资深执政官是公元前 326 年的昆图斯·普布利乌斯·菲罗。这一发展使得元老院能进一步控制行政长官的职业生涯，其建议也变得更难以被忽视。

这些变化还有助于解释自这一时期起罗马对征服的强烈渴望，以及竞争本能为何能融入罗马文化中。罗马贵族通过祭文、公共纪念碑，以及（后来的）传说和货币上的图像来纪念其取得的成就。[3] 在这一时期，几位“新人”——没有元老院背景的平民执政官——掌权，在意大利境内推行更具侵略性的罗马扩张策略。这些人中包括马尼乌斯·库里乌斯·登塔图斯（公元前 290 和前 275 年出任执政官，与萨宾人和皮洛士作战）、提图斯·科伦卡尼乌斯（公元前 280 年担任执政官，与武尔奇和沃尔西尼交战，公元前 270 年担任监察官）和盖乌斯·法布里奇乌斯（Gaius Fabricius，公元前 282 和前 278 年担任执政官，对抗皮洛士）。这一新的精英阶层有着越来越明确的意识态度，以军事荣耀、自我宣传和除官职外的共有好处为中心。精心编造的关于斯普里乌斯·梅利乌斯、斯普里乌斯·卡西乌斯和曼利乌斯·卡比托利努斯这些共和国早期人物的故事明确表明了任何人都不能过于成功这一原则，据说，这些人有意称王，得到了应得的惩罚。李维和其他史料重新讲述了这些故事，强调了激进民粹主义措施带来的危险、王权复辟的可能以及这些人最终被处决的公正性。[4] 通过这样口口相传的故事，在罗马关于王权的想法变得极为邪恶，精英阶层应当不惜一切代价予以抵制。他们所谓的自由并不是所有公民都有掌权的权力，而是精英阶层有权担任官职的自由。[5]

最终，这一新贵族阶层中有少数家族开始占据最重要的职位——裁判官和执政官，例如克劳狄乌斯、瓦莱里乌斯、法比乌斯、德西乌斯和科尔内利乌斯。然而，除了这一精英阶层的上层梯队外，更多属于不同阶层、从未担任过最高官职的元老具有相当大的流动性，人员变动频繁。[6]

政治体制的运行

这一时期通常被视为贵族阶层达成了共识，罗马宪政处于最稳定的时期。波利比乌斯无疑是持这种观点的，他认为罗马政体具有均衡特性，并做了概述。从很多方面看，公元前4世纪后期至前2世纪早期是共和制运行得最好的时期。殖民扩张以及通过征服涌入意大利的财富让平民获益。这一时期大多数时候，精英竞争受到严格监管，在公元前3世纪的“非洲征服者”西庇阿之前，没有个人真正占据过主导地位。但这一相当温和的观点忽略了持续的社会冲突的迹象，以及共和国中期和后期的史料截然不同的性质。[7]

尤其是平民保民官在公元前4世纪和前3世纪通过一系列法律，处理了大量与平民利益有关的问题，这些问题是关于土地使用、债务以及宪政事宜的。最后一项包括明确监察官起到的作用（《奥维尼亚法》，公元前318—前312年），引入选16名军事保民官的做法（《阿蒂利亚·马西亚法》，公元前311年），以及允许平民成为神职人员（《奥古尼亚法》，公元前300年）。这些法律体现了民众主权的原则，归根结底就是民众控制他们选出来的领袖的权力，因此代表了阶层斗争思想的延续。[8]此外，我们看到有人表现得像蛊惑民心者或民粹主义者，聚拢民心，尤其是阿庇乌斯·克劳狄乌斯·凯库斯，其经历很出名。作为公元前312年的监察官，他委托开展了大量公共基础设施项目（阿庇亚大道和阿庇亚水渠），对元老院进行了彻底的改革。据说，他还试图将出身低下者——可能是城市居民——分配到所有拥有投票权的部落中，而此前这些人受到限制，只能待在四个城市部落。这一措施使得他们的投票更有分量，但很快这个措施就被撤销了。[9]

阿庇乌斯的书记官格奈乌斯·弗拉维乌斯是自由民之子，公元前304年，他当选贵族市政官。他公布了法律程序，标出与法律事务相关日子（dies fasti）的历法，此前，这些是秘密，贵族可能因此获得极大的掌控法律程序的权力。此举激起了同时代人的敌意，从史料对弗拉维乌斯和克劳狄乌斯的描述非常负面可以看出来，这可能是他们与昆图斯·法比乌斯·马克西穆斯存在冲突的结果（参见下文）：法比乌斯的形象之所以是积极正面的，可能是因为记述者是其后人——第一位罗马历史学家法比乌斯·皮克托。

> 同年，政府书记官格奈乌斯·弗拉维乌斯，格奈乌斯之子，担任贵族市政官。他出身贫寒，他的父亲是自由民，但能力出众，擅长演说……毫无疑问，他固执且坚定地与贵族对抗，因为后者看不起他卑微的出身。弗拉维乌斯公布了先前被隐藏在祭司秘密档案中的民法形式，将官方历法张贴在罗马广场周围的白色公告板上，让公众知道可以提起法律诉讼的日期……弗拉维乌斯在罗马广场被民众选为市政官，后者因为阿庇乌斯·克劳狄乌斯当选监察官而得到权力。克劳狄乌斯是第一位降低元老资格标准的官员，允许自由民之子成为元老；当他的选择不被接受，没能获得他所期待的在元老院的政治影响力后，他将出身低下者分配到所有具有投票权的部落，这对罗马广场和战神广场的集会造成了破坏性的影响。弗拉维乌斯的当选引发了极大的愤怒，多数贵族扔掉了他们的金戒和军事勋章。自那时起，公民分成两派，正直的人支持正确的原则，他们持有一种观点，而罗马广场上的人持另一种观点，直到昆图斯·法比乌斯和普布利乌斯·德西乌斯当选监察官（公元前304年）。法比乌斯一方面是为了构建和谐社会，另一方面是为了阻止选举为最底层人所掌控，他清除了罗马广场上所有的暴徒，

将他们分为四个部落，并将其命名为城市部落。据说，因为确立了社会秩序，法比乌斯此举很受推崇，他因此赢得了“马克西穆斯①”的称号，这是他此前赢得的众多胜利所没有带来的荣誉。据说，法比乌斯还定下了每年 7 月 15 日举办骑士游行的规矩。(Livy，9.46)[10]

而对民众的煽动并没有因此结束，公元前 287 年第三次平民撤离运动就是证明。[11] 这确保了平民大会的决定——公民投票的结果成为正规法律。

因此，到公元前 3 世纪早期，罗马国家主要的政治体制确立了其典型的组织形式。垄断行政长官职位的精英阶层在组成上发生了变化。虽然，此时平民具备了担任行政长官的资格，但实际上只有富人可以成为候选人，选举行政长官的投票组织仍然被富人掌控。穷人失去了具有奉献精神的平民领袖，后者开始认同元老院，这一机构从这时起开始在罗马政府中占据强势地位。但伴随着这一发展趋势，行政长官的权力受到一系列保民法律的限制，一些精英人物被证实愿意就穷人的不满采取行动。

共和国中期社会及文化

自公元前 367 年起，罗马政坛发生的这些剧变与罗马社会及文化的发展有着密切关联。成功征服意大利让罗马获益良多。战利品所得收入被用于在罗马及其周边建造神庙、基础设施和其他主要建筑项目。新贵族的竞争异常激烈，他们寻求新方式来宣传自己取得的成功。他们的财富也可以花在奢侈品上，因此新技艺得以开发，以满足这一需求。意大利被征服后，新市场随之打开，罗马修建的道路使得意大利地区的经济变得更为一体化。这一时期见证了与地中海联系的恢复和振兴，罗马人的身份认同感中新增了自信。

① 即“Maximus”，拉丁语意为“最伟大的”。

这一时期，从罗马城的建筑项目开始，最引人注目的发展是大量新神庙的出现，文学史料证实了这一点。[12] 这些神庙的建立在一定程度上与罗马在战场上的成功相关。我们可以看到一个明显的模式。共和国早期，很多神庙建成，延续了自公元前 6 世纪起的建设热潮，但随后在公元前 5 世纪大多数时候，这股热潮有所平息。到公元前 4 世纪早期，建筑热复苏，然后又是一段平静期，直到公元前 304 年，异乎寻常的神庙建筑热潮开始兴起，直到公元前 264 年布匿战争开始才有所缓和（表 10.1）。

表 10.1　文学史料证实建成的神庙，公元前 509 至前 264 年

时间（公元前）	神庙
509 年	至高无上的朱庇特、朱诺及密涅瓦神庙
501—493 年	农神庙
495 年	墨丘利神庙
493 年	克瑞斯、利柏和利贝拉神庙
493 或 488 年	福尔图纳 · 穆里布里斯神庙
484 年	卡斯托尔神庙
466 年	迪乌斯 · 菲迪乌斯神庙
431 年	阿波罗神庙
396 年	马特 · 马图塔神庙
392 年	朱诺 · 雷吉纳神庙（II）
388 年	玛尔斯神庙
375 年	朱诺 · 卢西纳神庙
344 年	朱诺 · 莫内塔神庙
304 年	协和神庙（I）
302 年	萨卢斯神庙

续表

时间（公元前）	神庙
296 年	贝娄娜·维克托利克斯神庙
295 年	放纵的维纳斯神庙
295 年	朱庇特·维克托神庙
294 年	维克多利亚神庙
294 年	朱庇特·斯塔托尔神庙
293 年	奎里纳斯神庙
293 年	福斯·福尔图纳神庙
291 年	埃斯库拉庇俄斯神庙
278 年	苏玛努斯神庙
272 年	康苏斯神庙
268 年	特鲁斯神庙
267 年	帕勒斯神庙
264 年	维尔图努斯神庙

神庙的建造通常是为了履行在战争中许下的誓言。它们是感恩神帮助抵抗罗马敌人的祭品，但也用于纪念获胜将军所取得的成就。因此，罗马出现了很多新的崇拜仪式，用于庆祝军事胜利，例如对胜利女神维克多利亚（Victoria）的崇拜，出现了诸如维克托（Victor）和维克托利克斯（Victrix）这样关于神的称号，“胜利”得以拟人化，通过其他诸如福斯·福尔图纳（Fors Fortuna）这样的其他神，来纪念罗马得到的神恩。这些拟人化的崇拜或“神圣特质”表明了罗马与希腊世界的联系，自亚历山大大帝时期开始，这类崇拜就在希腊广泛流传。在对萨卢斯（Salus，意为“安全”）以及希腊医神埃斯库拉庇俄斯这样的崇拜中，希腊的影响也很明显。其他崇拜，例如康苏斯（Consus，与谷仓有关）

和特鲁斯（Tellus，土地女神）与意大利观念有关，而朱诺·雷吉纳和维尔图努斯是伊特鲁里亚神，通过分别“召唤”维爱和沃尔西尼这两座战败城市的保护神，他们得以来到罗马。

这一时期，建筑活动另一重要领域是公共工程建设，如道路和水渠。提供这类基础设施与希腊和更大的地中海地区的做法相似，表明罗马要满足快速增长的城市人口的需求。从这方面看，监察官阿庇乌斯·克劳狄乌斯是个出色的革新者，他建了阿庇亚大道，将罗马和位于坎帕尼亚的卡普阿连接起来。[13] 最初，这是一条砂石路，后来才铺上路面。据狄奥多罗斯（20.36）说，这一工程耗资不菲，因为“他挖开了地势高的地方，大动干戈填平沟壑和谷地”。用狄奥多罗斯的话来说，这为其创建者提供了“不朽的纪念碑”。担任监察官期间，阿庇乌斯还建造了阿庇亚水渠，将水从约 16 千米外沿着普莱奈斯蒂纳大道引入城中。

阿庇乌斯用自己的名字命名道路和水渠，在罗马开创了自我宣传的先例。很快，其他人开始效仿他。监察官马库斯·瓦莱里乌斯·马克西姆斯及其同僚盖乌斯·尤尼乌斯·布布库斯（Gaius Junius Bubulcus）在公元前 307 年建了瓦莱里亚大道，将罗马与亚平宁山脉中部的阿尔巴富森斯连接起来。马尼乌斯·库里乌斯·登塔图斯于公元前 272 年建造了另一座水渠阿尼奥·维图斯（Anio Vetus）。这座水渠至少长 60 千米，相较于阿庇亚水渠，这一工程造价要昂贵得多。其资金来自公元前 272 年劫掠他林敦所得的战利品，他林敦极为富有（Florus，1.13.16—27；Frontinus，*Aq*. 6.1—4）。这些雄心勃勃的工程使得平民获益，他们的生活条件得以改善，有了更多的工作机会，同时又让工程创建者得到（或许也可以说为他们买来）更多的民心。

这一时期，罗马广场也经过了修缮和装饰。位于户外集会场的演讲台装饰有公元前 338 年在安提乌姆占据的喙形船艏，因而得名“Rostra”。户外集会场和库里亚这一建筑群（即集会地和元老院）可能在公元前 318 年经历过重修，类似意大利南部希腊城市的集会场所。[14] 自公元前 310 年起，罗马广场北侧建起了商店。[15] 在卢基乌斯·帕皮里乌斯·库尔索尔于公元前 309 年战胜萨莫奈人后，这些商铺将金盾牌作为装饰（Livy，9.40.16）。这种展现缴获武器的做法与希腊和意大利的做法相似。例如，伯罗奔尼撒战争期间，雅典在彩绘柱廊（Stoa Poikile）展出了其在一场胜仗中缴获的斯巴达盾牌（Pausanias，1.15.4），而彼得拉邦丹泰重要的萨莫奈圣所展出了自公元前 5 世纪和前 4 世纪缴获的希腊盔甲。[16]

户外集会场也于公元前 4 世纪后期进行了装饰。这里已经摆满了雕像，包括早期共和国英雄贺拉提乌斯·科克莱斯、公元前 438 年被菲德纳人杀害的使节，以及以弗所的赫莫多罗斯，据说，公元前 5 世纪中期，这位希腊哲学家为《十二铜表法》的制定提了建议。[17] 公元前 4 世纪后期，这里增加了其他雕像，特别是马耳叙阿斯，据说此人是自由的象征。在希腊神话中，马耳叙阿斯是狄俄尼索斯的侍从，他的傲慢自大惹恼了阿波罗，在输掉音乐比赛后，他被这位神活剥了皮。在罗马，马耳叙阿斯与利柏（等同于狄俄尼索斯）联系在一起，后者是阿文蒂诺三神之一，对他们的崇拜与平民有着密切关联。[18]

户外集会场还有两尊希腊人物的雕像，分别是阿尔西比亚德斯和毕达哥拉斯（Pliny，*HN* 34.26；Plut. *Num.* 8.20）。按照普林尼的说法，这两尊像是为了响应德尔斐神谕而献祭的，“在萨莫奈战争其中一场战役期间，皮提亚的阿波罗命令在显眼的地方立一尊希腊民族最勇者的雕像，以及一尊最睿智者的雕像”。这两尊像可能可以追溯至公元前 4 世纪下半叶，这样的选择略显奇特，同时又引人深思。从中可以看出某种西方倾向：选择一位远征西西里的雅典人，以及约公元前 530 年在意大利南部克罗托内创办学校的希腊哲学家，而不是像苏格拉底这样更为出名的希腊本土人物。公元前 4 世纪，毕达哥拉斯的学说在意大利南部广为传播，尤其是他林敦。同时代他林敦的亚里士多塞诺斯提供的史料证明这一时期毕达哥拉斯的影响传到了罗马（fr. 17 Wehrli），他描述称罗马人是毕达哥拉斯的追随者，此外还有“琉卡尼亚人、梅萨比人、普切蒂人”（意大利南部的意大利民族）。[19] 毕达哥拉斯的想法被接受或许可以用来解释为什么要采取越来越多的措施来建立一个更平等的体系，以及历法的改革。[20]

这一时期，罗马其他重要的纪念碑也得以重修或建成。公元前 305 年，卡比托利欧山上立起一尊赫丘利的雕像（Livy，9.44.16）。几年后，公元前 296 年，通过起诉放贷者，市政官获得了数个工程的资金：

> 卡比托利欧山上的木门槛被换成青铜质地，朱庇特神庙中的三张祭桌上摆放了专门打造的银器，而在神庙屋顶上，出现了一尊朱庇特神坐在四马战车中的雕像。他们还在一棵神圣的无花果树附近放置了一尊组像，建城者被刻画成婴孩的模样，正在吮吸母狼的奶。在他们的指示下，从卡佩纳门延伸至玛尔斯神庙的街道铺上了石板。(Livy，10.23)

李维可能是说卡比托利欧山神庙屋顶上原本的朱庇特赤陶像变成了青铜像。若真是如此，这表明罗马城开始向同时代希腊标准看齐。他提到罗马立起一尊母狼和双胞胎的像，这是这一罗马神话第一次与明确的时间挂钩，表明了对罗马起源的新兴趣，或许随着罗马扩张至意大利南部的希腊世界，其有了新的身份认同感。

个人文化方面的改变也清晰可见。罗马青铜雕像的传统于这一时期首次出现，最著名的是卡比托利欧的布鲁图斯像（Capitoline Brutus），这是一尊非常罕见的得以保存下来的公元前 4 世纪下半叶的个人像。尽管我们不知道这尊像刻画的对象是谁，也无法完全肯定它是否出自罗马人之手，但其复杂的希腊式表现手法或许表明精英阶层愿意以新的方式来展现自己。这一时期出现了第一批纪念个人成就的纪念碑。公元前 338 年，为了纪念执政官梅尼乌斯和卡米卢斯，户外集会场立起了梅尼亚柱（columna maenia）。[21] 卡斯托尔神庙前方立起了一尊骑士像，以纪念公元前 306 年执政官马西乌斯・特雷姆鲁斯（Marcius

Tremulus)。[22] 公元前 293 年执政官卡维里乌斯（Carvilius）的雕像放置在新的朱庇特像的脚边，这两尊像都是用卡维里乌斯缴获的萨莫奈人的武器制成的。[23] 公元前 3 世纪 80 年代，图利人出资在罗马为平民保民官埃利乌斯和将军法布里奇乌斯立了雕像，这是罗马第一次出现来自外邦城市的委托。[24] 所有这些都是精英阶层竞争激励的体现。

墓葬文化

这一竞争风气也体现在墓葬文化中。自公元前 6 世纪起，罗马的墓葬证据大多消失了。公元前 5 世纪的墓葬中，有少量普通石棺，还有一个例子，来自希腊的帕罗斯岛，使用了大理石石棺。[25] 公元前 4 世纪后期，墓葬证据重新出现，受到了希腊东部希腊化做法的影响，而与意大利南部希腊城市的联系也影响了墓葬习俗，在那些地方，墓室中有时候会有壁画。新的墓葬习俗不同于以往的做法，过去，和逝者一同埋葬的还有奢华的墓室装饰。波利比乌斯提供了其所处时代——公元前 2 世纪中期——罗马墓葬习俗的详细描述，这或许也适用于更早期。他提到了葬礼演说（拉丁语称之为 elogium），由逝者的近亲发表，“关于逝者的美德和取得的成就”：

> 通过对勇者的褒奖，那些有过高尚行为的名人得以不朽，同时，那些尽心服务祖国的人会为世人所知，为后世所流传。(Polybius, 6.54.2)

在共和国中期文化的很多领域，都能见到这种将回忆、为国效力和家族荣耀结合在一起的特点，这种做法或许可以追溯至公元前 300 年左右，混合新贵族阶层出现，产生了新的精英意识形态。

这些葬礼演说和以家族记录形式保存的书面纪念无疑对罗马历史有着重

要的影响。[26]李维和西塞罗抱怨这些演说和记录常常带有夸张和扭曲的成分，我们可以通过共和国中期保存下来的极少数葬礼颂词看出这类体裁的特点。其中最著名的例子是关于卢基乌斯·科尔内利乌斯·西庇阿·巴尔巴图斯的祭文，他是公元前298年的执政官，在公元前290年出任监察官，这篇祭文刻在他的纪念石棺上。该石棺有多立克饰带和涡卷装饰，效仿了西西里岛的希腊模式。[27]

> 卢基乌斯·科尔内利乌斯·西庇阿，格奈乌斯之子
>
> 卢基乌斯·科尔内利乌斯·西庇阿·巴尔巴图斯，格奈乌斯之子，勇士兼智者，其外表与其英勇行为完美吻合。他曾在你们之中担任市政官、执政官和监察官；他攻下了萨莫奈的陶拉西亚和基萨乌那；他击败了所有卢卡尼人，并带回了人质。（*CIL* I² 6；Warmington, *Remains of Old Latin* 4: 2—9）

这段文字记录了西庇阿担任过的职位、个人具有的美德以及赢得过的著名胜利，我们可以看出罗马精英阶层非常看重希腊化的外表和智慧标准。祭文与听众直接对话，在描述西庇阿曾担任过的职位时用了“在你们之中”（apud vos），强调了是罗马人民推选西庇阿出任这些职位的。他征服过的地方也被记录下来，包括两个位于萨莫奈、鲜为人知的地方，祭文还夸张地称他征服了“所有卢卡尼人”（omne loucana）。[28]

昆图斯·梅特卢斯为其父、公元前251和前247年担任执政官的卢基乌斯·梅特卢斯所写的祭文同样具有启发性，普林尼作了记录：

> 昆图斯·梅特卢斯为其父、祭司卢基乌斯·梅特卢斯——两次担任执政官、独裁官、骑士统领和土地专员，在第一次布匿战争中带领

> 大象赢得胜利的第一人——写的最后一篇颂词中，称其父为了追求智者毕生的目标，取得了十项最伟大且最辉煌的成就。他志在成为最猛的武士、杰出的演说家、勇敢的将军，敦促自己成就伟大，出任最高职位，享受最高荣誉，拥有非凡智慧，被视为首席元老，以体面的方式获得大量财富，留下很多子女，成为群体中最卓绝的成员。这些都是其父取得的成就，自罗马建城以来，还没有其他人做到过。(Pliny, *HN* 7.139—140)

和巴尔巴图斯的祭文一样，这段文字记录了逝者攻占遥远的地方（并且还提到了来自异国的动物）。祭文强调了精英阶层看重的智慧、外表、财富、男子气概和家庭。此外还详尽地介绍了逝者在政治上取得的成功和在军事方面获得的辉煌，这在意料之中，不过还有些其他更出人意料的价值观：在由选举决定的政治体系中，政治演说被描述成一种有用的技能，“大量财富”是可以追求的，不会受到鄙视。这与后世史料宣传的带有怀旧气息的共和国中期领袖朴素的形象背道而驰。

这一时期还见证了精致墓室的发展，例如阿庇亚大道上的西庇阿墓（西庇阿·巴尔巴图斯的纪念石棺就是在此发现的），以及壁画的使用。共和国中期的壁画传统可能一度很普遍，有少数得以保存下来，文学史料也有所提及。最著名的要属埃斯奎里山保存下来的一块墓室壁画残片，时间为公元前 3 世纪早期。[29] 该壁画在不同排描绘了数个罗马和萨莫奈开战及缔结条约的场景。第三排的铭文有 Q. Fabio(s) 这个名字，可能是指第三次萨莫奈战争的指挥官昆图斯·法比乌斯·鲁里安努斯（Q. Fabius Rullianus）。该壁画提供了关键的同时代证据，表明在当时外交关系之于精英声望的重要性，符合上文引用的祭文中强调的对外干预。

希腊政治和文化联系

公元前4世纪后期，罗马与希腊城市恢复了联系，不过这一联系从未完全中断过。公元前4世纪早期，罗马开始将重心转移至第勒尼安海，获得了坎帕尼亚的希腊城市的控制权，例如自公元前4世纪20年代起，罗马人掌控了那不勒斯。早在公元前326年，罗马就与他林敦有接触，当时他林敦向那不勒斯伸出援手，对抗罗马。公元前320年，他林敦使节警告罗马不要在阿普利亚的卢塞里亚与萨莫奈交手。自约公元前306年起，罗马与罗得岛保持了友好关系。但直到公元前3世纪80年代，罗马才与南部的希腊城市有重要的直接互动，与图利结盟，于公元前273年获得帕埃斯图姆的直接控制权（建立了一个拉丁殖民地）。公元前270年，罗马洗劫他林敦。这一时期，罗马与希腊城市的文化联系加强，有助于解释富有野心的保民官为何会利用立法要承受的民众压力来控制罗马行政长官的举动，就如同公元前5世纪早期，平民运动是基于希腊民主理念，即所有公民享有平等权利。

公元前4世纪后期，罗马与希腊本土和希腊化的东方的联系进一步发展。据说，公元前323年，波斯被征服后，罗马派出使团去觐见亚历山大大帝（Arrian，*Anab.* 7.15.4—6）。阿里安（Arrian）对此表示怀疑，但来自其他西方国家的类似使团——如布鲁蒂伊人、卢卡尼人、伊特鲁里亚人和迦太基——进一步表明这种情况是真实存在的，同时代历史学家克来塔卡斯（Cleitarchus）也提及此事，予以证实（Pliny，*HN* 3.57）。[30] 罗马也接待了来自亚历山大大帝和德米特里乌斯·波利奥西特斯派出的使团，讨论海盗问题。[31] 公元前3世纪70年代后期，皮洛士战争结束时，罗马还与托勒密王朝互派使团（Cassius Dio，第41卷残片）。同样是在公元前4世纪，希腊对罗马的了解也在加深。例如，哲学家亚里士多德正好是亚历山大的导师，他注意到了这一西方的新势力，谈论了罗马的建立以及高卢人对它的洗劫。公元前3世纪，西西里的提麦奥斯在其关于西方希腊人的历史以及关于皮洛士战争的作品中对初期罗马有所记述。[32]

钱币是这一互动的另一种表现形式，罗马第一次发行钱币是在那不勒斯，与阿庇亚大道的铺设有关。[33] 随着罗马开始定期铸造并发行钱币，铸币商使用了诸如赫拉克勒斯和阿波罗（可能是暗指其扮演了救世主，将德尔斐从高卢人手中拯救下来）这样希腊神祇的图案，以表明罗马是文明的泛地中海世界的组成部分之一。在这种情况下，看到希腊作家本都的赫拉克利德斯称罗马为希腊城市，就不会感到意外了，就像其他人描绘卡里一样：一座将宝库设在德尔斐的伊特鲁里亚城市。[34]

奴隶制的发展

奴隶制的发展可能与罗马的债务奴役制的衰退有关。如我们所看到的，《十二铜表法》表明，在公元前 5 世纪罗马已经有了奴隶制，尽管在当时，相较于债务奴役制，奴隶制显得没有那么重要。《十二铜表法》更注重债务，而非奴隶制，平民斗争也主要集中于债务奴役制。由此可以看出，在公元前 4 世纪之前，债务奴役制可能为拥有大量土地的精英阶层提供了主要的劳动力，而公元前 367 年的《李锡尼和绥克斯图法案》就旨在限制土地持有量。

公元前 4 世纪，债务奴役制和奴隶制之间的平衡发生了改变。早期奴隶制相关的证据存在问题，因为这些证据基本上是由李维随意提及的信息组成的，但不同情节表明公元前 4 世纪对奴隶的需求大幅增加。[35] 公元前 396 年，经过长期围攻后，罗马人攻占了伊特鲁里亚大城市维爱，李维称维爱人被卖为奴隶。确切人数不详，不太可能是所有人，因为有些幸存者效忠罗马，后来被授予了选举权。但肯定有成千上万人沦为奴隶，这是对一个长期惧怕痛恨的敌人进行的严厉报复。公元前 357 年，释放奴隶需要缴纳 5% 的税，这表明罗马自身的市场足以吸收这些奴隶：此举以奴隶数量足够、对解放奴隶的行为征税是值得的为前提。公元前 326 年，如我们所看到的，债务奴役制正式被废除。这下，对于精英阶层而言，找到替代的劳动力资源成为当务之急，但在当时，奴隶可能已经成为最重要的可依赖的劳动力来源。因此，如芬利所认为的，在某种程度上，罗马的大量奴隶是平民获得自由的产物，如同希腊的城邦平民一样。

到公元前 312 年，罗马有足够多的自由民，时任监察官阿庇乌斯·克劳狄乌斯接纳奴隶后人进入元老院的行为引发了争议。如上文提及的，他还试图将出身低下者——可能包括四个城市部落的自由民——分配到罗马所有的部落中，以增加他们投票的分量。这两项措施很快被撤销了，但可以看出被释奴在罗马社会中所占的规模，公元前 296 年，自由民被召集起来加入军队应对紧急情况也能说明这一点。所有这些都意味着公元前 4 世纪存在大量奴隶。简言之，到公元前 300 年，罗马正在向“奴隶社会”迈进。这是新的对外征服造成的结果之一。在罗马，一种全新的更集约化的农业得以发展起来，大规模陶器生产出现，两者都基于对奴隶劳动力的广泛使用。

宗教

公元前 5 世纪和前 4 世纪，罗马宗教同样发生了重要的改变。根据我们所得到的史料，按照时间顺序研究罗马宗教的发展就会发现问题。在宗教制度起源这一问题上，后期史料往往显得模糊不清。尽管有可靠证据表明共和国时期宗教发生了改变，但普遍认为，宗教制度和实践的确立是在王政时代早期。塔克文王朝之前的时间点几乎不被认可，但史料认为塔克文王朝在宗教创新方面的贡献相对寥寥。不过，到共和国中期，我们可以看出宗教中存在的各种重要主题：宗教与日趋复杂的国家的联系；其他文化对罗马宗教的影响，尤其是希腊化文化；宗教、政治和社会之间的关联；宗教在民族和社群认同感方面起到的作用。这些主题中有很多在前文已经有所提及，但我们有必要对公元前 300 年左右的罗马宗教生活进行整体分析，因为这一时期是罗马宗教体系演变过程中的一个重要阶段。

首先要注意的是早期宗教的复杂性以及其对罗马国家形成的影响。通过史料，可以明显看出宗教体制是早期罗马最为复杂的问题之一。这并非巧合，因为宗教与记录保存密切关联。历法、祭司记录和仪式介绍等详尽的书面文献，外加口述传统，确保仪式能在长周期（通常是一年，但有时候会更长）得到“正确”执行。通过血（动物）祭、循环举办的节庆、定期重复的仪式（在神庙和圣殿中，或者在户外），崇拜和挽回祭得以一丝不苟地进行，并做记录。这些记录构成了罗马绝大部分的集体记忆，因而保留了大量宗教相关信息。[36]很多神圣制度被归功于罗马第二任国王努马·庞皮里乌斯，这是个单一维度的人物，被刻板地描述为宗教创始人。尽管这种说法可能是错误的，但史料通过这种方式表达他们相信罗马的宗教体制历史悠久。

史料认为在王政时代结束前，罗马已经设立了大量神职。[37]这其中包括祭司，负责宗教法律和仪式；占卜官，负责解读预兆，即神发出的信号，尤其是鸟的飞行；两人祭司团，负责神圣仪式的举办，他们会处理西比拉神谕，因而负责批准引入外来崇拜；[38]维斯塔贞女，负责维斯塔神庙中的圣火；弗拉米尼祭司，专门负责诸如朱庇特和玛尔斯这样特定神的崇拜。这些神职在古风时代罗马的节庆中扮演了关键角色，最古老的历法可以证明，在某些情况下，他们受到一系列古老禁忌和社会要求的约束（例如麦饼联姻），但只限于极为早期的情况。

在这样的背景下，祭典历很重要。共和国唯一保存下来的祭典历《安齐奥祖先大事记》发现于安提乌姆（公元前84—前55年），较大的字母列出了节庆，较小的字母则是对日期宗教性质的注释。传统认为这些表明不同的等级构成。“用较大字母列出的节庆”不包括据说是在塔克文王朝时期（例如卡比托利欧三神）或共和国早期（例如公元前431年引入的对阿波罗的崇拜）引入的崇拜。因此，这些节庆被认为早于塔克文王朝。[39]这一点很重要，因为这一极为复杂的书面文献包含了与大量公民社群自行安排的节庆和日子模式相关的信息：专门用于举办宗教活动、集市或展开法律事务的日子。自早期开始，罗马还会举办包含神圣竞技会的复杂节庆，如罗马节。[40]关于这一节庆的起源，究竟是在塔克文·普里斯库斯统治时期出现的（如李维认为的那样，称之发展自更早期的一种做法），还是公元前 499 或前 496 年的雷吉鲁斯湖战役之后，我们无法确定。狄奥尼西乌斯称这些庆祝活动的灵感都源自希腊，包括游行、战车比赛、竞技比赛和戏剧表演（到公元前 3 世纪后期，会持续数天）。自公元前 4 世纪起，罗马节每年都会举办。[41]

罗马宗教也是能细腻反映罗马所属网络的一个指标。自王政时代起，希腊、伊特鲁里亚以及意大利对罗马宗教的影响就清晰可见，并且随着时间的推移，变得更为强烈。[42]和公民身份等其他领域一样，这是罗马开放的象征。在瓦罗和其他史料中，罗马人认为在罗马城建立的前一百七十年里，即公元前 583 年之前，罗马没有崇拜过任何神像。[43]鉴于公元前 575 年左右，罗马已经出现了希腊神祇像，这一说法极不可信，可能是典型的古代关于发展的概述。事实上，纵观罗马的历史，将神拟人化和无偶像崇拜似乎同时存在。[44]表面看，罗马宗教是保守的，但实际上很灵活，兼收并蓄。王政时代和共和国时期，罗马就很乐意接纳新神。经证实，西比拉神谕是在公元前 3 世纪获准引入的，很可能在这之前就已经为罗马所接受。

对外来影响的包容性是地中海多神信仰体系的特点，这使得罗马成为供奉数百位神祇的别样的万神殿，其中有很多神不为人知。罗马宗教体系与有着密切关联的希腊及伊特鲁里亚城市的宗教体系存在明显的相似之处。众神的名字表明这三种文化之间存在一个复杂的共享及相互借鉴模式：一些神的名字相同，存在密切联系，如阿波罗［伊特鲁里亚称为阿普鲁（Apulu），希腊称为阿波隆（Apollon）］；一些名字只出现在罗马和伊特鲁里亚，希腊则没有，如密涅瓦［伊特鲁里亚称为蒙尔瓦（Menrva），希腊则为雅典娜］和朱诺［伊特鲁里亚称为乌尼（Uni），希腊称为赫拉（Hera）］。有些神在三种文化中拥有三个不同的名字，如维纳斯、（伊特鲁里亚）图兰和（希腊）阿芙洛狄忒。这表明一开始有三位不同的神，罗马人将她们融合在一起。

罗马宗教最大的特点之一是三神崇拜。珀塞尔认为，卡比托利欧山上对至高无上的朱庇特、朱诺及密涅瓦的崇拜肯定与希腊人认为的宙斯是无所不能的，以及希腊城市对雅典娜和赫拉的崇拜有关。和在奥林匹亚及雅典一样，对农神萨图恩［希腊称为克洛努斯（Cronus）］的崇拜与对朱庇特（希腊称为宙斯）的崇拜有关联，这两位神在罗马的神庙很接近，可能代表了克洛努斯被宙斯击败这一神话。[45] 罗马还有一系列意大利神祇的崇拜，如费洛尼亚（Feronia）和梅费提斯（Mefitis），并接纳了不少伊特鲁里亚神祇，通过“召唤”仪式，离开原本的城市、被吸引到罗马的最著名的神祇有：维爱的朱诺·雷吉纳，沃尔西尼的维尔图努斯。

商业中心屠牛广场的古老崇拜明显受到了希腊化影响，尤其是密涅瓦和赫丘利，以及在大祭坛对赫丘利的单独崇拜。但罗马广场亦有受到希腊影响的崇拜，例如赫菲斯托斯（Hephaestus），经证实在黑色大理石所处区域进行，以及狄俄斯库里，对他们的崇拜在卡斯托尔神庙进行。[46] 虽然相较于希腊世界，罗马宗教淡化了神话色彩，但并非彻底摆脱了神话。自古风时代起，罗马人就十分熟悉希腊神话，屠牛广场、雷吉亚以及其他重要地点发现的神庙赤陶装饰可以证明这一点。[47] 公元前 4 世纪后期，罗马人保持了这一兴趣，从诸如费克洛尼匣子（约公元前 300 年）这样的物品中可以看出来，匣子上刻有关于英雄阿尔戈的神话。我们还有合理的理由认为罗马大祭坛的崇拜受到了腓尼基的影响，用动物内脏占卜的做法则受到了近东地区的影响，在这一领域，罗马依赖伊特鲁里亚的祭祀专家。[48]

通过宗教，还能对政治权力有更深入的了解。至少自共和国早期开始，政治和宗教就密切交织在一起。宗教融入城市生活中，成为精英和国家权力的重要元素。在王政时代和共和国早期，贵族祭司负责守护宗教和法律程序，只有他们知道相关的神秘信息。但随着公元前 304 年市政官弗拉维乌斯公布了历法以及神庙祭祀的方式——上文有所论述，这一情况受到影响。贵族还通过垄断神职、出于政治目的利用神职、负责解读预兆来保留权力。例如，集会召开的时间及合法性都掌控在占卜官手中（Cicero，*Leg.* 2.12.31）。宗教还通过男性主导（大多数）神职、禁止女性参与某些崇拜——尤其是大祭坛的赫丘利崇拜——来强化罗马社会的父权等级制。然而，近期的学术研究证明女性从很多方面参与了宗教仪式，她们大多能参与常规的献祭活动。该研究还阐明了维斯塔贞女、弗拉米尼加和萨利贞女等女神职人员所扮演角色的重要性。[49]

王政时代晚期及共和国时期，尤其是公元前4世纪后期及前3世纪早期，大量新宗教建筑的出现也是政治权力的体现。[50]宣誓建造神庙既是建造者的政治宣传，也是引入新崇拜的方式。卡比托利欧山是重要的王政权力的终极展现，公元前509年后，则象征着新的共和国政权。卡比托利欧山的朱庇特是共和国最强大的神，是至高无上的朱庇特。凯旋式尤其能体现这一点，该仪式用于展现将军权力及其与神恩的联系，纪念众神在罗马赢得的胜利中所起的作用。不过近期有很多关于近东地区和伊特鲁里亚对凯旋式有深刻影响的争论，这依然是有可能的。[51]共和国期间，凯旋式性质的变化很重要，尤其考虑到其受到的希腊化思维的影响。[52]

最后，这一时期的宗教在社群身份认同感方面起到了重要作用。罗马宗教通常被认为是“定位宗教”，以罗马城及其社会为基础，不同于脱离现实世界的“乌托邦宗教”。罗马宗教是公共宗教，关系到群体的参与，可以按照民族、城市、行业、性别或所处生命阶段划分。它不需要个人给予承诺或信念。从奇迹被解读为对所有人的共同命运而言意义重大，可以明显看出这一点。很多节庆与罗马及其领域内的特定地方有关，例如在帕拉蒂尼山和卢珀卡尔举办的牧神节，在罗马城边界举办的安巴瓦利亚节。宗教还促使罗马与其邻居建立联系，罗马会参与拉丁同盟的宗教崇拜，外邦访客和居民则会参与屠牛广场等贸易港的宗教崇拜。就罗马身份认同感而言，参与节庆至关重要，罗马与其邻居共享很多崇拜和节庆，尤其是拉丁人，例如阿文蒂诺山的狄安娜，在阿尔班山举办的拉丁节中出现的朱庇特。这些共享崇拜历史悠久，帮助我们了解了这些民族认同感的古老根源。罗马还参与了地中海范围内重要中心的崇拜，特别是德尔斐，他们会定期献祭，存有一个宝库，与马萨利亚共享。这样的大杂烩促成了罗马宗教独有的特色，汇聚了出自大量不同信仰的神祇、神职和节庆，并加以阐述。

第十一章
结　论

将本书一些关键主题汇总，首先要强调的一点是罗马及意大利中部历史的源远流长。罗马定居点的历史可追溯至青铜时代后期及铁器时代早期（远早于传统认为的公元前 753 年这一建城时间），和伊特鲁里亚南部及拉丁姆地区一些重要中心一样。罗马早期的定居点与同时代伊特鲁里亚主要城市的维拉诺瓦社群有很多极为相似之处。根据公元前 8 世纪后期及前 7 世纪早期关于罗马发展的新考古证据，以及公元前 7 世纪最后 1/4 阶段出现了纪念性建筑——前提是存在复杂的政治组织，公元前 7 世纪中期似乎更可能是国家形成第一阶段的尾声，而不是开端。这与我们所知的穆洛和阿夸罗萨这样的伊特鲁里亚城市相吻合，即便罗马出土的零星文物的确切意义仍存有争议。

我们应该在更广的意大利和地中海环境下看罗马的发展。我们所掌握的史料对此避而不谈，而是强调罗马社群内部的斗争和自主权。史料在记述历史时偏向于记录伊特鲁里亚等其他文化的作用，认为罗马是以土地为基础的势力，在公元前 264 年第一次布匿战争之前，不熟悉海洋，但各种类型的证据清晰表明，罗马与其他文化之间存在联系。例如，地中海神话证据表明自很早期开始，它们就已在第勒尼安地区流传，如福勒（Fowler）和马尔金等学者所指出的，这些神话或许至少可以追溯至公元前 8 世纪。这类关于意大利中部的共有神话故事受到希腊方面的深刻影响，雷吉亚和屠牛广场的神庙发现的建筑赤陶描绘了这些故事的相关场景，由此可以看出至少从公元前 6 世纪开始，罗马就参与其中。自公元前 8 世纪起，希腊史料就开始以文学形式讲述这些故事，至少从公元前 5 世纪起，罗马开始出现在这些故事中。

从考古学角度看，屠牛广场圣所的沉积层发现了自公元前 8 世纪起进口的陶器，揭示了罗马与希腊商人的联系，表明在公元前 6 世纪，罗马成为更广的国际化贸易网络的一部分，这一网络还包括伊特鲁里亚、撒丁岛、迦太基和地中海的希腊城市。这并不令人感到意外，因为这一时期第勒尼安沿海活跃的贸易也使得皮尔吉和格拉维斯卡等地崛起成为国际化城市。希腊人和伊特鲁里亚人在罗马居住，甚至葬于罗马，例如埃斯奎里山墓地发现的来自希腊的克雷科斯，也进一步证实了这一点。公元前 7 世纪后期及前 6 世纪建筑的发展，如雷吉亚、屠牛广场的神庙以及卡比托利欧的神庙，可以看出其受到了远至科尔库拉、萨摩斯岛和雅典等地方的影响。最近，我们认识到了罗马大规模生产过建筑赤陶，这也表明在公元前 6 世纪和前 5 世纪早期，罗马与伊特鲁里亚、拉丁姆和坎帕尼亚的城市存在密切联系。

公元前 7 世纪和前 6 世纪，罗马成为与地中海东部有密切联系的意大利中部网络的组成部分。这一点从拉丁姆和伊特鲁里亚的奢华墓葬可以看出来，我们能看到近东地区的风格理念。诸如扇子、脚凳和宴饮器皿这样的随葬品，类似近东地区的象征，表达了相同的宴饮观念，有权势的女性可以和男性一样参加宴饮，这或许表明罗马通过腓尼基商人与近东地区直接联系，而不是借助希腊中介，希腊人的做法有所不同。我们还可以从伊特鲁里亚南部的墓地和安纳托利亚、叙利亚等地发现的雕像和坟墓存在相似之处看出这一联系。

此外，我们可以从公元前 8 世纪和前 7 世纪的物品中看出与希腊联系的深远影响，例如维爱发现的公元前 8 世纪的带半圆形手柄的双耳大饮杯，当地作坊早就开始仿制。

这些地中海范围的贸易联系表明关于罗马与外邦早期接触的零散文学史料证据是可信的，例如马萨利亚与迦太基的条约，王政时代后期和共和国早期罗马在德尔斐的献祭，以及共和国早期罗马政治及法律受到希腊的影响。这类证据无法解释意大利中部城邦的出现究竟是因为与希腊和腓尼基的联系，还是主要源于内在驱动的发展这一复杂问题。但这个问题可能显得过于粗略，因为我们已经越来越认识到公元前第一个千年上半叶的地中海是高度互联的。

另一要点是古风时代（约公元前 580—前 480 年），相较于意大利中部的邻居，罗马的规模及其所占据的首要地位。考古研究表明至少从公元前 6 世纪起，很多城市有完整的环形城墙保护。罗马的重要证据是用当地产的凝灰岩块筑成的古风时代城墙遗址，尽管仍存有争议，但应该被理解为是罗马在公元前 6 世纪拥有完整防御工事的证据。城墙总长 11 千米，或许无法直接反映居住区的扩大——如宣传的那样，但古风时代大部分大城市在城墙内只有不足一半的面积有人居住。然而，若没有意大利中部人口最多的城市之一，这样规模的防御工事是令人难以置信的。卡比托利欧神庙的宏大地基以及其他被认为是公元前 6 世纪王政时代完成的大规模工程——如马克西姆下水道和马克西穆斯竞技场——提供了类似的证据。早期人口普查的数据依然成谜，虽然这些数据表明公元前 6 世纪人口众多，但我们不能就信以为真。意大利中部已知的第一座神庙就是在罗马建成的，即公元前 580 年左右落成的屠牛广场神庙，以及卡比托利欧神庙富有创意的下沉结构和装饰，都能证明罗马占据着首要地位。最后，公元前 509 年，罗马与迦太基签订的首份条约也证明王政时代末期的罗马在拉丁姆地区占有主导地位。

在早期罗马历史中，流动性和民族亦扮演了重要的角色。罗马的规模无疑与其在古风时代表现出来的开放包容有关。个人移民，例如希腊的克雷科斯，从塔奎尼迁来的具有伊特鲁里亚－科林斯血统的塔克文·普里斯库斯；和群体移民，例如从萨宾移居过来的克劳狄乌斯氏族，使得罗马的人口增加。关于这一流动性的峰值证据来自公元前7世纪至前5世纪。然而，值得注意的是，罗马传说通过罗慕路斯提供庇护和萨宾女人遭掳这样的故事来强调其自建城起一直保持开放，可能并没有真实反映出早期罗马的做法。公元前5世纪后，通过殖民、海盗和诸如公元前342年发生在卡普阿的军队“撤离”这样服兵役转为谋利活动的事件，罗马依然是一个具有高度流动性的社会。共和国早期，平民撤离运动以及（可能）迁至维爱的提议使得罗马经常面临潜在的人口减少的风险，但务实的罗马精英阶层懂得变通，以及（可能）罗马社群集体认同感的出现，阻止了这些运动。不过，要防止公民出现分裂，只能做出重要的让步，例如设立保民官，这改变了罗马政治体制的性质。

人口的流动必然与罗马处在“中间地带”有关，尽管它主要是一座拉丁城市，却受到伊特鲁里亚的深远影响。从很多方面看，罗马是伊特鲁里亚城市沃尔西尼的翻版，后者亦是一座边境城市，受到意大利的强烈影响。罗马的身份认同包括了一种强烈的混杂感，这种情况在其他意大利中部城市可能也很常见。尽管史料认为开放是自罗慕路斯时期起的一项刻意执行的政策，但可能是到了后几任国王期间才如此，而共和国精英阶层延续了这一古风时代的态度。持续的流动性与罗马社会极具动态性的特质有关。

罗马的扩张发生在古意大利城邦关系“混乱无序”的大环境下。例如，作为意大利中部两座最重要的城市，罗马和维爱都在公元前4世纪早期遭到洗劫。罗马劫后复苏，可维爱没能恢复。结果本有可能不同。近期研究表明意大利中部激烈的竞争塑造了罗马。我们应该在意大利半岛长期存在互动这一历史背景下理解罗马对意大利其他城邦的征服。对外征服只是自东方化时期开启的联系中的一个发展阶段，持续到了奥古斯都时期，在个人家族层面和国家层面都产生了影响。罗马在意大利的结盟表现出了多样化和机会主义的特点。和其对手一样，罗马持续寻求友好群体的支持，尽可能采取联合作战的方式，利用涉及意大利所有民族和城市的精英关系网展开外交。罗马的成功并不是注定的，但随着考古调查的继续，罗马的潜力和相较于其他意大利中部城邦所拥有的优势变得更加清晰。

罗马共和国延续了王政时代的众多人口，重要的地理位置，以及复杂的社会、宗教及经济结构。公元前 5 世纪，罗马经历了很多挫折，陷入激烈的社会冲突。传统的罗马共和国形态过了很长时间才出现，是先进创新的国家构建措施的产物，它设立了执政官、保民官和独裁官这样掌权的官职。塞尔维乌斯改革起到了很重要的作用，这一改革似乎与公元前 6 世纪的流动性有关，可能在共和国早期某个时间经过调整。政府体制并非出自单一规划者之手，而是数任国王、共和国精英阶层以及平民运动这样的推动力共同作用的产物。罗马精英阶层出现于共和国早期，是一股强大的势力，取得的辉煌和拥有的财富与东方化时期的精英（可能是他们的祖先）不相上下。他们不仅为了名望展开内部竞争，还联合起来与平民对抗。但共和国前一百五十年的过时体制在公元前 5 世纪经历了重要的变革。根据波利比乌斯对公元前 2 世纪中期的记述，我们知道这些改革措施成就了共和国中期政权的经典形态。改革的结果是好战的精英阶层、政局稳定的政府、由农民公民组成的军队的出现。公元前 4 世纪后期，军队的重组和殖民正规化也有助于造就一个能征服地中海的国家。公元前 300 年左右，罗马在意大利境内扩张，并发展对外联系，同时，罗马在社会及宗教方面的认同感也出现了转变。从传统的政治和宗教层面看，罗马已不再是城邦国家，而是一个处于扩张中的帝国的中心。

公元前 4 世纪后期及前 3 世纪早期，竞争更为激烈的精英文化的兴起使得罗马的城市形象得以重新塑造，新的自我颂扬的文化得以发展。罗马接纳了新的宗教崇拜，其中有很多来自希腊，但还有来自意大利的。从这一时期起，罗马与更广的希腊化地中海地区建立了深入的联系，开始从意大利地区的整合和国际交流中获取经济利益。这标志着这座城市越来越希腊化，但也发展出了独特的罗马文化和艺术形式。罗马已经准备就绪，将迅速扩张，成为一个世界性的帝国，这个故事将由这一系列的其他几卷讲述。

缩 写

主要史料的缩写遵循的是第四版《牛津古典词典》。

CIL	*Corpus inscriptionum Latinarum*
FGrH	Jacoby, F. (ed.) 1923–, *Die Fragmente der griechischen Historiker*, Berlin: Weidmann
FRH	Cornell, T. J. (ed.) 2013, *The Fragments of the Roman Historians*, 3 vols, Oxford: Oxford University Press
GRT	Cristofani, M. (ed.) 1990, *La grande Roma dei Tarquini*, Rome: 'L'Erma' di Bretschneider
ILLRP	Degrassi, A. (ed.) 1957–65, *Inscriptiones Latinae liberae rei publicae*, Florence: La Nuova Italia
ILS	Dessau, H. (ed.) 1892–1916, *Inscriptiones Latinae selectae*, Berlin: Weidmann
TLE	Pallottino, M. 1968, *Testimonia linguae Etruscae*, 2nd edn, Florence: La Nuova Italia

除非有说明，翻译均采用洛布古典丛书（Loeb Classical Library）的翻译，略有改动。

大事记

很多出自罗马传说的早期时间存在不确定性。而共和国相关的时间出自传下来的罗马执政官年表，约公元前 300 年之前的时间存疑。

政治 / 军事	宗教 / 文化	其他地方的事件
	约公元前 1600—前 1000 年 罗马出现青铜时代中晚期的物品	**公元前 1194—前 1184 年** 特洛伊战争（埃拉托色尼）；埃涅阿斯及其他英雄背井离乡
		公元前 814 年 迦太基建立（提麦奥斯）
公元前 753 年 罗马建城（瓦罗）	**约公元前 720—前 580 年** 第勒尼安意大利处于东方化阶段	**约公元前 775 年** 优卑亚人建立皮特库塞
约公元前 700—前 650 年 填埋、建成罗马广场	**公元前 715—前 672 年** 努马制定了重要的宗教制度	**约公元前 725 年** 优卑亚人建立库迈（随后很多其他定居点出现）
		约公元前 656 年 巴基亚家族被逐出科林斯；德玛拉图斯迁居
公元前 616—前 509 年 塔克文王朝；塞尔维乌斯·图利乌斯实行森都里亚和部落改革	塞尔维乌斯·图利乌斯在阿文蒂诺山上建立了狄安娜神庙，并在屠牛广场建了双子庙	**约公元前 600 年** 高卢人渗入意大利北部 **约公元前 600 年** 罗马与马萨利亚签订条约 **约公元前 540 年** 迦太基和伊特鲁里亚舰队在科西嘉岛的阿拉利亚遭遇败仗 **公元前 541—前 514 年** 庇西特拉图统治雅典 **公元前 510 年** 克利斯梯尼在雅典进行民主改革

续表

政治 / 军事	宗教 / 文化	其他地方的事件
公元前 509 年 君主制垮台，共和国开启	**公元前 509 或前 507 年** 卡比托利欧神庙建成	**公元前 509 年** 迦太基首次与罗马签订条约（波利比乌斯）
公元前 504 年 阿图斯·克劳苏斯迁居罗马		
公元前 499/ 前 496 年 雷吉鲁斯湖战役		
公元前 494 年 第一次平民撤离运动 **公元前 493 年** 罗马和拉丁人签订《卡西安条约》	**公元前 493 年** 克瑞斯、利柏和利贝拉神庙建成	**公元前 489—前 488 年** 科利奥兰纳斯带领沃尔西人向罗马进军
公元前 458 年 辛辛纳图斯在阿尔吉都斯击败埃奎人	**公元前 484 年** 卡斯托尔神庙落成	**公元前 474 年** 希伦和库迈人在库迈附近击败伊特鲁里亚舰队
公元前 451—前 450 年 第一届和第二届十人委员会 **公元前 450 年** 第二次平民撤离运动 **公元前 444 年** 首次任命执政保民官	**公元前 431 年** 阿波罗神庙建立	**公元前 421/ 前 420 年** 萨莫奈攻占卡普阿 **公元前 414/ 前 413 年** 雅典远征军被叙拉古击败 **约公元前 400 年** 卢卡尼人攻占波塞多尼亚
公元前 396 年 罗马攻占维爱 **公元前 390 年** 高卢人洗劫罗马		**公元前 389 年** 罗马与马萨利亚结盟
公元前 367 年 《李锡尼和绥克斯图法案》 **公元前 366 年** 重新设立执政官；引入裁判官一职	**公元前 367 年** 十五人祭司团开始接纳平民	**公元前 384 年** 叙拉古的狄奥尼西乌斯劫掠了皮尔吉
公元前 354 年 罗马与萨莫奈人签订条约		**公元前 348 年** 迦太基与罗马重新签订条约
公元前 343—前 341 年 为了卡普阿，罗马第一次与萨莫奈人开战		

续表

政治 / 军事	宗教 / 文化	其他地方的事件
公元前 338 年 罗马确立对拉丁姆的控制权		
公元前 327—前 304 年 罗马第二次与萨莫奈人开战 **公元前 310 年** 罗马战胜伊特鲁里亚城市 **公元前 308 年** 罗马战胜翁布里亚人	**公元前 312 年** 阿庇亚大道建成 **公元前 307 年** 瓦莱里亚大道建成	**公元前 323 年** 伊特鲁里亚、罗马和其他意大利民族派出使团去巴比伦觐见亚历山大大帝 **公元前 306 年** 迦太基与罗马重新签订条约
公元前 298—290 年 罗马第三次与萨莫奈人开战 **公元前 295 年** 罗马在森提努姆击败了高卢和萨莫奈联军 **公元前 290 年** 马尼乌斯 · 库里乌斯 · 登塔图斯征服萨宾人和普拉图蒂人	**公元前 302—前 264 年** 罗马开始大肆兴建神庙 **公元前 300 年** 占卜官和祭司团接纳平民	
公元前 287 年 第三次平民撤离运动 **公元前 280—前 275 年** 罗马与皮洛士开战		**公元前 264 年** 梅萨纳向罗马求助；第一次布匿战争开启

扩展阅读指南

对于寻求进一步指引的读者，本章为扩展阅读概述，以英语为主。众多不同的传统学术领域出现了大量关于早期罗马的著作，使得我们无法做到面面俱到。不过，若想了解相关范畴，可参考 Lupa Capitolina Electronica 网站（https://sites.uclouvain.be/lupacap/lce.sit.louve.accueil.htm）上 A. 缪兰特（A. Meurant）编写的关于罗慕路斯及其他国王的参考文献。关于详尽信息，参见本卷的参考文献。

关于早期罗马，最权威的概述是 T. J. Cornell, *The Beginnings of Rome*。G. Forsythe, *A Critical History of Early Rome* 也提供了很好的概述，如书名所表明的，作者对史料的态度不甚乐观，此外还有 K. Lomas, *The Rise of Rome*，借助更多最新的意大利考古发现来阐述罗马历史。R. MacMullen, *The Earliest Romans* 提供了有趣的主题大纲。F. W. Walbank et al. (eds), *The Cambridge Ancient History* 7.2，以及 A. Momigliano and A. Schiavone (eds), *Storia di Roma* I 也对这一时期作了全面论述。尽管现在看来有些年代久远，但还是有很多有价值的章节，尤其是康奈尔、德拉蒙德（Drummond）、莫米利亚诺和托雷利在 *CAH*，以及安波洛、夸雷利和托雷利在《罗马历史》（*Storia di Roma*）发表的文章。A. Grandazzi，*The Foundation of Rome* 依然对了解罗马城的起源很有用，P. Lulof and C. Smith (eds)，*The Age of Tarquinius Superbus* 对王政时代后期作了深入研究。

文学史料的可信度依然存有很大的争议，学术界对此立场不一。持较为乐观态度的重要著作包括 Cornell, *The Beginnings of Rome* 第一章，以及参考文献中引用的莫米利亚诺和安波洛的多篇文章。想了解更为悲观的立场，可阅读 T. P. Wiseman，*Clio's Cosmetics* and *Unwritten Rom*e，以及 J. H. Richardson，*The Fabii and the Gauls*。A. Feldherr (ed.), *The Cambridge Companion to the Roman Historians*, J. H. Richardson and F. Santangel (eds), *The Roman Historical Tradition*, 以及 C. J. Smith and K. Sandberg (eds), *Omnium annalium monumenta* 都发表过重要的文章。

李维提供了最佳文学史料，关于他著的前十卷书，有两份杰出的评论：R. M. Ogilvie, *A Commentary on Livy: Books 1—5*，从某些方面看，现在已经过时了，以及 S. P. Oakley, *A Commentary on Livy Books VI—X*，4 vols，第一卷是关于李维作为历史学家的重要性的最佳概述。B. Mineo (ed.), *A Companion to Livy* 也有很多有价值的研究。关于哈利卡尔那索斯的狄奥尼西乌斯，可阅读 E. Gabba, *Dionysius and the History of Archaic Rome*。T. J. Cornell (ed.), *The Fragments of the Roman Historians*, 3 vols 改变了我们对未知历史学家的了解，保存下来的主要史料采用了他们的记述。

关于早期的拉丁铭文史料，可阅读 A. Degrassi (ed), *Inscriptiones Latinae liberae rei publicae*，翻译可参考 E. H. Warmington (ed), *Remains of Old Latin* IV: *Archaic Inscriptions*。M. Pallottino, *Testimonia linguae Etruscae*, 2nd edn 收集了伊特鲁里亚铭文，M. H. Crawford (ed), *Imagines Italicae*, 3 vols 则关于意大利铭文。《十二铜表法》的最佳文本内容和评论要属 M. H. Crawford (ed.), *Roman Statutes*。

关于早期意大利的神话，可以阅读 J. N. Bremmer and N. M. Horsfall, *Roman Myth and Mythography*；T. P. Wiseman, *Remus* and *The Myths of Rome*。关于更广的地中海范围的神话，可以阅读 I. Malkin, *The Returns of Odysseus* 以及 R. L. Fowler, *Early Greek Mythography*, 2 vols。

F. Fulminante, *The Urbanisation of Rome and Latium vetus*、J. N. Hopkins, *The Genesis of Roman Architecture* 以及 C. R. Potts, *Religious Architecture in Latium and Etruria* 对近期罗马和意大利中部的考古发现作了精彩的研究。G. Cifani, *Architettura romana arcaica* 对罗马古风时代的建筑进行了最为全面的调研。R. Ross Holloway, *The Archaeology of Early Rome and Latium* 以及 C. J. Smith, *Early Rome and Latium* 虽然有些陈旧，但仍然有用。A. M. Bietti Sestieri, *The Iron Age Community of Osteria dell'Osa* 对发掘最为完好的拉丁墓地之一——位于古加比——进行了深度分析，对该墓地更广的含义进行了思索。J. M. Hall, *Artifact and Artifice* 围绕将考古证据和文学证据结合起来所面临的挑战展开了饶有趣味的论述。

近年来很多考古发现出现在重要的博物馆目录中，例如 M. Cristofani (ed.), *La grande Roma dei Tarquini* 以及 A. Carandini and R. Cappelli (eds), *Roma: Romolo, Remo e la fondazione della città*。卡兰迪尼与合作者出版了一系列作品，对帕拉蒂尼山西北坡的考古发掘更深层的含义作了论述，例如 A. Carandini, *La nascita di Roma* 和 A. Carandini, *Remo e Romolo*。A. Carandini, *Rome: Day One* 为英语概述。C. Ampolo, 'Il problema delle origini di Roma rivisitato' 以及怀斯曼的评论（例如 *Journal of Roman Studies* 2000, 210—212 和 2001, 182—193）给出了全面的回应。

近期出现了不少关于早期共和国的重要研究。政治及社会相关，可以阅读 K. A. Raaflaub (ed.), *Social Struggles in Archaic Rome*, 2nd edn 以及 C. J. Smith, *The Roman Clan*。J. Armstrong and J. H. Richardson (eds), *Politics and Power in Early Rome 509—264 BC* 中有几个章节是关于这一时期的。关于罗马军国主义的有用讨论，包括了 J. Armstrong, *War and Society in Early Rome*、W. V. Harris, *War and Imperialism in Republican Rome 327—70 BC* 以及 A. M. Eckstein, *Mediterranean Anarchy, Interstate War and the Rise of Rome*。关于早期罗马的宗教，可以阅读 M. Beard, J. North and S. Price, *Religions of Rome*, 2 vols，以及 C. Schultz, *Women's Religious Activity in the Roman Republic*。

G. Bradley, E. Isayev and C. Riva (eds), *Ancient Italy*、S. Bourdin, *Les peuples de l'Italie préromaine* 以及 G. D. Farney and G. Bradley (eds), *The Peoples of Ancient Italy* 对近期关于意大利民族的研究作了概述。关于个别地区和民族的更为详尽的研究，可以阅读 E. Dench, *From Barbarians to New Men*、G. Bradley, *Ancient Umbria*、E. Isayev, *Inside Ancient Lucania* 以 及 R. Scopacasa, *Ancient Samnium*。关于伊特鲁里亚人的概述，值得一读的包括 S. Haynes, *Etruscan Civilization*、A. Naso, *Etruscology*, 2 vols、C. J. Smith, *The Etruscans*、M. Torelli (ed.), *The Etruscans* 以及 J. M. Turfa (ed.), *The Etruscan World*。D. Ridgway, *The First Western Greeks* 以及 K. Lomas, *Rome and the Western Greeks, 350 BC—AD 200* 提供了关于意大利境内希腊城市的可靠研究。最后，M. Pallottino, *A History of Earliest Italy* 提供了一个更广的意大利视角。

想了解更广的地中海范围的发展，可以阅读 M. E. Aubet, *The Phoenicians and the West*, 2nd edn、J. M. Hall, *A History of the Archaic Greek World ca. 1200—479 BCE* 以及 R. Osborne, *Greece in the Making, 1200—479 BC*, 2nd edn。关于贯穿古地中海的联系，可以阅读 P. Horden and N. Purcell, *The Corrupting Sea*、E. Isayev, *Migration, Mobility and Place in Ancient Italy* 以及 I. Malkin, *A Small Greek World*。

注　释

第一章

1. 比如，可参见 Bianchi, *Greci ed Etruschi*。
2. 有用的论述可参见 Momigliano, 'Perizonius', 104–14; Richardson and Santangelo, 'Introduction', in Richardson and Santangelo (eds), *Roman Historical Tradition*, 1–5。
3. 如 Poucet, *Rois de Rome*, 18–20 所指出的，在这场争论中，学者们用来形容其对手的专门用语（如“极度怀疑”，或者“轻信”）往往是不公正的，带有偏见。
4. 这里只列举近期两部英语作品，如 Fulminante, *Urbanisation* 以及 Lomas, *Rise of Rome*。
5. Gras, *Méditerranée archaïque*, 8 引述了吕西安·费弗尔（Lucian Febvre）的观点。
6. Blösel, 'Geschichte'.
7. 关于古文物研究，参见 Wallace-Hadrill, 'Mutatas formas'; Glinister, 'Constructing the past'。
8. 例如 Pliny, *HN* 7.139–40 中记录的卢基乌斯·梅特卢斯的悼词（第十章会作讨论）。
9. 酒宴文化：Zorzetti, 'Carmina convivalia'; Wiseman, 'Prehistory', 236。
10. Habinek, *World of Roman Song*, 尤其是 269 n. 19。
11. Dion. Hal. 1.31.2, 1.79.11, 8.62.3, 及 Wiseman, 'Prehistory', 236; Habinek, *World of Roman Song*, 76; 参见 Cornell, 'Coriolanus', 73–97。
12. Oakley, *Commentary*, IV 478.
13. Wiseman, *Roman Drama*; Flower, '*Fabulae praetextae*' 持有更为怀疑的态度。
14. Oakley, *Commentary*, I 22–4, IV 478–9.
15. Gallia, *Remembering* 作了论述。
16. 这个概念是由法国社会学家 P. 布尔迪厄（P. Bourdieu）提出的：参见 *Outline*, 特别是 78–87。
17. Cornell, 'Formation'.
18. Flower, 'Alternatives', 特别是 69–70; 参见 Purcell, 'Becoming historical', 17; Feeney, 'The beginnings of a literature in Latin', 229–31。
19. Thomas, *Oral Tradition and Written Record*, ch. 1.
20. Habinek, *Politics*, 36–7.
21. Bourdin, *Peuples*, 23–4 有提及。
22. Bourdin, *Peuples*, 23.
23. Purcell, 'Becoming historical', 26.
24. 关于罗马人试图将建城时间与正典国王名单匹配起来，参见 Cornell, 'Livy's narrative', 251。
25. Oakley, *Commentary*, I 85–8; Scapini, 'Literary archetypes' 提及早期史料。
26. Scapini, 'Literary archetypes'.

27. Cornell, 'The foundation of Rome'.

28. Lendon, 'Historians without history'.

29. Habinek, *Politics*, 37; Coarelli, *Le origini di Roma*, 43.

30. 这一列表出自 Ampolo, C. 1983, 'La storiografia', 15–16，有增加。

31. Forysthe, *Critical History*, 72.

32. 关于罗马与迦太基的条约，参见 Forysthe, *Critical History*, 74; Polybius, 3.26。

33. Cornell, *Beginnings*, 13–15, 218–23 以及 Forsythe, *Critical History*, 155–7 对这些名单的可信度进行了全面的讨论；Wiseman, 'Prehistory', 235; Richardson, 'The Roman Nobility' 则提出了质疑。

34. 斯卡沃拉：Mommsen, *History of Rome*, 469; 奥古斯都：Frier, *Libri annales*, 179–200; Rich, 'Annales Maximi', 151–6。

35. Dion. Hal. 1.73.1: 'each of their historians has taken something out of ancient accounts that are preserved on sacred tablets' 以及 Gellius, *NA* 5.18.8–9, Cicero, *Orat*. 2.52 和 *Leg* 1.6 也认为《大祭司编年史》是早期历史重要的资料来源。

36. 相比之下，李维用了六十一卷书来记述这一时期，不过需要指出的是，关于古代书籍的篇幅，并没有标准。

37. *FRH, Annales Maximi* F1–3. 最初的白板记录了建城过程（Dion. Hal. 1.74.3 = *FRH* T5），可能是编造的。

38. Oakley, *Commentary*, I 97–8 列举了编年史作者提到的捏造的文献。

39. Rich, 'Annales Maximi', 149.

40. 参见 Livy, 2.8.6–9，关于卡比托利欧神庙的落成（公元前 509 年），以及上文引用的 2.21.7（公元前 495 年）。

41. 参见下文，列出了各种可能的信息。

42. Rich, 'Annales Maximi', 144–9.

43. 关于瘟疫期间占卜官及其他祭司的死讯，参见 Livy, 3.7.6, 3.32.3，(Vaahtera, 'Livy and the priestly records'); Rüpke, *Fasti Sacerdotum*, 27–30 提供了更为负面的评论。

44. Livy, 4.7.11–12; 4.13.7; 4.20.8; 4.23.1; Dion. Hal. 11.62.3. Oakley, *Commentary*, I 27–8.

45. Oakley, *Commentary*, I 38–72（其中有很多都是完整的列表）；参见 Cornell, *Beginnings*, 12–16; Lendon, 'Historians without history', 49。想了解不同的观点，参见 Wiseman, *Unwritten Rome*, 14–15。

46. Garnsey, *Famine and Food Supply*, 167ff 认为是真实可信的。

47. 李维详细记录了很多殖民地，但他漏了建于公元前 313 年的萨提库拉（Saticula），其他史料有提及。

48. Oakley, *Commentary*, I 38–9, 72.

49. Flower, 'Alternatives'; Purcell, 'Becoming historical'; Oakley, *Commentary*, I 22–4, IV 478–9; Habinek, *Politics*, 35 on Rome's 'culture of verbal performance'.

50. Wiseman, 'Prehistory', 231–42.

51. Cleitarchus (ap. Pliny, *HN* 3.57) 也提到了罗马派使团去觐见亚历山大；详见第十章。

52. 关于希腊人对居住在第勒尼安海沿岸的人予以统称，参见 Dion. Hal. 1.25.5, 1.29.1–2；更详尽的内容，参见第六章关于航海的论述。

53. Dion. Hal. 1.5.6; Gellius, *NA* 11.1.1.

54. Timaeus frr. 36, 59, 60, 61 Jacoby; Baron, *Timaeus*, 45. Purcell, 'Becoming historical', 29 称提麦奥斯将罗马的建立与迦太基联系起来，这套理论是由萨摩斯的杜里斯提出的，该理论认为亚历山大大帝是在特洛伊战争发生后的 1000 年出现的。

55. 关于李维第六卷至第十卷没有受到影响，参见 Oakley, *Commentary*, I 38。

56. 关于受元老院控制的拉丁文学所表现出来的国家目的，参见 Habinek, *Politics*, 44–5。
57. Bispham and Cornell, 'Q. Fabius Pictor', 176–8.
58. 普鲁塔克称法比乌斯“在大多数问题上的看法和戴奥克利一致”（*Rom*. 3.1）。
59. Bispham and Cornell, 'Q. Fabius Pictor', 175.
60. 'Becoming historical', 24.
61. *FRH* II 134–243.
62. 这个词源于他们模仿撰写《编年史》的大祭司逐年记述历史的习惯。
63. E.g. Livy, 26.49.3; 33.10.8; 36.38.7; 38.23.8; Oakley, *Commentary*, I 89–92; Rich, 'Annales Maximi', 300–1.
64. 参见 Luce, 'Dating'; Burton, 'Last Republican historian'。
65. 事实上，卢斯（Luce）称前五卷完成于公元前 27 年。
66. Cornell, 'Livy's narrative', 246.
67. 有时候，这被解读为李维本质上对早期罗马的历史持怀疑态度（参见 6.1），但他使用了 condendam（规划）这个词，似乎是指罗慕路斯建城时期 。
68. Wiseman, *Unwritten Rome*, 14–15 称这种情况很普遍。
69. 例如可参见 Chaplin and Kraus (eds), *Livy*, 以及 Mineo (ed.), *Companion to Livy*。
70. Momigliano, 'Fabius Pictor'.
71. Levene, *Livy*, 35–6. Oakley, *Commentary*, I 122ff.
72. Cornell, 'Livy's narrative', 247.
73. Oakley, *Commentary*, I 39.
74. Cornell, 'Livy's narrative', 247 对狄奥尼西乌斯和李维两人历史记述的构架作了对比。
75. Dion. Hal. 1.6–7 强调了其所有的希腊史料的不足，暗示他所参考的“得到认可的罗马作者”更具权威性。Schultze, 'Authority', 22–3 列出了他所引用的史料。
76. Oakley, *Commentary*, I 108 将狄奥多罗斯关于公元前 4 世纪的记述与李维的进行了比较。
77. Cornell, 'Cicero'.
78. Glinister and Woods (eds), *Verrius, Festus, and Paul*.
79. Smith, 'Pliny the Elder'.
80. Oakley, *Commentary*, I 33–4; Cornell, *FRH* I 84; Hickson Hahn, 'Livy's liturgical order', 97–8; Stadter, *Plutarch*, 11.
81. 例如，Carandini, *Rome: Day One*, 7 指出最早的帕拉蒂尼山坡挖掘现场覆盖有 13 米的底土，可与近期在屠牛广场的挖掘深度作对比。
82. 参见第五章。
83. Ross Holloway, *Archaeology*, 5.
84. Gjerstad, *Early Rome*, IV.1–2.
85. www.beniculturali.it/mibac/export/MiBAC/sito-MiBAC/Contenuti/MibacUnif/ Comunicati/visualizza_asset.html_1704181619.html.
86. 例如 Ammerman, 'On the origins'; Ammerman, 'Comitium'；Ammerman et al., 'Clay beds'; Winter, *Symbols*；Lulof, 'Reconstructing'。
87. 关于争论，参见 Carandini, *Nascita*; Carandini, *Remo e Romolo*; Ampolo, 'Problema delle origini'; Fulminante, *Urbanisation*, 66–104; Hopkins, *Genesis*, 20–38。
88. 关于若没有文学史料，罗马会是怎样的，参见 Momigliano, 'Interim report', 107。
89. Poucet, 'Grands travaux' 坚称应谨慎对待考古“认可的”史料。

90. 事实上，如我们将在第二章所看到的，近期的语言研究在一定程度上使得这一分析变得复杂起来。

91. Ampolo, 'Demarato: osservazioni'.

92. 参见第四章。

93. 引自 Hall, *Artifact*, 207。

94. 参见 Camous, *Ancus Marcius*。

95. Purcell,'Becoming historical', 13–14; Cornell,'Rome: the history of ananachronism'; Fox, *Roman Historical Myths*.

96. 关于后果，参见 Cornell, 'Rome: the history of an anachronism'。亦可参见 Rutledge, *Ancient Rome as a Museum*。

97. Lowenthal, *The Past is a Foreign Country*; Hobsbawm and Ranger, *The Invention of Tradition*.

98. 参见 Habinek, *Politics*, the aristocracy。

99. Rosenstein, *Rome and the Mediterranean*, 248–9; 关于试图约束奢侈行为，参见 Habinek, *Politics*, 61 记录的奢侈禁令。

100. Bradley, 'Investigating aristocracy' 试图质疑这些"关于贵族的说法"。

101. Varro, *Ant*. fr. 2a Cardauns.

102. E.g. *FRH* F 6 and 10.

103. Roller, *Models from the Past*.

104. Habinek, *Politics*, 53; Bradley, 'Investigating aristocracy'. 关于对罗马自我形象进行更为积极的解读，参见 MacMullen, *Earliest Romans*。

105. Hodkinson and Macgregor Morris, 'Introduction', viii–x; Hall, *History*, 203–9.

106. 关于希腊历史，可参见 Hall, *History* 或 Osborne, *Greece in the Making*。Fulminante, *Urbanisation* 讨论了人类学模式研究早期罗马的可行性。

107. 类似的方法可参见 Smith, *Early Rome and Latium*。

108. Vlassopoulos, *Unthinking*, 13–67.

109. Vlassopolous, *Unthinking*, 1–10.

110. Horden and Purcell, *Corrupting Sea*; Malkin, *Small Greek World*; Isayev, *Migration*.

第二章

1. Peroni, 'Comunità', 9.

2. Smith, *Early Rome and Latium*, 26; Blake, *Social Networks*, 130–2.

3. Cornell, *Beginnings*, 31.

4. Barker et al., *Mediterranean Valley*, 132.

5. Smith, *Early Rome and Latium*, 27：圣焦韦纳莱、蒙特罗韦洛各发现 1 块；米尼奥内河畔卢尼发现了 5 块；拉丁姆未发现。但奇法尼（未发表的论文）报道称罗马的圣奥莫博诺发现了一块碎片。Blake, 'Mycenaeans', 1 称地中海西部有 93 个地方共发现了 9600 块碎片（包括阿普利亚的罗卡韦基亚出土的 4000 块碎片）。

6. Blake, *Social Networks*, 43.

7. Blake, *Social Networks*, 44.

8. Blake, *Social Networks*, 241–2.

9. 此类方法带来的问题，参见 Bradley, 'Tribes, states and cities'；关于这种方法在拉丁姆地区的适用性，参见 Fulminante, 'Ethnicity'; cf. Fulminante, *Urbanisation*, 226。

10. 下文会作讨论，见第六章和第十章。

11. G. J. van Wijngaarden, review of Blake, *Social Networks*, *BMCR* 2015.09.16.

12. 戈扎迪尼（Gozzadini）在意大利北部维拉诺瓦附近发现了此类墓地中最早的一块墓地（1853—1855 年），“维拉诺瓦”这一术语由此而来；“原始维拉诺瓦”是帕特罗尼（Patroni）在 1937 年创造出来的，代表这一文化的早期阶段（Bartoloni, *Cultura villanoviana* 101）。

13. Peroni, ‘Comunità’, 12. 相较于维爱，武尔奇和塔奎尼的青铜时代晚期遗迹更多，而在维爱，高地上只发现了一块青铜时代的碎片，以及少量墓地［Moretti Sgubini (ed.), *Veio, Cerveteri, Vulci*, 91］。

14. Fulminante, *Urbanisation*, 46.

15. Barker and Rasmussen, *Etruscans*, 65–70; Schiappelli, ‘Veii’, 334–6; Fulminante, *Urbanisation*, 47.

16. Barker and Rasmussen, *Etruscans*, 63; Patterson (ed.), *Bridging the Tiber*.

17. Bartoloni, *Cultura villanoviana*, 110; Barker and Rasmussen, *Etruscans*, 68.

18. 关于卡里，参见 Torelli, *Storia degli Etruschi*, 90；关于拉齐奥，参见 Guidi et al., ‘Confini’；关于奥斯特里亚·德洛萨，参见 Bietti Sestieri, *Iron Age Community*, 241。

19. Tabolli and Cerasuolo (eds), Veii, 47–87.

20. Smith, *Roman Clan*, 165; Riva, *Urbanisation*, 4；参见 Bradley,‘Investigating aristocracy’。

21. Hansen, *Shotgun Method*, 22.

22. Bradley, ‘Tribes, states and cities’.

23. J. C. 斯科特（J. C. Scott）认为，国家可以被视为一种强制机构，很多人想要逃离而不是加入，参见 Woolf, ‘Moving peoples’。不管怎样，在关于罗马在早期王政时代发展的记述中，周边城镇人口被迫迁至罗马是重要特征之一（Bayet, ‘Tite-Live et la précolonisation romaine’ 辩称这种情况属实）。

24. Peroni, ‘Comunità’, 16.

25. Fulminante, *Urbanisation*, 46.

26. Peroni, ‘Comunità’, 16. Fulminante 给出的数据略有不同：定居点面积大多为 20—50 公顷，少数在 50—80 公顷之间，总领土面积为 100—150 平方千米。

27. Bartoloni, *Cultura villanoviana*, fig. 6.15.

28. Aubet, *Phoenicians and the West*, 70–1; Botto, ‘Primi contatti’, 145.

29. 关于早期腓尼基人的关系网，参见 Botto, ‘Primi contatti’。

30. 皮特库塞可能是贸易增进的体现，而不是原因。

31. 这是传统确定的年代（Ridgway, *First Western Greeks*, 87; Tandy, *Warriors into Traders*, 66）。但尼鲍尔（Nijboer）根据放射性碳年代测定法，提出了经修订的年表，将这一时间改为约公元前 815 年（参见 Janko, ‘From Gabii and Gordion’, 14）。

32. Osborne, *Greece in the Making*, 41 中有进一步的估计。

33. Cristofani, *Etruschi del mare*, 20; Ridgway, *First Western Greeks*, 34–5, 91–6. Tandy, *Warriors into Traders*, 66 n. 30 对铁渣来自厄尔巴岛提出了质疑。

34. Cristofani, *Etruschi del mare*, 20–1; Ridgway, *First Western Greeks*, 111–18. 所占比例不详。根据里奇韦的假设，如果随葬的腓尼基物品所占比例是具有代表性的，那么黎凡特物品的比例在 15%—30% 之间。

35. Shepherd, ‘Fibulae and females’; Osborne, *Greece in the Making*, 43 作了评估。

36. Ridgway, *First Western Greeks*, 131–2. 也可以留意在罗马发现的公元前 8 世纪的优卑亚陶器，La Rocca, ‘Ceramica’ 中有论述。

37. D’Agostino, ‘Euboean colonisation’ 称皮特库塞和库迈发现的最早的陶器证据属于同一时代，但库迈的证据难以确认具体时间；参见 Demand, *Mediterranean Context*, 118。

38. 例如 Tandy, *Warriors into Traders*, 66: 'primitive but materially affluent Etruscans'；Osborne, *Greece in the Making* 中予以修正。
39. Sannibale, 'Orientalizing Etruria'.
40. 参考 Lomas, *Rise of Rome*, 表 2, 29；Bartoloni, *Cultura villanoviana*, 表 7.1, 199；Osborne, *Greece in the Making*, 表 5, 121–5。
41. Steingraber, *Abundance of Life*, 31–2 提供了一份此类物品的清单,便于查询。Sannibale, 'Orientalizing Etruria' 和 Gunter, 'Etruscans' 提供了更详尽的论述。
42. Fulminante, *Sepolture*.
43. Riva, *Urbanisation*, 144–6.
44. Sciacca, *Patere baccellate* 作了编目。
45. Sciacca, 'Circolazione', 282.
46. Naso, 'Influssi', 434.
47. Naso, 'Influssi'.
48. Ridgway, *First Western Greeks*, 129; Tabolli 和 Cerasuolo, *Veii*, 160; Naso, 'Influssi', 444 指出公元前 8 世纪，希腊陶艺家活跃在武尔奇、塔奎尼和卡里。
49. Naso, 'Influssi', 444 有更多的例子。
50. Bartoloni, 'Tomba', 167–8 中有位于切尔韦泰里的 2 号古墓的插图；Riva, *Urbanisation*。也可留意位于科尔托纳（Cortona）的索多的 2 号古墓［Bartoloni (ed.), *Principi*, cat. no. 109］。
51. Bradley, 'Investigating aristocracy'.
52. Bartoloni, 'Necropoli', 89; Steingraber, *Abundance of Life*, 33.
53. Sannibale, 'Ori'.
54. Botto, 'Considerazioni'.
55. Winther, 'Princely tombs'. 极高的相似度表明当时人们熟悉叙利亚的做法（Botto, 'Considerazioni', 70）；并且可能存在个体联系（Sannibale, 'Ori'）。
56. Janko, 'From Gabii and Gordion', 15 中有阐述。
57. 最早的铭文出现在于塔奎尼发现的一个原始科林斯式杯子上（Agostiniani, 'Etruscan language', 457）。
58. Janko, 'From Gabii and Gordion', 22 提出了其他论据。
59. Clackson and Horrocks, *Blackwell History of the Latin Language*, 10.
60. Stoddart and Whitley, 'Social context'; Harris, *Ancient Literacy*; Cornell, 'Tyranny of the evidence' 作了修正。
61. Naso, 'Influssi' 作了概述。
62. Peroni, 'Formazione'; Pacciarelli, *Dal villaggio alla città*; Pacciarelli, 'Forme di complessità sociale'; Osborne, 'Urban sprawl'.
63. 例如 Childe, 'Urban revolution', 10–16; 我在这里对 Osborne, 'Urban sprawl' 总结的版本作了些许调整。可与 Smith, 'V. Gordon Childe', 21 进行比较，他强调了蔡尔德关于"古代规划的可变性和政治本质"的模式。
64. Smith, 'V. Gordon Childe', 13–14.
65. Bradley, 'Tribes, states and cities'; Isayev, *Inside Ancient Lucania*, 55–8; Scopacasa, *Ancient Samnium*.
66. 关于希腊殖民地，参见 Polignac, 'Forms and processes'；关于罗马，参见 Ampolo, 'Problema delle origini'。
67. Bradley, *Ancient Umbria*, 29–41; Smith, 'Beginnings', 102; Hopkins, *Genesis*, 26–7.

68. 关于纪念性建筑的“热力学理论”，参见 Meyers, ‘Experience of monumentality’; Hopkins, *Genesis*, 38.
69. Müller-Karpe, *Vom Anfang Roms*; Smith, ‘Beginnings’; Fulminante, *Urbanisation*, 特别是 220–1 ; Hopkins, *Genesis*, 24.
70. Drews, ‘Coming of the city’; Potts, *Religious Architecture*, 31; Hopkins, *Genesis*, 39.
71. Ammerman et al., ‘Clay beds’, 9.
72. 根据 Filippi, ‘Domus Regia’ 确定的雷吉亚建立时间（尚未得到证实），这一时间在意大利中部是最早的。
73. Ammerman et al., ‘Clay beds’, 26.
74. Colantoni, ‘Straw to stone’.
75. Potts, *Religious Architecture*, 141–3.
76. Potts, *Religious Architecture*, 40. 详见之后的章节。
77. Smith, *Early Rome and Latium*, 187.
78. Malkin, *Small Greek World* 对网络理论进行了讨论。
79. Cristofani, *Etruschi del mare*; Della Fina, *Etruschi e il Mediterraneo*; Della Fina, *Etruschi, greci, fenici e cartaginesi*.
80. Cifani, *Architettura romana arcaica*; Potts, *Religious Architecture*; Hopkins, *Genesis*.
81. Bonfante, *Etruscan Life*, 74; Lo Schiavo and Milletti, ‘Nuragic heritage’, 尤其是 fig. 11.4。
82. Spivey, *Etruscan Art*, 17–19; Bruni, ‘Seafaring’.
83. Coarelli, *Foro Boario*, 117–27; ‘Santuari’.
84. Demetriou, *Negotiating identity*, 76.
85. Demetriou, *Negotiating identity*, 77（注意，有 43 块陶片是献给赫拉的，6 片献给阿芙洛狄忒，3 片献给阿波罗，1 片献给得墨忒耳，1 片献给狄俄斯库里或宙斯）。
86. Cristofani, *Etruschi del mare*, 123. 图兰相当于伊特鲁里亚版的阿芙洛狄忒。
87. “我属于埃伊纳的阿波罗。……之子索斯特拉托斯制造了我。” Demetriou, *Negotiating identity*, 80.
88. Demetriou, *Negotiating identity*, 64.
89. Cristofani, *Etruschi del mare*, 123; Jannot, *Religion*, 91–2.
90. 第四章会进一步讨论。传统认为，德玛拉图斯的移居时间与巴基亚家族在科林斯的倒台有关，巴基亚家族建立的其他王朝被认为遍布地中海各地。
91. Baglione, ‘Sanctuary of Pyrgi’, 618 中提供了早期的参考文献; Glinister, ‘Rapino bronze’ ; Budin, *Myth of Sacred Prostitution*, 247–54 ; Demetriou, *Negotiating identity*, 90–1 中均有论述。如果后者是对的，那么这种解读告诉我们更多的是 20 世纪后期的学者心态，与古典时代关联甚少。
92. Baglione, ‘Sanctuary of Pyrgi’, 616.
93. 与金板一起被发现的还有一块青铜薄片。关于金板上文字的讨论，参见 Bonfante, *Etruscan Language*, 65–8; 亦可参见 Adams, *Bilingualism*, 203–4 从语言学角度给出的阐述。
94. Adams, *Bilingualism*, 203.
95. Schmitz, ‘Phoenician text’; Adams, *Bilingualism*, 202; Xella and Bellelli (eds), *Lamine di Pyrgi*.
96. 注意，在这一时期，迦太基有来自伊特鲁里亚南部的物品。
97. Cristofani, *Etruschi del mare*, 124–5.
98. 关于阿尔代亚，参见 Bernard, ‘In search of Aeneas’。
99. Horden and Purcell, *Corrupting Sea*, 137–43; Malkin, *Small Greek World*, 154（长途贸易路线同样重要）。
100. Schiappelli, ‘Veii’, 334 指出其农田的高产弥补了远离海洋导致的不足。

101. Cristofani, *Etruschi del mare*, 125.

102. Janko, 'From Gabii and Gordion', 15.

103. Cristofani, *Etruschi del mare*; Bruni, 'Seafaring'.

104. Bruni, 'Seafaring', 767: Colonna ('Il commercio') 认为"大里博 F 号"沉船发现的爱奥尼亚 – 马萨利亚双耳瓶上的"Maniie"是"Manios"这个拉丁名字的伊特鲁里亚语版，这一书写格式来自塔奎尼，表明这位商人来自塔奎尼。很多学者对伊特鲁里亚在吉廖岛（尽管伊特鲁里亚双耳瓶所占比例达到 90%）和昂蒂布（98% 的双耳瓶为伊特鲁里亚双耳瓶）两艘沉船上的存在感提出了质疑，事实上，按照科隆纳的说法，伊特鲁里亚早就确立了其在高卢南部沿海地区贸易的地位。进一步的论述，参见第 157 页。

第三章

1. Wiseman, *Remus*, 42.

2. 据 Hellanicus of Lesbos (*FGrH* 4 F84) 的记录。

3. Malkin, *Returns*, 234–57.

4. West, *East Face*.

5. Ridgway, *First Western Greeks*, 116 指出这一家族可能来自黎凡特。

6. 这段文字经常被视为是后世人（公元前 6 世纪）对赫西俄德文字的补充，但 Malkin, *Returns*, 180ff 认为它是赫西俄德写的。

7. Horsfall, 'Stesichorus at Bovillae?' 认为这种说法不可信，但可参见 Malkin, *Returns*, 191–4 的论述。关于伊利亚特石匾，参见 Squire, *Iliad*; Petrain, *Homer in Stone*; Cappelli in Carandini and Cappelli (eds), *Roma*, 198。参见 Wiseman, *House of Augustus*, 66–9。

8. *FGrH* 1 F62.

9. Gruen, *Culture*, 14–15 认为其记述不可靠，但其给出的理由不够充分，即同时代希腊文本中没有相同的叙述。但 Malkin, *Returns*, 196 认为其记述是可靠的。

10. Fowler, *Early Greek Mythography*, II 644–6.

11. 吕哥弗隆的作品非常难解读，通常较为晦涩。关于时间，参见 Momigliano, 'Terra marique'；参见 Erskine, *Troy*, 154–6。

12. Bickerman, 'Origines gentium'.

13. Colonna, 'Mito di Enea', 57，还根据一块可能代表了从特洛伊带来的圣物的残片，重现了约公元前 500 至前 470 年的大型雕像群，即维爱的坎佩蒂圣所发现的埃涅阿斯带着安喀塞斯的场景；参见 Maras, 'Dei, eroi', 21。Bernard, 'In search of Aeneas', 572 对此提出了质疑。

14. Torelli, *Lavinio e Roma*, 227–8：公元前 4 世纪或前 3 世纪；参见 Colonna, 'Mito di Enea'。

15. Torelli, *Lavinio e Roma*, 称之为"Afrodision"。

16. Carandini and Cappelli (eds), *Roma*, 213–15 有详述。

17. Castagnoli, *Enea nel Lazio*；Cornell, 'Aeneas and the twins' 表示怀疑；Rodriguez-Mayorgas, 'Romulus, Aeneas', 102。

18. Cornell, 'Aeneas and the twins'; Momigliano, 'How to reconcile', 238; Rodriguez-Mayorgas, 'Romulus, Aeneas' 提及了更早的参考文献。托尔·提格诺萨附近发现的一块铭文似乎证实有一份献给"Lare Aeneia"（埃涅阿斯神？）的礼物，现在被重新解读为就是送给家庭守护神的（*ILLRP* 1271; La Regina, 'Lacus'）。

19. 亦可参见阿尔代亚附近卡斯特鲁姆伊努伊（Castrum Inui）与埃涅阿斯的联系；Bernard, 'In search

of Aeneas'。

20. Cornell, *Beginnings*, 66; Castagnoli, *Enea*, 111–12.
21. Pausanias 1.12.1; Momigliano, 'How to reconcile', 240–1. 法比乌斯·皮克托可能在公元前 3 世纪后期就有过详细记述（Gruen, *Culture*, 32; *FRH* F1–3）。
22. 关于卡耳门塔为埃文德的母亲，参见 Livy, 1.8; Dion. Hal. 1.32.2; Plutarch, *Mor*. 278（有其他的解释）。参见 Cornell, *Beginnings*, 68–9。
23. Flower, *Early Greek Mythography*, II 567；关于斯特西克鲁斯，参见 Malkin, *Returns*, 191–4。
24. Wiseman, *Remus*, 50 称双胞胎的神话是后来构建的; Gruen, *Rethinking*, 233。
25. *Foundation*, 190.
26. Grandazzi, *Foundation*, 194.
27. Malkin, *Returns*; Debiasi, *Epica perduta*.
28. 关于这些神话的希腊色彩这一问题，Malkin, *Returns*, 29 仍然认为它们本质上是希腊神话，Momigliano, *Alien Wisdom*, 239 认为这些神话是罗马神话，而非希腊神话。
29. 相似的方法，可参见 Gruen, *Rethinking*, 243–9。
30. Isayev, 'Just the right amount', 377–8.
31. Cornell, *FRH* III 15–21 将普鲁塔克和狄奥尼西乌斯的版本作了对比，以确定它们与法比乌斯·皮克托的记述有多大联系。
32. 来自 Hall, *Artifact*, 125，有修改。
33. Cornell, *FRH* III 21，引用 Wiseman, R*oman Drama*, 8–16。
34. Bremmer and Horsfall, *Roman Myth*, 25–48.
35. Rose, *Handbook*, 237–9.
36. Cornell, *Beginnings*, 77–9 对印欧社会的推论作了重要讨论。亦可参见 Cornell, 'Aeneas and the twins'。
37. Bremmer and Horsfall, *Roman Myth*, 49–59 认为普雷尼斯特神话受到了罗马方面的很大影响；Cornell, *FRH* III 114–16 则相反。
38. Cato, *FRH* F61，III 111 中有评论。
39. Rodriguez-Mayorgas, 'Romulus, Aeneas'; Massa-Pairault, 'Romulus et Remus'; Momigliano, 'Origins', 59; Wiseman, *Remus*, 63–5. 克里特岛发现的基多尼亚钱币（公元前 4 世纪？）上有狗或母狼为婴儿哺乳的画面，与早期罗马硬币上刻的场景十分相似（DeRose Evans, *Art of Persuasion*, 74）。
40. 关于双胞胎的身份，参见 Carandini and Cappelli (eds), *Roma*, 233–4; Rodriguez-Mayorgas, 'Romulus, Aeneas', 92; Massa-Pairault, 'Romulus et Remus', 510。Wiseman, *Remus*, 70–1 中提出异议，认为他们是罗马的守护神（Lares Praestites）。
41. Strasburger, *Zur Sage*; 关于皮洛士的梦，参见 Pausanias 1.12.1 和上文的讨论。Erskine, *Troy*, 158 认为 Pausanias 1.12.1 中的论述不具备充分的说服力。
42. Livy, 10.23："这一年，高级市政官格涅乌斯和昆图斯·奥古尔尼乌斯将几个放债人带上法庭，接受审判。据说，他们的罚款被上缴国库，用于公共事务……他们还在传说中的无花果树附近立起一尊代表建城者的雕像，为母狼哺乳婴儿的场景。"
43. Wiseman, *Remus*, 63; Cornell, in Carandini and Cappelli (eds), *Roma*, 49.
44. Bartoloni (ed.), *Lupa Capitolina*; Radnoti-Alföldi et al., *Römische Wölfin*, Kinney, 'The Lupa Romana' 中有评论。
45. Formigli, 'Storia della tecnologia'.
46. Oakley, *Commentary*, IV 264：拉丁语表明双胞胎是在狼像之后添加的，但通常将它们视为一组群像来解读。

47. Bickerman, 'Origines gentium'; Gruen, *Culture*, 15, 20.

48. 参见第五章。

49. Gruen, *Rethinking*, 246 指出，法比乌斯将字母表的根本起源归于迦太基人。

50. Hall, *Artifact*, 132；参见 Momigliano, 'Fabius Pictor', 101。

51. Plutarch, *Rom.* 3.1："这个故事认可度最高，获得最多人证实，但最先发表这个含有主要细节的故事的是希腊人、佩帕里苏斯的戴奥克利，法比乌斯·皮克托在他之后，大多数内容都相似。"

52. 意大利中部元素：Bremmer and Horsfall, *Roman Myth*, 25–48。

53. Momigliano, 'Fabius Pictor', 100.

54. Hall, *Artifact*, 132 给出了充分的理由，认为在法比乌斯的时代，埃涅阿斯的传说不可能遭无视。

55. Grandazzi, *Foundation*, 195.

56. 关于罗慕路斯就是伊特鲁里亚语的卢梅雷（Rumele，出自奥尔维耶托），参见 Hall, *Artifact*, 132。关于瑞摩斯为伊特鲁里亚语，参见 Bonfante, *Etruscan Language*, 32。

57. 参见 Gruen, *Rethinking*, 244。

58. Gruen, *Culture*, ch. 1.

59. Grandazzi, *Alba Longa*.

60. 出自 Dion. Hal. 1.72, 以及 Cornell, *Beginnings*, 72。

61. *FRH* III 22.

62. Feeney, *Caesar's Calendar*, 88–91 有重要评述。

63. *FRH* III 21–3; De Cazanove 1988, 'Chronologie des Bacchiades'.

64. Gruen, *Culture*, 34ff.

65. Walbank, *Polybius*, 175; Elliott, *Ennius*, 65.

66. 比迦太基、卡普阿或因特拉姆纳·纳哈斯（Interamna Nahars，今特尔尼）晚；远晚于特洛伊战争。

67. Carandini, *Nascita*, 494–5.

68. Feeney, *Caesar's Calendar*, 90. *FRH* III 23 中有论述。

第四章

1. 关于这些主题，参见 Bremmer and Horsfall, *Roman Myth*, 30–4。

2. Dion. Hal. 4.22.4.

3. McGlew, *Tyranny*, 168.

4. Bremmer and Horsfall, *Roman Myth*, 38–43; Ogilvie, *Commentary*, 62 称庇护所的概念显然"很古老"，但 Rigsby, *Asylia* 认为这个概念来自希腊化时代的希腊，参见 Dench, *Romulus' Asylum*, 14–21。

5. Wiseman, *Remembering*, ch. 4. 李维的记述要简单得多。

6. Livy, 1.13.7，此处并没有直接提及部落。

7. Varro, *Ling*. 5.55 引用；参见 Ogilvie, *Commentary*, 80。

8. Smith, *Roman Clan*, 189 有论述。

9. Ogilvie, *Commentary*, 80.

10. Smith, *Roman Clan*, 202.

11. Cornell, *Beginnings*, 117.

12. Smith, *Roman Clan*, 204.

13. Cic. *Corn*., Asconius, *Corn*. 76 C. 引用；Smith, *Roman Clan*, 225。

14. Cornell, *Beginnings*, 114; Smith, *Roman Clan*, 208–10.
15. Ogilvie, *Commentary*, 72.
16. 例如 Dumézil, *Archaic Roman Religion*。对这些理论的评价，参见 Momigliano, 'Georges Dumézil'; Cornell, *Beginnings*, 77–9。
17. 关于这些早期但并非最原始的传说，参见 Ampolo, 'Roma ed i Sabini'。其他人认为萨宾元素只能说明到公元前 3 世纪，这一地区被征服了。
18. Cornell, *Beginnings*, 119："他的名字似乎取自这座城市的名字，是个粗略版名字"；Hall, *Artifact*, 132 为这个名字的史实性予以辩护，认为它可能来自伊特鲁里亚，并不是简单的同名。参见 De Simone in Carandini 和 Cappelli (eds), *Roma*, 31–2。
19. Cornell, *Beginnings*, 117; Carandini, *Nascita*, 382（库里亚对应的是举办阿尔格伊节的圣所）, 432–3（三个部落也早于建城时间）; Carandini, *Rome: Day One*, 24–5, 31–2; Smith, *Roman Clan*, 361–2 对这一观点进行了评论。Rieger, *Tribus* 称它们出现的时间晚于公元前 650 年，可能是在塔克文·普里斯库斯统治期间设立的。
20. Ampolo, 'Nascita', 169–72; Cornell, *Beginnings*, 117–18. Bianchi, *Greci ed Etruschi*, 33–7 对历史编纂进行了追溯。
21. Bradley, *Ancient Umbria*, 181–2.
22. Murray, 'Cities of reason'; Ampolo, 'Nascita', 169.
23. Virgil, *Aen*. 10.202, 有塞尔维乌斯的评论："曼托瓦有 3 个部落，每个部落分成 4 个库里亚。"
24. Hall, *History*, 88–91.
25. Rieger, *Tribus*.
26. Rix, 'Ramnes, Tites, Luceres'.
27. Dion. Hal. at 1.75 中有君主制持续的时长。
28. Ampolo, 'Città riformata', 216.
29. 斯巴达国王列表和罗马的差不多，但这也具有传说色彩，不能作为有用的对照。
30. 来源：Forsythe, *Critical History*, 98；Glinister, *Roman Kingship*, 140。
31. 参见 Smith, 'Thinking about kings', 35–6。
32. Cornell, *Beginnings*, 119–26；考古证据：Carandini, *Nascita*；Carandini, *Rome: Day One*。Ampolo, 'Problema delle origini' 近期重申了公元前 7 世纪中期的重要性，以及 Hopkins, *Genesis*, 27–38。
33. 关于这位和后几任国王的生平，参见 Thomsen, *King Servius Tullius*; Camous, *Le roi et le fleuve* and *Tarquin le Superbe*。
34. Glinister, 'Kingship and tyranny'; Smith, 'Thinking about kings', 21.
35. Dion. Hal. 7.2–11; Zevi, 'Demaratus'; Torelli, *Elogia Tarquiniensia*, 39. 其他例子，参见 Glinister, *Roman Kingship*。
36. GRT 22–3; Degrassi, *ILLRP* 3 中有注释。
37. Festus 348 L., 310 and 346 L. in Rüpke, *Roman Calendar*, 26–30.
38. 参见下文。
39. Plut. *Num*. 7："当他们进入罗马广场，当时担任临时摄政者的斯普里乌斯·维蒂乌斯提议公民投票表决，所有人都推举努马。"
40. Glinister, 'Kingship and tyranny', 19.
41. Glinister, 'Kingship and tyranny', 22–3.
42. 关于例子，可参见 Sahlins and Graeber, *On Kings*，这一引用文献，我要感谢克里斯托弗·史密斯。
43. Wiseman, *Unwritten Rome*, 315：一系列关于个人的故事，而不是连续的记述。

44. Zevi, 'Demaratus' 的假设是,《库迈编年史》是在公元前 5 世纪早期、库迈的亚里斯多德莫斯的宫廷编撰而成的，记录了从德玛拉图斯开始的整个塔克文王朝统治时期。Gallia, 'Reassessing' 予以批判，但关于其他评判，参见 Richardson and Santangelo (eds), *Roman Historical Tradition*, 81–2。
45. 关于其中一些问题，参见 Wiseman, *Unwritten Rome*, 317。
46. Wiseman, 'Roman legend', 133; *Unwritten Rome*, 313.
47. Cic. *Div.* 1.22.44；*Remains of Old Latin* II 560–5；Hall, *Artifact,* 149 有更多引证。
48. Zorzetti, 'Carmina convivalia'；亦可参见上文第一章。
49. 例如 Humm, 'Servius Tullius'，关于森都里亚改革被错误地归功于塞尔维乌斯，而不是公元前 4 世纪。
50. Dion. Hal. 4.6–7, 4.30; Cornell, *FRH* III 25–6. De Cazanove, 'Chronologie des Bacchiades'.
51. Zevi, 'Demaratus' 称这肯定是公元前 5 世纪早期的记述，发生在公元前 485 年亚里斯多德莫斯倒台前，记述了塔克文家族的所有故事。泽维（Zevi）令人信服地指出，德玛拉图斯的故事并不是独立的，而是在其他时间加上去的，引人注意的是古代罗马的科林斯元素，如谷神节（Consualia），但塔克文家族的故事来自库迈史料这种说法缺乏说服力。
52. Ridgway and Ridgway, 'Demaratus and the archaeologists'.
53. Dion. Hal. 3.47; Livy, 1.34.5; 4.3; Strabo, 8.6.20. 克劳狄乌斯（*ILS* 212）称她肯定是贵族出身，但很穷，所以才会接受这样一位丈夫。
54. Ampolo, 'Demarato: osservazioni'; Ampolo, 'Demarato di Corinto'.
55. Bradley,'Investigating aristocracy'，有更多引证。参见 Farney,'Name-changes'。
56. Dion. Hal. 4.2; Ovid, *Fast*. 6.569–636；同样的故事也出现在罗慕路斯（Plut. *Rom*. 2.4–8 引自 Promathion 的说法）和普雷尼斯特的凯库鲁斯（Cato, *FRH* F67; Servius, *Aen.* 7.678）身上。
57. Cicero, *Rep*. 2.37–8; Justin, 38.6. 无法完全确定。
58. *ILS* 212.
59. Bruun, 'What every man in the street used to know'.
60. Coarelli, 'Pitture'.
61. 参见第四章。
62. *TLE* 35, 'mine muluv［an］ece Avile Vipiiennas'，'我是由奥卢斯·维本纳献上的'（Ampolo, 'Città riformata', 207, 有图）。后期的献祭被解读为是对他的崇拜（*TLE* 942: 'Avles Vpnas naplan'）。
63. Fabius Pictor, *FRH* F30 = Arnobius 6.7, *FRH* III 45–7 中有评论；Glinister, 'Sacred rubbish', 44–5 称这个故事可能源自发现的古风时代建筑赤陶；关于这一神话，参见 Thein, 'Capitoline Jupiter'。
64. Varro, *Ling*. 5.46; Festus 38 L.
65. Cornell, *Beginnings*, 141.
66. 参见第六章；Pensabene et al., 'Ceramica graffita', 195 n. 6，关于在罗马发现的古风时代伊特鲁里亚铭文。关于拉丁姆，参见 Naso, 'Etruscans in Lazio'; Bourdin, 'Ardée', 596–7。关于语言以及墓中物品上的铭文是否表明了墓主的名字——如普雷尼斯特的贝尔纳迪尼墓——存在一些不确定性。
67. Glinister, *Roman Kingship*, 146 n. 16 引用了《伊利亚特》中柏勒洛丰的例子（6.155–95），以及凯克洛普斯和安菲克堤翁在雅典娶了国王的女儿的例子。人类学研究的例子：Schneider and Gough (eds), *Matrilineal Kinship*。
68. Glinister, 'Kingship and tyranny', 20.
69. Ampolo, 'Città riformata', 217–18; Cornell, *Beginnings*, 121.
70. 关于罗马部落，参见第十章。
71. 摘自 Forsythe, *Critical History,* 112，根据 Livy 1.42–3。

72. 西塞罗给出的第一等级百人团数量为 70 个，但根据李维和哈利卡尔那索斯的狄奥尼西乌斯的记述，第一等级最初的百人团数量为 80 个，人们认为在公元前 3 世纪，数量被减至 70 个，以对应公元前 241 年确立的 35 个部落。

73. Poucet, *Rois*, 223–4 认为这种说法“不实”。

74. Ridley, ‘Enigma’, 124; Scapini, *Temi greci*, 62–90; Scapini, ‘Literary archetypes’, 27. 据说公元前 6 世纪早期，梭伦在雅典引入了类似的金权体系，根据财产将人分成四个等级。

75. D’Agostino, ‘Military organization’, 80; Viglietti, *Limite del bisogno*, 163–4; Bradley, ‘Investigating aristocracy’.

76. Ampolo, ‘La città riformata’, 227; Cornell, *Beginnings*, 181; Crawford, *Coinage*, 22–3.

77. Brunt, *Italian Manpower*, 27：“处在原始状态的国家不可能收集此类数据”；Cornell, *Beginnings*, 187 认为根据财产分成五个等级的更为复杂的投票体系是在公元前 406 年创立的；Humm, ‘Servius Tullius’, 222 提到了早期作品：公元前 4 世纪后期；参见 Forsythe, ‘Army’。

78. Ridley, ‘Enigma’ 指出在罗马的编年史记述中，塞尔维乌斯的统治在结构上存在很多问题，认为塞尔维乌斯这个人有神话和人为加工色彩，事实上，这个时期的罗马可能有其他外来者成为统治者。

79. 308 L. Sempronius Tuditanus, *FRH* F7 (Asconius, Corn. 60 St.) 也有指出。

80. Festus 184 L., 290 L., 452 L. Fraccaro, ‘Storia dell’antichissimo esercito’ 对最早的军团（以及百人会议）进行了重构，由 60 个百人团和三个等级组成；参见 Cornell, *Beginnings,* 181–3。

81. Humm, ‘Servius Tullius’ 认为是公元前 4 世纪后期的阿庇乌斯 · 克劳狄乌斯 · 凯库斯。

82. Cifani, *Architettura*, 264.

83. Last, ‘Servian reforms’.

84. Momigliano, ‘Origins’, 106.

85. Fisher, ‘*Kharis*’.

86. 费斯图斯称塞尔维乌斯创立了一个由背井离乡的人组成的百人团，称为 *niquis scivit*（184 L.），表明投票是改革进程最初的组成部分。

87. Torelli, ‘Populazioni’, 256. 据说，第一次人口普查记录的公民人数达 80,000—83,000 人（Livy, 1.44, Dion. Hal. 4.22.2, Eutropius 1.7）；相关讨论参见第六章。

88. Ampolo, ‘Città riformata’.

89. Oakley, *Kingship*, 6–8.

90. Flower, *Roman Republics*.

91. Livy 1.57–60; Dion. Hal. 4.64–85. 这个著名的故事极具影响力，画家们经常会对其进行重新构想，例如提香绘于 1571 年的《塔克文和卢克雷西娅》。

92. Cornell, *Beginnings*, 123.

93. 关于相关讨论，参见 Cornell, *Beginnings*, 218–23；Oakley, *Commentary*, I 39–41 关注了公元前 390 年之后的时期；更具批判性的观点，参见 Richardson, ‘Roman nobility’。

94. Alföldi, *Early Rome*, 56ff.; Zevi, ‘Demaratus’, 82; contra, Gallia, ‘Reassessing’. 参见第 98 至 99 页。

95. 1620 年，鲁本斯和凡 · 戴克绘过这一主题。

96. 关于历史编纂，参见 Ridley, ‘Lars Porsenna’。

97. Cornell, *Beginnings*, 236; Glinister, ‘Politics’.

98. Hopkins, *Genesis*, 84–6.

99. Hopkins, *Genesis*, 89.

100. 参见 Cornell, *Beginnings*, 143–50；Forsythe, *Critical History*, 93–108。.

101. Hopkins, *Genesis*, 163–71 称这一建筑时期可能与除国王外的其他精英阶层成员有关，并且一直持续到了公元前 5 世纪。

102. Pallottino, *History*, 88.

第五章

1. 关于更受认可的时间，参见 Carandini, *Nascita*, 500; Carafa, *Comizio di Roma*; 'Volcanal'；关于批判性观点，参见 Hopkins, *Genesis*, 26–35。
2. 更多论述，参见第六章。
3. Coarelli, 'Santuari'; *Foro Boario*, 109–13.
4. Giovannini, 'Le sel'; Torelli, 'Gli aromi e il sale'.
5. Plut. *Rom.* 25.4; Dion. Hal. 2.55.5; 3.41.3; Livy, 1.15.5.
6. 关于拉丁姆沿海其他地区的小规模生产，参见 Alessandri, *Latium Vetus*, 34–7。
7. Albertoni and Damiani, *Tempio di Giove*, 40–63.
8. Peroni, 'Comunità', 17.
9. Brock and Terrenato, 'Rome in the Bronze Age'.
10. 深坑的意大利语为 pozzo，因此埋葬点经常被称为 a pozzo。
11. Peroni, 'Comunità', 18.
12. Ross Holloway, *Archaeology*, 21–2.
13. Ross Holloway, *Archaeology*, 22.
14. Alessandri, *Latium Vetus*, 387.
15. Ammerman, 'On the origins'; Hopkins, *Genesis*, 28.
16. Carafa, 'Volcanal'.
17. Peroni, 'Comunità', 18–19.
18. Carandini, Nascita, 特别是第 267 至 279 页。
19. Fulminante, *Urbanisation*, 79–80.
20. 如我们在第二章看到的伊特鲁里亚的情况。注意，"小屋"（huts）这个词可用于指从动物围栏到精美房屋的很多建筑结构。参见 Colantoni, 'Straw to stone'。
21. Colantoni, 'Straw to stone'; Hopkins, *Genesis*, 20–4. 韦利安山、奎里纳尔山和圣奥莫博诺发现的建筑存在不确定性。
22. Hopkins, *Genesis*, 39.
23. Filippi, 'Domus Regia'.
24. Colantoni, 'Straw to stone'; Prayon, 'Architecture'.
25. 注意还有维米纳莱山：Fulminante, *Urbanisation*, 80。
26. Alessandri, *Latium Vetus*, 387–90; Fulminante, *Urbanisation*, 79.
27. Carandini, 'Mura'; Carandini and Carafa (eds), *Palatium*, 139–214; Carandini, *Nascita*, 491–520. 有用的总结，参见 Fulminante, *Urbanisation*, 82–7；Hall, *Artifact*, 132–3。
28. Carandini and Carafa (eds), *Palatium*, 194; Ampolo, 'Problema delle origini', 253–4 认为这是一处墓葬。
29. Carandini, *Nascita*, 662; Zeggio, in Carandini and Cappelli (eds), *Roma*, 301–2.
30. Gjerstad, *Early Rome*, III 322–58; Carafa, *Officine*, 10–12.
31. Ampolo, 'Problema delle origini', 256.
32. Fontaine, 'Des "remparts de Romulus" '; Fulminante, *Urbanisation*, 89.

33. 例如 Wiseman, 'House of Tarquin'; Moormann, 'Carandini's royal houses'。

34. Ammerman, 'Comitium'.

35. 数字出自 Hopkins, *Genesis*, 34；其他估计在 3500 立方米（Filippi, 'Velabro', 112, 第一次铺面）至 10,000 立方米（Ammerman, 'On the origins', 642）。参见 Dion. Hal. 2.50.2，称罗慕路斯以及和他共治的国王提图斯·塔提乌斯砍掉了一片树林，将木材填入卡比托利欧山下凹陷的湖中，以这种方式建成了罗马广场。

36. Filippi, 'Velabro', 105–13.

37. Carafa, 'Volcanal'.

38. Ammerman et al., 'Clay beds', 27 为传统观点辩护；参见 Hopkins, *Genesis*, 189 nn. 40–1。

39. Ammerman et al., 'Clay beds', 27；关于贸易，参见 Hopkins, *Genesis*, 34。

40. Torelli, 'Topography', 84.

41. Müller-Karpe, *Zur Stadtwerdung*；参见 Grandazzi, *Foundation*, 145。

42. Winter, *Symbols*, 144; Hopkins, *Genesis*, 49.

43. 参考 Smith, 'Beginnings of urbanization'，以及 Carafa, 'Volcanal', 135–49。

44. Cifani, *Architettura*, 126–30; Hopkins, *Genesis*, 41–6, 84–7.

45. Cifani, *Architettura*, 130–5; Hopkins, *Genesis*, 40–1, 90.

46. La Rocca, 'Ceramica'.

47. Filippi, 'Velabro'. 关于大祭坛，参见 Van Berchem, 'Hercule-Melqart à l'Ara Maxima'；Torelli, '*Ara Maxima Herculis*'。

48. Hopkins, 'Creation', 39 补充了雅典和埃伊纳。

49. Mertens-Horn, 'Corinto'; Potts, *Religious Architecture*, 59.

50. Zevi, 'Demaratus', 77 在阐述波塞冬为罗马节上科林斯的守护神时，提到了科孚岛的三角楣饰，但没有提到其与屠牛广场神庙的联系。

51. Lulof, 'Reconstructing', 115.

52. Hopkins, *Genesis*, 72–8.

53. Lulof, 'Reconstructing', 114–15; Livy, 24.14.17; 25.7.6; 33.27.4.

54. Dion. Hal. 4.27.7（福尔图纳）; Livy, 5.19（马特·马图塔）; Ovid, *Fast*. 6.480（两座神庙均为塞尔维乌斯建造）。

55. 第四章有论述。

56. 已知在罗马有近 10 处，城外有 10 处。

57. Lulof, 'Reconstructing', 118.

58. Hopkins, 'Creation', 42.

59. Cifani, *Architettura*, 80 提到了所有的资料来源。

60. Mura Sommella et al., 'Primi risultati'; Mura Sommella, 'Tempio di Giove'.

61. Parisi Presicce and Danti (eds), *Campidoglio*.

62. Mura Sommella, 'Grande Roma', 21：在基坑发现的布切罗陶器提供了最晚的时间点，即公元前 6 世纪下半叶。一些文物的时间为公元前 6 世纪后期或前 5 世纪早期（Mura Sommella et al., 'Primi risultati', 342–5; Cifani, *Architettura*, 99），表明不应认为该建筑建于公元前 6 世纪中期（这个观点，要归功于即将出版的 E. Colantoni, *Archaeology of Early Roman Religion*）。

63. Potts, *Religious Architecture*, 123 对下部结构和上层结构的联系持保留意见。

64. Turfa and Steinmayer, 'Interpreting'; Hopkins, 'Colossal temple', 23.

65. 相关论述，参见 Hopkins, *Genesis*, 108–9; Cifani, 'Small, medium or extra-long?'. Albertoni and Damiani,

Tempio di Giove, 59 指出，井深表明它是用来收集水的，而不是收集来自屋顶的水（这个观点，要归功于即将出版的 E. Colantoni, *The Archaeology of Early Roman Religion*）。

66. Cifani, *Architettura*, 292; Hopkins, *Genesis*, 115.
67. Mura Sommella, 'Grande Roma', 22; Hopkins, *Genesis*, 102–3. Cifani, *Architettura*, 107 对与神庙有关的看法表示谨慎。
68. Hopkins, *Genesis*, 116–18.
69. Cifani, 'Problemi', 391; Hopkins, *Genesis*, 114–19. 霍普金斯认为这个团队可能是从萨摩斯岛过来，在罗马工作，但不确定未完工的萨摩斯岛建筑的时间，以及建筑（例如在萨摩斯岛更多使用石头）和装饰方面（罗马大量使用赤陶）的差异，可参见 Whitley, *Archaeology*, 223–8，认为此类提议目前都只是推测。对新近发现的卡比托利欧赤陶的全面研究或许有助于弄清楚这些建筑的相似之处。
70. 关于与希腊的相似处，Purcell, 'Becoming historical', 30–2. Van Nuffelen, 'Varro's Divine Antiquities' 对 Varro, *Ant. Div.* fr. 205（引自 Serv. *Aen.* 2.296, Macrob. *Sat.* 3.4.7）作了论述。
71. Cifani, *Architettura*, 294 n. 946.
72. *Roma medio repubblicana*, 7–31; Cifani, *Architettura*, 45–73; Coarelli, *Collis*, 43–4; Nijboer, 'Fortifications'; Ziółkowski, 'Servian enceinte'. Bernard, 'Continuing the debate' 以及 Hopkins, *Genesis*, 92–7 均对存在完整城墙的说法表示谨慎。
73. Cifani, *Architettura*, 257–60; Bonghi Jovino, 'Affinità', 36–40.
74. 例如拉维尼乌姆，被城墙环绕的面积是 30 公顷。
75. 其他比较参见 Cifani, *Architettura*, 262–4 ; Bonghi Jovino, 'Affinità'; Nijboer, 'Fortifications'。Bernard, 'Continuing the debate' 认为只有山区筑有防御工事，指出谷地缺乏相关证据，尽管现在 Ziółkowski, 'Servian enceinte' 对此表示质疑。
76. 更多论述见 Bradley, 'Rome of Tarquinius Superbus'。
77. 参见 Cifani, 'Fortifications', 89。
78. Edlund Berry, 'Early Rome', 415. Plut. *De fort. Rom.* 10 也有提及："据说，福尔图纳・维里利斯（具有男子气概的幸运女神）神庙是由第四任国王安库斯・马西乌斯建造的。"
79. Potts, *Religious Architecture*, 40–5.
80. Livy, 1.45.2; Dion. Hal. 4.26.3.
81. Ampolo, 'Artemide'.
82. Potts, *Religious Architecture*, 51–61.
83. Lulof, 'Reconstructing', 114–17.
84. 卢洛夫将这些概括在罗马－维爱－韦莱特里系列中。
85. Ampolo, 'Città riformata', 235，引用 Colonna, 'Templi del Lazio'。关于温特的编目，参见伊特鲁里亚和意大利中部建筑赤陶在线数据库：www.beazley.ox.ac.uk/databases/terracottas.htm。
86. Dion. Hal. 8.55–6. Schultz, *Women's Religious Activity*, 37–44 进行了辩解。
87. Hopkins, *Genesis*, 153–71.
88. Zevi, 'Demaratus', 75–6.
89. Livy, 1.38.6–7; Dion. Hal. 3.67; Hopkins, *Genesis*, 23–33.
90. Livy, 1.56; Dion. Hal. 4.44; Pliny, *HN* 36.24 将这一工程归功于普里斯库斯；Hopkins, 'Sacred sewer'。
91. Cifani, *Architettura*, 308–11.
92. Carandini, *Nascita*, 662.
93. Coarelli, *Origini*, 19.
94. Drews, 'Coming of the city'.

95. Cifani, *Architettura*, 298–305; Hopkins, *Genesis*.
96. 参见 Turfa and Steinmayer, 'Interpreting' 对于木质屋顶发展这一点的评述。
97. Bradley, *Ancient Umbria*, 30–41；也可参见 Carandini, *Nascita*, 498。
98. Zevi, 'Demaratus'.
99. Nielsen and Roy, 'Peloponnese', 265; Hall, *History*, 141.
100. Whitley, *Archaeology*, 225–8 警告称不要将专制和纪念主义之间的联系道德化。

第六章

1. Sherratt and Sherratt, 'Growth'; Vlassopolous, *Unthinking*. "世界体系"这一术语来自伊曼纽尔·沃勒斯坦（Immanuel Wallerstein）的作品。
2. 参见 Morris, 'Foreword' 和 M. Nafissi, *Ancient Athens* 有关于波拉尼观点的重要论述。
3. 关于占地者，参见 XII Tables 1.4；Drummond, 'Rome', 119。
4. Smith, *Early Rome and Latium*, 114–22; Nijboer, *From Household Production*, 29–45.
5. 关于以这种方式研究古风时代的希腊经济，参见 Van Wees, 'The economy'。
6. Bartoloni, *Cultura villanoviana*, 211.
7. Ampolo, 'Condizioni', 31–2. Bartoloni, *Cultura villanoviana*, 211 将饮酒器在伊特鲁里亚大量出现的时间定为公元前 8 世纪早期。
8. 费内斯泰拉是奥古斯都时期的历史学家，对古文物研究感兴趣，Pliny, *HN* 15.1 提及了此人。
9. Ampolo, 'Condizioni', 32; 'Periodo IVB', 179.
10. Drummond, 'Rome', 199. 参见第七章。
11. 参见 Scheid, *Introduction*, 48–53 列表。
12. Ampolo, 'Condizioni', 35; Cifani, *Architettura*, 286;《十二铜表法》7.10、7.9 和 8.11 提到了猪。
13. Drummond, 'Rome', 123 称这是后来出现的，因为我们所掌握的史料很混乱。
14. Crawford, *Coinage*, 19–20 称阿斯这个名称可以追溯至公元前 6 世纪中期的塞尔维乌斯·图利乌斯。
15. Di Giuseppe, 'Villae', 6.
16. Cifani, *Architettura*, 287.
17. Drummond, 'Rome', 121.
18. Rich, 'Lex Licinia'; 更多参见第七章。
19. 参见 Ampolo, 'Periodo IVB'；Colonna, 'Produzione'；*GRT*, 尤其是 129–30；Carafa, *Officine*。
20. 例如 Ampolo, 'Periodo IVB', 173–8；Ridgway and Ridgway, 'Demaratus and the archaeologists'。
21. Carafa, *Officine* 检查了 29,000 个本土产陶器的碎片；Nijboer, *From Household Production*, 101。
22. Nijboer, *From Household Production*, 185. 现在可参见 Biella et al. (eds), *Artigiani*，亦可参见下文。
23. Colonna, 'Produzione', 315.
24. Ampolo, 'Periodo IVB', 173; *GRT* 20–1; Colonna, 'Duenos' 称这句话不是陶匠的签名，而是表明献祭之意，称 duenos 意为"好人"，而不是名字。这一铭文是在烧陶后刻上去的。亦可参见 Forsythe, *Critical History*, 88–9。
25. 表示怀疑：Ampolo, 'Grande Roma', 82–3；Nijboer, *From Household Production*, 183；更为乐观：Torelli, 'Dalle aristocrazie', 259。
26. Livy, 2.21.7; Gaius, *Dig.* 47.22.4.
27. 参见 Ampolo, 'Periodo IVB', 176–8，认为普鲁塔克列出的这些专业技能与公元前 6 世纪的背景最为吻合。

28. Ammerman and Filippi, 'Dal Tevere'; Ammerman et al., 'Clay beds'.

29. Hopkins, *Genesis*, 40.

30. Winter, *Symbols*, 556. 从卡里还进口了其他建筑赤陶，用于约公元前 530 年雷吉亚第四阶段（Winter, *Symbols*, 55）以及约公元前 490 至前 470 年的卡斯托尔神庙（Torelli, 'Topography', 83）。

31. Winter, *Symbols*, 577–81 将这与德玛拉图斯及其随从在公元前 657 年从科林斯迁至罗马，以及公元前 546 年波斯人攻陷萨第斯（Sardis）后爱奥尼亚人的移居（不那么危险）联系起来。

32. Torelli, 'Topography', 83.

33. Coarelli, *Foro Boario*, 283; Lulof, 'Amazzone 提供了另一个观点，这尊躯干与阿文蒂诺山的克瑞斯神庙有关。

34. Torelli, 'Topography', 88; 关于格努奇里亚盘子的起源，参见 Bilde and Poulsen, *Temple*, 49。

35. Cornell, *Beginnings*, 390; Haumesser, 'Hellenism', 652.

36. 例如可参见 1.20.12。

37. Sherratt and Sherratt, 'Growth'。注意，雅典中心与其位于比雷埃夫斯的港口相距 12 千米。

38. 公元前 492 年，罗马寻求粮食的船只遭库迈驱逐（Livy, 2.34.3），但在西西里岛和伊特鲁里亚得偿所愿（Dion. Hal. 7.1–2）；公元前 432 年以及前 412 年 / 前 411 年也有派船前往西西里岛求粮（Livy, 4.52.19–21）。Drummond, 'Rome', 134; Garnsey, *Famine*, 167ff.; Oakley, *Commentary*, I 58; Coarelli, 'Demografia', 321 中均有论述。

39. Livy, 2.27.

40. Coarelli, 'Santuari', 123，引用 Casson, 'Harbour and river boats', 32。

41. Livy, 29.10; 45.35.3; Plut. *Aem.* 30.1–3; Tuck, 'Tiber', 237. 帝国时期，规模在 200 吨以上的较大的运粮船得在奥斯蒂亚卸货。

42. Procopius, *Goth.* 4.22.7–16; Coarelli, 'Santuari', 123–6.

43. 如 Cicero, *Rep.* 2.9–10 和 Dion. Hal. 3.44 所认识到的。

44. 第二章有论述。

45. Colonna, 'Commercio', 678; Bruni, 'Seafaring', 767; 亦可参见第 62 页。

46. 关于海军，参见 Steinby, *Roman Republican Navy*。

47. Coarelli, 'Santuari', 113–27 对关于港口存在与否的质疑给予了驳斥。

48. Bartoloni, 'Latini', 110; Zevi, 'Roma arcaica'.

49. 关于条约内容及其真实性的论述，参见第八章第 224 至 225 页。

50. 第二次条约：Pompeius, 43.5.8；参见 Strabo, 5.4; Ebel, *Transalpine Gaul*, 8；Cornell, *Beginnings*, 321。

51. Bispham,'RomeandAntium', 236, 240; DeSouza, *Piracy*, 51–2. Dion. Hal. 7.37.3–4: 罗马拯救了公元前 491 年被安提乌姆人俘虏的西西里船员。

52. Bispham, 'Rome and Antium', 240–1.

53. Diod. Sic. 16.82; Harris, 'Roman warfare', 500.

54. Dionysius 1.29.1–2; Ps.-Scylax, *Peripl.* 5, 'the Latins hold Tyrrhenia down to Circeum'; Bispham, 'Rome and Antium', 236–8; Fulminante, 'Latins', 489.

55. Momigliano, 'Terra marique' 称吕哥弗隆肯定是公元前 3 世纪早期的；参见 Erskine, Troy, 154–6。

56. Cornell, 'Rome and Latium Vetus', 88; Ampolo, 'Periodo IVB', 184; Ross Holloway, *Archaeology*, 22; Mura Sommella, *GRT* 249.

57. 据估计占据沉积层的 10%，*GRT* 129–30。

58. 早期物品：Smith, *Early Rome and Latium*, 80。

59. Gilotta, *GRT* 140–1. Smith, *Early Rome and Latium*, 184 指出，相较于其他拉丁地方，罗马发现的希

腊陶器要多得多，与伊特鲁里亚发现的最大规模地相当。参见 Meyer, *Pre-Republican Rome*, 160–1。

60. Fest. 436 L., Pliny, *HN* 31.89, with Coarelli, 'Santuari'.
61. *GRT* 130.
62. Crawford, *Coinage*, ch. 3; Bernard, 'Social history'.
63. Cornell, *Beginnings*, 288; Armstrong, *War and Society*, 99–100.
64. Ampolo, 'Servius'.
65. Andreau, *Banking*, 30.
66. Crawford, *Coinage*, 29.
67. 参见本系列第二卷《罗马和地中海世界》(Rosenstein, *Rome and the Mediterranean*)。
68. Fulminante, *Urbanisation* 是一个引人注目的例外；Bradley, 'Rome of Tarquinius Superbus' 有此前的参考文献。
69. Beloch, *Bevölkerung*; Brunt, *Italian Manpower*; Momigliano, 'Timeo'; Coarelli, 'Demografia'; Bradley, 'Rome of Tarquinius Superbus' 有更多参考资料。
70. 出处：Brunt, *Italian Manpower*, 13 ; Coarelli, 'Demografia', 319, 338。
71. Pliny, *HN* 33.16 称公元前 390 年的人口普查包含"每个自由人"(capita libera)，这可能意味着包括所有公民。Dion. Hal. 4.15.6 称妇女儿童都有记录，即便他们的人数没有被公布。
72. Ampolo, 'Periodo IVB' 认为公元前 509 年，以罗马 822 平方千米的面积，人口最多为 3.5 万。这一数据是由 Beloch, *Bevölkerung* 推测出来的，但 Coarelli, 'Demografia' 认为这一数字被低估了。关于卡里，参见 Heurgon, *Daily Life*, 145–8。更多可参见 Bradley, 'Rome of Tarquinius Superbus。
73. Coarelli, 'Demografia', 322; Fulminante, *Urbanisation*, 130 称在铁器时代早期，罗马的人口数量就已经超过了其领土承载力。
74. Hansen, *Shotgun Method*, ch. 1.
75. 参见 Richard, *Origines*, 308。
76. Bradley, 'Rome of Tarquinius Superbus', 130.
77. Torelli, 'Dalle aristocrazie', 24ff.
78. Di Giuseppe, 'Villae', 6 n. 22.
79. 参见第九章论述，第 258 至 260 页。
80. 关于氏族存在争议的性质，以及通过考古证据来追溯此类团体的评论，参见 Riva, *Urbanisation*, 4–12 ; 参见 Bietti Sestieri, 'Role of archaeological and historical data'。
81. Smith, *Roman Clan*; Bradley, 'Investigating aristocracy'.
82. 关于希腊，参见 Vlassopoulos, *Unthinking*。
83. 关于精英阶层的葬礼，参见 Plaut. *Amph*. 458–9 ; Polybius, 6.53; Cic. *Mil.* 33, 86 以及 Flower, *Ancestor Masks*, 97。
84. Cornell, *Beginnings*, 257.
85. Finley, 'Debt-bondage'.
86. Torelli, 'Dalle aristocrazie'; Ampolo, 'Città riformata'; Bradley, 'Investigating aristocracy'. 更多参见第五章。
87. Finley, 'Debt-bondage'; Cornell, *Beginnings*, 266–7, 281–2, 330–3.
88. Livy, 8.28; Dion. Hal. 16.
89. Livy, 1.39.5 提及了这样的说法，但表示怀疑；参见 1.40.3。关于塞尔维乌斯奴隶出身的说法可能源于其名字 servus 在拉丁语中意为"奴隶"。
90. Livy, 4.45.1–2 ; 参见 Stewart, *Plautus*, ch. 1 关于早期罗马奴隶制的论述。

91. Brunt, *Italian Manpower*, ch. 8; Drummond, 'Rome', 157–63.
92. Cornell, *Beginnings*, 289–90 中有参考文献。
93. 参见 Forsythe, *Critical History*, 217；Burton, *Friendship and Empire*, 31 n. 19 关于这一规定历史真实性的论述。
94. Cornell, *Beginnings*, 291.
95.《十二铜表法》也有所提及（8.27）。
96. Livy, *Per*. 13.5 和 Plut. *Pyrrh*. 18 有提及这个故事，但没有提及这段话。
97. 关于古风时代的希腊，参见 Osborne, *Greece in the Making*, 226–32。
98. Lulof and Van Kampen (eds), *Etruscans* 有清晰的论述。
99. 关于维拉诺瓦女性墓葬中发现的羊毛加工用具，参见 Nielsen, 'Etruscan women', 70。
100. 250 座有战车的坟墓中有 12 个属于女性。
101. 关于墓主性别之争，参见 Sannibale, 'Ori', 344，有引用早期资料。
102. *GRT* 100：奥斯特里亚·德洛萨 113 号墓出土的一个花瓶上刻有"salvetod tita"；参见 *GRT* 101：伊特鲁里亚卡里出土的一个花瓶上有拉丁语铭文"我是 Tita Vendia 的骨灰瓮"，约公元前 630 至前 600 年。
103. Ridgway, *First Western Greeks*, 67; Coldstream, 'Mixed marriages'.
104. 例如 Bonfante, 'Etruscan women'；参见 Glinister, 'Women and power' 的评论。
105. Ampolo, 'Presenze etrusche'; Coldstream, 'Mixed marriages'; Iaia, 'Elements of female jewellery'.
106. Livy, 2.40.1–12.
107. Livy, 2.13.11，"在圣道的一头有一尊少女骑马（的雕像）"；Dion. Hal. 5.35.2; Seneca, *Consolatio ad Marciam* 16.2；Plut. *Pub.* 19.5, Mor. 250F；Serv. *Aen*. 8.646; Pliny, *HN* 34.28。
108. Cornell, *Beginnings*, 146; Glinister, 'Women and power' 有论述。
109. 关于这一问题的不同见解，参见 Glinister, 'Women and power'，我在本书中采用了其观点；Rathje, 'Princesses'；Wiseman, *Myths of Rome*, 131–2。
110. Livy, 2.13.11；Pollitt, *Art of Rome*, 21 有更多参考文献；Ovid, *Fast.* 6.571。
111. Pliny 14.14；Val. Max. 6.3.9；Cornell, *FRH III* 41 提供了其他史料信息。
112. Gellius, *NA* 10.23.1 引用加图的说法："那些描绘过罗马生活和文明的人称罗马和拉丁姆的女性'过着节制的生活'，即她们滴酒不沾。"
113. Hersch, *Roman Wedding*.
114. Jaeger, *Livy's Written Rome*；Vasaly, *Livy's Political Philosophy*；Fox, *Roman Historical Myths* 有举例。
115. Linderski, 'Religious aspects'; Dixon, 'From ceremonial to sexualities'.
116. Bietti Sestieri, *Iron Age Community*, 131.
117. 更多参见第 300 至 301 页。Flemming, 'Festus'; Hemelrijk, 'Women and sacrifice', 255. 关于与禁止饮酒这样的女性社会习惯的联系，可参见 Val. Max. 2.1.5，也可参见 Serv. *Aen*. 1.737。
118. 参见荷马时代的女性，以及 Izzet, Archaeology 中关于伊特鲁里亚女性的内容。
119. 关于例子，参见 Bourdin, *Peuples*, 715–20；Dench, *Romulus' Asylum*; MacMullen, *Earliest Romans*。
120. 关于奥古斯都时期罗马的民族认同，受到对罗马公民身份的渴望的影响，参见 Suet. *Aug.* 40 和 Dench, *Romulus' Asylum* 257–8。这也影响了维吉尔的《埃涅阿斯纪》：参见 Syed, *Vergil's Aeneid*。
121. 如科兴纳（Kosinna）和其他 20 世纪早期考古学家所提出的；相关论述，参见 Bradley, 'Tribes, states and cities'; Fulminante, 'Ethnicity'。
122. Blake, *Social Networks*；更多论述参见第二章。

123. Blake, 'Mycenaeans'; Iacono, 'Westernizing'.
124. Isayev, *Migration*, ch. 3.
125. 参见第二章。
126. 相关参考文献，参见 Bradley, 'Investigating aristocracy'。
127. Demetriou, *Negotiating Identity*.
128. Fulminante, *Urbanisation*, 44.
129. Bourdin, *Peuples*, 335–40.
130. 参见第三章。
131. Bourdin, *Peuples*, 551–89；参见 Bradley, 'Mobility and secession'。
132. Kelly, *History of Exile*, 70.
133. 参见第三章。
134. 关于"罗马人"的伊特鲁里亚证据，参见 Colonna, 'Quali Etruschi'；关于"拉丁努斯"（Latinus），参见 Malkin, *Returns*, 184。亦可参见第 239 至 240 页。
135. Bradley, 'Mobility and secession'.
136. 参见第四章论述。
137. De Simone, 'Etruschi a Roma'; Adams, *Bilingualism*, 160–3.
138. Alföldi, *Early Rome* 以及莫米利亚诺在 *JRS* 57 (1967), 211–16 的评论。Cornell, *Beginnings*, ch. 6; 'Ethnicity'.
139. Bradley,'Colonization and identity'; Isayev, *Migration*, chh.4–5; Horden and Purcell, *Corrupting Sea*, 342–400.

第七章

1. 参见第四章。
2. *Custos urbis* 是 *praefectus urbi*（城市行政官）的最初称呼：Lydus, *Mag*. 1.34, 38；参见 Tac. *Ann.* 6.11。
3. Mouritsen, *Politics*, 38 提出质疑。
4. Festus 290 L. with Cornell, 'Lex Ovinia'；Jehne, 'Rise of the consular', 218 接受这种说法；Forsythe, *Critical History*, 168 提出质疑；Mouritsen, *Politics*, 37。
5. 参见第四章；参见 Wiseman, 'Roman Republic'。
6. 参见第四章论述。
7. Hall, *Artifact*, ch. 8.
8. 关于这一延续性在考古学方面的体现，参见 Hall, *Artifact*, 158–62 和 Hopkins, *Genesis*, 163–71。
9. Cornell, *Beginnings*, 243 和 Cornell, 'Ethnicity' 评价了这种观点。
10. Cornell, *Beginnings*, 245–50.
11. Torelli, 'Dalle aristocrazie'; Bradley, 'Investigating aristocracy'.
12. Fulminante, *Sepolture*.
13. Riva, *Urbanisation*, 124–31.
14. Torelli, *Storia*, 248–9.
15. 更多论述参见 Bradley, 'Investigating aristocracy'。
16. Torelli, *Storia*, 247. 关于这一方法，参见 Torelli, 'Popolazioni'；Terrenato, 'Versatile clans'；Armstrong, *War and Society*, 129–82 以及 Terrenato, *Early Roman Expansion*。
17. Smith, *Roman Clan*, 299; Bradley, 'Investigating aristocracy'. 关于"贵族神话"，参见 Doyle, *Aristocracy*,

22–39。

18. Richardson, 'The people and the state'.

19. 从 Suetonius, *Aug*. 1.2 的记述中可以清楚看到，塞尔维乌斯·图利乌斯等国王能创立新的贵族世家。

20. Livy, 2.16.4–5; Dion. Hal. 5.40.3–5. 根据我们所有的史料，这次移居纯粹是内部斗争的结果，但显然，贵族是与各地联系密切、流动的精英阶层的组成部分。

21. Smith, *Roman Clan*, 256.

22. Cornell, *Beginnings*, 251–2; Smith, *Roman Clan*, 258–68. 据说，在王政时代，维斯塔贞女就可以由平民担任。

23. Cornell, *Beginnings*, 252.

24. Lanfranchi, *Tribuns*, 92–8 以及表 2，679–95。

25. Torelli, 'Dalle aristocrazie'; Smith, *Roman Clan*, 275; Bradley, 'Mobility and secession'. Lanfranchi, *Tribuns*, 92 称执政官和贵族家族与保民官所属家族一样，非罗马出身的情况很普遍。

26. 塔克文·普里斯库斯：Livy, 1.35.2。塞尔维乌斯：Cic. *Rep*. 2.37–8；Livy, 1.46.1；Plut. *De fort. Rom*. 10；概述可参见 Cornell, *Beginnings*, 145–50。

27. Smith, *Roman Clan*, 276. 一些行政长官可能是在君主制下选出的，例如临时摄政者。

28. 公元前 6 世纪罗马生产的建筑赤陶出现在皮特库塞和库迈，在阿文蒂诺山狄安娜神庙工作的工匠可能是西西里人（参见第五和第六章）。

29. 参见第九章。

30. Cornell, *Beginnings*, 254.

31. Bourdin, *Peuples*, 543–4.

32. Momigliano, 'Rise of the plebs'; Cornell, 'Failure of the *plebs*'; Raaflaub, 'Conflict of the orders'; 不同的观点，参见 Drummond, 'Rome'。

33. 这个部分是我在 Bradley, 'Mobility and secession' 中观点的修订。

34. 出自 Bourdin, *Peuples*，表 28，543–4，以 Ranouil, *Recherches* 为依据。

35. Livy, 2.21–33; Dion. Hal. 6.41–89.

36. Livy, 3.50–4; Wiseman, *Clio's Cosmetics*, 77–84.

37. Livy, *Epit*. 11; Pliny, *HN* 16.37; *Dig*. 1.2.2.8.

38. Livy, 2.32.4, Dion. Hal. 6.45, Varro, *Ling*. 5.81; 参见 Richard, *Origines*, 547–9 以及 Mignone, *Republican Aventine*, 17–23 中有更多参考文献，认为传统记述是对的。

39. Livy, 2.32.4 提及皮索（公元前 2 世纪后期），可能还有 Sallust, *Iug*. 31.17。

40. Sallust, *Iug*. 31.17：2 次；Ampelius 25：4 次。

41. Ogilvie, *Commentary*, 309–12; Richard, *Origines*, 541; Livy, 2.33.3.

42. 例如 Ogilvie, *Commentary*, 311；Mignone, *Republican Aventine*, 17–47。

43. Ogilvie, *Commentary*, 311; Wiseman, *Clio's Cosmetics*, 65–76 认为关于克劳狄乌斯家族的传统记述显得很矛盾。

44. Cornell, *Beginnings*, 265–8; Gabrielli, 'Debiti'.

45. Ogilvie, *Commentary*, 313–14; Cornell, *Beginnings*, 259.

46. Ogilvie, *Commentary*, 314; Spaeth, *Roman Goddess Ceres*, 86.

47. Raaflaub, 'Conflict of the orders', 209.

48. Forsythe, *Critical History*, 174 称相关记述可能以希罗多德关于盖伦（Gelon）祖先泰利纳斯（Telines）的故事（Hdt. 7.153）为模本。但是，希罗多德的这个故事非常简单，与罗马版本没有太多相似之处。

49. Bradley, ‘Mobility and secession’.

50. Richard, *Origines*, 541–7; Cornell, *Beginnings*, 258 更谨慎。

51. Lintott, Constitution, 32.

52. Poma, ‘Secessioni’ 有论述。

53. Mommsen, *History of Rome*, 280.

54. Gagarin and Fantham (eds), *Oxford Encyclopedia of the Ancient World*; Hornblower et al. (eds), *Oxford Classical Dictionary*.

55. 例如 Daube, *Civil Disobedience*, 143 指出史料刻意使用了 secessio（撤离）这个词，而不是 deficere 或 defectio（叛逃）。

56. Momigliano, ‘Rise of the plebs’, 173–7; Dion. Hal. 6.63.3.

57. Richard, *Origines*, 512, 549.

58. Cornell, *Beginnings*, 257; Richard, *Origines*, 512–19; Raaflaub, ‘Conflict of the orders’.

59. 参见 Poma, ‘Secessioni’, section 3。

60. 摘自布鲁图斯的讲话：“我们放弃了无法给予我们城市和壁炉的生活，我们将前往一个不会受到众神憎恶、民众不会遇到任何麻烦、土地不会沉浸于悲伤的殖民地。”只有狄奥尼西乌斯关于第一次撤离运动的描述提及了这一点。

61. Livy, 2.58.3: *Uolscum Aequicumque inter seditionem Romanam est bellum coortum. uastauerant agros ut si qua secessio plebis fieret ad se receptum haberet.* “在罗马陷入麻烦期间，沃尔西人和埃奎人发起了战争。他们破坏了田地，以便有平民撤离时，可以向他们寻求庇护。”

62. Poma, ‘Secessioni’, section 3.

63. Serv. *Aen.* 1.12: *hae autem coloniae sunt quae ex consensu publico, non ex secessione sunt conditae.* “因此这些殖民地是经公共协议建立起来的，并非撤离导致的。”

64. Bayet, ‘Tite-Live’.

65. Festus 150 L.; Dench, *From Barbarians*, 211.

66. Isayev, *Migration* 对人口流动类型作了概述。

67. Crawford, ‘Roman history’; Bradley, ‘Colonization and identity’.

68. Smith, *Roman Clan*, 277.

69. Livy, 3.55, Dion. Hal. 6.89.2–4，关于神圣不可侵犯权，符合贵族宣称的宗教氛围（Smith, *Roman Clan*, 277 有较重要的参考文献）。

70. Spaeth, *Roman Goddess Ceres*, 86，亦可参见上文第 197 至 198 页。

71. 下文有论述。

72. Hölkeskamp, ‘Arbitrators’; Eder, ‘Political Significance’.

73. 近东地区影响：Yaron, ‘Semitic influence’；Westbrook, ‘Nature and origins’；Crawford (ed.), *Roman Statutes*, 561 认为不令人信服。

74. Warmington, *Remains of Old Latin* III; Crawford (ed.), *Roman Statutes*, 555–721 有文本和评论。Cornell, *Beginnings*, 280–92.

75. Ampolo, ‘Città riformata’, 227–8; Cornell, *Beginnings*, 288.

76. Crawford, *Roman Statutes*, 713 表示怀疑。

77. Cornell, *Beginnings*, 292. 可参见卢提尔·希普克拉蒂斯，参见第四章。

78. Mignone, *Republican Aventine*，对第二次撤离运动的历史真实性表示怀疑。

79. 例如 Forsythe, *Critical History*, 230–3 认为《瓦莱里奥 – 贺拉提安法》的所有法规和第二次撤离运动都不存在。

80. 来自 Cornell, *Beginnings*, 276–8; Lanfranchi, Tribuns, 254 的数字确认公元前 509 至前 287 年间举行了 68 次公民投票，包括公元前 439 至前 287 年间的 56 次。

81. Rich, 'Lex Licinia'.

82. 公元前 355、前 353、前 351、前 349、前 345 和前 343 年。

83. Cornell, *Beginnings*, 337–8; Forsythe, *Critical History*, 274.

84. Millar, 'Political power', 143.

85. Finley, 'Debt-bondage'；Bernard, 'Debt, land, and labor', 322–3；更多论述，见第六章。

86. Smith, *Roman Clan*, 280. 更多质疑可参见 Terrenato, 'Versatile clans'; Armstrong, *War and Society*。

第八章

1. 参见第一章。亦可参见 Oakley, *Commentary*, I 39。

2. Oakley, *Commentary*, I 96–7 中收录了事例。

3. 类似的方法可参见 Pallottino, *History*；Torelli,'Dallearistocrazie'，以及 'Popolazioni'; Lomas, *Rise of Rome*；Terrenato, *Early Roman Expansion* 等研究。

4. *CIL* XI 5265（公元 333—337 年）："你们称你们（翁布里亚人）与图西亚有关联，根据古代确立的习俗，你们和前面提及的图西亚人每年轮流指定祭司亮相于图西亚自治城沃尔西尼举办的戏剧表演和角斗比赛中。"

5. Stopponi, 'Orvieto'.

6. 例如 *Tabula Cortonensis* 2.1。参见 Turfa, *Etruscan World*, 355 的论述。

7. 例如 Harris, *Rome in Etruria and Umbria*, 101; Cornell, 'Principes of Tarquinia', 171。

8. Torelli, *Elogia Tarquiniensia*; Cornell, 'Principes of Tarquinia', 171.

9. 维拉诺瓦文化这一名字因此而来。

10. Grandazzi, *Alba Longa*, 517–729; Fulminante, *Urbanisation*, 42–4.

11. Tacitus, *Ann*. 4.65.1 称西里欧山最初被称为奎奎图拉努斯山（Mons Querquetulanus）。

12. Moser, *Altars*, 115.

13. Cornell, *Beginnings*, 295–7; Broadhead,'Rome'smigrationpolicy'; Roselaar,'Concept of *commercium*'.

14. 注意，罗泽拉尔（Roselaar）和布罗德黑德（Broadhead）对交易权和迁移权的法律基础提出了质疑。

15. 在罗马发现的最早的公文，即黑色大理石的碑文是拉丁语。

16. Cornell, 'Ethnicity'; Dench, *Romulus' Asylum*.

17. 关于古风时代罗马领土范围的历史传说，参见 Fulminante, *Urbanisation*, 105–9；Capanna, 'Dall' "ager antiquus" '；Smith, 'Ager Romanus antiquus'。

18. Fulminante, *Urbanisation*, 210–12.

19. Nijboer, 'Fortifications'.

20. Bayet, 'Tite-Live'; Bradley, 'Colonization and identity'.

21. Fulminante, *Urbanisation*, 113.

22. Livy, 2.21："同年（公元前 495 年），一群新的殖民者被派去西格尼亚补充人数，这是国王塔克文建立的一个殖民地。罗马的部落数量增加至 21 个。墨丘利神庙于 5 月 15 日落成。" Cornell, *Beginnings*, 174; Smith, *Roman Clan*, 236 就这一说法的真实性作了论述。

23. Polybius, 3.26："这些条约是存在的，被刻在青铜板上，保存在卡比托利欧山朱庇特神庙旁边的由市政官负责的国库内，存留至今。" Richardson, 'Rome's treaties' 指出波利比乌斯和李维关于罗马 –

迦太基条约的记述似有不同之处。

24. Ampolo, 'Grande Roma', 82–4; Serrati, 'Neptune's altars'. 参见上文第 60 至 61 页。
25. Cornell, *FRH* III 82–5.
26. Livy, 2.33.9; Cicero, *Balb.* 53.
27. Cornell, *Beginnings*, 299; Sanchez, 'Fragment'. Armstrong, *War and Society*, 71 称这个段落指的是公元前 4 世纪后期。
28. Benelli, 'Aequi'.
29. 关于分析鉴定的论述，参见 Crawford, *Imagines Italicae*, Satricum 1；Benelli, 'Problems', 97–8；Zair, 'Languages',132。
30. Gnade, 'Volscians'.
31. Rich, 'Warfare', 12 对沃尔西人扩张的说法提出了质疑；亦可参见 Gnade, 'Volscians'。
32. Coarelli, 'Roma, i Volsci'.
33. Cornell, 'Coriolanus' 有关于这一传说的详尽论述。
34. Livy, 2.39.
35. 例如，可参见第七章关于平民撤离运动的论述。
36. Gnade, 'Volscians'.
37. Festus 16L.："现在被称为塔拉奇纳的地方曾被沃尔西人称为安刻苏尔；如恩尼乌斯所说：'沃尔西人失去了安刻苏尔。'"
38. Rawlings, 'Condottieri'; Rich, 'Warfare'; Cornell, *Beginnings*, 130–45; Armstrong, *War and Society*, ch. 4.
39. Stibbe, *Lapis Satricanus*.
40. Rich, 'Warlords', 273.
41. Bradley, 'Mobility and secession', 161–5. 关于"一大群受庇护人组成的队伍"在凯索·昆克修斯被流放后捍卫贵族，参见 Livy, 3.14.4。
42. Ampolo, 'Roma ed i Sabini'.
43. Haynes, *Etruscan Civilization*, 186–7, 265；Smith, *Roman Clan*, 161 and 290–5（关于法比乌斯家族）。
44. 这是 Hall, *Tyrrhenian Way of War*, 111–70 的重要主题。亦可参见上文第二章。
45. Rawlings, 'Condottieri'; Rich, 'Warfare', 15.
46. Crawford, 'Roman colonization'; Bradley, 'Colonization and identity'; Armstrong, *War and Society*, 215–31.
47. Torelli, *Tota Italia*, 17 认为具体地点不详的西格琉里亚就是西格尼亚。
48. Crawford, 'Roman colonization'.
49. Salmon, *Roman Colonization*, 40–54; Chiabà, *Roma e le priscae Latinae coloniae*; Termeer, 'Early colonies'; Armstrong, *War and Society*, 215–31.
50. Salmon, *Roman Colonization*, 41–2.
51. Cornell, *Beginnings*, 367.
52. Bradley, 'Colonization and identity', 167–8; Armstrong, *War and Society*, 224. 例如，安刻苏尔的罗马驻防部队允许沃尔西人加入，且与邻近地区进行贸易（Livy, 5.8.2–4）；韦莱特里是公元前 4 世纪后期的罗马殖民地，设有行政长官（meddices），有沃尔西语的铭文（Bourdin, *Peuples*, 247）。
53. Livy, 8.3.9.
54. Rose, *Class*, 360.
55. 例如 Massa-Pairault, 'Introduction'。
56. Meyer, *Pre-Republican Rome*, 161; Gilotta, 'Ceramica'.

57. Strabo, 5.4.3.

58. Lomas, *Rise of Rome*, 165.

59. Fr. 124 Wehrli, in Ath. 14.632a.

60. Livy, 9.13.6–8.

61. Terrenato, *Early Roman Expansion*, 126–7.

62. Dion. Hal. 7.2–11 有关于亚里斯多德莫斯的内容。

63. Livy, 5.22.8：维爱是"伊特鲁里亚最富有的城市"。

64. Ampolo, 'Città riformata', 207. 上文第 105 页提及，有一个叫奥卢斯・维本纳的人于约公元前 580 年在密涅瓦圣所献了一个布切罗杯子，此人可能就是克劳狄乌斯提及的马斯塔纳的同伴。该圣所中还有两位托伦尼乌斯家族的（公元前 5 世纪维爱国王所属的家族）成员以及阿维莱・阿维纳斯［Avile Acvilnas，其家族可能与公元前 487 年罗马执政官阿奎里乌斯・图斯库斯（Aquilius Tuscus）有关联（*TLE* 942）］献上的祭品。

65. Pliny, *HN* 35.157；亦可参见第五章。

66. Tabolli and Cerasuolo, *Veii*, 147–8.

67. Ogilvie, *Commentary* on Livy, 628.

68. Crawford, *Coinage*, 22; Erdkamp, 'War and state formation', 105.

69. Livy, 5.1.3–7，第 215 页有提及。

70. Beloch, *Römische Geschichte*, 620：增加了 562 平方千米，使得总面积达到 1510 平方千米；参见 Rich, 'Warfare', 13。Coarelli, 'Demografia', 321 对贝洛赫的数字提出了质疑，认为是低估了。

71. Di Giuseppe, 'Villae', 8–9, 13.

72. Livy, 5.24.5–11; 5.49.8–55；关于这一品质，尤其可参见奥古斯都广场上关于他的颂词：Dessau, *ILS* 52 = Degrassi, *Inscriptiones Italicae, Elogia*, 61.。

73. Ogilvie, *Commentary*, 741–2 对这种说法提出质疑，但正面理由可参见 Bradley, 'Mobility and secession'，有进一步引用文献。

74. Livy, 5.32.8, Plut. *Cam.* 12.1.

75. 关于在围困维爱期间寻求德尔斐神谕：Livy, 5.14.5 和 5.16.8–11；Plut. *Cam.* 4.4。

76. Livy, 5.55; 6.1. 参见 Edwards, *Writing Rome*, 51。

77. Eckstein, *Mediterranean Anarchy*, 132； 参见 Santoro, *Galli*；Cornell, *Beginnings*, 313–17；Oakley, *Commentary*, I 344–7。

78. Polybius, 2.22; Plut. *Cam.* 30.1："让人觉得难以置信的是，罗马被攻占了；更让人觉得匪夷所思的是，在蛮族占据七个月之久后，它又得以解脱。这些人在 7 月 15 日过后没多久入城，于次年 2 月 15 日左右被驱逐出城。"

79. Tacitus, *Hist.* 3.72："在波尔塞纳征服这座城市或高卢人攻占期间，他们都没亵渎这座神庙。"

80. Polybius, 2.18 只是简单地表示高卢人受到维内蒂人的攻击，退回到意大利北部；Diod. Sic. 14.117。

81. Justin, 43.5.8："在恢复和平，确保安全之后，一些来自马萨利亚的代表——他们被派往德尔斐去为阿波罗献上礼物，在返程途中——听闻罗马城被高卢人攻占并焚烧。他们将关于这场灾难的消息带回去，马萨利亚人公然表达了悲痛之情，政府和私人都捐献了黄金白银，以凑足要给高卢人的赎金，他们从高卢人那里知道双方已经达成协议。因为这一表现，罗马下令给予他们免征税收的待遇，在剧场有专门的位置留给他们，可以与元老坐在一起，并且与他们签订了一份平等条约（foedus aequo iure）。"

82. Plut. *Cam.* 22.3 和 Pliny, *HN* 3.57 有提及："在塞奥彭普斯之前，没有人提及过，他只是简单记录称罗马遭到高卢人的洗劫。"

83. Williams, *Beyond the Rubicon*, 171.
84. Polybius, 2.19 有关于罗马人与高卢人关系的题外话，很有意思；参见 Williams, *Beyond the Rubicon*, 207–18。
85. Bernard, 'Continuing the debate', 7 有更多文献。
86. Cornell, *Beginnings*, 318.
87. Eckstein, *Mediterranean Anarchy*, 131–8; Cic. *Cat.* 3 and 4; *Fam.* 10.4.4; *Att.* 14.4.1, with Williams, *Beyond the Rubicon*, 177–8.
88. 我们没有自这次劫掠之后的人口普查数据，无法记录损失。
89. 关于细节，参见第五章；参见 Cifani, *Architettura*, 260–1。
90. Bernard, *Building*, ch. 4.
91. Torelli, 'Colonizazzioni'; Coarelli, 'Santuari'; Cornell, *Beginnings*, 321; Bispham, 'Rome and Antium'.
92. Eckstein, *Mediterranean Anarchy*, 133.
93. Eckstein, *Mediterranean Anarchy*, 142.
94. 参见第七章。
95. Beloch, *Römische Geschichte*, 620.
96. Humbert, *Municipium*.

第九章

1. 关于公元前 290 至前 264 年这段时期，参见 Rosenstein, *Rome and the Mediterranean*。
2. 例如，关于萨莫奈人，可参见 Dench, *From Barbarians*; Scopacasa, *Ancient Samnium*; Tagliamonte, 'Samnites'。
3. Farney and Bradley (eds), *Peoples of Ancient Italy*.
4. 关于这方面的重要性，参见 Terrenato, *Early Roman Expansion*。
5. Hölkeskamp, *Reconstructing*.
6. Cornell, 'Deconstructing'.
7. Eckstein, *Mediterranean Anarchy*, 138–47. Cornell,'Deconstructing' 对此提出质疑。
8. Tagliamonte, *Sanniti*, 'Samnites'; Bispham, 'Samnites'; Scopacasa, *Ancient Samnium*.
9. Oakley, *Commentary*, III 31–4：在罗马人的记述中，这一罗马人可能被迫签订的协议变成了不那么具有约束力的保证（sponsio）。
10. 关于海盗，参见第六章；关于使团，参见第十章。
11. Polybius, 3.26.3–4; Forsythe, *Critical History*, 312.
12. Polybius, 30.6.5; Harris, 'Quando e come', 313–18.
13. Bradley, *Ancient Umbria*, 115–16.
14. Santoro (ed.), *Galli*, 196–203.
15. Harris, *Rome in Etruria and Umbria*.
16. Cass. Dio 10.7; Bradley, 'Colonization and identity', 174; Yntema, 'Material culture'.
17. Taylor, *Voting Districts*; Oakley, *Commentary*, I 440.
18. 李维（2.21.7）记录称公元前 495 年，"罗马的部落数量增加至 21 个"；参见 Dion. Hal. 4.15.1 和 7.64.6，公元前 490 年："当时有 21 个部落，有 9 个投票认为马奇乌斯（科利奥兰纳斯）无罪。"
19. Sherwin-White, *Roman Citizenship*; Humbert, *Municipium*.
20. Salmon, *Roman Colonization*；关于在罗马历史上早期差异的模糊性质的论述，参见 Bispham,

'Coloniam deducere', 'Rome and Antium'。

21. 参见 Velleius Paterculus 1.14–15 关于殖民地的题外话。

22. *History*, 486；参见 Salmon, *Roman Colonization*; Coarelli, 'Colonizzazione'; de Cazanove, 'Colonies'。

23. Mouritsen, *Italian Unification*; Pelgrom and Stek 'Roman colonization'; Bradley, 'Nature of Roman strategy'; Terrenato, *Early Roman Expansion*.

24. 例如阿斯科尼乌斯（Asconius）关于普拉森蒂亚（Placentia）的叙述，*Pis*. 3 C.；Livy, 10.10.5 关于翁布里亚的纳尼亚的叙述，纳尼亚建于公元前 299 年，以"抵御翁布里亚人"。

25. Laurence, *Roads*, 12–33; Bradley, 'Nature of Roman strategy'.

26. 关于阿庇亚大道，可参见 Diod. Sic. 20.36；参见 Laurence, *Roads*, 39。

27. Salmon, *Roman Colonization*.

28. Sewell, 'Gellius, Philip II'.

29. Humm, 'Appius Claudius Caecus et la construction de la via Appia'; *Appius Claudius Caecus*, ch. 10.

30. Bradley, 'Colonization and identity'; Roselaar, 'Colonies'.

31. La Regina, 'Contributo'；参见 Roncaglia, *Northern Italy*, ch. 2。

32. 例如 Livy, 33.24.8; 34.42.5–6。

33. 例如，按照李维的说法，卡勒斯的建立就是基于这一原因（8.16.10—14）。关于为平民建立的殖民地，参见阿尔代亚：Livy, 4.11.3–7；韦莱特里：Dion. Hal. 7.12–13。

34. Plut. *Flam*. 1.4–2.1，关于政治利益；Diod. Sic. 19.101，关于法比乌斯在公元前 313 年赢得一场战役后将得到的土地分配给他的士兵，此举让人民很高兴。

35. Livy, 27.9.11：汉尼拔战争期间，一位执政官向叛变的殖民地发表讲话，称"他们并非卡普阿人，也不是他林敦人，而是罗马人，从罗马被派往各个殖民地和在战争中占领的土地，以扩大他们的规模"。亦可参见马其顿的腓力五世给拉里萨的居民的信，上文有引用，信中将殖民与罗马人口增加联系起来。

36. Dion. Hal. 4.58.4.

37. 出自 Bradley, *Ancient Umbria*, 301。参见 Salmon, *Making of Roman Italy*, 66，列出了有部分证据支持的盟邦清单。

38. Roncaglia, *Northern Italy*, 41.

39. Livy, 9.45.16（公元前 304 年）。

40. Livy, 9.41.5–7; 9.41.20（公元前 308 年）。

41. 例如 Harris, *Rome in Etruria and Umbria*, 98–113; Bradley, *Ancient Umbria*, 118–28; Fronda, *Between Carthage and Rome*, 21 n. 51。

42. Rich, 'Treaties' 估计意大利至少有 150 个城邦屈服于罗马，或与之结盟。

43. 关于任命这些分队指挥官的事宜，参见 Polybius, 6.26.5–6。

44.《土地法》第 21 条［公元前 111 年］："…… 无论是罗马公民，还是罗马盟友，或拉丁成员，他们习惯根据穿托加袍者的名单从中征用意大利境内的士兵。"

45. Fronda, *Between Carthage and Rome*.

46. Terrenato, *Early Roman Expansion*.

47. Scheidel, 'Republics', 7.

48. Rosenstein, 'Phalanges in Rome?'；关于希腊战争，参见 Van Wees, *Greek Warfare*; Rawlings, *Ancient Greeks at War*。

49. 关于 *Ineditum Vaticanum*，参见 Cornell, *Beginnings*, 170 的翻译；参见 Diod. Sic. 23.2.1；Ath. 6.273–4。

50. Livy, 9.30.3；参见 7.23，称早期早先偶尔会有增加至 4 个军团的情况；Cornell, *Beginnings*, 254。

51. 参见 Eckstein, *Mediterranean Anarchy*, 151：据说，巅峰时期的他林敦可以派出 30,000 步兵和 4000 骑兵。为了入侵波斯，亚历山大的军队有大约 47,000 人。
52. Brauer and Van Tuyll, *Castles*.
53. Livy, 10.46; Erdkamp, 'War and state formation', 105.
54. Plut. *Cam*. 12; Bastien, *Triomphe*, 324–44.
55. 参见 Harris, *War and Imperialism*, 67 n. 4。
56. Brauer and Van Tuyll, *Castles*, ch. 1. 注意，Rosenstein, *Rome at War*, 31 认为罗马人训练军队的方式在公元前 4 世纪有所提升。
57. Rosenstein, *Imperatores Victi*.
58. Hopkins, *Conquerors and Slaves*; Harris, *War and Imperialism*; North,'Development'.
59. 参见 Pliny, *HN* 7.101–3；Dion. Hal. 10.36–49。在一些史料中，他被称为西基乌斯·登塔图斯（Siccius Dentatus）。
60. Oakley, 'Single combat'; 关于将军禁止一对一对决的例子，包括文中提及的这位托尔卡图斯（公元前 340 年），以及耶路撒冷的提图斯（公元 70 年）。
61. 密涅瓦节（Quinquatrus），3 月 19 日；击鼓圣仪（Tubilustrium），3 月 23 日、5 月 23 日；战神节，10 月 19 日；十月马节，10 月 15 日；Rich, 'Warfare', 10 对此有些质疑。
62. 例如 Livy, 10.39.1：老兵军团被分派给卡维利乌斯，对阵萨莫奈人，他们在一年前就已经参战了。
63. Rosenstein, *Rome at War*, 31 确认这种情况发生在公元前 316、前 315、前 314、前 313、前 310、前 296、前 295 和前 293 年。
64. Rosenstein, *Rome at War*, 31.
65. Momigliano, *Alien Wisdom*, 44.
66. Polybius, 36.13.6–7（公元前 156 年）；Cornell, 'End of Roman imperial expansion', 157；Champion, *Roman Imperialism*, 82。
67. 例如可留意伊特鲁里亚墓葬骨灰瓮呈现的战争场景，以及诺拉和帕埃斯图姆发现的坎帕尼亚及卢卡尼亚坟墓壁画。
68. 埃奎：Livy, 9.45.16（公元前 304 年）；奥索尼：Livy, 9.25（公元前 314 年）。
69. 参见 Livy, 9.12：萨莫奈人将弗雷杰拉居民活活烧死。
70. Colwill, *Genocide*.
71. Eckstein, *Mediterranean Anarchy*；参见 Rich, 'Fear'。
72. Williams, *Beyond the Rubicon*; Eckstein, *Mediterranean Anarchy*.
73. 参见 Eckstein, *Mediterranean Anarchy*，有概述；从这个角度出发，需要对意大利民族作进一步研究；例如可参见 Farney and Bradley (eds), *Peoples of Ancient Italy*，有概述。
74. Laurence, *Roads*, 12ff.; Smith and Yarrow, 'Introduction'; 如埃克斯坦的评论者所指出的，讽刺的是，这一理论在很大程度上依赖修昔底德和波利比乌斯的原始现实主义观点，因而将其重新用于古代世界时，就变成了一种循环论证。
75. 这种观点也适用于其他从"扩张主义"角度解读征服意大利早期阶段的尝试，因为当时尚不存在罗马帝国。
76. 参见 Cornell, 'Deconstructing'。
77. 参见 Kent, 'Reconsidering'; Isayev, *Migration*; Terrenato, *Early Roman Expansion*。

第十章

1. 参见 Cornell, 'Lex Ovinia'（他的翻译）; 关于时间，参见 Lanfranchi, *Tribuns*, 331–5。
2. Brunt, '*Nobilitas*'.
3. Hölkeskamp, 'Conquest'.
4. 例如 Livy, 2.41，关于公元前 486 年本会成为暴君的斯普里乌斯 · 卡西乌斯；参见 Smith, *Roman Clan*, 311–12。
5. Arena, *Libertas*, 88.
6. Hölkeskamp, *Reconstructing*; Bradley, 'Investigating aristocracy'.
7. Millar, 'Political power' 强调这一时期"民众主权"原则的重要性。对该观点的反馈，参见 Cornell's review, 352 和 Hölkeskamp, *Reconstructing*。
8. Lanfranchi, *Tribuns*, 655–78 列出了保民法律的清单。
9. Livy, 9.46，下文有引用。
10. 雷迪斯（Radice）翻译。参见 Pliny, *HN* 33.6。
11. Livy, *Epit.* book 11；参见第七章。
12. Ampolo, 'Città riformata', 237; Cornell, *Beginnings*, 384; Orlin, *Foreign Cults*, app. 1; Bastien, *Triomphe*, 333–5; Harris, *War and Imperialism*, 182 no. 1; Forsythe, *Critical History*, 341ff. 关于神庙的考古证据，参见 Coarelli, *Origini*, 120。
13. Livy, 9.29.5–9.
14. Coarelli, *Foro Romano*, 138–60；Carafa, *Comizio* 认为场地在共和国中期没有发生变化，而且是三角形的。
15. Varro, ap. Non. 853 L. s.v. *Tabernas*.
16. 关于早期的战利品呈示，参见 Forsythe, *Critical History*, 341。
17. Gellius, *NA* 4.5.1–6; Pliny, *HN* 34.11.
18. Wiseman, *Unwritten Rome*, 99.
19. Cic. *Tusc*. 4.1–2.
20. Humm, 'Numa'.
21. Pliny, *HN* 34.20, Livy, 8.13.9, Pliny, *HN* 7.212, Eutr. 2.7.3; Forsythe, *Critical History*, 341.
22. Livy, 9.43.22; Cic. *Phil.* 6.13, Pliny, *HN* 34.23："在卡斯托尔神庙前方，有一尊昆图斯 · 马西乌斯 · 特雷姆鲁斯的骑士像，他身穿托加袍。他曾两次击败萨莫奈人，攻占阿纳尼亚，让人民不用为军饷缴税。"
23. Livy, 9.40.16; 参见 10.39.13f.; Pliny, *HN* 34.43。
24. Pliny, *HN* 34.32.
25. 参见第五章；Colonna, 'Aspetto oscuro'。
26. 参见第一章。
27. Coarelli, *Roma*, 379.
28. Hölkeskamp, 'Conquest', 30.
29. Coarelli, *Origini*, 156–9.
30. Bosworth, *Conquest*, 167; Bispham, 'Rome and Antium', 239.
31. 参见第六章。
32. 按照 Dionysius (1.5.6) 的说法，提麦奥斯的记述不够详尽，但 Gellius (*NA* 11.1.1) 称其记述的历史主要关注"与罗马人民相关的事"；参见 Baron, *Timaeus*, 45。
33. 参见第六章。

34. Plut. *Cam*. 22.3，关于赫拉克利德斯；21.1，普鲁塔克称卡里是一座希腊城市。参见 Dion. Hal. 1.89，关于罗马的希腊特色。

35. 参见第六章：社会及社会制度。

36. 参见第一章。

37. Beard, 'Priesthood' 提供了一份便捷简化的名单。

38. 公元前 367 年，祭司团扩大至 10 人（Livy, 6.37, 42），后来增加至 15 人。

39. Beard et al., *Religions*, I 6；关于对至约公元前 300 年的历法的不同看法，参见 Rüpke, *Roman Calendar*。

40. Livy, 1.35.7–9; Dion. Hal. 3.68.1; Cic. *Rep*. 2.20.36; Manuwald, *Roman Republican Theatre*, 42.

41. Livy, 8.40.2 提及公元前 322 年罗马节已经成了一年一度的节日。

42. 关于编年史的概述，参见 Bianchi, *Greci ed Etruschi*, 89–110。

43. Varro, Augustine, *De civ. D*. 4.31 引用；参见 Plut. *Num*. 8; Tertullian, *Apol.* 25.12。

44. Beard et al., *Religions of Rome*, II 1.1a.

45. Purcell, 'Becoming historical'.

46. 参见第五章。

47. 参见第五章。参见 Wiseman, *Myths of Rome*。

48. Van Berchem, 'Hercule-Melqart à l'Ara Maxima'; 'Sanctuaires d'Hercule-Melqart'. 参见在附近普雷尼斯特和卡里的东方化墓葬中发现的腓尼基物品。

49. 关于女性和献祭的争论，参见 Schultz, *Women's Religious Activity*; Flemming, 'Festus and the role of women'; Hemelrijk, 'Women and sacrifice'; Glinister, 'Bring on the dancing girls'。

50. 参见表 10.1 以及上文论述，第 286 至 289 页。

51. Versnel, *Triumphus*. Versnel, 'Red (herring?)'.

52. Beard, *Roman Triumph*, ch. 5 Armstrong, 'Coming in from the cold'.

参考文献

Adams, J. N., *Bilingualism and the Latin Language*, Cambridge: Cambridge University Press, 2003.

Agostiniani, L., 'The Etruscan language', in Turfa, J. M., *The Etruscan World*, 457–77. London; New York: Routledge, 2013.

Albertoni, M. and I. Damiani, *Il tempio di Giove e le origini del colle capitolino*, Milan: Electa, 2008.

Alessandri, L., *Latium Vetus in the Bronze Age and Early Iron Age / Il Latium vetus nell'età del Bronzo e nella prima età del Ferro*. British Archaeological Reports International Series 2565, Oxford: BAR Publishing, 2013.

Alföldi, A., *Early Rome and the Latins*, Ann Arbor: University of Michigan Press, 1965.

Ammerman, A. J., 'The Comitium in Rome from the beginning', *American Journal of Archaeology* 100.1 (1996), 121–36.

Ammerman, A. J., 'On the origins of the Forum Romanum', *American Journal of Archaeology* 94 (1990), 627–45.

Ammerman, A. J. and D. Filippi, 'Dal Tevere all'Argileto: nuovi osservazioni', *BCAR* 105 (2004), 7–28.

Ammerman, A. J., I. Iliopoulos, F. Bondiolo, D. Filippi, J. Hilditch, A. Manfredini, L. Pennisi and N. Winter, 'The clay beds in the Velabrum and the earliest tiles in Rome', *Journal of Roman Archaeology* 21 (2008), 7–30.

Ampolo, C., 'L'Artemide di Marsiglia e la Diana dell'Aventino', *La Parola del Passato* 25 (1970), 200–10.

Ampolo, C., 'Aspetti dell'economia e della società', in *Italia omnium terrarum parens*, 549–80. Milan: Scheiwiller, 1989.

Ampolo C., 'La città riformata e l'organizzazione centuriata: lo spazio, il tempo, il sacro nella nuova realtà urbana', in A. Momigliano and A. Schiavone (eds), *Storia di Roma* I: *Roma in Italia*, 203–39. Turin: Einaudi, 1988.

Ampolo, C., 'Le condizioni materiali della produzione: agricoltura e paesaggio agrario', in *La formazione della città nel Lazio. Dialoghi di Archaeologia*, n.s. 2 (1980), 15–46.

Ampolo, C., 'Demarato: osservazioni sulla mobilità sociale arcaica', *Dialoghi di Archeologia* 9–10 (1976), 333–45.

Ampolo, C., 'Demarato di Corinto "bacchiade" tra Grecia, Etruria e Roma: rappresen- tazione e realtà fonti, funzione dei racconti, integrazione di genti e culture, mobilità sociale arcaica', *Aristonothos* 13.2 (2017), 25–118.

Ampolo, C., 'La "grande Roma dei Tarquini" revisitata', in E. Campanile (ed.), *Alle origini di Roma*, 77–87. Pisa: Giardini, 1988.

Ampolo, C., 'La nascita della città', in A. Momigliano and A. Schiavone (eds), *Storia di Roma* I: *Roma in Italia*, 153–80. Turin: Einaudi, 1988.

Ampolo, C., 'Periodo IVB', in *La formazione della città nel Lazio. Dialoghi di Archeologia* n.s. 2 (1980), 165–93.

Ampolo, C. 'Presenze etrusche, koiné culturale o dominio etrusco a Roma e nel Latium vetus in età arcaica', in G. M. Della Fina (ed.), *Gli Etruschi e Roma*, 9–41. Rome: Quasar, 2009.

Ampolo, C., 'Il problema delle origini di Roma rivisitato: concordismo, ipertradizionalismo acritico, contesti. I.', *Annali della Scuola Normale Superiore di Pisa, Classe di lettere e filosofia* ser. 5.1 (2013), 217–84.

Ampolo, C., 'Roma arcaica fra Latini ed Etruschi: aspetti politici e sociali', in M. Cristofani (ed.), *Etruria e Lazio arcaico*, 75–87. Rome: Consiglio Nazionale delle Ricerche, 2013.

Ampolo, C., 'Roma ed i Sabini nel V a.C. secolo', in G. Maetzke (ed.), *Identità e civiltà dei Sabini: atti del XVIII Convegno di studi Etruschi ed Italici. RietiMagliano Sabina: 30 maggio–3 giugno 1993*, 87–103. Florence: Olschki, 1996.

Ampolo, C., 'Servius rex primus signavit aes', *La Parola del Passato* 29 (1974), 382–8.

Ampolo, C., 'La storiografia su Roma arcaica e i documenti', in *Tria corda: studi in onore di Arnaldo Momigliano*, 9–26. Como: New Press, 1983.

Ampolo C., 'Su alcuni mutamenti sociali nel Lazio tra l'VIII e il V secolo', *Dialoghi di Archeologia* 4–5 (1970–1), 37–68.

Andreau, J., *Banking and Business in the Roman World* (trans. J. Lloyd), Cambridge: Cambridge University Press, 1992.

Arena, V., *Libertas and the Practice of Politics in the Late Roman Republic*, Cambridge; New York: Cambridge University Press, 2012.

Armstrong, J., 'Coming in from the cold: triumphs in early Rome', in J. Armstrong and A. Spalinger (eds), *Rituals of Triumph in the Mediterranean World*, 7–21. Leiden: Brill, 2013.

Armstrong, J., *War and Society in Early Rome: From Warlords to Generals*, Cambridge: Cambridge University Press, 2016.

Armstrong, J. and J. H. Richardson (eds), *Politics and Power in Early Rome 509–264 BC. Antichthon* special issue 51, Cambridge: Cambridge University Press, 2017.

Aubet, M. E., *The Phoenicians and the West: Politics, Colonies and Trade*, 2nd edn, Cambridge: Cambridge University Press, 2001.

Baglione, M. P., B. Belelli Marchesini, C. Carlucci, M. D. Gentili and L. M. Michetti, 'Pyrgi: a sanctuary in the middle of the Mediterranean Sea', in E. Kistler, B. Öhlinger, M. Mohr and M. Hoernes (eds), *Sanctuaries and the Power of Consumption*, 221–37. Wiesbaden: Harrassowitz Verlag, 2015.

Baglione, M. P., 'The sanctuary of Pyrgi', in J. M. Turfa (ed.), *The Etruscan World*, 613–31. London; New York: Routledge, 2013.

Barker, G., R. Hodges and G. Clark, *A Mediterranean Valley: Landscape Archaeology and Annales History in the Biferno Valley*, London: Leicester University Press, 1995.

Barker, G. and T. Rasmussen, *The Etruscans*, Oxford: Blackwell, 1998.

Baron, C. A., *Timaeus of Tauromenium and Hellenistic Historiography*, Cambridge: Cambridge University Press, 2013.

Bartoloni, G., *La cultura villanoviana: all'inizio della storia etrusca*, 2nd edn, Rome: Carocci, 2002.

Bartoloni, G., 'I Latini e il Tevere', *Archeologia Laziale* 7.2 (1986), 98–110.

Bartoloni, G. (ed.), *La lupa Capitolina: nuove prospettive di studio*, Rome: 'L'Erma' di Bretschneider, 2010.

Bartoloni, G., 'Le necropoli', in A. M. Moretti Sgubini (ed.), *Veio, Cerveteri, Vulci: Città d'Etruria a confronto*, 89–120. Rome: 'L'Erma' di Bretschneider, 2001.

Bartoloni, G., ed., *Principi etruschi: tra Mediterraneo ed Europa*, Venice: Marsilio, 2000.

Bartoloni, G., 'La tomba', in G. Bartoloni (ed.), *Principi etruschi: tra Mediterraneo ed Europa*, 163–71. Venice: Marsilio, 2000.

Bastien, J.-L., *Le triomphe romain et son utilisation politique à Rome aux trois derniers siècles de la République*, Rome: École française de Rome, 2006.

Bayet, J., 'Tite-Live et la précolonisation romaine', *Revue de Philologie* 12 (1938), 97–119.

Beard, M., 'Priesthood in the Roman Republic', in M. Beard and J. North (eds), *Pagan Priests: Religion and Power in the Ancient World*, 17–48. London: Duckworth, 1990.

Beard, M., *The Roman Triumph*, Cambridge, MA: Harvard University Press, 2007.

Beard, M., J. North and S. Price, *Religions of Rome*, 2 vols, Cambridge: Cambridge University Press, 1998.

Beloch, J., *Die Bevölkerung der griechisch-römischen Welt*, Leipzig: Duncker & Humblot, 1886.

Beloch, J., *Römische Geschichte bis zum Beginn der punischen Kriege*, Berlin; Leipzig: De Gruyter, 1926.

Benelli, E., 'The Aequi', in G. D. Farney and G. Bradley (eds), *The Peoples of Ancient Italy*, 499–507. Boston: De Gruyter, 2017.

Benelli, E., 'Problems in identifying central Italic ethnic groups', in G. D. Farney and G. Bradley (eds), *The Peoples of Ancient Italy*, 89–103. Boston: De Gruyter, 2017.

Bernard, S., *Building Mid-Republican Rome: Labor, Architecture, and the Urban Economy*, Oxford: Oxford University Press, 2018.

Bernard, S., 'Continuing the debate on Rome's earliest circuit walls', *Papers of the British School at Rome* 80 (2012), 1–44.

Bernard, S., 'Debt, land, and labor in the early Republican economy', *Phoenix* 70.3/4 (2016), 317–38.

Bernard, S., 'In search of Aeneas at the sanctuary of Castrum Inui (Ardea)', Review of M. Torelli and E. Marroni (eds), *Castrum Inui: il santuario di Inuus alla foce del Fosso Dell'Incastro*, Rome: 'L'Erma' di Bretschneider, 2018. *Journal of Roman Archaeology* 32 (2019), 561–73.

Bernard, S., 'The social history of early Roman coinage', *Journal of Roman Studies* 108 (2018), 1–26.

Bettelli, M., *Roma: la città prima della città. I tempi di una nascita: la cronologia delle sepolture ad inumazione di Roma e del Lazio nella prima età del ferro*, Rome: Bretschneider, 1997.

Bianchi, E., *Greci ed Etruschi in Roma arcaica nella storiografia moderna del secondo dopoguerra*, Catania; Rome: Edizioni del Prisma, 2013.

Bickerman, E. J., 'Origines gentium', *Classical Philology* 47.2 (1952), 65–81. Biella, M. C., A. F. Ferrandes, M. Revello Lami and R. Cascino (eds), *Gli artigiani e la città: officine ceramiche e aree produttive tra VIII e III sec. a.C. nell'Italia centrale tirrenica. Scienze dell'Antichità* 23.2, Rome: Quasar, 2017.

Bietti Sestieri, A. M., *The Iron Age Community of Osteria dell'Osa: A Study of Socio-political Development in Central Tyrrhenian Italy*, Cambridge: Cambridge University Press, 1992.

Bietti Sestieri, A. M., 'The role of archaeological and historical data in the reconstruction of Italian protohistory', in D. Ridgway, F. R. Serra Ridgway, M. Pearce, E. Herring, R. D. Whitehouse and J. B. Wilkins (eds), *Ancient Italy in its Mediterranean Setting: Studies in Honour of Ellen Macnamara*, 371–402. London: Accordia, 2000.

Bilde, P. G. and B. Poulsen, *The Temple of Castor and Pollux: The Finds II.1*. Occasional Papers of the

Nordic Institutes in Rome, Rome: 'L'Erma' di Bretschneider, 2008.

Bispham, E., 'Coloniam deducere: how Roman was Roman colonization during the middle Republic?', in G. Bradley and J. P. Wilson (eds), *Greek and Roman Colonization: Origins, Ideologies and Interactions*, 73–160. Swansea: Classical Press of Wales, 2006.

Bispham, E., 'Rome and Antium: pirates, polities and identity in the middle Republic', in S. Roselaar (ed.), *Processes of Integration and Identity Formation in the Roman Republic*, 227–45. Leiden: Brill, 2012.

Bispham, E., 'The Samnites', in G. J. Bradley, E. Isayev and C. Riva (eds), *Ancient Italy: Regions without Boundaries*, 179–223. Exeter: University of Exeter Press, 2007.

Bispham, E. and T. J. Cornell, 'Q. Fabius Pictor', in T. J. Cornell (ed.), *The Fragments of the Roman Historians*, vol. 1, 160–78. Oxford: Oxford University Press, 2013. Blake, E., 'The Mycenaeans in Italy: a minimalist position', *Papers of the British School at Rome* 76 (2008), 1–34.

Blake, E., *Social Networks and Regional Identity in Bronze Age Italy*, Cambridge: Cambridge University Press, 2014.

Blösel, W., 'Die Geschichte des Begriffes mos maiorum von den Anfängen bis zu Cicero', in B. Linke and M. Stemmler (eds), *Mos maiorum: Untersuchungen zu den Formen der Identitätsstiftung und Stabilisierung in der römischen Republik*, 25–97. Stuttgart: Franz Steiner, 2000.

Bonfante, G. and L. Bonfante, *The Etruscan Language: An Introduction*, rev. edn, Manchester: Manchester University Press/Palgrave, 2002.

Bonfante, L. (ed.), *Etruscan Life and Afterlife: A Handbook of Etruscan Studies*, Warminster: Aris and Phillips, 1986.

Bonfante, L., 'Etruscan women', in E. Fantham, H. Peet Foley, N. Boymel Kampen, S. B. Pomeroy and H. A. Shapiro (eds), *Women in the Classical World*, 243–59. Oxford: Oxford University Press, 1994.

Bonfante Warren, L., 'Roman triumphs and Etruscan kings: the changing face of the triumph', *Journal of Roman Studies* 60 (1970), 49–66.

Bonghi Jovino, M., 'Affinità e differenze nelle esperienze architettoniche tra Roma e Tarquinia: qualche riflessione', in G. M. Della Fina (ed.), *La grande Roma dei Tarquini*, 31–65. Orvieto: Quasar, 2010.

Bosworth, A. B., *Conquest and Empire: The Reign of Alexander the Great*. Cambridge: Cambridge University Press, 1988.

Botto, M., 'Considerazioni sul periodo orientalizzante nella penisola italica: la documentazione del Latium vetus', in J. Jiménez Ávila and S. Celestino Pérez (eds), *El periodo orientalizante*, 47–74. *Anejos de Archivo Español de Arqueología* 35, Merida: SCIC, 2005.

Botto, M., 'I primi contatti fra i Fenici e le popolazioni dell'Italia peninsulare', in S. Celestino, N. Rafel Fontanals and X.-L. Armada (eds), *Contacto cultural entre el Mediterráneo y el Atlántico (siglos XII–VIII ane)*, 123–48. Madrid: CSIC, 2008.

Bourdieu, P., *Outline of a Theory of Practice*, Cambridge: Cambridge University Press, 1977.

Bourdin, S., 'Ardée et les Rutules: réflexions sur l'émergence et le maintien des identités ethniques des populations du Latium préromain', *Mélanges de l'École française de Rome – Antiquité* 117.2 (2005), 585–631.

Bourdin, S., *Les peuples de l'Italie préromaine: identités, territoires et relations interethniques en Italie centrale et septentrionale*, Rome: École française de Rome, 2012.

Bradley, G., *Ancient Umbria: State, Culture and Identity from the Iron Age to the Augustan Era*, Oxford: Oxford University Press, 2000.

Bradley, G., 'Colonization and identity in Republican Italy', in G. J. Bradley and J.-P. Wilson (eds), *Greek and Roman Colonization: Origins, Ideologies and Interactions*, 161–87. Swansea: Classical Press of Wales, 2006.

Bradley, G., 'Investigating aristocracy in archaic Rome and central Italy: social mobility, ideology and cultural influences', in N. Fisher and H. van Wees (eds), *'Aristocracy' in Antiquity: Redefining Greek and Roman Elites*, 85–124. Swansea: Classical Press of Wales, 2015.

Bradley, G., 'Mobility and secession in the early Roman Republic', in J. Armstrong and J. H. Richardson (eds), *Politics and Power in Early Rome 509–264 BC. Antichthon* special issue 51, 149–71. Cambridge: Cambridge University Press, 2017.

Bradley, G., 'The nature of Roman strategy in mid-Republican colonization and road building', in T. Stek and J. Pelgrom (eds), *Roman Republican Colonization: New Perspectives from Archaeology and Ancient History*, 60–72. Papers of the Royal Netherlands Institute in Rome 62, Rome: Palombi, 2014.

Bradley, G., 'Romanization: the end of the peoples of Italy?', in G. J. Bradley, E. Isayev and C. Riva (eds), *Ancient Italy: Regions without Boundaries*, 295–322. Exeter: University of Exeter Press, 2007.

Bradley, G., 'The Rome of Tarquinius Superbus: issues of demography and economy', in P. Lulof and C. Smith (eds), *The Age of Tarquinius Superbus: Ancient History, Archaeology, and Methodology*, 123–33. Leuven: Peeters, 2017.

Bradley, G., 'Tribes, states and cities in central Italy', in E. Herring and K. Lomas (eds), *The Emergence of State Identities in Italy in the First Millennium BC*, 109–29. London: Accordia, 2000.

Bradley, G. J., E. Isayev and C. Riva (eds), *Ancient Italy: Regions without Boundaries*, Exeter: University of Exeter Press, 2007.

Brauer, J. and H. Van Tuyll, *Castles, Battles, and Bombs: How Economics Explains Military History*, Chicago: University of Chicago Press, 2008.

Bremmer, J. N., 'Caeculus and the foundation of Praeneste', in Bremmer, J. N. and N. M. Horsfall, *Roman Myth and Mythography*, 49–59. *BICS* Supplement 52, London: Institute of Classical Studies, 1987.

Bremmer, J. N. and N. M. Horsfall, *Roman Myth and Mythography. BICS* Supplement 52, London: Institute of Classical Studies, 1987.

Broadhead, W., 'Rome's migration policy and the so-called ius migrandi', *Cahiers Glotz* 12 (2001), 69–89.

Brocato, P. and N. Terrenato (eds), *Nuovi studi sulla Regia di Roma*, Paesaggi Antichi 2, Cosenza: Pellegrini, 2016.

Brock, A. L. and N. Terrenato, 'Rome in the Bronze Age: late second-millennium BC radiocarbon dates from the Forum Boarium', *Antiquity* 90 (2016), 654–64.

Bruni, S., 'Seafaring: ship building, harbors, the issue of piracy', in J. M. Turfa (ed.), *The Etruscan World*, 759–77. London; New York: Routledge, 2013.

Brunt, P. A., *Italian Manpower*, Oxford: Oxford University Press, 1971.

Brunt, P. A., '*Nobilitas* and *novitas*', *Journal of Roman Studies* 72 (1982), 1–17.

Bruun C., '"What every man in the street used to know": M. Furius Camillus, Italic legends and Roman historiography', in C. Bruun (ed.), *The Roman Middle Republic: Politics, Religion, and Historiography c.400–133 B.C.*, 41–68. Rome: Institutum Romanum Finlandiae, 2000.

Budin, S., *The Myth of Sacred Prostitution in Antiquity*. New York: Cambridge University Press, 2008.

Burton, P. J., *Friendship and Empire: Roman Diplomacy and Imperialism in the Middle Republic (353–146 BC)*. Cambridge; New York: Cambridge University Press, 2011.

Burton, P. J., 'The last Republican historian: a new date for the composition of Livy's first pentad', *Historia:*

Zeitschrift für Alte Geschichte 49.4 (2000), 429–46. Camous, T., *Le roi et le fleuve: Ancus Marcius Rex aux origines de la puissance romaine*, Paris: Les Belles Lettres, 2004.

Camous, T., *Tarquin le superbe*, Paris: Payot, 2014.

Capanna, M. C., 'Dall'"ager antiquus" alle espansioni di Roma in età regia', *Workshop di archeologia classica: paesaggi, costruzioni, reperti* 2 (2005), 173–88.

Carafa, P., *Il comizio di Roma dalle origine all'età di Augusto*, Rome: 'L'Erma' di Bretschneider, 1998.

Carafa, P., *Officine ceramiche di età regia: produzione di ceramica di impasto a Roma dalla fine dell'VIII alla fine del VI secolo a.C.*, Rome: 'L'Erma' di Bretschneider, 1995.

Carafa, P., 'Il progetto della Prima Roma: il Palatino e il Santuario di Vesta. Parte prima-L'"aedes" e il "vicus" di Vesta: i reperti', *Workshop di archeologia classica: paesaggi, costruzioni, reperti* 1 (2004), 135–43.

Carafa, P., 'Il Volcanal e il Comizio', *Workshop di archeologia classica: paesaggi, costruzioni, reperti* 2 (2005), 135–49.

Carandini, A., 'Le mura del Palatino, nuova fonte sulla Roma di età regia', *Bollettino di Archeologia* 16–18 (1992), 1–18.

Carandini, A., *La nascita di Roma: dei, Lari, eroi e uomini all'alba di una civiltà*, Turin: Einaudi, 1997.

Carandini, A., 'La nascita di Roma: Palatino, santuario di Vesta e Foro', in E. Greco (ed.), *Teseo e Romolo: le origini di Atene e Roma a confronto*, 13–28. Athens: Scuola archeologica italiana di Atene, 2005.

Carandini, A., *Palatino, Velia e Sacra Via: paesaggi urbani attraverso il tempo*. Workshop di archeologia classica Quaderni 1, Rome: Ateneo, 2004.

Carandini, A., *Remo e Romolo: dai rioni dei Quiriti alla città dei Romani (775/750–700/675 a. C.)*, Turin: Einaudi, 2006.

Carandini, A., *Rome: Day One*, Princeton: Princeton University Press, 2011. Trans. of *Roma: il primo giorno*, Bari: Laterza, 2007.

Carandini, A. and P. Carafa (eds), *Palatium e Sacra Via* I. Bollettino di Archeologia 31–4. Rome: Istituto Poligrafico e Zecca dello Stato, 2000.

Carandini, A. and R. Cappelli (eds), *Roma: Romolo, Remo e la fondazione della città*, Milan: Electa, 2000.

Carruba, A. M. and L. De Masi, *La lupa capitolina: un bronzo medievale*, Rome: Luca editori d'arte, 2006.

Càssola, F., 'Problemi di tradizione orale', *Index* 28 (2000), 1–34.

Casson, L., 'Harbour and river boats of ancient Rome', *Journal of Roman Studies* 55 (1965), 31–9.

Castagnoli, F., *Enea nel Lazio: archeologia e mito*, exhibition catalogue, Rome: Palombi, 1976.

Champion, C. B., *Roman Imperialism: Readings and Sources*, Oxford: Blackwell, 2003.

Chaplin, J. D. and C. S. Kraus (eds), *Livy.* Oxford Readings in Classical Studies, Oxford: Oxford University Press, 2009.

Chassignet, M., *L'annalistique romaine* I: *Les annales des Pontifes et l'annalistique ancienne*, Paris: Budé, 1996.

Chassignet, M., *L'annalistique romaine* II: *L'annalistique moyenne (fragments)*, Paris: Budé, 1999.

Chassignet, M., *Caton: Les Origines (fragments)*, Paris: Budé, 1986.

Chiabà, M., *Roma e le priscae Latinae coloniae: ricerche sulla colonizzazione del Lazio dalla costituzione della repubblica alla guerra latina,* Trieste: EUT, 2011.

Childe, V., 'The urban revolution', *The Town Planning Review* 21.1 (1950), 3–17. Cifani, G., *Architettura romana arcaica: edilizia e società tra Monarchia e Repubblica*, Rome: 'L'Erma' di Bretschneider, 2008.

Cifani, G., 'Aspects of urbanism and political ideology in archaic Rome', in E. Robinson (ed.), *Papers on*

Italian Urbanism in the First Millennium BC, 15–28. *Journal of Roman Archaeology* Supplement 97, Portsmouth, RI: Journal of Roman Archaeology, 2014.

Cifani, G., 'The fortifications of archaic Rome: social and political significance', in R. Frederiksen, M. Schnelle, S. Muth and P. Schneider (eds), *Focus on Fortifications: New Research on Fortifications in the Ancient Mediterranean and the Near East*, 82–93. Fokus Fortifikation Studies 2 / Monographs of the Danish Insitute at Athens, Oxford: Oxbow, 2016.

Cifani, G., 'Problemi e prospettive di ricerca sull'architettura romana tra VI e V sec. a.C.', in G. M. Della Fina (ed.), *Gli Etruschi e Roma: fasi monarchica e alto-repubblicana*, 383–423. Rome, 2009.

Cifani, G., 'Small, medium or extra-long? Prolegomena to any future metaphysics on the reconstructions of the Temple of Jupiter Optimus Maximus Capitolinus', in P. Lulof and C. Smith (eds), *The Age of Tarquinius Superbus: Ancient History, Archaeology, and Methodology*, 113–22. Peeters: Leuven, 2017.

Clackson, J. and G. Horrocks, *The Blackwell History of the Latin Language*, Malden, MA; Oxford: Wiley-Blackwell, 2007.

Coarelli, F., *Collis: il Quirinale e il Viminale nell'antichità*, Rome: Quasar, 2014. Coarelli, F., 'Colonizzazione romana e viabilità', *Dialoghi di Archaeologia* 6 (1988), 35–48.

Coarelli, F., 'Demografia e territorio', in A. Momigliano and A. Schiavone (eds), *Storia di Roma* I: *Roma in Italia*, 317–39. Turin: Einaudi, 1988.

Coarelli, F., *Il Foro Boario dalle origini fino alla fine della repubblica*, Rome: Quasar, 1988.

Coarelli, F., *Il foro romano* I: *Periodo arcaico*, Rome: Quasar, 1983.

Coarelli, F., *Le origini di Roma: la cultura artistica dalle origini al III sec. a.C.*, Milan: Jaca Book, 2012.

Coarelli, F., 'Le pitture della Tomba François a Vulci: una proposta di lettura', *Dialoghi di Archaeologia* 1, ser. 3, 1.2 (1983), 43–69.

Coarelli, F., *Roma: guida archeologica Laterza*, Rome; Bari: Laterza, 2009.

Coarelli, F., 'Roma, i Volsci e il Lazio antico', in F.-H. Massa Pairault (ed.), *Crise et transformation des sociétés archaïques de l'Italie antique au Ve siècle av. J.C. Actes de la table ronde, Rome, 19–21 novembre 1987*, Rome: CEFR, 135–54, 1990.

Coarelli, F., 'I santuari, il fiume, gli empori', in A. Momigliano and A. Schiavone (eds), *Storia di Roma* I: *Roma in Italia*, 127–51. Turin: Einaudi, 1988.

Colantoni, E. *The Archaeology of Early Roman Religion*, New York: Routledge (forthcoming).

Colantoni, E., 'Straw to stone, huts to houses: transitions in building practices and society in protohistoric Latium', in M. L. Thomas and G. E. Meyers (eds), *Monumentality in Etruscan and Early Roman Architecture: Ideology and Innovation*, 21–40. Austin: University of Texas Press, 2012.

Coldstream, J. N., 'Mixed marriages at the frontiers of the early Greek world', *Oxford Journal of Archaeology* 12.1 (1993), 89–107.

Colonna, G., 'Un aspetto oscuro del Lazio antico: le tombe del VI–V secolo a.C.', in C. Ampolo and G. Sassatelli (eds), *Italia ante romanum imperium: scritti di antichità etrusche, italiche e romane (1958–1998)* 1.2, 493–518. Pisa; Rome: Istituti Editoriali e Poligrafici Internazionale, 2005.

Colonna, G., 'Il commercio etrusco arcaico vent'anni dopo (e la sua estensione fino a tartesso)', *Annali della Fondazione per il Museo "Claudio Faina"* 13 (2006), 9–28.

Colonna, G., 'Duenos', *Studi Etruschi* 47 (1979), 163–72.

Colonna, G., 'Il mito di Enea tra Veio e Roma', in G. M. Della Fina (ed.), *Gli etruschi e Roma: fasi monarchica e alto-repubblicana*, 51–92. Rome: Quasar, 2009.

Colonna, G., 'La produzione artigianale', in A. Momigliano and A. Schiavone (eds), *Storia di Roma* I: *Roma in Italia*, 291–316. Turin: Einaudi, 1988.

Colonna, G., 'Quali Etruschi a Roma', in *Gli Etruschi e Roma: atti dell'incontro di studio in onore di Massimo Pallottino, Roma 11–13 dicembre 1979*, 159–72. Rome: Bretschneider, 1981.

Colonna, G., 'I templi del Lazio fino al V secolo compreso', *Archeologia Laziale* 6 (1984), 396–411.

Colwill, D., 'Genocide' and Rome, 343–146 bce: State Expansion and the Social Dynamics of Annihilation. Unpublished PhD thesis, Cardiff University, 2017.

Cornell, T. J., 'Aeneas and the twins: the development of the Roman foundation legend', *Proceedings of the Cambridge Philological Society* n.s. 21 (1975), 1–32.

Cornell, T. J., *The Beginnings of Rome: Italy and Rome from the Bronze Age to the Punic Wars (c.1000–264 BC)*, London: Routledge, 1995.

Cornell, T. J., 'Cicero on the origins of Rome', in J. G. F. Powell and J. A. North (eds), *Cicero's Republic*, 41–56. *BICS* Supplement 76, London: Institute of Classical Studies, 2001.

Cornell, T. J., 'Coriolanus: myth, history and performance', in D. Braund and C. Gill (eds), *Myth, History and Culture in Republican Rome: Studies in Honour of T. P. Wiseman*, 73–97. Exeter: University of Exeter Press, 2003.

Cornell, T. J., 'Deconstructing the Samnite Wars', in *Samnium: Settlement and Cultural Change. Proceedings of the Third E. Togo Salmon Conference on Roman Studies*, 35–50. Hamilton, Ontario: McMaster University, 2004.

Cornell, T. J., 'The end of Roman imperial expansion', in J. Rich and G. Shipley (eds), *War and Society in the Roman World*, 139–70. London: Routledge, 1993.

Cornell, T. J., 'Ethnicity as a factor in early Roman history', in T. J. Cornell and K. Lomas (eds), *Gender and Ethnicity in Ancient Italy*, 9–21. London: Accordia, 1997.

Cornell, T. J., 'The failure of the *plebs*', in E. Gabba (ed.), *Tria corda: scritti in onore di A. Momigliano*, 101–20. Como: Edizione New Press, 1983.

Cornell, T. J., 'The formation of the historical tradition of early Rome', in I. S. Moxon, J. D. Smart and A. J. Woodman (eds), *Past Perspectives: Studies in Greek and Roman Historical Writing*, 67–86. Cambridge: Cambridge University Press, 1986.

Cornell, T. J., 'The foundation of Rome in the ancient literary tradition', in H. McK. Blake, T. W. Potter and D. B. Whitehouse (eds), *Papers in Italian Archaeology* I, 131–40. British Archaeological Reports International Series 41, Oxford: BAR Publishing, 1978.

Cornell, T. J. (ed.), *The Fragments of the Roman Historians*, 3 vols, Oxford: Oxford University Press, 2013.

Cornell, T. J., 'The lex Ovinia and the emancipation of the Senate', in C. Bruun (ed.), *The Roman Middle Republic: Politics, Religion, and Historiography c.400–133 B.C.*, 69–89. Rome: Institutum Romanum Finlandiae, 2000.

Cornell, T. J., 'Livy's narrative of the Regal period and historical and archaeological facts', in B. Mineo (ed.), *A Companion to Livy*, 245–58. Oxford: Blackwell, 2014.

Cornell, T. J., 'Principes of Tarquinia', review of M. Torelli, *Elogia Tarquiniensia*, Florence: Sansoni, 1975. *Journal of Roman Studies* 68 (1978), 167–73.

Cornell, T. J., Review of F. Millar, *Rome, the Greek World and the East*, vol. 1: *The Roman Republic and the Augustan Revolution*, H. Cotton and G. Rogers (eds), Chapel Hill; London: University of North Carolina Press, 2002, *Journal of Roman Studies* 93 (2003), 351–4.

Cornell, T. J., 'Rome: the history of an anachronism', in A. Molho, K. Raaflaub and J. Emlen (eds), *City States in Classical Antiquity and Medieval Italy*, 53–69. Ann Arbor: University of Michigan Press, 1991.

Cornell, T. J. 'Rome and Latium Vetus, 1974–79', *Archaeological Reports* 26 (1979), 71–89.

Cornell, T. J., 'The tyranny of the evidence: a discussion of the possible uses of literacy in Etruria and Latium in the archaic age', in J. H. Humphrey (ed.), *Literacy in the Roman World*, 7–34. *Journal of Roman Archaeology* Supplement 3, Portsmouth, RI: Journal of Roman Archaeology, 1991.

Cornell, T. J., 'The value of the literary tradition concerning archaic Rome', in K. A. Raaflaub (ed.), *Social Struggles in Archaic Rome*, 2nd edn, 47–74. Malden, MA; Oxford: Blackwell, 2005.

Cornell, T. J. and J. Matthews, *Atlas of the Roman World*, Oxford: Phaidon, 1982. Crawford, M. H., *Coinage and Money under the Roman Republic*, London: Methuen, 1985.

Crawford, M. H. (ed.), *Imagines Italicae: A Corpus of Italic inscriptions*, 3 vols. *BICS* Supplement 110, London: Institute of Classical Studies, 2011.

Crawford, M. H., 'The Roman history of Roman colonization', in J. H. Richardson and F. Santangelo (eds), *The Roman Historical Tradition: Regal and Republican Rome*, 201–6. Oxford Readings in Classical Studies, Oxford: Oxford University Press, 2014.

Crawford, M. H. (ed.), *Roman Statutes. BICS* Supplement 64, London: Institute of Classical Studies, 1996.

Cristofani, M., *Gli etruschi del mare,* Milan: Longanesi, 1983.

Cristofani, M. (ed.), *La grande Roma dei Tarquini*, Rome: 'L'Erma' di Bretschneider, 1990.

D'Agostino, B., 'Euboean colonisation in the Gulf of Naples', in G. R. Tsetskhladze (ed.), *Ancient Greeks West and East*, 207–27. Leiden: Brill, 1999.

D'Agostino, B., 'Military organization and social structure in archaic Etruria', in O. Murray and S. Price (eds), *The Greek City from Homer to Alexander*, 59–84. Oxford: Oxford University Press, 1990.

Daube, D., *Civil Disobedience in Antiquity*, Edinburgh: Edinburgh University Press, 1972.

de Cazanove, O. 'La chronologie des Bacchiades et celle des rois étrusques de Rome', *Mélanges de l'École française de Rome – Antiquité* 100 (1988), 615–48.

de Cazanove, O., 'Les colonies latines et les frontières régionales de l'Italie: Venusia et Horace entre Apulie et Lucanie: Satires, II, 1, 34', *Mélanges de la Casa de Velázquez* 35–2 (2005), 107–24.

De Simone, C., 'Gli Etruschi a Roma: evidenza linguistica e problemi metodologici', in *Gli Etruschi e Roma: Atti dell'incontro di studio in onore di Massimo Pallottino, Roma 11–13 dicembre 1979*, 93–103. Rome: Bretschneider, 1981.

De Souza, P., *Piracy in the Graeco-Roman World*, Cambridge: Cambridge University Press, 1999.

Debiasi, A., *L'epica perduta: Eumelo, il Ciclo, l'occidente.* Rome: 'L'Erma' di Bretschneider, 2004.

Degrassi, A. (ed.), *Inscriptiones Italiae*, vol. 13, *Fasti et Elogia* (fasc. 3: *Elogia*), Rome: Libreria dello stato, 1937.

Della Fina, G. M. (ed.), *Gli etruschi e il Mediterraneo: commerci e politica*, Fondazione per il Museo Claudio Faina, Rome: Quasar, 2006.

Della Fina, G. M. (ed.), *Gli Etruschi e Roma: Fasi monarchica e alto-repubblicana*, Fondazione per il Museo Claudio Faina, Rome: Quasar, 2009.

Della Fina, G. M. (ed.), *Etruschi, greci, fenici e cartaginesi nel Mediterraneo centrale*, Fondazione per il Museo Claudio Faina, Rome: Quasar, 2007.

Della Fina, G. M. (ed.), *La grande Roma dei Tarquini*, Fondazione per il Museo Claudio Faina, Rome: Quasar, 2010.

Demand, N. H., *The Mediterranean Context of Early Greek History*, Malden, MA; Oxford: Wiley-Blackwell, 2011.

Demetriou, D., *Negotiating Identity in the Ancient Mediterranean: The Archaic and Classical Greek Multiethnic Emporia*, Cambridge: Cambridge University Press, 2012.

Dench, E., *From Barbarians to New Men: Greek, Roman, and Modern Perceptions of Peoples of the Central Apennines*, Oxford: Oxford University Press, 1995. Dench, E., *Romulus' Asylum: Roman Identities from the Age of Alexander to the Age of Hadrian*, Oxford: Oxford University Press, 2005.

DeRose Evans, J., *The Art of Persuasion: Political Propaganda from Aeneas to Brutus*, Ann Arbor: University of Michigan Press, 1992.

Di Giuseppe, H., 'Villae, villulae e fattorie nella Media Valle del Tevere', in B. Santillo Frizell and A. Klynne (eds), *Roman Villas around the Urbs: Interaction with Landscape and Environment*, 7–25. Rome: Swedish Institute at Rome, 2005.

Dixon, S., 'From ceremonial to sexualities: a survey of scholarship on Roman Marriage', in B. Rawson (ed.), *A Companion to Families in the Greek and Roman Worlds*, 245–61. Oxford: Blackwell, 2011.

Doyle, W., *Aristocracy: A Very Short Introduction*, Oxford: Oxford University Press, 2011.

Drews, R., 'The coming of the city to Central Italy', *American Journal of Ancient History* 6 (1981), 133–65.

Drummond, A., 'Rome in the fifth century, I: the social and economic framework', in F. W. Walbank, A. E. Astin, M. W. Frederiksen, R. M. Ogilvie and A. Drummond (eds), *The Cambridge Ancient History* 7.2: *The Rise of Rome to 220 BC*, 2nd edn, 113–71. Cambridge: Cambridge University Press, 1989.

Dumézil, G., *Archaic Roman Religion*, 2 vols, Chicago: University of Chicago Press, 1970.

Duplouy, A., *Le prestige des élites: recherches sur les modes de reconnaissance sociale en Grèce entre les Xe et Ve siècles avant J.-C.*, Paris: Les Belles Lettres, 2006.

Ebel, C., *Transalpine Gaul: The Emergence of a Roman Province*, Leiden: Brill, 1976.

Eckstein, A. M., *Mediterranean Anarchy, Interstate War and the Rise of Rome*, Berkeley: University of California Press, 2006.

Eder, W., 'The political significance of the codification of law in archaic societies: an unconventional hypothesis', in K. A. Raaflaub (ed.), *Social Struggles in Archaic Rome: New Perspectives on the Conflict of the Orders*, 262–300. Oxford: Blackwell, 2005.

Edlund Berry, I., 'Early Rome and the making of "Roman" identity through architecture and city planning', in J. DeRose Evans (ed.), *A Companion to the Archaeology of the Roman Republic*, 406–25. Oxford: Blackwell, 2013.

Edwards, C., *Writing Rome: Textual Approaches to the City*, Cambridge: Cambridge University Press, 1996.

Elliott, J., *Ennius and the Architecture of the Annales*, Cambridge: Cambridge University Press, 2013.

Erdkamp, P., 'War and state formation', in P. Erdkamp (ed.), *A Companion to the Roman Army*, 96–113. Oxford: Blackwell, 2007.

Erskine, A., *Troy between Greece and Rome: Local Tradition and Imperial Power*, Oxford; New York: Oxford University Press, 2001.

Etruscan and Central Italian Architectural Terracottas Online Database: www .beazley.ox.ac.uk/databases/terracottas.htm.

Farney, G., *Ethnic Identity and Aristocratic Competition in Republican Rome*, Cambridge: Cambridge University Press, 2007.

Farney, G. D., 'The name-changes of legendary Romans and the Etruscan–Latin bilingual inscriptions:

strategies for Romanization', *Etruscan Studies* 13 (2010), 149–57. Farney, G. D. and Bradley, G. (eds), *The Peoples of Ancient Italy*, Berlin: De Gruyter, 2017.

Feeney, D., 'The beginnings of a literature in Latin', *Journal of Roman Studies* 95 (2005), 226–40.

Feeney, D., *Caesar's Calendar: Ancient Time and the Beginnings of History*, Berkeley: University of California Press, 2007.

Feldherr, A. (ed.), *The Cambridge Companion to the Roman Historians*, Cambridge: Cambridge University Press, 2009.

Filippi, D., 'Dal Palatino al Foro Orientale: le mura e il santuario di Vesta', *Workshop di archeologia classica: paesaggi, costruzioni, reperti* 1 (2004), 89–100.

Filippi, D., 'La Domus Regia', *Workshop di Archeologia classica: paesaggi, costruzioni, reperti* 1 (2004), 101–21.

Filippi, D., 'Il Velabro e le origini del Foro', *Workshop di archeologia classica: paesaggi, costruzioni, reperti* 2 (2005), 93–115.

Finley, M. I., 'Debt-bondage and the problem of slavery', in *Economy and Society in Ancient Greece*, 150–66. London: Chatto & Windus, 1981.

Fisher, N. R. E., '*Kharis, Kharites*, festivals, and social peace in the classical Greek City', in R. Rosen and I. Sluiter (eds), *Valuing Others in Classical Antiquity*, 71–112. Leiden: Brill, 2010.

Flemming, R., 'Festus and the role of women in Roman religion', in F. Glinister and C. Woods (eds), *Verrius, Festus, and Paul: Lexicography, Scholarship, and Society*, 87–108. London: Institute of Classical Studies, 2007.

Flower, H. I., 'Alternatives to written history in Republican Rome', in A. Feldherr (ed.), *The Cambridge Companion to the Roman Historians*, 65–76. Cambridge: Cambridge University Press, 2009.

Flower, H. I., *Ancestor Masks and Aristocratic Power in Roman Culture*, Oxford: Oxford University Press, 1996.

Flower, H. I., '*Fabulae praetextae* in context: when were plays on contemporary subjects performed in Republican Rome?', *Classical Quarterly* 45 (1995), 170–90.

Flower, H. I., *Roman Republics*, Princeton: Princeton University Press, 2010. Fontaine, P., 'Des "remparts de Romulus" aux murs du Palatin: du mythe à l'archéologie', in P. A. Deproost and A. Meurant (eds), *Images d'origines, origines d'une image: hommages à Jacques Poucet*, 35–54. Louvain-la-neuve: Academia Bruylant, 2004.

Formigli, E., 'La storia della tecnologia dei grandi bronzi', in G. Bartoloni (ed.), *La Lupa Capitolina: Nuove Prospettive di Studio*, 15–24. Rome: 'L'Erma' di Bretschneider, 2010.

Forsythe, G., 'The army and centuriate organization in early Rome', in P. Erdkamp (ed.), *A Companion to the Roman Army*, 24–41. Oxford: Blackwell, 2007. Forsythe, G., *A Critical History of Early Rome: From Prehistory to the First Punic War*, Berkeley: University of California Press, 2005.

Fowler, R. L., *Early Greek Mythography*, vol. 2: *Commentary*, Oxford: Oxford University Press, 2013.

Fox, M., *Roman Historical Myths*, Oxford: Oxford University Press, 1996. Fraccaro, P., 'La storia dell'antichissimo esercito romano e l'età dell'ordinamento centuriato', in *Atti del II Congresso Nazionale di Studi Romani*, vol. 3, 91–7. Rome: Cremonese, 1931. Reprinted in *Opuscula*, vol. 2, 287–92. Pavia: Presso la rivista 'Athenaeum', 1957.

Frier, B. W., *Libri Annales Pontificum Maximorum: The Origins of the Annalistic Tradition*, Rome: American Academy in Rome, 1979.

Fronda, M., *Between Carthage and Rome*, Cambridge: Cambridge University Press, 2010.

Fulminante, F., 'Ethnicity, identity and state formation in the Latin landscape: problems and approaches', in S. Stoddart and G. Cifani (eds), *Landscape, Identity and Ethnicity in the Archaic Mediterranean Area*, 89–107. Oxford: Oxbow, 2012.

Fulminante, F., 'The Latins', in G. D. Farney and G. Bradley (eds), *The Peoples of Ancient Italy*, 473–97. Boston: De Gruyter, 2017.

Fulminante, F., *Le sepolture principesche nel Latium Vetus fra la fine della prima età del Ferro e l'inizio dell'età Orientalizzante*, Rome: 'L'Erma' di Bretschneider, 2003.

Fulminante, F., *The Urbanisation of Rome and Latium Vetus from the Bronze Age to the Archaic Era*, Cambridge: Cambridge University Press, 2014.

Gabba, E., *Dionysius and the History of Archaic Rome*, Berkeley: University of California Press, 1991.

Gabrielli, C., 'Debiti e secessione della plebe al monte sacro', *Diritto@storia* 7.1–8 (2008): www.dirittoestoria.it/7/Memorie/Gabrielli-Debito-secessione-plebe-Monte-Sacro.htm.

Gagarin, M. and E. Fantham (eds), *The Oxford Encyclopedia of Ancient Greece and Rome*, Oxford: Oxford University Press, 2010.

Gallia, A., 'Reassessing the "Cumaean Chronicle": Greek chronology and Roman history in Dionysius of Halicarnassus', *Journal of Roman Studies* 97 (2007), 50–67.

Gallia, A. B., *Remembering the Roman Republic: Culture, Politics and History under the Principate*, Cambridge; New York: Cambridge University Press, 2012.

Garnsey, P., *Famine and Food Supply in the Graeco-Roman World: Responses to Risk and Crisis*, Cambridge: Cambridge University Press, 1988.

Gilotta, F., 'La ceramica di importazione', in M. Cristofani (ed.), *La grande Roma dei Tarquini*, 140–1. Rome: 'L'Erma' di Bretschneider, 1990.

Giovannini, A., 'Le sel et la fortune de Rome', *Athenaeum* 63 (1985), 373–86. Gjerstad, E., *Early Rome*, vol. 3. Lund: C. W. K. Gleerup, 1960.

Gjerstad, E., *Early Rome*, vol. 4.1. Lund: C. W. K. Gleerup, 1966.

Glinister, F., '"Bring on the dancing girls": some thoughts on the Salian priesthood', in J. H. Richardson and F. Santangelo (eds), *Priests and State in the Roman World*, 107–36. Stuttgart: Franz Steiner, 2011.

Glinister F., 'Constructing the past', in F. Glinister and C. Woods (eds), *Verrius, Festus, and Paul: Lexicography, Scholarship, and Society*, 11–32. London: Institute of Classical Studies, 2007.

Glinister, F., 'Kingship and tyranny in archaic Rome', in S. Lewis (ed.), *Ancient Tyranny*, 17–32. Edinburgh: Edinburgh University Press, 2006.

Glinister, F., 'Politics, power, and the divine: the *rex sacrorum* and the transition from monarchy to Republic at Rome', in J. Armstrong and J. H. Richardson (eds), *Politics and Power in Early Rome 509–264* BC, 59–76. *Antichthon* special issue 51, Cambridge: Cambridge University Press, 2017.

Glinister, F., 'The Rapino bronze, the *touta marouca*, and sacred prostitution in early central Italy', in A. Cooley (ed.), *The Epigraphic Landscape of Roman Italy*, 18–38. *BICS* Supplement 73, London: Institute of Classical Studies, 2000.

Glinister, F., The Roman Kingship in the Sixth Century BC. Unpublished PhD thesis, University College London, 1995.

Glinister, F., 'Sacred rubbish', in E. Bispham and C. Smith (eds), *Religion in Archaic and Republican Rome and Italy*, 54–70. Edinburgh University Press: Edinburgh, 2000.

Glinister, F., 'Women and power in archaic Rome', in T. J. Cornell and K. Lomas (eds), *Gender and Ethnicity in Ancient Italy*, 115–27. London: Accordia, 1997.

Glinister, F. and C. Woods (eds), *Verrius, Festus, and Paul: Lexicography, Scholarship, and Society*, London: Institute of Classical Studies, 2007.

Gnade, M., 'The Volscians and Hernicians', in G. D. Farney and G. Bradley (eds), *The Peoples of Ancient Italy*, 461–72. Boston: De Gruyter, 2017.

Grandazzi, A., *Alba Longa, histoire d'une légende: recherches sur l'archéologie, la religion, les traditions de l'ancien Latium*, 2 vols, Rome: École française de Rome, 2008.

Grandazzi, A., *The Foundation of Rome: Myth and History*, Ithaca: Cornell University Press, 1997.

Gras, M., *La Méditerranée archaïque*, Paris: Armand Colin, 1995.

Grifi, L., *Monumenti di Cere antica spiegati colle osservanze del culto di Mitra*, Rome: Monaldi, 1841.

Gruen, E. S., *Culture and National Identity in Republican Rome*, Ithaca: Cornell University Press, 1992.

Gruen, E. S., *Rethinking the Other in Antiquity.* Martin Classical Lectures, Princeton; Oxford: Princeton University Press, 2011.

Guidi, A., P. Pascucci and A. Zarattini, 'Confini geografici e confini culturali: le facies della Preistoria e della Protostoria nel Lazio meridionale', *Latium* 19 (2002), 5–21.

Gunter, A. C., 'The Etruscans, Greek art and the Near East', in S. Bell and A. A. Carpino (eds), *A Companion to the Etruscans*, 339–52. Blackwell Companions to the Ancient World, Malden, MA; Oxford: Blackwell, 2016.

Habinek, T., *The Politics of Latin Literature: Writing, Identity, and Empire in Ancient Rome*, Princeton: Princeton University Press, 1998.

Habinek, T., *The World of Roman Song: From Ritualized Speech to Social Order*, Baltimore: Johns Hopkins University Press, 2005.

Hall, J. M., *Artifact and Artifice: Classical Archaeology and the Ancient Historian*, Chicago; London: University of Chicago Press, 2014.

Hall, J. M., *A History of the Archaic Greek World ca. 1200–479 BCE*, Malden, MA: Blackwell, 2007.

Hall, J. R. (2016), The Tyrrhenian Way of War: War, Social Power, and the State in Central Italy (c.900–343 bc). Unpublished PhD thesis, Cardiff University. Hansen, M. H., *The Shotgun Method: The Demography of the Ancient Greek City-State Culture,* Columbia: University of Missouri Press, 2006.

Harris, W. V., *Ancient Literacy*, Cambridge, MA: Harvard University Press, 1989. Harris, W. V., 'Quando e come l'Italia divenne per la prima volta Italia?', *Studi Storici* 48 (2007), 301–22.

Harris, W. V., 'Roman warfare in the economic and social context of the fourth century bc', in W. Eder (ed.), *Staat und Staatlichkeit in der frühen römischen Republik*, 494–510. Stuttgart: Franz Steiner, 1990.

Harris, W. V., *Rome in Etruria and Umbria*, Oxford: Clarendon Press, 1971. Harris, W. V., *War and Imperialism in Republican Rome 327–70 BC*, Oxford: Clarendon Press, 1979.

Haumesser, L., 'Hellenism in Central Italy', Naso, A. (ed.), *Etruscology* (2 vols.), 645–64. Berlin/Boston: De Gruyter, 2017.

Haynes, S., *Etruscan Civilization: A Cultural History*, Los Angeles: J. Paul Getty Museum, 2000.

Hemelrijk, E. A., 'Women and sacrifice in the Roman empire', in O. Hekster, S. Schmidt-Hofner and C. Witschel (eds), *Ritual Dynamics and Religious Change in the Roman Empire*, 253–67. Leiden; Boston: Brill, 2009.

Hersch, K. K., *The Roman Wedding: Ritual and Meaning in Antiquity*, Cambridge; New York: Cambridge

University Press, 2010.

Heurgon, J., *Daily Life of the Etruscans*, London: Weidenfeld and Nicolson, 1964. Hickson Hahn, F., 'Livy's liturgical order: systematization in the History', in B. Mineo (ed.), *A Companion to Livy*, 90–101. Oxford: Blackwell, 2014.

Hobsbawm, E. and T. Ranger (eds), *The Invention of Tradition*, Cambridge: Cambridge University Press, 1983.

Hodkinson, S. and I. Macgregor Morris, 'Introduction', in S. Hodkinson and I. Macgregor Morris (eds), *Sparta in Modern Thought*, vii–xxvi. Swansea: Classical Press of Wales, 2012.

Hölkeskamp, K.-J., 'Arbitrators, lawgivers and the "Codification of Law" in Archaic Greece: problems and perspectives', *Metis* 7 (1992): 49–81.

Hölkeskamp, K.-J., 'Conquest, competition and consensus: Roman expansion in Italy and the rise of the *nobilitas*', *Historia* 42 (1993), 12–39.

Hölkeskamp, K.-J., 'History and collective memory in the Middle Republic', in N. Rosenstein and R. Morstein-Marx (eds), *A Companion to the Roman Republic*, 478–95. Oxford: Blackwell, 2006.

Hölkeskamp, K.-J., *Reconstructing the Roman Republic: An Ancient Political Culture and Modern Research*, Princeton: Princeton University Press, 2010. Trans. of *Rekonstruktionen einer Republik: die politische Kultur des antiken Rom und die Forschung der letzten Jahrzehnte*. Historische Zeitschrift Beiheft 38, Munich: R. Oldenbourg, 2004.

Hopkins, J., 'The Capitoline temple and the effects of monumentality on Roman temple design', in M. L. Thomas and G. E. Meyers (eds), *Monumentality in Etruscan and Early Roman Architecture: Ideology and Innovation*, 111–27. Austin: University of Texas Press, 2012.

Hopkins, J., 'The colossal temple of Jupiter Optimus Maximus in archaic Rome', in S. Camporeale, H. Dessales and A. Pizzo (eds), *I cantieri edili dell'Italia e delle province romane* 2: *Italia e province occidentali. Workshop di Siena, Certosa di Pontignano*, 15–33. Merida: Instituto de Arqueología de Mérida, 2010.

Hopkins, J. N., 'The creation of the Forum and the making of monumental Rome', in E. C. Robinson (ed.), *Papers on Italian Urbanism in the First Millennium B.C.*, 29–61. *Journal of Roman Archaeology* Supplement 97, Portsmouth, RI: Journal of Roman Archaeology, 2014.

Hopkins, J. N., *The Genesis of Roman Architecture*, New Haven; London: Yale University Press, 2016.

Hopkins, J., 'The sacred sewer: tradition and religion in Rome's Cloaca Maxima', in M. Bradley (ed.), *Pollution and Propriety: Dirt, Disease and Hygiene in Rome from Antiquity to Modernity*, 81–102. Cambridge: Cambridge University Press, 2011.

Hopkins, K., *Conquerors and Slaves*, Cambridge: Cambridge University Press, 1978.

Horden, P. and N. Purcell, *The Corrupting Sea: A Study of Mediterranean History*, Oxford: Blackwell, 2000.

Hornblower, S., A. Spawforth and E. Eidinow (eds), *The Oxford Classical Dictionary*, 4th edn, Oxford: Oxford University Press, 2012.

Horsfall, N., 'Stesichorus at Bovillae?', *Journal of Hellenic Studies* 99 (1979), 26–48. Humbert, M., *Municipium et civitas sine suffragio: L'organisation de la conquête jusqu'à la Guerre Sociale*, Rome: École Française de Rome, 1978.

Humm, M., 'Appius Claudius Caecus et la construction de la via Appia', *Mélanges de l'École française de Rome – Antiquité* 108 (1996), 693–749.

Humm, M., *Appius Claudius Caecus: La République accomplie*, Rome: École française de Rome, 2005.

Humm, M., 'Numa and Pythagoras: the life and death of a myth', in J. H. Richardson and F. Santangelo (eds), *The Roman Historical Tradition: Regal and Republican Rome*, 35–51. Oxford Readings in Classical Studies, Oxford: Oxford University Press, 2014.

Humm, M., 'Servius Tullius et la censure: élaboration d'un modèle institutionnel', in M. Coudry and T. Späth (eds), *L'invention des grands hommes de la Rome antique*, 221–47. Paris: De Boccard, 2001.

Iacono, F., 'Westernizing Aegean of LH IIIC', in M. E. Alberti and S. Sabatini (eds), *Exchange Networks and Local Transformations*, 60–79. Oxford: Oxbow, 2013.

Iaia, C., 'Elements of female jewellery in Iron Age Latium and southern Etruria: identity and cultural communication in a boundary zone', in *Scripta praehistorica in honorem Biba Teržan*, 519–31. Ljubljana: Nardoni musej Slovenije, 2007.

Isayev, E., *Inside Ancient Lucania: Dialogues in History and Archaeology. BICS* Supplement 90, London: Institute of Classical Studies, 2007.

Isayev, E., 'Just the right amount of priestly foreignness: Roman citizenship for the Greek priestess of Ceres', in F. Santangelo and J. H. Richardson (eds), *Priests and State in the Roman World*, 373–90. Stuttgart: Franz Steiner, 2011.

Isayev, E., *Migration, Mobility and Place in Ancient Italy*, Cambridge: Cambridge University Press: 2017.

Izzet, V., *The Archaeology of Etruscan Society*. Cambridge; New York: Cambridge University Press, 2007.

Jaeger, M., *Livy's Written Rome*. Ann Arbor: University of Michigan Press, 1997. Janko, R., 'From Gabii and Gordion to Eretria and Methone: the rise of the Greek alphabet', *Bulletin of the Institute of Classical Studies* 58 (2015), 1–32.

Jannot, J.-R., *Religion in Ancient Etruria*, Madison: University of Wisconsin Press, 2005.

Jehne, M., 'Methods, models, and historiography', in N. Rosenstein and R. Morstein-Marx (eds), *A Companion to the Roman Republic*, 3–28. Oxford: Blackwell, 2006.

Jehne, M., 'The rise of the consular as a social type in the third and second centuries BC', in H. Beck, A. Duplá, M. Jehne and F. Pina Polo (eds), *Consuls and Res Publica: Holding High Office in the Roman Republic*, 211–31. Cambridge: Cambridge University Press, 2011.

Keaney, A., 'Three Sabine nomina: Clausus, Cōnsus, *Fisus', *Glotta* 69.3/4 (1991), 202–14.

Kelly, G. P., *A History of Exile in the Roman Republic*, Cambridge: Cambridge University Press, 2006.

Kent, P., 'Reconsidering socii in Roman armies before the Punic Wars', in S. Roselaar (ed.), *Processes of Integration and Identity Formation in the Roman Republic*, 71–84. Brill: Leiden, 2012.

Kinney, 'The Lupa Romana: an antique monument falls from her pedestal', *Speculum* 88.4 (2013): 1063–5.

Kraus, C., '"No second Troy": topoi and refoundation in Livy, Book V', *Transactions of the American Philological Association* 124 (1994), 267–89.

La Regina, A., 'Contributo dell'archeologia alla storia sociale: territori sabellici e sannitici', *Dialoghi di Archaeologia* 4–5 (1970–1), 443–59.

La Regina, A., 'Lacus ad sacellum Larum', in A. Capoferro, L. D'Amelio and S. Renzetti (eds), *Dall'Italia: omaggio a Barbro Santillo Frizell*, 133–50. Florence: Polistampa, 2013.

La Rocca, E., 'Ceramica d'importazione greca dell'VIII secolo a.C. a Sant'Omobono: un aspetto delle origini di Roma', in *La céramique grecque ou de tradition grecque au VIIIe siècle en Italie centrale et méridionale*, 45–54. Naples: Publications du Centre Jean Bérard, 1982.

Lanfranchi, T., *Les tribuns de la plèbe et la formation de la République romaine, 494–287 avant J.-C.,* Rome: École française de Rome, 2015.

Last, H., 'The Servian reforms', *Journal of Roman Studies* 35 (1945), 30–48. Laurence, R., *The Roads of Roman Italy: Mobility and Cultural Change*, London: Routledge, 1999.

Lendon, J. E., 'Historians without history: against Roman historiography', in A. Feldherr (ed.), *The Cambridge Companion to the Roman Historians*, 41–61. Cambridge: Cambridge University Press, 2009.

Levene, D., *Livy on the Hannibalic War*, Oxford, Oxford University Press, 2010. Linderski, J., 'Religious aspects of the Conflict of the Orders: the case of *confarreatio*', in K. A. Raaflaub (ed.), *Social Struggles in Archaic Rome: New Perspectives on the Conflict of the Orders*, 223–38. Malden, MA; Oxford: Blackwell, 2005.

Lintott, A., *The Constitution of the Roman Republic*, Oxford: Clarendon Press, 1999. Lo Schiavo, F. and M. Milletti, 'The Nuragic heritage in Etruria', in J. M. Turfa (ed.), *The Etruscan World*, 216–30. London; New York: Routledge, 2013.

Lomas, K., *The Rise of Rome: From the Iron Age to the Punic Wars (1000 BC–264 BC)*, London: Profile, 2017.

Lowenthal, D., *The Past is a Foreign Country*, Cambridge: Cambridge University Press, 1985.

Luce, T. J., 'The dating of Livy's first decade', in J. D. Chaplin, C. S. Kraus (eds), *Livy*, 17–48. Oxford Readings in Classical Studies, Oxford: Oxford University Press, 2009.

Lulof, P., 'L'Amazzone dell'Esquilino: una nuova riconstruzione', *BCAR* 108 (2007), 7–31.

Lulof, P. S., 'Reconstructing a golden age in temple construction: temples and roofs from the last Tarquin to the Roman Republic (*c.*530–480 b.c.)', in E. C. Robinson (ed.), *Papers on Italian Urbanism in the First Millennium B.C.*, 113–25. *Journal of Roman Archaeology* Supplement 97, Portsmouth, RI: Journal of Roman Archaeology, 2014.

Lulof, P. and C. Smith (eds), *The Age of Tarquinius Superbus: Ancient History, Archaeology, and Methodology*. Peeters: Leuven, 2017.

Lulof, P. and I. van Kampen (eds), *The Etruscans: Eminent Women, Powerful Men*, Amsterdam: Zwolle, 2011.

McGlew, J., *Tyranny and Political Culture in Ancient Greece*, Ithaca: Cornell University Press, 1993.

MacMullen, R., *The Earliest Romans: A Character Sketch*, Ann Arbor: University of Michigan Press, 2011.

Malkin, I., *The Returns of Odysseus: Colonization and Ethnicity*, Berkeley: University of California Press, 1998.

Malkin, I., *A Small Greek World. Networks in the Ancient Mediterranean: Greeks Overseas*, Oxford; New York: Oxford University Press, 2011.

Manuwald, G., *Roman Republican Theatre*, Cambridge: Cambridge University Press, 2011.

Maras, D. F., 'Dei, eroi e fondatori nel Lazio antico', in *Anzio: dei, eroi e fondatori dal Lazio antico*, exhibition catalogue, 17–26. Anzio: Marina, 2011.

Martínez Pinna, J., *La monarquía romana arcaica*, Barcelona: Publicacions i Edicions de la Universitat de Barcelona, 2009.

Martínez Pinna, J., *Tarquinio Prisco: ensayo histórico sobre Roma arcaica*, Madrid: Ediciones Clásicas, 1996.

Massa-Pairault, F.-H., 'Introduction', in *Crise et transformation des sociétés archaïques de l'Italie antique au Ve siècle av. JC*, 1–5. Publications de l'École française de Rome 137, Rome: École Française de Rome, 1990.

Massa-Pairault, F.-H., 'Romulus et Remus: réexamen du miroir de l'Antiquarium Communal', *Mélanges de l'École française de Rome – Antiquité* 123 (2011), 505–25.

Mertens-Horn, M., 'Corinto e l'Occidente nelle immagini: la nascita di Pegaso e la nascita di Afrodite', in *Corinto e l'Occidente: Atti del trentaquattresimo convegno di studi sulla Magna Grecia*, 257–89. Taranto: Istituto per la storia e l'archeologia della Magna Grecia, 1995.

Meyer, J. C., 'Roman history in the light of the import of Attic vases to Rome and Etruria in the 6th and 5th centuries bc', *Analecta Romana Instituti Danici* 9 (1980), 47–68.

Meyer, J. C., *Pre-Republican Rome: An Analysis of the Cultural and Chronological Relations, 1000–500 BC*, Odense: Odense University Press, 1983.

Meyers, G. E., 'The experience of monumentality in Etruscan and early Roman architecture', in M. L. Thomas and G. E. Meyers (eds), *Monumentality in Etruscan and Early Roman Architecture: Ideology and Innovation*, 1–20. Austin: University of Texas Press, 2012.

Michetti, L. M. and M. P. Baglione (eds), *Le lamine d'oro a cinquant'anni dalla scoperta: dati archeologici su Pyrgi nell'epoca di Thefarie Velinas e rapporti con altre realtà del Mediterraneo. Scienze dell'Antichità* 21.2, Rome: Quasar, 2015.

Mignone, L., *The Republican Aventine and Rome's Social Order*. Ann Arbor: University of Michigan Press, 2016.

Miles, G. B., *Livy: Reconstructing Early Rome*, Ithaca: Cornell University Press, 1995.

Millar, F., 'Political power in mid-Republican Rome: Curia or Comitium?', *Journal of Roman Studies* 79 (1989), 138–50.

Mineo, B. (ed.), *A Companion to Livy*, Oxford: Blackwell, 2014.

Minetti, A. (ed.), *Pittura etrusca: Problemi e prospettive*, Siena: Protagon Editori Toscani, 2003.

Momigliano, A., *Alien Wisdom: The Limits of Hellenization*, Cambridge: Cambridge University Press, 1976.

Momigliano, A., 'Fabius Pictor and the origins of national history', in A. Momigliano, *The Classical Foundations of Modern Historiography*, 80–108. Berkeley: University of California Press, 1990.

Momigliano, A. 'Georges Dumézil and the trifunctional approach to Roman civilization', *History and Theory* 23.3 (1984): 312–30.

Momigliano, A., 'How to reconcile Greeks and Trojans', in *Settimo contributo alla storia degli studi classici e del mondo antico*, 437–62. Rome: Edizioni di storia e letteratura, 1984.

Momigliano, A., 'An interim report on the origins of Rome', *Journal of Roman Studies* 53.1–2 (1963), 95–121.

Momigliano, A., 'The origins of Rome', in F. W. Walbank, A. E. Astin, M. W. Frederiksen, R. M. Ogilvie and A. Drummond (eds), *The Cambridge Ancient History* 7.2: *The Rise of Rome to 220 BC*, 2nd edn, 52–112. Cambridge: Cambridge University Press, 1989.

Momigliano, A., 'Perizonius, Niebuhr and the character of early Roman tradition', *Journal of Roman Studies* 47 (1957), 104–14.

Momigliano, A., Review of A. Alföldi, *Early Rome and the Latins*, Ann Arbor: University of Michigan Press, 1965. *Journal of Roman Studies* 57.1/2 (1967), 211–16.

Momigliano, A., 'The rise of the plebs in the Archaic Age of Rome', in K. Raaflaub (ed.), *Social Struggles in Archaic Rome: New Perspectives on the Conflict of the Orders*, 168–84. Malden, MA; Oxford: Blackwell, 2005.

Momigliano, A., 'Terra marique', *Journal of Roman Studies* 32 (1942), 53–64. Momigliano, A., 'Timeo, Fabio Pittore e il primo censimento di Servio Tullio', in *Miscellanea di studi alessandrini in memoria di Augusta Rostagni*, 180–7. Turin: Bottega d'Erasmo, 1963 = *Terzo Contributo*, Edizioni di Storia e

Letteratura, 649–56. Rome, 1966.

Momigliano, A. and A. Schiavone (eds), *Storia di Roma* I: *Roma in Italia*, Turin: Einaudi, 1988.

Mommsen, T., *The History of Rome* (trans. W. P. Dickson), London: Macmillan, 1862. Moormann, E. M., 'Carandini's royal houses at the foot of the Palatine: fact or fiction?', *BABesch* 76 (2001), 209–12.

Moretti Sgubini, A. M. (ed.), *Veio, Cerveteri, Vulci: città d'Etruria a confronto*, Rome: 'L'Erma' di Bretschneider, 2001.

Morris, I., 'Foreword', in M. I. Finley, *The Ancient Economy*, updated edn, ix–xxxvi. Berkeley: University of California Press, 1999.

Moser, C., *The Altars of Republican Rome and Latium: Sacrifice and the Materiality of Roman Religion*, Cambridge: Cambridge University Press, 2019.

Mouritsen, H., *Italian Unification: A Study in Ancient and Modern Historiography*. *BICS* Supplement 70, London: Institute of Classical Studies, 1998.

Mouritsen, H., *Politics in the Roman Republic*, Cambridge; New York: Cambridge University Press, 2017.

Müller-Karpe, H., *Vom Anfang Roms*, Heidelberg: Kerle Verlag, 1959. Müller-Karpe, H., *Zur Stadtwerdung Roms*, Heidelberg: Kerle Verlag, 1962.

Mura Sommella, A., '"La grande Roma dei Tarquini": alterne vicende di una felice intuizione', *BCAR* 101 (2000), 7–26.

Mura Sommella, A. 'Il tempio di Giove Capitolino: una nuova proposta di lettura', in G. M. Della Fina (ed.), *Gli Etruschi e Roma: fasi monarchica e alto-repubblicana*, 333–72. Rome: Quasar, 2009.

Mura Sommella, A., A. Cazzella, A. De Santis, F. Lugli, C. Rosa, I. Baroni, P. Boccuccia, F. Micarelli, S. Brincatt, C. Giardino, A. Danti and M. Albertoni, 'Primi risultati delle indagini archeologiche in Campidoglio nell'area del Giardino Romano e del Palazzo Caffarelli', *BCAR* 102 (2001), 261–364.

Murray, O., 'Cities of reason', in O. Murray and S. Price (eds), *The Greek City from Homer to Alexander*, 1–25. Oxford: Oxford University Press, 1990.

Nafissi, M., *Ancient Athens and Modern Ideology: Value, Theory and Evidence in Historical Sciences. Max Weber, Karl Polanyi and Moses Finley*, London: Institute of Classical Studies, 2005.

Naso A., 'The Etruscans in Lazio', in G. Camporeale (ed.), *The Etruscans outside Etruria*, 220–35. Los Angeles: J. Paul Getty Museum, 2004.

Naso, A. (ed.), *Etruscology*, 2 vols, Berlin; Boston: De Gruyter, 2017.

Naso, A., 'Gli influssi del Vicino Oriente sull'Etruria nell'VIII–VII sec. a.C.: un bilancio', in V. Bellelli (ed.), *Origine degli Etruschi: storia archeologia antropologia*, 433–53. Rome: 'L'Erma' di Bretschneider, 2012.

Nielsen, M., 'Etruscan women: a cross-cultural perspective', in L. Larsson Lovén and A. Strömberg (eds), *Aspects of Women in Antiquity*, 69–84. Göteborg: Jonsered, 1998.

Nielsen, T. H., and J. Roy,, 'The Peloponnese', in K. Raaflaub and H. van Wees (eds), *A Companion to Archaic Greece*, 255–72. Oxford: Wiley-Blackwell, 2009.

Nijboer, A. J., 'Fortifications in and around Rome, 950–300 bc', in A. Ballmer, M. Fernández-Götz and D. P. Mielke (eds), *Understanding Ancient Fortifications: Between Regionality and Connectivity*, 111–22. Oxford; Philadelphia: Oxbow Books, 2018.

Nijboer, A. J., *From Household Production to Workshops: Archaeological Evidence for Economic Transformations, Pre-monetary Exchange and Urbanisation in Central Italy from 800 to 400 BC*, Groningen: University of Groningen, 1998.

North, J., 'The development of Roman imperialism', *Journal of Roman Studies* 71 (1981), 1–9.

Oakley, F., *Kingship: The Politics of Enchantment*, Oxford: Blackwell, 2006.

Oakley, S. P., *A Commentary on Livy books VI–X*, vols 1–4, Oxford: Oxford University Press, 1997–2005.

Oakley, S. P., 'Livy and his sources', in J. D. Chaplin and C. S. Kraus (eds), *Livy*, 439–60.

Oxford Readings in Classical Studies, Oxford: Oxford University Press, 2009.

Oakley, S. P., 'The Roman conquest of Italy', in J. Rich and G. Shipley (eds), *War and Society in the Roman World*, 9–37. London: Routledge, 1993.

Oakley, S. P., 'Single combat in the Roman Republic', *Classical Quarterly* 35.2 (1985), 392–410.

Ogilvie R. M., *A Commentary on Livy: Books 1–5*. Oxford: Clarendon Press, 1965. Orlin, E., *Foreign Cults in Rome: Creating a Roman Empire*, Oxford: Oxford University Press, 2010.

Osborne, R., 'Urban sprawl: what is urbanization and why does it matter?', in R. J. Osborne and B. Cunliffe (eds), *Mediterranean Urbanization 800–600 B.C.*, 1–16. Oxford: Oxford University Press, 2005.

Osborne, R., *Greece in the Making, 1200–479 BC*, 2nd edn, London; New York: Routledge, 2009.

Pacciarelli, M., *Dal villaggio alla città: la svolta proto-urbana del 1000 a.C. nell'Italia tirrenica*, Florence: All'insegna del Giglio, 2001.

Pacciarelli, M., 'Forme di complessità sociale nelle comunità protourbane dell'Etruria meridionale', in P. Fontaine (ed.), *L'Étrurie et l'Ombrie avant Rome: cité et territoire. Actes du colloque international, Louvain-la-Neuve*, 17–33. Brussels; Rome: Institut historique belge, 2010.

Pallottino, M., *A History of Earliest Italy* (trans. M. Ryle and K. Soper), London: Routledge, 1991.

Pallottino, M., *Origini e storia primitiva di Roma*, Milan: Rusconi, 1993.

Parisi Presicce, C. and A. Danti (eds), *Campidoglio: mito, memoria, archeologia*, Rome: Campisano, 2016.

Patterson, H. (ed.), *Bridging the Tiber: Approaches to Regional Archaeology in the Middle Tiber Valley*. London: British School at Rome, 2004.

Pelgrom, J. and T. Stek, 'Roman colonization under the Republic: historiographical contextualisation of a paradigm', in T. Stek and J. Pelgrom (eds), *Roman Republican Colonization: New Perspectives from Archaeology and Ancient History*, 11–41. Rome: Palombi, 2014.

Pensabene, P. and S. Falzone, *Scavi Del Palatino*, Rome: 'L'Erma' di Bretschneider, 2001.

Pensabene, P., S. Falzone, F. M. Rossi, S. Valerio, O. Colazingari, 'Ceramica graffita di età arcaica e repubblicana dall'area sud-ovest del Palatino', *Scienze dell'Antichità* 10 (2000), 163–247.

Peroni, R., 'Comunità e insediamento in Italia fra età del bronzo e prima età del ferro', in A. Momigliano and A. Schiavone (eds), *Storia di Roma* I: *Roma in Italia*, 7–37. Turin: Einaudi, 1988.

Peroni, R., 'Formazione e sviluppi dei centri protourbani medio-tirrenci', in A. Carandini and R. Cappelli (eds), *Roma: Romolo, Remo e la fondazione della città*, 26–30. Milan: Electa, 2000.

Petrain, D., *Homer in Stone: The 'Tabulae Iliacae' in their Roman Context. Greek Culture in the Roman World*, Cambridge; New York: Cambridge University Press, 2014.

Polignac F. de, 'Forms and processes: some thoughts on the meaning of urbanization in early archaic Greece', in R. J. Osborne and B. Cunliffe (eds), *Mediterranean Urbanization 800–600 B.C.*, 45–69. Oxford: Oxford University Press, 2005.

Pollitt, J. J., *The Art of Rome, c.753 B.C.–A.D. 337: Sources and Documents*, Cambridge: Cambridge University Press, 1983.

Poma, G., 'Le secessioni della plebe (in particolare quella del 494–493 a.c.) nella storiografia', *Diritto@storia* 7.1–16 (2008): www.dirittoestoria.it/7/Memorie/ Poma-Secessioni-plebe-storiografia.htm.

Potts, C. R., *Religious Architecture in Latium and Etruria, c.900–500 BC*, Oxford: Oxford University Press,

2015.
Poucet, J., 'Les grands travaux d'urbanisme dans la Rome "étrusque": libres propos sur la notion de confirmation du récit annalistique par l'archéologie', in *La Rome des premiers siècles: légende et histoire. Actes de la table ronde en l'honneur de Massimo Pallottino (Paris, 3–4 mai 1990)*, 215–34. Florence: Olschki, Istituto Nazionale di Studi etruschi e italici, 1992.
Poucet, J., *Les origines de Rome: tradition et histoire*, Brussels: Facultés universitaires Saint-Louis, 1985.
Poucet, J., *Les rois de Rome: tradition et histoire*, Brussels: Académie royale de Belgique, 2000.
Prayon, F., 'Architecture', in L. Bonfante (ed.), *Etruscan Life and Afterlife: A Handbook of Etruscan Studies*, 174–201. Warminster: Aris and Phillips, 1986.
Purcell, N., 'Becoming historical: the Roman case', in D. Braund and C. Gill (eds), *Myth, History and Culture in Republican Rome: Studies in Honour of T. P. Wise man*, 12–40. Exeter: University of Exeter Press, 2003.
Raaflaub, K. A., 'The conflict of the orders in archaic Rome: a comprehensive and comparative approach', in K. A. Raaflaub (ed.), *Social Struggles in Archaic Rome*, 2nd edn, 1–46. Malden, MA; Oxford: Blackwell, 2005.
Raaflaub, K. A. (ed.), *Social Struggles in Archaic Rome*, 2nd edn, Malden, MA; Oxford: Blackwell, 2005.
Radnoti-Alföldi, M., E. Formigli and J. Fried, *Die römische Wölfin: ein antikes Monument stürzt von seinem Sockel*, Stuttgart: Franz Steiner, 2011.
Ranouil, P. C., *Recherches sur le patriciat: 509–366 avant J.-C.*, Paris: Les Belles Lettres, 1975.
Rathje, A., '"Princesses" in Etruria and Latium Vetus?', in D. Ridgway, F. R. Serra Ridgway, M. Pearce, E. Herring, R. D. Whitehouse and J. B. Wilkins (eds), *Ancient Italy in its Mediterranean Setting: Studies in Honour of Ellen Macnamara*, 295–300. London: Accordia, 2000.
Rawlings, L., *The Ancient Greeks at War*, Manchester: Manchester University Press, 2007.
Rawlings, L., 'Condottieri and clansmen: early Italian raiding, warfare and the state', in K. Hopwood (ed.), *Organised Crime in Antiquity*, 97–127. Swansea: Classical Press of Wales, 1999.
Rich, J., 'Annales Maximi', in T. J. Cornell (ed.), *The Fragments of the Roman Historians*, vol. 1, 141–59. Oxford: Oxford University Press, 2013.
Rich, J., 'Fear, greed and glory: the causes of Roman war-making in the middle Republic', in J. Rich and G. Shipley (eds), *War and Society in the Roman World*, 38–68. London: Routledge, 1993.
Rich, J., 'Lex Licinia, lex Sempronia: B. G. Niebuhr and the limitation of landholding in the Roman Republic', in L. de Ligt and S. J. Northwood (eds), *People, Land, and Politics: Demographic Developments and the Transformation of Roman Italy 300 BC–AD 14*, 519–72. Leiden: Brill, 2007.
Rich, J., 'Treaties, allies and the Roman conquest of Italy', in P. de Souza and J. France (eds), *War and Peace in Ancient and Medieval History*, 51–75. Cambridge: Cambridge University Press, 2008.
Rich, J., 'Warfare and the army in early Rome', in P. Erdkamp (ed.), *A Companion to the Roman Army*, 7–23. Oxford: Wiley-Blackwell, 2007.
Rich, J., 'Warlords and the Roman Republic', in T. Ñaco del Hoyo and F. López Sánchez (eds), *War, Warlords and Interstate Relations in the Ancient Mediterranean*, 266–94. Leiden; Boston: Brill, 2017.
Richard J.-C., *Les origines de la plèbe romaine: essai sur la formation du dualisme patricio-plébéien*, 2nd edn, Rome: École française de Rome, 2015.
Richard, J.-C., 'Patricians and plebeians: the origins of a social dichotomy', in K. A. Raaflaub (ed.), *Social Struggles in Archaic Rome*, 2nd edn, 107–27. Malden, MA; Oxford: Blackwell, 2005.
Richardson, J. H., *The Fabii and the Gauls: Studies in Historical Thought and Historiography in Republican*

Rome, Stuttgart: Franz Steiner, 2012.

Richardson, J. H., 'The people and the state in early Rome', in A. Brown and J. Griffiths (eds), *The Citizen: Past and Present*, 63–91. Auckland: Massey University Press, 2017.

Richardson, J. H., 'The Roman nobility, the early consular Fasti, and the consular tribunate', in J. Armstrong and J. H. Richardson (eds), *Politics and Power in Early Rome 509–264 BC*, 77–100. *Antichthon* special issue 51, Cambridge: Cambridge University Press, 2017.

Richardson, J. H., 'Rome's treaties with Carthage: jigsaw or variant traditions?', in C. Deroux (ed.), *Studies in Latin Literature and Roman History XIV*, 84–94. Brussels: Latomus, 2008.

Richardson, J. H. and F. Santangelo (eds), *The Roman Historical Tradition: Regal and Republican Rome*, Oxford: Oxford University Press, 2014.

Ridgway, D., 'Demaratus and his predecessors', in G. Kopcke and I. Tokumaru (eds), *Greece between East and West: 10th–8th Centuries BC*, 85–92. Mainz: Philipp von Zabern, 1992.

Ridgway, D. and F. R. Ridgway, 'Demaratus and the archaeologists', in R. D. De Puma and J. P. Small (eds), 6–15. *Murlo and the Etruscans*, Madison: University of Wisconsin Press, 1994.

Ridgway, D., *The First Western Greeks*, Cambridge: Cambridge University Press, 1992.

Ridgway, D., F. R. Serra Ridgway, M. Pearce, E. Herring, R. D. Whitehouse, J. B. Wilkins (eds), *Ancient Italy in its Mediterranean Setting: Studies in Honour of Ellen Macnamara*. Accordia Specialist Studies on the Mediterranean 4, London: Accordia, 2000.

Ridley, R., 'The enigma of Servius Tullius', in J. H. Richardson and F. Santangelo (eds), *The Roman Historical Tradition: Regal and Republican Rome*, 83–128. Oxford: Oxford University Press, 2014. Reprint of Ridley, R., 'The enigma of Servius Tullius', *Klio* 57 (1975), 147–77.

Ridley, R., 'Lars Porsenna and the early Roman Republic', in J. Armstrong and J. H. Richardson (eds), *Politics and Power in Early Rome 509–264 BC*, 33–58. *Antichthon* special issue 51, Cambridge: Cambridge University Press, 2017.

Rieger, M., *Tribus und Stadt: die Entstehung der römischen Wahlbezirke im urbanen und mediterranen Kontext (ca. 750–450 v.Chr.)*, Göttingen: Ruprecht, 2007.

Rigsby, K. J., *Asylia: Territorial Inviolability in the Hellenistic World*, Berkeley: University of California Press, 1996.

Riva, C., *The Urbanisation of Etruria: Funerary Practices and Social Change, 700–600 BC*, Cambridge: Cambridge University Press, 2010.

Rix, H., 'Ramnes, Tites, Luceres: noms étrusques ou latins?', *Mélanges de l'École française de Rome – Antiquité* 118.1 (2006), 167–75.

Rodriguez-Mayorgas, A., 'Romulus, Aeneas and the cultural memory of the Roman Republic', *Athenaeum* 98 (2010), 89–109.

Roller, M., *Models from the Past in Roman Culture: A World of* Exempla, Cambridge: Cambridge University Press, 2018.

Roma medio repubblicana: aspetti culturali di Roma e del Lazio nei secoli IV e III a.C., exhibition catalogue, Rome: 'L'Erma' di Bretschneider, 1973.

Roncaglia, C., *Northern Italy in the Roman World*, Baltimore: Johns Hopkins University Press, 2018.

Roscher, W. H., *Ausführliches Lexikon der griechischen und römischen Mythologie*, vol. 1, Leipzig: Teubner, 1881–90.

Rose, H. J., *Handbook of Greek Mythology*, London; New York: Routledge, 2004.

Rose, P. W., *Class in Archaic Greece*, Cambridge: Cambridge University Press, 2012.

Roselaar, S. T., 'Colonies and processes of integration in the Roman Republic', *Mélanges de l'École française de Rome – Antiquité* 123.2 (2011), 527–55.

Roselaar, S. T., 'The concept of *commercium* in the Roman Republic', *Phoenix* 66.3/4 (2012), 381–413.

Rosenstein, N. S., 'Aristocrats and agriculture in the middle and late Republic', *Journal of Roman Studies* 98 (2008), 1–26.

Rosenstein, N. S., *Imperatores Victi: Military Defeat and Aristocratic Competition in the Middle and Late Republic*, Berkeley; Los Angeles: University of California Press, 1990.

Rosenstein, N. S., 'Phalanges in Rome?', in G. Fagan and M. Trundle (eds), *New Perspectives on Ancient Warfare*, 289–303. Leiden; Boston: Brill, 2010.

Rosenstein, N. S., *Rome and the Mediterranean 290 to 146 BC: The Imperial Republic*, Edinburgh: Edinburgh University Press, 2012.

Rosenstein, N. S., *Rome at War: Farms, Families, and Death in the Middle Republic*, Chapel Hill: University of North Carolina Press, 2004.

Ross Holloway, R. *The Archaeology of Early Rome and Latium*, London; New York: Routledge, 1994.

Ross Taylor, L., *Roman Voting Assemblies from the Hannibalic War to the Dictatorship of Caesar*, Ann Arbor: University of Michigan Press, 1966.

Rüpke, J., *Fasti Sacerdotum: A Prosopography of Pagan, Jewish, and Christian Religious Officials in the City of Rome, 300 BC to AD 499*, Oxford: Oxford University Press, 2008.

Rüpke, J., *Pantheon: A New History of Roman Religion*, Princeton: Princeton University Press, 2018.

Rüpke, J., *The Roman Calendar from Numa to Constantine* (trans. D. M. B. Richardson), Boston: Wiley-Blackwell, 2011.

Rüpke, J., 'Triumphator and ancestor rituals: between symbolic anthropology and magic', *Numen* 53 (2006), 251–89.

Rutledge, S., *Ancient Rome as a Museum: Power, Identity, and the Culture of Collecting*, Oxford: Oxford University Press, 2012.

Sahlins, M. and D. Graeber, *On Kings*, London: Hau Press, 2017.

Salmon, E. T., *The Making of Roman Italy*, London: Thames and Hudson, 1981.

Salmon, E. T., *Roman Colonization under the Republic*, London: Thames and Hudson, 1969.

Salmon, E. T., *Samnium and the Samnites*, Cambridge: Cambridge University Press, 1967.

Sanchez, P., 'Le fragment de L. Cincius (Festus p. 276 L) et le commandement des armées du Latium', *Cahiers Glotz* 25 (2014), 7–48.

Sannibale, M. 'Gli ori della Tomba Regolini-Galassi: tra tecnologie e simbolo. Nuove proposte di lettura nel quadro del fenomeno orientalizzante in Etruria', *Mélanges de l'École française de Rome – Antiquité* 120.2 (2008), 337–67.

Sannibale, M., 'Orientalizing Etruria', in J. M. Turfa (ed.), *The Etruscan World*, 99–133. London: Routledge, 2013.

Santoro, P. (ed.), *I Galli e l'Italia*, exhibition catalogue, Rome: Soprintendenza archeologica di Roma, 1978.

Scapini, M., 'Literary archetypes for the regal period', in B. Mineo (ed.), *A Companion to Livy*, 274–85. Oxford: Blackwell, 2014.

Scapini, M., *Temi greci e citazioni da Erodoto nelle storie di Roma arcaica.* Studia Classica et Mediaevalia 4, Nordhausen: Verlag Traugott Bautz, 2011.

Scheid, J., *An Introduction to Roman Religion*, Edinburgh: Edinburgh University Press, 2003. Trans. of *La religion des Romains*, Paris: Armand Colin, Coll. Cursus, 1998.

Scheidel, W., 'Republics between hegemony and empire: how ancient city-states built empires and the USA doesn't (anymore)', *Princeton/Stanford Working Papers in Classics* (2006), 1–16.

Schiappelli, A., 'Veii in the protohistoric period: a topographical and territorial analysis', in R. Cascino, H. Di Giuseppe and H. L. Patterson (eds), *Veii: The Historical Topography of the Ancient City. A Restudy of John Ward-Perkins's Survey*, 327–36. Archaeological Monographs of the British School at Rome 19, London: British School at Rome, 2012.

Schmitz, P., 'The Phoenician text from the Etruscan sanctuary at Pyrgi', *Journal of the American Oriental Society* 115.4 (1995), 559–75.

Schneider, D. M. and K. Gough (eds), *Matrilineal Kinship*, Berkeley: University of California Press, 1961.

Schultz, C., *Women's Religious Activity in the Roman Republic*, Chapel Hill: University of North Carolina Press, 2006.

Schultze, C., 'Authority, originality and competence in the Roman Archaeology of Dionysius of Halicarnassus', *Histos* 4 (2000): https://research.ncl.ac.uk/histos/ Histos_BackIssues2000.html.

Sciacca, F., 'La circolazione dei doni nell'aristocrazia tirrenica: esempi dall'archeologia', *Revista d'Arqueologia de Ponent* 16–17 (2006–7), 281–92.

Sciacca, F., *Patere baccellate in bronzo: Oriente, Grecia ed Italia in età orientalizzante*, Rome: 'L'Erma' di Bretschneider, 2005.

Scopacasa, R., *Ancient Samnium: Settlement, Culture and Identity between History and Archaeology*, Oxford: Oxford University Press, 2015.

Sekunda, N. and S. Northwood, *Early Roman Armies*, London: Osprey, 1995. Serrati, J., 'Neptune's altars: the treaties between Rome and Carthage (509–226 B.C.)', *Classical Quarterly* 56 (2006), 113–34.

Sewell, J., 'Gellius, Philip II and a proposed end to the "model-replica" debate', in T. D. Stek and J. Pelgrom (eds), *Roman Republican Colonization: New Perspectives from Archaeology and Ancient History*, 125–39. Rome: Palombi, 2014.

Shepherd, G., 'Fibulae and females: intermarriage in the Western Greek colonies and the evidence from cemeteries', in G. R. Tsetskhladze (ed.), 267–300. *Ancient Greeks West and East*, Leiden: Brill, 1999.

Sherratt, S. and A. Sherratt, 'The growth of the Mediterranean economy in the early first millennium BC', *World Archaeology* 24.3 (1993), 361–78.

Sherwin-White, A. N., *The Roman Citizenship*, 2nd edn, Oxford: Clarendon Press, 1973.

Skutsch, O., *The Annals of Quintus Ennius*, Oxford: Oxford University Press, 1985.

Smith, C. J., 'Ager Romanus antiquus', *Archeologia Classica* 68, n.s. II.7 (2017), 1–26.

Smith, C. J., 'The beginnings of urbanization in Rome', in R. J. Osborne and B. Cunliffe (eds), *Mediterranean Urbanization 800–600 B.C.*, 91–111. Oxford: Oxford University Press, 2005.

Smith, C. J., *Early Rome and Latium: Economy and Society*, c.*1000 to 500 BC*, Oxford: Oxford University Press, 1996.

Smith, C. J., *The Etruscans: A Very Short Introduction*, Oxford: Oxford University Press, 2014.

Smith, C. J., 'The Latins: historical perspective', in M. Aberson, M. C. Biella, M. Di Fazio and M. Wullschleger (eds), *Entre Archeologie et histoire: dialogues sur divers peuples de L'Italie préromaine*, 21–31. Bern: Peter Lang, 2014.

Smith, C. J., 'Latium and the Latins: the hinterland of Rome', in G. Bradley, E. Isayev and C. Riva (eds),

Ancient Italy: Regions without Boundaries, 161–78. Exeter: University of Exeter Press, 2007.

Smith, C. J., 'The magistrates of the early Roman Republic', in H. Beck, A. Duplā, M. Jehne and F. Pina Polo (eds), *Consuls and Res Publica: Holding High Office in the Roman Republic*, 19–40. Cambridge: Cambridge University Press, 2011.

Smith, C. J., 'Pliny the Elder on early Rome', in E. Bispham and G. Rowe (eds), *Vita vigilia est: Essays in Honour of Barbara Levick*, 147–70. London: Institute of Classical Studies, 2007.

Smith, C. J., *The Roman Clan: The* Gens *from Ancient Ideology to Modern Anthropology*, Cambridge: Cambridge University Press, 2006.

Smith, C. J., 'Thinking about kings', *Bulletin of the Institute of Classical Studies* 54.2 (2011), 21–42.

Smith, C. J. and K. Sandberg (eds), *Omnium annalium monumenta: Historical Writing and Historical Evidence in Republican Rome*. Leiden; Boston: Brill, 2017.

Smith, C. J. and L. M. Yarrow, 'Introduction', in C. J. Smith and L. M. Yarrow (eds), *Imperialism, Cultural Politics, and Polybius*, 1–14. Oxford: Oxford University Press, 2012.

Smith, M., 'V. Gordon Childe and the urban revolution: a historical perspective on a revolution in urban studies', *Town Planning Review* 80 (2009), 3–29.

Snodgrass, A. M., 'The hoplite reform and history', *Journal of Hellenic Studies* 85 (1965), 110–22.

Spaeth, B. S., *The Roman Goddess Ceres*, Austin: University of Texas Press, 1996. Spivey, N., *Etruscan Art*, London: Thames and Hudson, 1997.

Squire, M., *The Iliad in a Nutshell: Visualizing Epic on the Tabulae Iliacae*, Oxford: Oxford University Press, 2011.

Stadter, P. A., *Plutarch and his Roman Readers*, Oxford: Oxford University Press, 2015.

Stamper, J. W., *The Architecture of Roman Temples: The Republic to the Middle Empire*, Cambridge: Cambridge University Press, 2005.

Stamper, J. W., 'The temple of Capitoline Jupiter in Rome: a new reconstruction', *Hephaestos* 16–17 (1998–9), 107–38.

Stary, P., 'Early Iron Age armament and warfare', in D. Ridgway, F. R. Serra Ridgway, M. Pearce, E. Herring, R. D. Whitehouse and J. B. Wilkins (eds), *Ancient Italy in its Mediterranean Setting: Studies in Honour of Ellen Macnamara*, 209–20. London: Accordia, 2000.

Steinby, C., *The Roman Republican Navy: From the Sixth Century to 167 B.C.* Helsinki: Societas Scientiarum Fennica, 2007.

Steingraber, S., *Abundance of Life: Etruscan Wall Painting*, Los Angeles: J. Paul Getty Museum, 2006.

Stek, T., 'The impact of Roman expansion and colonization on ancient Italy in the Republican period: from diffusionism to networks of opportunity', in G. D. Farney and G. Bradley (eds), *The Peoples of Ancient Italy*, 269–94. Berlin: De Gruyter, 2017.

Stewart, R., *Plautus and Roman Slavery*, Malden, MA; Oxford: Wiley-Blackwell, 2012.

Stibbe, C. M., *Lapis Satricanus: Archaeological, Epigraphical, Linguistic and Historical Aspects of the New Inscription from Satricum*, Rome: Staatsuitgeverij, 1980.

Stoddart, S. and J. Whitley, 'The social context of literacy in Archaic Greece and Etruria', *Antiquity* 62 (1988), 761–72.

Stopponi, S., 'Orvieto, Campo della Fiera', in J. M. Turfa (ed.), *The Etruscan World*, 632–54. London; New York: Routledge, 2013.

Strasburger, H., *Zur Sage von der Gründung Roms*. Sitzungsberichte der Heidelberger Akademie der

Wissenschaften, phil.-hist. Kl. 1968.5, Heidelberg.

Syed, Y., *Vergil's Aeneid and the Roman Self*, Ann Arbor: University of Michigan Press, 2005.

Tabolli, J. and O. Cerasuolo (eds), *Veii. Cities of the Etruscans*, Austin: University of Texas Press, 2019.

Tagliamonte, G., 'The Samnites', in G. D. Farney and G. Bradley (eds), *The Peoples of Ancient Italy*, 419–46. Berlin; Boston: De Gruyter, 2017.

Tagliamonte, G., *I Sanniti: Caudini, Irpini, Pentri, Carricini, Frentani*, Milan: Longanesi, 1997.

Tandy, D. W., *Warriors into Traders: The Power of the Market in Early Greece*, Berkeley; London: University of California Press, 1997.

Taylor, L. R., *The Voting Districts of the Roman Republic: The Thirty-five Urban and Rural Tribes*, Rome: American Academy in Rome, 1960.

Termeer, M. K., 'Early colonies in Latium (ca 534–338 BC): a reconsideration of current images and the archaeological evidence', *Bulletin Antieke Beschaving* 85 (2010), 43–58.

Terrenato, N., 'The clans and the peasants: reflections on social structure and change in Hellenistic central Italy', in P. Van Dommelen and N. Terrenato (eds), *Articulating Local Cultures: Power and Identity under the Expanding Roman Republic*, 13–22. *Journal of Roman Archaeology* Supplement 63, Portsmouth, RI: Journal of Roman Archaeology, 2007.

Terrenato, N., *The Early Roman Expansion into Italy: Elite Negotiation and Family Agendas*, Cambridge: Cambridge University Press, 2019.

Terrenato, N., 'The versatile clans: archaic Rome and the nature of early city states in central Italy', in N. Terrenato and D. C. Haggis (eds), *State Formation in Italy and Greece: Questioning the Neoevolutionist Paradigm*, 231–44. Oxford: Oxbow, 2011.

Thein, A., 'Capitoline Jupiter and the historiography of Roman world rule', *Histos* 8 (2014), 284–319.

Thomas, R., *Oral Tradition and Written Record in Classical Athens*, Cambridge: Cambridge University Press, 1989.

Thomsen, R., *King Servius Tullius: A Historical Synthesis*, Copenhagen: Gyldendal, 1980.

Torelli, M., '*Ara Maxima Herculis*: storia di un monumento', *Mélanges de l'École française de Rome – Antiquité* 118.2 (2006), 573–620.

Torelli, M., 'Gli aromi e il sale: Afrodite ed Eracle nell'emporia arcaica dell'Italia', in A. Mastrocinque (ed.), *Ercole in occidente*, 91–117. Trento: Dipartimento di Scienze Filologiche e Storiche, Universita degli Studi di Trento, 1993.

Torelli, M., 'Colonizazzioni etrusche e latine di eta arcaica', in *Gli Etruschi e Roma: Atti dell'incontro di studio in onore di Massimo Pallottino, Roma 11–13 dicembre 1979*, 71–82. Rome: Bretschneider, 1981.

Torelli, M., 'Dalle aristocrazie gentilizie alla nascita della plebe', in A. Momigliano and A. Schiavone (eds), *Storia di Roma* I: *Roma in Italia*, 241–61. Turin: Einaudi,1988.

Torelli, M., *Elogia Tarquiniensia,* Florence: Sansoni, 1975.

Torelli, M. (ed), *The Etruscans*, London: Thames and Hudson, 2001.

Torelli, M., *Lavinio e Roma: riti iniziatrici e matrimonio tra archeologia e storia*, Rome: Quasar, 1984.

Torelli, M., 'Le popolazioni dell'Italia antica: società e forme del potere', in A. Momigliano and A. Schiavone (eds) *Storia di Roma* I: *Roma in Italia*, 53–74. Turin: Einaudi, 1988.

Torelli, M., *Storia degli Etruschi*, Rome; Bari: Laterza, 1981.

Torelli, M., 'The topography and archaeology of Republican Rome', in N. Rosenstein and R. Morstein-Marx (eds), *A Companion to the Roman Republic*, 81–101. Oxford: Blackwell, 2006.

Torelli, M., *Tota Italia: Essays in the Cultural Formation of Roman Italy*, Oxford: Clarendon Press, 1999.

Tuck, S., 'The Tiber and river transport', in P. Erdkamp (ed.), *The Cambridge Companion to Ancient Rome*, 229–45. Cambridge: Cambridge University Press, 2013.

Turfa, J. M. (ed.), *The Etruscan World*, London; New York: Routledge, 2013.

Turfa, J. M. and A. G. Steinmayer Jr, 'Interpreting early Etruscan structures: the question of Murlo', *Papers of the British School at Rome* 70 (2002), 1–28.

Vaahtera, J., 'Livy and the priestly records: à propos ILS 9338', *Hermes* 130 (2002), 100–8.

Van Berchem, D., 'Hercule-Melqart à l'Ara Maxima', *Rendiconti della Pontificia Accademia Romana di Archeologia*, series 3, 32 (1959–60), 61–8.

Van Berchem, D., 'Sanctuaires d'Hercule-Melqart. III, Rome', *Syria* 44 (1967), 307–38.

Van Nuffelen, P., 'Varro's Divine Antiquities', *Classical Philology* 105 (2010), 162–88.

Van Wees, H., *Greek Warfare: Myths and Realities*, London: Bloomsbury, 2004.

Van Wees, H., 'The economy', in K. Raaflaub and H. van Wees (eds), *A Companion to Archaic Greece*, 444–67. Oxford: Wiley-Blackwell, 2009.

Vasaly, A., *Livy's Political Philosophy: Power and Personality in Early Rome*, Cambridge: Cambridge University Press, 2015.

Versnel, H. S., 'Red (herring?): Comments on a new theory concerning the origin of the triumph', *Numen* 53 (2006), 290–326.

Versnel, H. S., *Triumphus: An Inquiry into the Origin, Development and Meaning of the Roman Triumph*, Leiden: Brill, 1970.

Viglietti, C., *Il limite del bisogno: antropologia economica di Roma arcaica*, Bologna: Il Mulino, 2011.

Vlassopoulos, K., *Unthinking the Greek Polis: Ancient Greek History beyond Eurocentrism*, Cambridge; New York: Cambridge University Press, 2007.

Walbank, F. W., *Polybius, Rome and the Hellenistic World: Essays and Reflections*, Cambridge: Cambridge University Press, 2002.

Walbank, F. W., A. E. Astin, M. W. Frederiksen and R. M. Ogilvie (eds), *The Cambridge Ancient History* 7.2: *The Rise of Rome to 220 BC*, 2nd edn, Cambridge: Cambridge University Press, 1989.

Wallace-Hadrill, A., '*Mutatas formas*: the Augustan transformation of Roman knowledge', in K. Galinsky (ed.), *The Cambridge Companion to the Age of Augustus*, 55–84. Cambridge: Cambridge University Press, 2005.

Warmington E. H., *Remains of Old Latin*, vol. 2: *Livius Andronicus, Naevius, Pacuvius, Accius*. Loeb Classical Library, Cambridge, MA: Harvard University Press, 1936.

Warmington E. H., *Remains of Old Latin*, vol. 3: *Lucilius, the Twelve Tables*. Loeb Classical Library, Cambridge, MA: Harvard University Press, 1938.

Warmington, E. H., *Remains of Old Latin*, vol. 4: *Archaic Inscriptions*. Loeb Classical Library, Cambridge, MA: Harvard University Press, 1940.

West, M. L., *The East Face of Helicon: West Asiatic Elements in Greek Poetry*, Oxford: Oxford University Press, 1997.

Westbrook, R., 'The nature and origins of the Twelve Tables', *Zeitschrift der Savigny-Stiftung für Rechtsgeschichte: Romanistische Abteilung*, 105 (1988), 74–121.

Whitley, J., *The Archaeology of Ancient Greece*, Cambridge: Cambridge University Press, 2001.

Williams, J. H. C., *Beyond the Rubicon: Romans and Gauls in Republican Italy*, Oxford: Oxford University Press, 2001.

Winter, N., *Symbols of Wealth and Power: Architectural Terracotta Decoration in Etruria and Central Italy, 640–510 B.C.*, Ann Arbor: University of Michigan Press, 2009.

Winther, H. C., 'Princely tombs of the Orientalizing period in Etruria and Latium Vetus', in H. Damgaard Andersen, H. W. Horsnæs, S. Houby-Nielsen and A. Rathje (eds), *Urbanization in the Mediterranean in the Ninth to Sixth Centuries BC*, 423–46. Copenhagen: Museum Tusculanum Press, 1997.

Wiseman T. P., *Clio's Cosmetics: Three Studies in Greco-Roman Literature*, Leicester: Leicester University Press, 1979.

Wiseman, T. P., 'The house of Tarquin', in *Unwritten Rome*, 271–92. Exeter: University of Exeter Press, 2008.

Wiseman, T. P., *The House of Augustus: A Historical Detective Story*, Princeton: Princeton University Press, 2019.

Wiseman, T. P., *The Myths of Rome*, Exeter: University of Exeter Press, 2004.

Wiseman, T. P., 'The prehistory of Roman historiography', in J. Marincola (ed.), *The Blackwell Companion to Greek and Roman Historiography*, 67–75. Oxford: Blackwell, 2007. Reprinted in T. P. Wiseman, *Unwritten Rome*, 231–42. Exeter: University of Exeter Press, 2008.

Wiseman, T. P., *Remembering the Roman People: Essays on Late-Republican Politics and Literature*, Oxford; New York: Oxford University Press, 2009.

Wiseman, T. P., *Remus: A Roman Myth*, Cambridge: Cambridge University Press, 1995.

Wiseman, T. P., *Roman Drama and Roman History*, Exeter: University of Exeter Press, 1998.

Wiseman, T. P., 'Roman legend and oral tradition', *Journal of Roman Studies* 79 (1989), 129–37.

Wiseman, T. P., 'Roman Republic, year one', *Greece and Rome* 45 (1998), 19–26.

Wiseman, T. P., *Unwritten Rome*, Exeter: University of Exeter Press, 2008.

Woolf, G., 'Moving peoples in the early Roman Empire', in L. de Ligt and L. E. Tacoma (eds), *Migration and Mobility in the Early Roman Empire*, 438–62. Leiden: Brill, 2016.

Xella, P. and V. Bellelli (eds), *Le lamine di Pyrgi: nuovi studi sulle iscrizioni in etrusco e in fenicio nel cinquantenario della scoperta*. Studi epigrafici e lingustici sul Vicino Oriente antico 32–3, Verona: Essedue, 2016.

Yaron, R., 'Semitic influence in early Rome', in A. Watson (ed.) *Daube noster: Essays in Legal History for David Daube*, 343–57. Edinburgh: Scottish Academic Press,1974.

Yntema, D., 'Material culture and plural identity in early Roman southern Italy', in T. Derks and N. Roymans (eds), *Ethnic Constructs in Antiquity: The Role of Power and Tradition*, 144–66. Amsterdam Archaeological Studies 13, Amsterdam: Amsterdam University Press, 2009.

Zair, N., 'The languages of ancient Italy', in G. D. Farney and G. Bradley (eds), *The Peoples of Ancient Italy*, 127–48. Boston: De Gruyter, 2017.

Zevi, F., 'Demaratus and the "Corinthian" kings of Rome', in J. H. Richardson and F. Santangelo (eds), *The Roman Historical Tradition: Regal and Republican Rome*, 53–82. Oxford: Oxford University Press, 2014. Trans. of 'Demarato e i re "corinzi" di Roma', in A. Storchi Marino (ed.), *L'incidenza dell'antico: studi in memoria di Ettore Lepore*, vol. 1, 291–314. Naples: Luciano, 1995.

Zevi, F., 'Roma arcaica e Ostia: una riconsiderazione del problema', in *Damarato: Studi di antichià classica offerti a Paola Pelagatti*, 233–43. Milan: Electa, 2000. Ziółkowski, A., 'The Servian enceinte: should the debate continue?', *Palamedes* 11 (2016), 151–70.

Zorzetti, N., 'The Carmina Convivalia', in O. Murray (ed.), *Sympotica: A Symposium on the Symposion*, 289–307. Oxford: Oxford University Press, 1990.

译名对照表

A

Acquarossa 阿夸罗萨
Adriatic coast 亚得里亚海
aediles 市政官
Aeneas 埃涅阿斯
Aequi 埃奎人
Ager Gallicus 高卢土地
Alba Fucens 阿尔巴富森斯
Alba Longa 阿尔巴隆加
Alban Hills 阿尔班山
Alban kings 阿尔班国王
Alban Mount 阿尔班山脉
Alcibiades 阿尔西比亚德斯
Alcimus of Sicily 西西里的阿尔西姆斯
Alexander of Epirus 伊庇鲁斯的亚历山大
Alexander the Great 亚历山大大帝
Allia 阿里亚河
Ambarvalia 安巴瓦利亚
Ampolo, Carmine 卡尔米内・安波洛
Ancus Marcius 安库斯・马西乌斯
Annales Maximi《大祭司编年史》
antiquarian sources 古文物研究资源
Antium 安提乌姆
Aqua Appia 阿庇亚水渠
Aquilonia 阿奎洛尼亚
Ara Maxima 大祭坛
architectural terracottas 建筑赤陶
    Rome-Veii-Velitrae series 罗马－维爱－韦莱特里系列
Ardea 阿尔代亚
Aristodemus of Cumae 库迈的亚里斯多德莫斯
Aristonothos krater 亚里士多诺索斯双耳喷口杯
Aristotle 亚里士多德
Artemis, temple at Ephesus 以弗所的阿尔忒弥斯神庙
asylum 庇护所
Athens 雅典
Atrium Vestae 维斯塔庭院
Attus Clausus 阿图斯・克劳苏斯
Attus Naevius 阿图斯・纳维乌斯
auctoritas partum 元老院权威
Auditorium villa 礼堂别墅
Augustus, emperor 奥古斯都皇帝
Aurunci 奥伦奇人
auspices (auspicia) 占卜官
Aventine hill 阿文蒂诺山

B

banquet songs 宴歌
banqueting 宴会
Beloch, Karl Julius 卡尔・尤利乌斯・贝洛赫
Bologna (Felsina) 博洛尼亚（费尔西纳）
Bonghi Jovino, Maria 玛丽亚・邦吉・约维诺
Boni, Giacomo 贾科莫・博尼
Brutus 布鲁图斯

C

cabotage 沿海贸易
Caere (Cerveteri) 卡里（切尔韦泰里）
calendar 历法
Camillus 卡米卢斯
Campania, Campanians 坎帕尼亚，坎帕尼亚人

D

E

F

G

H

U

V

W

图书在版编目（CIP）数据

罗马城的起源和共和国的崛起 /（英）盖伊 · 布莱德利著；陈薇薇译 . -- 上海 ：上海三联书店，2024.11.

(爱丁堡古罗马史). -- ISBN 978-7-5426-8659-6

Ⅰ. K126

中国国家版本馆 CIP 数据核字第 20246DV407 号

罗马城的起源和共和国的崛起

著　　者 /〔英国〕盖伊 · 布莱德利

译　　者 / 陈薇薇

责任编辑 / 王　建　樊　钰

特约编辑 / 徐　静

装帧设计 / 字里行间设计工作室

监　　制 / 姚　军

出版发行 / 上海三联书店

（200041）中国上海市静安区威海路755号30楼

联系电话 / 编辑部：021-22895517

发行部：021-22895559

印　　刷 / 天津丰富彩艺印刷有限公司

版　　次 / 2024 年 11 月第 1 版

印　　次 / 2024 年 11 月第 1 次印刷

开　　本 / 710×1000　1/16

字　　数 / 261千字

印　　张 / 25

ISBN 978-7-5426-8659-6 / K · 805

定　价：69.80元

著作权合同登记号　图字：10-2021-336 号